全国社会工作硕士专业学位研究生核心课程教材
全国社会工作专业学位研究生教育指导委员会　　组编

Social

Work

Theories

社会工作理论

谢立中 何雪松 主编

图书在版编目(CIP)数据

社会工作理论 / 谢立中, 何雪松主编. -- 北京：北京大学出版社, 2024.10. -- ISBN 978-7-301-35389-9

I. D632

中国国家版本馆 CIP 数据核字第 20242Z96Q9 号

书　　　名	社会工作理论 SHEHUI GONGZUO LILUN
著作责任者	谢立中　何雪松　主编
责 任 编 辑	董郑芳
标 准 书 号	ISBN 978-7-301-35389-9
出 版 发 行	北京大学出版社
地　　　址	北京市海淀区成府路 205 号　100871
网　　　址	http://www.pup.cn
新 浪 微 博	@北京大学出版社　　@未名社科-北大图书
微信公众号	北京大学出版社　　北大出版社社科图书
电 子 邮 箱	编辑部 ss@pup.cn　　总编室 zpup@pup.cn
电　　　话	邮购部 010-62752015　　发行部 010-62750672 编辑部 010-62753121
印 刷 者	天津中印联印务有限公司
经 销 者	新华书店
	787 毫米×1092 毫米　16 开本　24.5 印张　460 千字 2024 年 10 月第 1 版　2025 年 6 月第 2 次印刷
定　　　价	79.00 元

未经许可，不得以任何方式复制或抄袭本书之部分或全部内容。
版权所有，侵权必究
举报电话：010-62752024　电子邮箱：fd@pup.cn
图书如有印装质量问题，请与出版部联系，电话：010-62756370

目 录

绪 论 ……………………………………………………………………… 1

第一章 心理动力取向的社会工作理论 ………………………………… 17
 第一节 心理动力理论的发展脉络 ……………………………………… 17
 第二节 心理动力理论的核心概念 ……………………………………… 23
 第三节 心理动力理论的实践框架 ……………………………………… 30
 第四节 国外社会工作学者对心理动力理论的批判与讨论 …………… 34
 第五节 国内社会工作学者对心理动力理论的批判与讨论 …………… 36

第二章 认知/行为取向的社会工作理论 ……………………………… 40
 第一节 认知/行为理论的发展脉络 …………………………………… 41
 第二节 认知行为理论的基本框架 ……………………………………… 47
 第三节 认知行为理论的实践应用 ……………………………………… 54
 第四节 认知行为疗法在中国的发展 …………………………………… 65

第三章 人本主义取向的社会工作理论 ………………………………… 76
 第一节 人本主义理论的发展脉络和主要代表人物 …………………… 77
 第二节 人本主义的基本理论和实务框架 ……………………………… 82
 第三节 西方社会工作学者对人本主义的应用及批判 ………………… 88
 第四节 人本主义在中国社会工作领域的应用与思考 ………………… 93

第四章 存在主义取向的社会工作理论 ……………………………… 100
 第一节 存在主义理论的发展脉络 …………………………………… 101

第二节　存在主义社会工作的核心概念 …………………………………… 105
　　第三节　国外社会工作领域对存在主义的运用 …………………………… 108
　　第四节　对存在主义社会工作实践的批判性考察 ………………………… 111

第五章　灵性取向的社会工作理论 ………………………………………………… 121
　　第一节　灵性研究的兴起 …………………………………………………… 121
　　第二节　西方社会工作中的灵性视角 ……………………………………… 125
　　第三节　灵性视角下的中国本土社会工作 ………………………………… 133

第六章　结构取向的社会工作理论 ………………………………………………… 149
　　第一节　结构社会工作的理论基础 ………………………………………… 149
　　第二节　结构社会工作的实践原则 ………………………………………… 154
　　第三节　结构社会工作的具体案例 ………………………………………… 155
　　第四节　结构社会工作在中国本土应用的可能性 ………………………… 156

第七章　系统取向的社会工作理论 ………………………………………………… 160
　　第一节　系统理论的发展脉络和主要代表 ………………………………… 160
　　第二节　系统理论的核心观点 ……………………………………………… 163
　　第三节　系统理论在西方社会工作实务领域的应用 ……………………… 165
　　第四节　西方社会工作学者对系统理论的讨论 …………………………… 171
　　第五节　系统理论在中国社会工作实务领域的应用和讨论 ……………… 174

第八章　生态系统取向的社会工作理论 …………………………………………… 181
　　第一节　生态系统理论的发展脉络和主要代表人物 ……………………… 181
　　第二节　生态系统理论的基本框架及讨论 ………………………………… 191
　　第三节　生态系统理论在中国的应用 ……………………………………… 194

第九章　发展取向的社会工作理论 ………………………………………………… 206
　　第一节　发展取向社会工作的发展脉络及主要代表人物 ………………… 206
　　第二节　发展取向社会工作的概念框架 …………………………………… 210
　　第三节　发展取向社会工作的实务框架 …………………………………… 214

第四节　发展取向社会工作的局限、讨论及应用 …………………… 221
　　第五节　中国学者对发展取向社会工作的介绍和讨论 ………………… 225

第十章　充权取向的社会工作理论 ………………………………………… 230
　　第一节　充权理论的发展脉络和核心概念 ……………………………… 231
　　第二节　充权理论在西方社会工作中的应用及讨论 …………………… 236
　　第三节　充权视角在中国的应用和发展 ………………………………… 253

第十一章　叙事治疗取向的社会工作理论 ………………………………… 265
　　第一节　叙事理论概述 …………………………………………………… 265
　　第二节　叙事（治疗）理论在西方社会工作实务领域的运用和讨论 … 272
　　第三节　叙事理论在中国社会工作领域的应用和讨论 ………………… 301

第十二章　寻解治疗取向的社会工作理论 ………………………………… 314
　　第一节　寻解治疗的发展脉络与理论基础 ……………………………… 314
　　第二节　寻解治疗的概念框架与实务框架 ……………………………… 319
　　第三节　寻解治疗在国外的应用及相关讨论 …………………………… 328
　　第四节　寻解治疗在中国社会工作领域的应用与反思 ………………… 331

第十三章　优势取向的社会工作理论 ……………………………………… 342
　　第一节　优势取向社会工作的发展脉络 ………………………………… 343
　　第二节　优势视角的主要内容与实务框架 ……………………………… 348
　　第三节　优势视角在西方社会工作中的应用与反思 …………………… 358
　　第四节　中国语境下优势视角在社会工作领域的应用与反思 ………… 361
　　第五节　优势视角的理论贡献及评价 …………………………………… 364

第十四章　社会工作理论：趋势与展望 …………………………………… 372
　　第一节　日趋强烈的理论化取向 ………………………………………… 372
　　第二节　科学、艺术与政治的本质论争 ………………………………… 373
　　第三节　认识论的多元格局 ……………………………………………… 374
　　第四节　寻求与社会理论的对话 ………………………………………… 375

第五节 对宏观视角的重申 ………………………………… 377
第六节 关系理论的兴起 …………………………………… 378
第七节 学科目标的确立 …………………………………… 379
第八节 自主知识体系建构 ………………………………… 380
第九节 数字化转型 ………………………………………… 381

后　记 ……………………………………………………………… 385

绪　论

本书的主旨是向社会工作专业的学生们介绍在社会工作领域中存在和发展起来的、被社会工作者们用来指导自身实践的各种理论。那么,什么是理论?什么是社会工作理论?社会工作领域中有哪些理论?这些理论之间是一种什么样的关系?社会工作者为什么需要学习和发展这些理论?这是我们在深入地了解和学习社会工作的各种具体理论之前必然会在心中产生的一些问题。在本章中,我们就来对这些问题做一些简要的叙述和讨论。

一、什么是社会工作理论?

如上所述,本书的主旨是介绍社会工作理论,因此,我们需要说明的第一个问题便是:什么是社会工作理论?这个问题如果不弄清楚,我们就无法确定本书的内容范围。

第一,我们必须弄清楚的问题是:什么是理论?对于这个问题,不同学者的说法虽然有所不同,但综合起来,我们大体上可以对"理论"一词做出如下界定,即所谓"理论"就是一组以特定的逻辑格式联结起来、可以用来对相关经验事实的存在和变化进行解释的抽象观念或陈述。这里的关键要素主要有二:一是"抽象",即理论必须是对相关经验事实的抽象,而不能只是一堆经验事实的集合,一堆未经抽象的事实集合不能称为理论;二是"解释",即理论是用来对相关经验事实的形成和变化状况进行解释的,凡是不具有这种解释功能的概念或观念系统,都不能称为理论。对"理论"概念这样的一种界定虽然主要来自社会工作以外的其他学科领域,但也同样适用于社会工作领域。因此,一来,一些社会工作实务的案例分析,即使在分析过程中对相关经验事实(如受助者①所遇问题或社会工作人员帮助受助

---

① 受助者,即社会工作服务的接受者。在本书中,我们在不同的语境中也称之为案主、服务对象、当事人、被治疗者等。

者解决问题的过程、方法及效果等）的形成和变化进行了解释，而且这些解释可能非常富有启发性、典范性，但如果这些分析和解释只是停留在对案例分析的水平上，没有通过归纳、概括的途径进一步上升为更加抽象的表述，我们便不宜称之为"理论"，因而不应包括在本书叙述的范围之内。二来，一些社会工作实务模式，虽然可能是通过归纳、概括等方式从许多具体的社会工作实务案例中得来的抽象表述，但如果只是停留在对社会工作实务模式（社会工作人员帮助受助者解决问题的过程、方法等）进行描述（即使是抽象程度较高的概括性描述，而非对某个具体案例的描述）的层面上，而没有对为何要采用这样一种模式来帮助受助者等问题做出令人信服的解释，那么，我们也不宜称之为"理论"或将其包括在本书范围之内。

在《社会理论和社会结构》一书中，默顿曾经根据对经验事实所做抽象程度方面的差异，将所有的社会学"理论"粗略地区分为"一般理论"和"中层理论"两个层次。默顿对社会学理论所做的这一分类对于社会工作理论应该也有参考价值。参照默顿的做法，我们也可以将社会工作领域中的所有"理论"区分为"中层理论"和"一般理论"两个层次，用"中层理论"来指涉社会工作各个具体实务领域，如儿童社会工作、妇女社会工作、农村社会工作、企业社会工作、学校社会工作、老年社会工作等领域中形成和发展起来的、主要用于指导该领域中的社会工作实务的那些理论，而用"一般理论"来指涉适用于社会工作所有实务领域的那些理论。据此，我们便可以补充说，本书中所叙述的"社会工作理论"主要包括的是适用于社会工作所有实务领域的一些一般性理论。

第二，我们必须弄清楚的另一个问题是：什么是社会工作？和"理论"概念一样，对于"社会工作"概念人们也有着许多不同的界定或表述。这在一定程度上源于社会工作自诞生以来的内涵和外延一直处在不断变化发展过程之中这一事实。在西方国家，社会工作形成之初，主要是和济贫服务联系在一起的，似乎社会工作主要就是救济贫困人口。随着弗洛伊德心理分析理论的出现，通过个案工作和小组工作方式协助有精神疾患的人解决心身及生活问题又一度成为社会工作者的主要工作内容之一，之后人们又将协助包括未有精神疾患的普通人在内的更多受助者解决更多的个人生活问题作为社会工作的内容，似乎社会工作主要就是此类个案工作或小组工作。随着人们逐渐意识到社会成员个人的生活问题并不完全是由其个人因素所致，也非完全能通过个人的努力来解决，而是在不同程度上也源于社会结构和制度等方面的因素,因而需要通过对社会结构和社会制度的调整或变革来加以解决,社会工作和社会福利、社会保障、社会政策等制度的制定、实施、调整等过程,甚至范围更为广大的社会发展或者社会运动过程之间的关联也就变得越来越紧密,从而社会工作与社会结构、制度、政策等方面的调整或变革活动之间的关系也逐渐成了社会工作实践的重要议题……这就使得不同时代、不同社会情境下的学者们在对社会工作进行界定时,会对社会工作的内涵做出有所不同的揭示。此外,从社会工作所具有的功能角度来看,除了帮助个人解决生活问题这一显功能之外,绝大多数类型的社会工作活动都具有稳定社会秩序的潜功能,这也使得在界定社会工作时,有人侧重解决个人生活问题这一方面,有人则侧重维护社会秩序这一方面,等等。所有这些因素,都可能导致不同的学者在对社会工作进行界定时,侧重揭示社会工作内涵和外延的不同方面,从而形成不同的表述。

王思斌教授主编的《社会工作概论》一书对社会工作界定如下:"社会工作是秉持利他主义价值观,以科学知识为基础,运用科学的专业方法,帮助有需要的困难群体,解决其生活困境问题,协助个人及其社会环境更好地相互适应的职业活动。"(王思斌,2014:19)该教材还介绍了我国政府有关部门对社会工作的概括式说明:"社会工作是社会建设的重要组成部分,它是一种体现社会主义核心价值理念,遵循专业伦理规范,坚持'助人自助'宗旨,在社会服务、社会管理领域,综合运用专业知识、技能和方法,帮助有需要的个人、家庭、群体、组织和社区,整合社会资源,协调社会关系,预防和解决社会问题,恢复和发展社会功能,促进社会和谐的职业活动。"(王思斌,2014:19)我们认为,以上定义和说明不仅较好地概括了社会工作的内涵和外延,而且也揭示了中国特色社会主义情境下社会工作的基本特征,对我们理解社会工作具有较好的参考价值。在参考和借鉴以上定义和说明的基础上,我们可以简要地对社会工作做出如下界定:所谓社会工作,就是以社会工作的专门知识为指导,运用一定的专业方法和技能,去帮助有需要的个人或家庭、群体、组织和社区的成员预防和解决生活问题,协助他们更好地适应社会环境的一种职业活动。

据此,我们便可以对社会工作理论做出如下界定:所谓社会工作理论,就是一组以特定的逻辑格式联结起来、可以用来对社会工作实践过程中涉及的主要经验事实之间(受助者遭遇的生活问题与导致这些问题的因素之间、受助者所遇问题的解决与社会工作者用来协助受助者解决问题的特定方法和技能之间)的因果联系进行解释的抽象观念或陈述。凡是符合这一界定的理论体系都在本书所说的社会工作理论范围之内。

二、社会工作理论的内容结构

社会工作是一种实践活动，社会工作理论是用来指导这种实践活动的理论，因此，任何一个社会工作理论都必然包括一套关于社会工作实践过程、方法和技巧方面的特定内容。这些内容可以说是社会工作理论最主要的部分。但是，如果一个被其构建者称为"社会工作理论"的理论体系只是简单包括了一套关于社会工作实践过程、方法和技巧方面的陈述，而没有对为什么要采用这样一套特定类型的实践过程、方法和技巧而非其他类型的实践过程、方法和技巧来帮助受助者解决相关生活问题的理由做出充分的解释和说明，那么，这样一个理论体系其实就只能被视为一套与电脑、电视机、冰箱、汽车等机械操作手册类似的实务工作手册，难以被称为一个真正意义上的"理论"。只有其既包含了一套关于社会工作实践之特定过程、方法和技巧方面的内容，又包含了对为何应该采用这样一套特定类型的过程、方法和技巧来帮助受助者解决问题之理由加以充分解释和说明的陈述体系，才能够被视为是一个规范意义上的社会工作理论。换言之，任何一个规范意义上的社会工作理论至少都应该包括关于社会工作实践之特定过程、方法和技巧的陈述，以及对为何应该采用这样一套特定类型的过程、方法和技巧来帮助受助者解决问题之理由的解释这两部分内容。对此，一些西方社会工作理论学者曾经有过明确的论述。

戴维·豪（David Howe）曾经明确提出，一个完整的社会工作理论至少应该包括两大部分内容。戴维·豪将这两部分内容分别称为"为社会工作的理论"（theory for social work）和"社会工作的理论"（theory of social work）。所谓"为社会工作的理论"，即用来对为何要采纳这样一种而非其他种类的过程、方法和技巧来协助受助者解决问题的理由进行解释的理论部分，从内容上看，它主要涉及人与社会的本质、人的行为及其所遇问题与社会结构及其运行机制之间关系等问题所做的解释和说明。所谓"社会工作的理论"，则是用来对社会工作实践本身的性质、目的、过程、方法进行说明的理论部分。这两部分内容之间，既存在明显的区别，又存在不可分割的联系。它们之间的区别可以简单归纳如下：第一，它们的内容互不相同。如上所述，"为社会工作的理论"主要是对人与社会的本质、人的行为及其所遇问题与社会结构及其运行机制之间关系等问题进行解释和说明,"社会工作的理论"则是对社会工作实践本身的性质、目的、过程与方法等进行说明。第二,它们的功能互不相同。就它们对人与社会发展的作用而言,"为社会工作的理论"侧重通过讨论人与社会的关系来说明受助者所遇问题产生的原因以及采纳特定实务过程、方法和技巧来协助受助者解决问题的理由,而"社会工作的理论"则侧重对该理论所主张的特定社会工作实务的过程、方法和技巧进行说明。就它们对社会工作本身的作用而言,"为社会工作的理论"主要是为社会工作实践提供了一套抽象的背景式假设,而"社会工作的理论"则主要是为社会工作实践提供了一套具体的行动指南。第三,它们的地位互不相同。"为社会工作的理论"在整个理论构架中处于"前提的"地位,而"社会工作的理论"在整个理论构架中则处于"结论"的地位。第四,它们与社会工作在联系上的紧密程度互不相同。"为社会工作的理论"是社会工作可以使用但并非仅有社会工作才能使用的理论,这一部分理论的内容也可以为许多其他学科或专业领域使用,它是社会工作与其他某些学科或专业领域共有的理论基础;"社会工作的理论"则是社会工作需要加以使用且只有社会工作才能够加以使用的理论,它是社会工作专业领域独有的理论。(Howe,1987)

"为社会工作的理论"与"社会工作的理论"二者之间的联系则表现在:第一,它们之间是相互依存的。任何一种对社会工作实践本身的性质、目的、过程与方法的具体说明,都必须以某种对人与社会的本质、对人的行为与社会运行的机制的相应理解为自己的理论基础或逻辑前提。一种"社会工作的理论",只有置于一定的"为社会工作的理论"基础之上,才有可能获得较充分的理解。反过来,任何一种关于人与社会的本质、关于人的行为与社会运行机制的理论,都必须与一定的对社会工作实践本身的性质、目的、过程与方法的说明相联结,才有可能进入社会工作领域,成为真正的"为社会工作的理论"。第二,它们在逻辑上是相互蕴含的。正如戴维·豪所说,一种"为社会工作的理论"中总是蕴含着一种"社会工作的理论","换句话说,对一种'为社会工作的理论'所做的选择同时也就是对一种准备实际采用的社会工作所做的选择。进一步说,正如不同的理论导致不同的实践一样,不同的理论也包含社会工作本身的各种概念。只要经过一定的加工,'为社会工作的理论'就能够被转变为'社会工作的理论'"。(Howe,1987:166)反之,任何一种关于社会工作实践本身的性质、目的、过程与方法的具体说明在逻辑中也总是蕴含着一定的关于人与社会的本质、关于人的行为与社会运行机制的理解。当然，这种关于人与社会的本质和关于人的行为与社会运行机制的理解也许未被人们用概念、命题的形式明确地揭示、表达出来（在现实生活中，也确有一些社会工作理论如危机介入理论、任务中心理论等在现有形态上只呈现为一套关于社会工作实践本身的性质、目的、过程与方法的具体说明，而未包含一套相应的对人与社会的本质、人的行为与社会运行机制的明确解释），但它们的存在是确凿无疑的。只要经过一定的努力，它们就能够被揭示出来。

皮拉利斯（Pilalis，1986）则提出过另外一种相似的内容模型来描述社会工作理论的结构，将各种社会工作理论从内容上划分为三个既相互区别又相互联系的组成部分，这种模型如图0-1所示：

理论抽象程度	结构部分	内　容	实　例
高 ↑	宏观理论	对人与社会的本质、人的行为与社会运行机制进行综合性的说明	弗洛伊德主义、马克思主义、结构功能主义等
	中观理论 a）解释性理论	对人的行为与社会过程某一方面进行专门解释	标签理论、儿童发展理论等
	b）介入模式理论	对社会工作实践本身的性质、目的、过程等进行一般说明	危机介入理论、任务中心理论等
↓ 低	实践理论	社会工作的具体技巧、操作方法	自由联想法、批判式提问法等

图0-1　皮拉利斯对社会工作内容的说明

资料来源：来自1995年豪在英国诺丁汉大学为北京大学-香港理工大学社会工作教育访问团所做讲座中材料；表中具体内容参见 J. Pilalis, 1986, "The integration of theory and practice": A reexamination of a paradoxical expectation, *British Journal of Social Work*, Vol. 16, No. 1, p. 86。

这个模型根据理论抽象程度将各种社会工作理论从内容上划分为宏观理论、中观理论和实践理论三部分或三层次。由于它把中观理论又进一步区分为解释性理论和介入模式理论两个层次，因此它实际上应为一个四层次的结构模型。仔细分析这个模型内部各层次的内容以及相互之间的关系，并将其与戴维·豪的两分法模型相比较，我们可以发现，这个模型实际上是戴维·豪两分法模型的一种深化。在戴维·豪模型中被称为"为社会工作的理论"的那部分内容，在这个模型中被进一步细分为宏观理论和中观解释性理论两部分；在戴维·豪模型中被称为"社会工作的理论"的那部分内容,在这个模型中则被进一步细分为中观介入模式理论和实践理论两部分。经过这种细化,我们对社会工作理论的逻辑结构可以获得一种更为细致的理解。

作为戴维·豪两分法模型的进一步深化,这个模型内部四个组成部分之间的关系与戴维·豪模型中两个组成部分之间的关系基本上是相似的。简单地说,一方面,宏观理论、中观解释性理论、中观介入模式理论、实践理论四者之间在内容上、功能上、地位上和与社会工作联系的紧密程度上也互不相同；另一方面,它们四者之间按照理论抽象程度依次在逻辑上也是相互依存、相互蕴含的。四个部分之间既相互区别又相互联系,构成一个严密的逻辑整体。

需要补充说明的是,无论是戴维·豪的两分法模型还是后面的三（四）分法模型,都只是对社会工作理论内部逻辑结构的一种"理想型"描述。在现实生活中,现有的各种社会工作理论在内容或逻辑结构的完善程度上是有很大差别的,有些离我们所认为的"标准"结构可能相距甚远,但这并不妨碍我们用上面介绍的这些理想结构模型去分析它们、理解它们、整理它们,甚至按这些理想结构模型的要求去构造它们、发展它们。

三、西方社会工作理论的不同流派及其归类

20 世纪 20 年代,西方社会工作者首次尝试应用弗洛伊德的精神分析理论来指导自己的实务工作,在这一理论的基础上还逐渐形成了所谓的"诊断学派"。自那时以来,西方社会工作者一方面以自己的实践经验为基础,另一方面通过借鉴自己领域外的各种相关理论资源,逐渐形成了诸多在人与社会关系等问题方面的基本理论预设,以及在实务模式方面都有所不同的社会工作理论流派。基于篇幅和课时方面的原因,我们不可能在本书中对它们一一进行梳理。基于代表性和当下影响力等方面的考量,在本书中,我们主要选取了心理动力取向的社会工作理论、认知/行为取向的社会工作理论、人本主义取向的社会工作理论、存在主义取向的社会工作理论、灵性取向的社会工作理论、结构取向的社会工作理论、系统取向的社会工作理论、生态系统取向的社会工作理论、发展取向的社会工作理论、充权取向的社会工作理论、叙事（治疗）取向的社会工作理论、寻解治疗取向的社会工作理论、优势取向的社会工作理论等主要的社会工作理论加以考察和讨论。这些理论

在对人和社会的关系的基本理论预设及其对社会工作实务过程、方法和技巧的具体主张方面都各有不同。对于这些不同,我们将在本书各章的内容中加以具体阐释,此处不做赘述。

和在社会学等学科领域中出现的情况一样,面对着形形色色在基本理论预设和具体实践主张方面都各不相同的众多理论,社会工作者们心中自然会产生一些问题:这些互不相同的社会工作理论之间在逻辑上到底是一种什么样的关系?各个理论之间的区别与联系到底如何?能不能对它们做进一步的整理归类,从而使我们能更好地把握住它们之间的关系?回答这些问题,对于我们更好地理解社会工作理论具有重要意义。和社会学家们一样,对于这类通常被称为"元理论"的问题,西方社会工作理论的研究者们也进行了一些富有启发性的探索。

在对社会工作理论进行整理归类的过程中,许多学者也发现"范式"是一个很有用的概念。"范式"是科学哲学家库恩(Kuhn)提出来的一个概念,它意指一群科学家共同享有的一组世界观、价值观方面的背景假设及相应的方法和技术类型。范式为共同享有它的那些科学家们的研究工作提供了一个共同的指南,把他们的活动联结成一个相对统一的整体。尽管一个范式底下的科学家之间在具体的理论问题上仍然会有一定的分歧,但他们之间的差别肯定要小于他们同享有其他范式的那些科学家之间的差别。研究社会工作理论的一些西方学者认为,依照一定的标准,对现有的西方社会工作理论进行分析、比较,便可以把它们归纳、概括为几个有限的范式。而通过把众多的社会工作理论归结为几个有限的范式,我们对社会工作理论的整体内容与结构、对各个社会工作理论之间的区别与联系就有了一种更深刻的理解。在用"范式"概念整理西方社会工作理论的讨论中,李康特(Lecomte)、伦纳德(Leonard)、豪等人的工作具有比较大的影响。

李康特在他的一部著作中提出,可以根据理论构造中所隐含的哲学性背景假设和专业性背景假设来分析、比较社会工作理论。在理论构造中,哲学性背景假设包括五个方面:(1)理论构造的抽象水平;(2)理论构造中的现实观与价值定位;(3)理论构造的概念化程度;(4)理论家在理论建构中的视点;(5)理论构造的模式。专业性背景假设则包括两个方面:(1)理论与实践的关系;(2)理论与研究的关系。根据在这两组假设、七个方面问题上观点、立场的不同,就可以将社会工作理论区分为不同的类型。(Lecomte,1975,转引自 Roberts,1990:54)

伦纳德则提出了另一种范式分类模型。在1975年的一篇文章中,他首先依据各种社会工作理论在世界观与方法论上的差别,将它们划分为自然科学与人文科学两大范式。然后又依据这两大范式内部的差别,将它们各自再区分为两个亚类。由此可得出一个四范式的分类模型,见图0-2。

自然科学范式	
观点A: 社会科学应追求自然科学的地位 客观性和测量的重要性 社会知识是由感觉资料决定的	观点B: 自然科学与社会科学在客观性和方法上的一般相似性 强调自然科学的不精确性或然性在两类科学中的重要性
人文科学范式	
观点C: 主观理解对社会科学的决定性意义 问题是价值相关的,回答却能够是价值无涉的	观点D: 社会科学是被社会决定的 意识形态的影响处于中心地位 研究理论的社会经济背景的重要性

图0-2 伦纳德的社会工作理论分类模型

资料来源:参见 P. Leonard, 1975, Explanation and education in social work, *British Journal of Social Work*, Vol. 5, No. 3, p. 327。转引自 R. Roberts, *Lessons From the Past: Issues For Social Work Theory*, Routledge, 1990, p. 54; D. Howe, 1987, *An Introduction to Social Work Theory*, Wildwood House, p. 23。

伦纳德的模型启发了其他一些社会工作理论家。惠廷顿和霍兰(Whitington & Holland)在《一个社会工作的理论框架》一文中,戴维·豪在《社会工作理论导论》一书中,均以伯勒尔和摩根(Burrell & Morgan)的社会学理论范式分类模型为基础,不约而同地提出了一个与伦纳德不同的四范式社会工作理论分类模型,见图0-3。

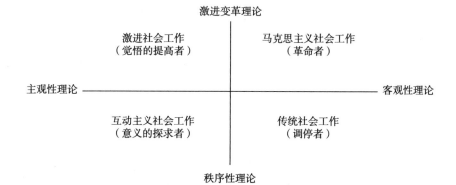

图0-3 惠廷顿、霍兰和豪的社会工作理论分类模型

资料来源:参见 D. Howe, 1987, *An Introduction to Social Work Theory*, Wildwood House, p. 50;派恩,2008,《现代社会工作理论(第三版)》,冯亚丽、叶鹏飞译,中国人民大学出版社,第48页。

在图 0-3 中,括号外为惠廷顿和霍兰的用语,括号内为戴维·豪的用语。在《社会工作理论导论》一书中以及在英国学者为中国社会工作学者所做的一次讲演中,戴维·豪应用他的四范式模型,结合他提出的关于社会工作理论逻辑结构的两分法分析模型,对西方社会工作理论做了较详细的描述和分析。他认为,这四种社会工作理论范式之间,无论是在关于人与社会的本质、关于人的行为与社会运行机制的问题上,还是在关于社会工作实践本身的性质、目的、过程与方法等问题上都存在着明显的区别。这些区别可以简单地归纳为表 0-1 中的内容。

表 0-1　豪对社会工作理论不同范式所做的具体说明

		功能主义者（调停者）	解释者（意义的探求者）	激进人文主义者（觉悟的提高者）	激进结构主义者（革命者）
主要理论		弗洛伊德主义、行为主义、认知理论、结构功能主义或系统理论等	标签理论、沟通理论、人文主义等	激进人文主义、女权主义等	马克思主义、充权或倡导理论等
对人与社会的看法		社会是由个体组成的,是功能上相互依存、相互协调的客观有机体	社会是主观的意义世界,是个人通过符号互动的过程建构起来的	社会是个主观的意义世界,但却是一个充满了不平等和不公正的世界	社会是由个体组成的,内部存在不平等、压迫、冲突与斗争的强制结合体
社会工作过程理论	问题定义	个体对社会来说是一个问题,他/她在应付社会方面存在问题	个体的经验,他/她所在的情境中存在问题	社会对个体来说存在问题	社会问题源于不公正的经济体系
	问题评估	分析引起问题行为的原因	理解个体经验的个人意义	个人是政治性的	经济体系的不公平、不正义
	目标	对个人及问题进行治疗、纠正、维护、控制和监督	促进个体的自我理解,实现个人的潜力	给人们自由,提高人们的觉悟,使他们觉醒,对个人自己的经历加以控制	改变经济秩序,对财富和权力实行再分配
	方法	改变行为、提供支持和维护性服务,控制和保护个体	个人劝告,帮助理解经验的意义	提高觉悟,恢复对个人自己的情境与经历的控制	批判经济体系,为弱者的权力与资源而斗争

资料来源:来自 1995 年豪在英国诺丁汉大学为北京大学—香港理工大学社会工作教育访问团所做讲座中材料。

何雪松在其所著《社会工作理论》一书中则以各种西方社会工作理论赖以建立的哲理基础为据,将它们区分为四种具有范式意义的不同理论传统,即实证传统(包括心理动力理论、认知/行为理论、生态系统视角、系统视角)、激进传统(包括结构视角、充权视角、女性主义视角)、人本传统(包括存在主义视角和理性视角)、社会建构传统(包括叙事治疗、寻解治疗、优势视角)。

上述学者所做的这些工作对社会工作理论的进一步发展显然具有重要意义,对于我们更好地把握西方社会工作理论的现状也具有参考价值,值得我们做进一步的研究。

仔细考察本书选取的 13 个社会工作理论各自在人和社会之间关系方面的基本理论预设及其在社会工作实务过程、方法和技巧方面的基本主张,我们也可以有如下这些初步的发现。

其一,可以将所有这些理论区分为两组,其中一组包括叙事治疗取向、寻解治疗取向和优势取向这三种取向的社会工作理论,另一组则包括其他各种取向的社会工作理论。这两组理论之间存在一个根本的区别,即前一组社会工作理论对于人和社会之间关系问题方面的论述以及对于社会工作实务过程、方法和技巧方面的论述是建立在后现代主义思潮的基本理论预设基础之上的,而后一组社会工作理论则是建立在现代主义思潮的基本理论预设基础之上的。现代主义和后现代主义思潮在基本理论预设方面的区别主要在于:现代主义思潮认为,我们所认知、思维和言说的对象(包括社会世界和个体行动及其意义)是一种外在于、独立于我们的理论、符号或话语体系的纯自然的客观实在,认知、思维和言说的任务就是要尽可能准确地把握或再现这些纯自然的客观实在,只有相对而言最为准确地把握或再现了这些纯自然客观实在的研究结果才是可以接受的,而这样的结果只能有一种;后现代主义思潮的基本理论预设则与此正好相反,它认为:我们认知、思维和言说的对象(包括社会世界和个体行动及其意义)不是一种完全外在于、独立于我们的理论、符号或话语体系的纯自然的客观实在,而是我们在特定理论、符号或话语体系的引导和约束下建构出来的一种"话语性实在";认知、思维和言说过程其实也不过是我们在特定理论、符号或话语体系的引导和约束下对现实加以建构的过程。由于话语体系的多元性以及相互之间的不可通约性,我们在不同话语体系的引导和约束下对于现实(包括社会现实或个人的生活现实)进行建构的结果也就不可避免地具有多元性或复数性。我们首先区分出的两组社会工作理论之间的区别就是现代主义和后现代主义两种思潮之间的区别在社会工作领域的一种体现。

其二，在除叙事治疗取向外的其他各种社会工作理论当中，又同样可以依据它们在有关人和社会之间关系方面的基本理论预设及其在社会工作实务过程、方法和技巧方面的基本主张，大体上进一步区分出两大类不同理论类型。我们可以称其中一类为人文取向的社会工作理论，具体包括心理动力取向、认知/行为取向、人本主义取向、存在主义取向和灵性取向的社会工作理论；称另一类为结构取向的社会工作理论，具体包括结构取向、系统取向、生态系统取向、发展取向和充权取向的社会工作理论。这两大类社会工作理论之间的区别主要在于：在人和社会的关系以及受助者个人生活问题的产生原因层面，人文取向的社会工作理论一般侧重将个人从社会联系中抽象或隔离出来加以看待，认为导致受助者所遇生活问题的原因主要在于个人，进而致力于通过协助受助者通过自身的努力、改变个人自身的状况来解决这些问题；反之，结构取向的社会工作理论则一般侧重将个人置于社会结构之中加以考察，认为导致受助者所遇生活问题的原因更多地在于不公平的社会结构而非受助者个人自身，进而致力于通过和受助者一道调整和改变其所处的社会结构及其情境来解决这些问题。

如果我们将视野置于上述类型学的层面而非具体理论的层面，那么，我们大致上可以说，无论是从形成的时间还是从理论的逻辑方面看，人文取向的社会工作理论都要先于结构取向的社会工作理论，现代主义取向的社会工作理论都要先于后现代主义取向的社会工作理论。鉴于此，为了更好地帮助读者理解社会工作诸理论之间的这种逻辑关系，在本书中，我们也将按照这种顺序来对全书的内容加以安排。

四、学习社会工作理论的意义

一个社会工作者为什么要学习社会工作理论？这个问题其实并不难回答。答案就是：一次好的、规范的社会工作实践需要有理论来加以指导。

社会工作需不需要有理论知识来加以指导？对于这个问题，并不是所有的人都会做出肯定的回答。无论是过去还是现在，都有一些人认为社会工作主要是一种具体的实务活动，它所面对的对象与问题千变万化，个个特殊，缺乏共性或可概括性，因此它更多地依赖社会工作者个人的经验与悟性，而不是依赖系统的理论知识。这种将个人经验的作用置于系统的理论知识之上的观点，必然会在社会工作者中导致一种轻理论、重经验的不良倾向。它对于社会工作的健康发展有着不利的影响。

社会工作是一种具体的、所面对的对象与问题千变万化各自特殊的实践活动，社会工作的成效与其承担者个人经验之间的确存在密切的相关性。谁也不会否认，一个有着丰富工作经验的社会工作者，在处理一项个案时，会比一个初出茅庐的新手做得更好。然而，这并不意味着社会工作实践不需要理论的指导。从社会工作所面对的对象与问题的变异性、特殊性中，得出理论对于社会工作无用或用处不大的结论，这种推理过程至少有两个错误。第一，是过分夸大了社会工作所面对对象与问题的个性、特殊性、变异性。任何事物都是个性与共性、特殊性与普遍性、变异性与恒常性二者的统一体，完全只有或几乎只有个性（特殊性、变异性）而没有共性（普遍性、恒常性）的事物是不存在的。同水利、机械工程师或外科医生所面对的对象与问题相比较，社会工作者所面对的对象与问题的个性、特殊性、变异性肯定是要大得多。然而这并不是说社会工作者所面对的对象与问题之间就完全或几乎没有共性、普遍性、恒常性可言。个性（特殊性、变异性）之中总是隐藏着一定的共性（普遍性、恒常性），只要我们认真去观察、分析和研究，就能把这种共性（普遍性、恒常性）寻找出来。这种被我们寻找出来的共性（普遍性、恒常性），与我们的个人经验一起，总是能构成我们知识中的一个有用部分。第二，是对"理论概括"做了不当的理解，以为"理论概括"必须是对很强的共性（普遍性、恒常性）的概括，通过理论概括所得到的知识必须是在很大的时空范围内有效，是"放之四海而皆准"的知识。而实际上，既然事物的共性（普遍性、恒常性）本身有着强弱大小之分，那么理论概括本身自然也就可以有程度之分。有的概括程度高些，适用范围广些；有的概括程度低些，适用范围则小些。但这并不妨碍它们都是一种"理论概括"，都是一种比个人经验更具普遍性的知识。由此可见，社会工作实务的多变性、具体性，并不排斥社会工作理论的形成和运用。实际上，个人经验与理论知识在社会工作过程中并不是相互排斥，而是相互补充、相互加强的。个人经验是社会工作者个人工作经历的总结。它的优点是保留和包含了许多具体的、生动的、丰富的有关案例的个别或特殊信息，而缺点一是由于个人的经历毕竟有限，因此经验这类信息在数量与种类上也就有限，二是经验记忆多是一种表象知识，缺乏深入的探究和说明，因此往往只能使人知其然而不知其所以然。理论知识则是对许许多多个人经验的理性总结。它的优点是揭示了许多个人经验中所包含的共性（普遍性、恒常性）内容，并且对之加以深入系统的探究和合乎逻辑的说明，使人能把握住对象的本质与内在趋势。它的缺点则是其由于具有概括性特征而丧失了个人经验中本来包含的丰富的、生动的、具体的有关对象个性特征的信息。可见，个人经验与理论知识各有自己的优缺点,并且,以个人经验之优点正好可以弥补理论知识之缺陷,而以理论知识之长处也正好可以弥补个人经验之不足。对于社会工作者来说,个人经验与理论知识都是有用的知识,缺乏其中任何一个方面都会使他成为一个行动不便、工作不力的"跛足善人"。

在社会工作过程中,理论至少具有以下几种功能或作用:

第一,解释人的行为与社会过程,确定社会工作者将要协助解决的问题的性质与原因。

社会工作的基本职能就是帮助人们(个人、家庭、社区和群体)解决他们在生存与发展过程中所遇到的各种问题。确定社会工作者将要帮助人们去解决的问题到底属于何种性质、它产生的原因是什么等,是社会工作过程的首要环节。在这方面,理论具有重要的指导作用。社会工作中的许多理论都可以帮助我们了解人的行为与社会过程,了解各种行为问题和社会问题的性质与原因,从而使社会工作者对将要面临的问题有一个清楚的认识。

第二,根据其对行为与社会问题的性质与成因所做的解释,设定社会工作过程的工作目标。

大多数社会工作理论都会以它们自己对人的行为、社会过程以及行为和社会问题的看法为基础,明确地或含蓄地告诉我们,社会工作过程的工作目标应该是什么。例如,心理分析学会告诉我们人的行为问题是由人格结构失衡所致,社会工作的基本目标就是要帮助服务对象重新恢复人格结构上的平衡;行为主义会告诉我们有问题的行为源于个体对当前环境做出了不恰当的反应,社会工作的基本目标就是要帮助服务对象学习和掌握恰当的反应模式;等等。

第三,提出一套达到上述目标的实务工作方法、技巧及模式。

这也是社会工作理论对社会工作最重要的功能之一。一个"好用"的社会工作理论,会为如何解决社会工作者与服务对象所面临的各类问题提供一套行之有效的程序、方法与技巧模式。如心理分析学派的"疏导法",行为主义学派的"系统减敏法"等。有一些社会工作理论的内容主要就是为社会工作者提供一套实务工作程序、方法与技巧模式,如危机干预模式理论和任务中心模式理论等。这些程序、方法与技巧模式虽然不能为社会工作者提供一种处处灵验的"万应处方",但却可以为他们提供许多宝贵的引导和启示。

可见,理论在社会工作过程中具有重要的作用。毫无疑问,在社会工作过程中,个人经验也具有上述各方面的作用。然而正如前面所述,个人经验虽然具有生动、具体等优点,但它主要是种覆盖有限时空范围的表象知识,不能在上述几个方面为社会工作提供一般性的、理性的指导。而理论为社会工作所提供的,正是这种一般的、理性的指导。

在社会工作领域,有许多取向、观点不同的理论,如上面提及的心理分析学、行为主义、系统理论等等。它们对大体相同的对象与问题做出了不同甚至截然相反的解释和说明,也提出了不同乃至相反的工作目标和工作模式。选择不同的理论,就可能意味着对同一类对象和问题做出不同的界定,设立不同的工作目标,采用不同的工作方式,因而也意味着会产生不同的工作效果。因此,对于社会工作者来说,对各种社会工作理论进行研究、验证和选择,具有十分重要的意义。一个优秀的社会工作者,应该能将理论与实务有机地结合在一起,应用恰当的理论来指导实务,通过实务来检验、修正和选择理论,在理论与实务的相互结合、相互推动中,提高自己的工作能力。

如前所述,理论对于社会工作实践具有十分重要的指导作用。当代西方社会工作实践从其理论的发展中受益匪浅。中国的社会工作者要想提高自己的专业化水平,也必须加强自己的理论意识,自觉将实践与理论相结合,用理论来指导自己的实践。而为了使实践能够与理论相结合,能够由理论来指导实践,学习、了解和研究社会工作理论,又是一个必要的前提。这里,包括两个既相互联系又相互促进的任务。第一,要虚心学习、了解和研究西方国家已有的各种社会工作理论。应该肯定,在社会工作的专业化水平方面,当代西方国家在发展程度上显然要高于我国。西方社会工作理论是对这种已高度专业化的实践过程的概括和总结,从这些理论中,我们能够学习和了解到许多有益的东西。尽管由于历史、文化、制度和发展水平等方面的差别,我国的社会工作与西方的社会工作间会有很大的不同,但这并不妨碍我们学习、借鉴它们的理论和经验,并不妨碍双方之间的交流和沟通,因为任何差别之中总是蕴含着共性。"他山之石,可以攻玉",从对西方社会工作理论的学习和研究中,我们将会得到一些有益的启示。第二,要认真研究和总结我国社会工作者自己的历史和经验,在此基础上,参照西方学者的理论成果,概括和发展出我国自己的社会工作理论。社会工作是一种既具有一定的普遍性、共同性,又具有较强的特殊性、本土性的实践活动。毋庸讳言,到目前为止,在社会工作领域中形成和发展起来的理论大多来自西方国家。西方已有的社会工作理论主要只是概括了西方国家社会工作的经验,对于许多非西方国家尤其是社会主义中国的社会工作实践,则未能有所反映。这意味着我们既要学习、了解和研究西方已有的社会工作理论,又不能简单地照搬它们的理论。而是要在它们的启迪之下,认真研究、分析和总结我们自己的实践经验及教训,以此为基础,概括和发展出一套或一些既体现各国社会工作的一般特性又能反映我国社会工作本土特色的中国化社会工作理论,以此来作为我国社会工作实践的指导理论,同时也为世界社会工作理论的发展做出我们自己的一份贡献。

思 考 题

1. 什么是社会工作理论?
2. 社会工作理论的基本特征是什么?
3. 为什么要学习社会工作理论?

参考文献

何雪松,2007,《社会工作理论》,上海人民出版社。

派恩,2008,《现代社会工作理论(第三版)》,冯亚丽、叶鹏飞译,中国人民大学出版社。

王思斌,1996,《中国社会工作的经验与发展》,载亚洲及太平洋地区社会工作教育协会、中国社会工作教育协会(编),《发展 探索 本土化:华人社区社会工作教育发展研讨会论文集》,中国和平出版社。

王思斌(主编),2014,《社会工作概论(第三版)》,高等教育出版社。

Barbra Teater, 2013,《社会工作理论与方法》,余潇等译,华东理工大学出版社。

Howe, D., 1987, *An Introduction to Social Work Theory: Making sense in practice*, Wildwood House.

Lecomte, R., 1975, Basic issues in the analysis of theory for practice in social work, Ph. D. Thesis, Bryn Mawr College, The Graduate School of Social Work and Social Research, p. 188.转引自 Roberts, R., 1990, *Lessons From the Past: Issues For Social Work Theory*, Routledge, 1990, p. 54。

Pilalis, J., 1986, 'The integration of theory and practice': A re-examination of a paradoxical expectation, *British Journal of Social Work*, Vol. 16, No. 1.

Roberts, R., 1990, *Lessons from the Past: Issues for Social Work Theory*, Routledge.

Whittington, C. & Holland, R., 1985, A framework for theory in social work, *Issues in Social Work Education*, Vol. 5, No. 1.

第一章 心理动力取向的社会工作理论

无论我们秉持何种立场,我们都不能忽视弗洛伊德的精神分析学说对社会工作的影响。精神分析学说及其后续发展形成了一个最为重要的理论流派——心理动力理论,包括自我心理学、客体关系心理学、自体心理学、依恋理论和关系理论等,它们都被引入社会工作,成为社会工作理论体系的重要组成部分(Payne,2014;米切尔、布莱克,2007;Brandell,2004)。汉密尔顿(Hamilton)是第一个将心理动力理论整合进个案工作的社会工作学者(Walsh,2010)。

布兰德尔(Brandell,2004)的《心理动力社会工作》(*Psychodynamic Social Work*)、冈特和布伦斯(Gunter & Bruns,2013)的《精神分析社会工作》(*Psychoanalytic Social Work*),是目前对心理动力取向的社会工作理论进行全面介绍的代表性著作。本章将介绍心理动力理论的发展脉络、核心概念与实践框架及其评价。

第一节 心理动力理论的发展脉络

心理动力理论是在弗洛伊德精神分析学说的基础上发展起来的由众多流派形成的一个理论家族。尽管各个流派观点不一,但有着共享的理论倾向。"之所以获得'心理动力'的称谓,是因为这个理论的潜在假设认为,行为来自人们心理世界的运动和互动。它也强调心理激发行为的方式,即心理和行为如何影响个人的社会环境并如何受个人社会环境的影响。"(Payne,2005:79)自我心理学、客体关系心理学、自体心理学、依恋理论和关系理论是心理动力取向的社会工作理论代表性的流派。实际上,心理动力理论也在不断发展之中,包括与后结构主义、社会建构主义、女性主义等社会思潮的融合。

一、弗洛伊德的影响

心理动力理论是在弗洛伊德的精神分析学说基础之上发展起来的。尽管弗洛伊德的精神分析学说可能被认为是过时的、武断的,但讨论社会工作理论显然无法绕开精神分析学说,因为它的影响非常深远,后续包括心理动力理论在内的社会工作理论的发展或多或少受到这一学说的影响,都是站在"弗洛伊德的肩膀上"。

弗洛伊德的理论贡献在于试图揭开人类社会的心理基础,即人类的心灵或精神是如何影响行为的,因为以往对人类问题的很多研究主要聚焦在生理层面。医科学生出身的弗洛伊德旗帜鲜明地指出,精神分析是实证科学,旨在解释心理的规律。他围绕人格心理学、动力心理学、变态心理学、无意识心理学和发展心理学提出了诸多开创性观点,设置了心理动力理论的重要研究议程,深化了人类对自身的认识和理解。随后,自我心理学、客体关系心理学、自体心理学、依恋理论和关系理论相继而起,它们试图从不同的角度对弗洛伊德的学说进行纠偏和拓展。

20世纪40—70年代,心理动力理论在社会工作的微观实践中占据重要地位,特别是其对心理社会理论的影响较深。布兰德尔和珀尔曼(Brandell & Perlman, 1997)认为,心理社会取向的实践在以下三个层面受到精神分析的影响:(1)动态诊断,即个人与环境互动的状况;(2)原因诊断,即人与环境互动状况的原因,包括过去的和现在的;(3)分类诊断,即心理社会理论试图区分案主的不同类型的状态(转引自 Brandell, 1997)。

二、自我心理学

自我心理学源自弗洛伊德的精神分析学说,并且对它进行了修正。西格蒙德·弗洛伊德关于自我的概念和安娜·弗洛伊德的《自我与防御机制》是自我心理学的早期渊源。哈特曼(Hartmann)的《自我心理学与适应问题》(*Ego Psychology and the Problem of Adaptation*)(1964)提出了"独立的自主"这一重要概念,肇始了自我心理学。他认为,自我是内在的能量来源,强调自我在适应中的角色,这是一种比较积极的观念,改变了弗洛伊德对焦虑、紧张和创伤的关注,目标不再是揭露人类内心被压抑的原始冲动,而是修复心理结构本身(米切尔、布莱克,2007)。自我心理学强调人格的整合性和适应性维度,使心理动力理论实现了转变。这样的转变体现在以下方面:(1)从冲突到危机解决。传统的理论强调内在的冲突,自我心理学则聚焦成长之中的危机。(2)从防御到适应。以前关注的是防御机制(defense mechanisms),自我心理学则聚焦适应性问题的解决。(3)从内驱力到动机多样性。自我心理学开始从更为综合的视角考察动机,而不仅仅局限于弗洛伊德式的视角。(4)从强调无意识的愿望到同等关注有意识的目的。自我心理学认为意识和情感状态也是行为的重要决定因素,而非局限于无意识(Yelloly,1980:13)。

自我心理学进入社会工作,产生了深远的影响,包括对人类体验、人类问题的本质的理解和治疗过程的重新认识,它更是成为心理社会、问题解决、危机干预和生活模式的重要理论源头(Goldstein,1995)。比较系统的阐述见于戈尔茨坦(Goldstein,1995,1984)的重要著作,其全面介绍了自我心理学对于社会工作的意义。明显不同于弗洛伊德的精神分析强调的无意识,自我心理学转而重视案主的自我功能和适应性(Walsh,2010),这更加符合社会工作的专业目标。

格林(Greene,1999)辨识出自我取向的社会工作具有如下特征:阐释症状的符号意义是重构过去事件,尤其是儿童时期的创伤的重要路径;揭示相应的被压抑的部分并带回到意识层面是社会工作实务中不可或缺的部分;表达情感冲突可以帮助个人从创伤性记忆中解放出来;理解并重新建构困难的早期生活事件具有治疗意义;将案主和社会工作的助人关系视为关键体验的微观环境是干预的重要组成部分;建立自我意识和自我控制是社会工作的干预目标。

三、客体关系心理学

对传统的精神分析学说而言,客体关系心理学是从"一人心理学"转换为"二人心理学",是从"点"转换为"线",而"线"就是指客体关系。如果说弗洛伊德聚焦的是结构的冲突,那么客体关系心理学看到的是客体关系有着基本的缺失。就客体关系心理学而言,更为简洁的表达就是,它关注"关系"甚于本能欲望,致力于从客体意象的角度解释俄狄浦斯情结这样的经典议题。客体关系心理学关注关系问题,重视过去的关系对人格的建构与形成所产生的影响,特别是体现早期的生活关系的"过去印迹"如何呈现在人与人之间的关系中且如何加以修复。客体关系心理学突出了环境的因素,并且对关系障碍,特别是边缘性人格和分裂型人格,有较为深入的研究。

克莱因是客体关系理论的开创者。她认为,人的内驱力是朝向客体的,内驱力是表达关系的。婴儿与客体的联系经由投射和内射等过程而实现。婴儿在与外界环境之中重要的外部客体的互动过程中产生主观经验,因此婴儿与客体之间存在一种幻想的、不现实的关系。如果这样的幻想是破坏性的,婴儿就会有内疚感,倘若不能忍受就会向外投射于父母等照看者。投射是一种心理过程,经由这个过程,婴儿找到了与客体分离的感觉或冲动。内射则是将外部世界感觉的东西带到自己内部,外部的危险就转变为内部的危险。婴儿通过不断运用投射和内射的机制面对满足和受挫的循环,并控制内部需要和建立客体关系(Clair, 2003)。

费尔贝恩认为正是因为人有与他人建立关系的基本倾向,因此所有的内驱力都是对关系的驱动,自我寻找与客体的关系,而非生物本能的满足。费尔贝恩认为,婴儿会将客体分成好的和坏的。以一个受虐的、处境糟糕的婴儿为例,他仅有的力量就是改变自己。他在自己的心理世界里将客体分裂成好的或坏的从而控制问题客体,然后接受或内化坏的客体,这样,客体成了"好的"而儿童自己变成了"坏的"。这就可以解释,受虐儿童往往会将施虐的父母看成好的,而自己是坏的,是应该遭到惩罚的。这非常有可能导致儿童自责,乃至抑郁和低自尊,从而形成一种强烈的情绪结合。治疗师为了帮助案主剔除坏的客体,必须通过提供安全稳固的环境成为案主的"足够好的客体",并逐步将坏的客体从无意识中消除,这样就可以重建其与他人直接接触的能力(Clair, 2003)。

温尼科特提出了"主观感觉性客体"(subjectively conceived object)这一概念,因为他相信婴儿是从与主观客体的关系逐渐地发展到能够与客观感觉到的客体建立联系的。足够好的母亲就能够接纳婴儿,同时,婴儿与母亲融合形成一种一体化的状态(Clair, 2000)。随着成熟发展,个体才能直接与真实的客体保持联系,感受世界的真实。过渡性客体是主观客体和真实客体之间所体验到的中间领域,因为婴儿需要一个幻想或中间状态,即部分是主观的,部分是客观的。比如,小孩可以使用轻柔的毛毯作为过渡性客体维持自己对重要他人(例如母亲)的印象,这个过渡客体要保持原始状态,如果毛毯被洗或被破坏,就失去其过渡客体的特质,孩子就会有情绪反应。

马勒承认驱力的重要性,但认为儿童跟最初的爱的客体母亲的关系是人类发展的核心所在。儿童的心理发展是从对母亲的依恋过程开始的,伴之以逐步的分离过程。马勒认为较早的共生期未完成的危机以及分离会成为个体成长过程的一部分,将影响一个人一生的人际关系(Clair, 2003)。所谓共生(symbiosis)就是隐喻婴儿与母亲无区别地在一起进行内心体验,分离(separation)则涉及儿童完成在内心与母亲的分离,将客体世界和客体表象区分开来。个体化(individuation)是一种早期的存在意识,包括了内在自主性的发展,从而可以假设某些性格特征是自己的特征。分离-个体化分成不同的阶段,马勒认为每个阶段都有特定的任务,如果任务没有完成可能导致严重的心理障碍。治疗师可以是替代性的双亲,也可以提供自我支持,从而帮助受困扰的儿童。

库珀和莱塞(Cooper & Lesser,2004)指出,客体关系理论对临床社会工作具有重要意义,因为它有助于更好地理解自我在早期和后来的人际关系,是洞察案主内部世界的一面镜子,为治疗师帮助案主用一种新的方式反观世界提供了方法。由此,案主与社会工作者之间才有可能建立成熟关系。戈尔茨坦(2002)将自体心理学和客体关系心理学并置起来介绍,形成了一个简洁而具有指导性的文本。

四、自体心理学

自体心理学是由科胡特(Kohut)创立的。《自体的分析》(1971)是科胡特第一次系统地对自体心理学进行初步探索的著作,旨在为已经过度理性的精神分析拾回共情的人性能力。他从驱力的理论架构出发讨论自恋,并赞同自恋是自体的欲望投资,但他不赞成弗洛伊德的主张,即随着一个人的成熟发展,欲望的投资会由自己流向他者,自恋会转变为客体爱(object love)。他主张自恋欲望和客体欲望本质上是不同的,分属两条不同的发展路线,这样原始的自恋可以发展为成熟的自恋,而非由客体爱所取代。成熟的自恋表现为一个人的理想、野心、同理能力、创造力、幽默感,甚至智慧。

可见,科胡特认识到人类关联的重要性,看到了自恋的积极意义,由此引入了"自体""客体"的概念和"双极自体"(bipolar self)的概念。他认为自体(self)的成长需要两种重要的自身客体经验(selfobject experience):重要客体的镜映(mirroring)和理想化(idealization)的形成。科胡特的理论后续得到进一步的扩展和修订。

自体心理学是从一个全人的立场出发去考察个人早期经历中的自身客体、主观体验和自身客体移情的,这对于社会工作实践具有重要意义。埃尔森(Elson)的《临床社会工作中的自体心理学》(*Self Psychology in Clinical Social Work*)(1986)是全面论述自体心理学对于临床社会工作实践的意义的重要文本。

五、依恋理论

依恋理论重视社会环境之中关系的重要性。正是有了关系,我们的情感及需求得以表达和定义,关系帮助我们调控情感,否则我们将感到挫败、焦虑、混乱与愤怒,并影响我们的心理发展、社交能力和人格形成等各个方面(Howe,2013)。这一理论是在传统精神分析和客体关系心理学的基础之上发展起来的,它由英国精神分析师鲍尔比(Bowlby)提出的。依恋是指儿童自身的一种生物学基础内驱力,它会使儿童形成一种对照顾者(通常是母亲)的长久的情感纽带。鲍尔比出版了《依恋》(1969)、《分离》(1973)、《失落》(1980)三部曲,是这一领域里程碑式的著作。他试图理解婴儿与父母相分离后所体验到的强烈情绪反应。因为他观察到,婴儿与父母分离后会以极端的方式,诸如大声哭喊、紧抓不放、疯狂寻找,进行抵抗,试图回到父母身边。鲍尔比有多名助手是社会工作者,所以这一理论与社会工作有着先天的亲和性。

鲍尔比之后,依恋理论的另一个重要人物就是美国心理学家玛丽·安斯沃思(Mary Ainsworth)。她首创了陌生情境(strange situation)这一技术,提出了一系列标准化的程序。这些程序可以清晰地测量婴儿与母亲分离时的不同表现,从而观察儿童如何评价母亲这一依恋对象的可亲近性、儿童面临威胁时如何调整自己的依恋行为,从而解决了鲍尔比尚未完成的理论任务,即解释个体之间在依恋关系上的差异。

豪的《依恋理论与社会工作实践》系统地将依恋理论引入社会工作,对依恋理论指引下的社会工作实践进行了较为全面的介绍。

六、关系理论

正如前述客体关系心理学和依恋理论所揭示的,关系是重要的。实际上,心理动力理论的一个重要发展是,形成了精神分析的关系学派。20世纪50年代,沙利文提出了精神分析的人际关系视角,强调关系对于生成人类基本动机的重要性(Sullivan, 1953),这意味着精神分析理论从内驱力向人际关系的发展。

格林伯格和米切尔创建了精神分析的关系学派(Greenberg & Mitchell, 1983),进一步强化了关系取向,系统阐释了精神分析的关系概念(Mitchell, 1988)。这一学派试图打破治疗关系在中产阶级主导下的统治与服从的关系结构,将治疗行动集中于探索临床工作者和服务对象之间的沟通和服务方案的商定上,强调关系的主体间性是治疗行为的媒介;主体间性假设双方能够在关系中分享自己和对方的主观经验,从而共同创造一个共享的空间,其中可以发生经验、感知、感觉、态度和行为的变化(Rosenberger, 2014)。

戈尔茨坦等人(Goldstein, et al., 2009)在整合心理动力理论的诸多关系流派的基础之上,提出了一个综合的社会工作关系干预模式,这个模式认为社会工作实践具有一个关系内核,因此发展障碍、评估和干预都应置于关系之中展开。

第二节 心理动力理论的核心概念

心理动力取向的社会工作理论包含三个部分:结构理论(structural theory)、发展理论(developmental theory)和治疗理论(treatment theory)(Payne,2014)。结构理论关注人的心理与行为之间的关联。发展理论聚焦如何改变人们基于早期儿童经验形成的思维模式及其影响。治疗理论回应人的心理与行为问题。

一、本能、人格结构与发展阶段

弗洛伊德的理论主要包括本能、人格结构、意识层次、自我防御机制和人格发展。就其本质而言,弗洛伊德的学说是决定论的、线性的,它认为人类行为由非理性的力量——无意识或本能驱力——所决定,这样的因素贯穿心理社会发展的不同阶段,而本能的驱动作用贯穿其中。很明显,这样的论述具有明显的化约主义色彩。

本能是决定人的心理过程方向的先天状态,决定了人的思维、感知和记忆等,如同沿着河道奔流的河水。本能可以分为两类:为生命服务的本能和为死亡服务的本能。为生命服务的本能一开始是指性能量,后来拓展到包括所有生命本能在内的能量,它服务于人类的生产、成长、发展和创造力。弗洛伊德在目睹第二次世界大战的惨烈之后,提出人类亦有源自攻击驱力的死亡本能,这是一种摧毁秩序、回到前生命状态的冲动。所有这些驱力都构成了人类行为的决定因素,这是明确的心理决定论。

弗洛伊德认为,人格结构包括三个组成部分:本我、自我、超我。本我是生物成分,是人格的原始系统,它基于内驱力或本能,由无意识所决定,缺乏组织,受快乐原则限定。快乐原则是避苦趋乐,其目的是消除人的紧张。自我是心理成分,负责与现实世界协调,支配、管理和控制着人格,在本能与环境之间周旋,控制本我的盲目和冲动。它为现实原则所支配,能够实现逻辑思考并制订相应的计划,也就是忍受紧张,直到紧张被消除为止。超我体现的是道德原则,象征的是理想,是一种内化,是人的道德律。它包含两个层面:一是良心,界定什么是不应该做的;二是自我的理想,规定什么是应该做的。超我涉及心理奖赏和惩罚,当合乎超我要求之时,个人会有自尊和骄傲,反之则会感到罪恶和自卑。如果个人的自我、本我和超我三者之间能够维持和谐的关系,个人就具有完善的人格并能有效地与外界沟通。但如果三者之间的关系中出现障碍,人格就会失调,需要予以回应。实际上,本我、自我和超我三者之间并没有清晰的界限,这三个概念的提出只是为了方便从整体上把握人格的不同过程、功能和机制。本我之中产生自我,自我之中产生超我,三者相互作用、融合于人的整个生命过程。

相应地,心灵是由三个部分组成的,包括意识、前意识和潜意识。意识是人在任何时候都可以觉察到的想法和感受。前意识是很容易变成意识的潜意识,即经由思考而可以觉察到的部分。潜意识是已存在,但又无从觉察的心理过程。

弗洛伊德对焦虑的分析可谓这一理论的经典应用和具体表述。焦虑是一种紧张状态,源自本我、自我和超我的抗争而引发的冲突。焦虑可以分为三类:现实的、神经质的和道德的。现实焦虑是对外在世界的危险的恐惧,神经焦虑和道德焦虑是个体内部力量平衡的威胁所导致的。当自我无法控制焦虑之时,就只能依靠防御机制。防御机制是自我为了消除不愉快(或焦虑)而采用的方法,涉及抵制或掩饰不被允许或不被赞同的欲望以减少内心的冲突,包括否认、替代、认同、投射、合理化、反作用、退行、压制和升华。所有这些都可以帮助应对压力,防止自我被压垮,具有适应性价值,但它们基本上都属于潜意识的水平。

弗洛伊德认为人格发展是具有阶段性的,个人会经历五个连续发展的阶段,每个阶段的发展都有赖于前一阶段心理冲突的解决。这五个阶段是口腔期、肛门期、性蕾期、潜伏期和生殖器期。在任何一个阶段,自我、本我、超我之间的冲突在得不到解决的情况下就会产生焦虑、压抑或压力,都会影响本阶段人格的发展和后续各个阶段的发展。罗宾斯(Robbins,1998)较为系统地展示了弗洛伊德的重要观点,见图1-1。

埃里克森(Erikson,1980)突破了弗洛伊德的这一框架,洞察到个人的发展是与社交内驱力关联的,这样,其理论观点就从关注内在世界转换为聚焦外部世界。这种内驱力包括:(1)社会关注的需要;(2)掌握环境的需要;(3)寻求个人社交生活的结构和秩序的需要。在与环境的交往过程中,自我发挥着重要的作用,因为它寻求对环境的掌握和控制,相应地,外部世界对自我发展影响很大。埃里克森提出,个人绝非仅仅是自我功能和防御的总和,而是受制于生物的、心理的、人际的、

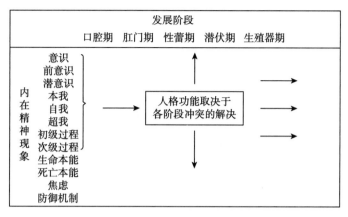

图 1-1　弗洛伊德精神分析学说的概念架构

环境的和文化的影响。自我发展是在八个不同的生命阶段中掌握发展性任务结果的,每一个发展阶段的结果都作用于认同的形成。每个阶段的成功完成都促成个人在信任、自主、主动、勤劳、自我认同、亲密关系、创造性和自我统整性方面的成长。

二、自我功能、防御机制与自我掌控感

"个人功能"是自我心理学中的核心概念,对个人功能的认识包括以下七个层面:(1)自我心理学认为人们具有与生俱来的适应性功能,自我是动态且积极地应对、适应和改变外在环境的动力。(2)自我是个人成功适应环境的基本功能的人格的组成部分。自我功能是内在的,不断发展的,并且与不同的生理心理社会因素进行互动。(3)自我发展是作为符合以下条件的结果而存在的,即满足基本需要,认同他人,学习、发展性任务的掌握感,有效的问题解决,成功应对内在需要与环境状况之间的压力和危机。(4)自我在具有独立发挥功能的能力之时,还只是人格的一部分,必须将其与内在需要、驱力、内在化的他人的特征、期望联系起来进行理解。(5)自我不仅在个人与环境之间进行协调,也在人格的不同层面之间进行协调。它可以保护个人免于焦虑和冲突,产生服务于适应性或适应不良目标的防御。(6)社会环境影响人格,并成为促进或阻碍成功应对的条件。由种族、性别和年龄导致的差异应该在自我功能的评估中得到理解。(7)社会功能的问题要从应对能力的可能缺陷与不同需要、能力和环境状况与资源之间的匹配关系这两方面进行理解(Goldstein,1995)。实际上,自我心理学是围绕"自我功能""防御机制"和"自

我掌控感"这三个核心概念形成的。

自我功能(ego function)是人们适应和应对世界的手段,自我承载着动机和能量。自我功能主要包括:(1)对外部环境的感知(awareness of the external environment),是指能够清晰、准确地认识和理解周围的世界,包括时间、地点和人物的定位,不出现幻觉、妄想和浮想(松散联想)等情况,能够区分现实与幻想,具备基本的定向力。(2)判断力(judgment),是指能够根据社会和文化的期待,对事件做出合适的反应。判断力可能会随着情境的变化而变化。(3)认同感(the sense of identity),是指一种相对连贯的身心自我认知,能够使人维持适当的心理界限,即既能与他人建立联系,又能保持必要的独立性。(4)冲动控制(impulse control),是指能够区分驱力或冲动与计划,并在一定程度上控制行为或情绪。(5)思维过程(thought process),是指能够以目标为导向,理性且专注于现实,从而采取适当的行动。(6)客体关系(object relation),是指能够适当地管理关系,以实现个人目标,并将他者视为独特的个体。(7)防御机制,是指能够通过扭曲现实,最大限度地减少焦虑。(8)刺激调节(Stimulus regulation),是指能够筛选外部刺激以保持对问题的关注的能力。(9)自主功能(autonomous function),是指能够维持注意力、集中力、记忆力或学习能力。(Walsh,2010)上述功能的正常运行对于个体的日常功能和整体发展至关重要,其中任何一项功能的失调都可能意味着潜在的心理或生理健康问题。因此,评估和增强自我功能是社会工作微观实务的重要组成部分,有助于提高个体生活质量,促进个人成长、发展。

自我能够导出防御机制以保护人们免于焦虑,防御机制的作用就是限制世界对个人的刺激。每个人都潜意识地以不同的防御功能去保护自己免于焦虑、崩溃或受到威胁。防御机制可以包括:(1)利他(altruism)。自我牺牲、服务他人而获得满足。(2)禁欲(asceticism)。抑制某些欲望从而避免焦虑和冲突。(3)否认(denial)。不知晓或不接受关于自己的感情、冲动、思维或体验的现实。(4)移置(displacement)。将关于某人的不可接受的感觉放置在另外的人或情景上。(5)智识化(intellectualization)。思考那些不可接受的感觉和冲动而不是体验。(6)分离(isolation)。将感觉和特定的内容分开。(7)理智化(rationalization)。应用逻辑思维去判断特定观点和行为从而避免认知到其潜在的不可接受的动机。(8)反应构成(reaction formation)。用对立的感觉或冲动替代不适的感觉或冲动。(9)退行(regression)。为了回避目前的焦虑,返回到早期发展阶段、功能水平和行为方式。

(10)压抑(repression)。对不适的情感、冲动和体验视而不见。(11)躯体化(somatization)。不能接受的冲动或冲突被转化成躯体症状。(12)区隔(splitting)。将两种矛盾的状态(例如爱和恨)分开而非融合。(13)升华(sublimation)。将不可接受的冲动以社会接受的方式进行表达。(14)随遇而安(undoing)。采取一种无所谓的态度去应对。(15)投射(projection)。将不能接受的感觉和冲动赋予他人。(Goldstein,1995)评估一个人的防御机制时,需要关注以下三个维度:(1)是有弹性还是固化,即是否可以根据情境做出相应的调整。一个防御机制固化的人会不分场合地表达愤怒的情绪。(2)是过去取向还是未来取向。如果防御机制可以促进现在和未来的适应行为,就是未来取向的;如果其纠结于过去,就会产生不适应行为。(3)是依从现实还是扭曲现实。当一个人扭曲现实到对环境缺乏基本认识的程度时,就是防御过度了。(Walsh,2010)

"自我掌控感"(ego mastery)是理解适应性行为的重要概念。埃里克森认为,最佳自我发展是对阶段性特殊发展任务和危机进行掌控的结果,从出生到死亡的过程中,每一个危机的解决都导致某种自我同一感并构成自我感觉的核心组成部分。他提出了八个危机,危机的处理结果可以形成不同的自我掌控感,它们分别是:(1)获得基本信任感而克服基本不信任感(basic trust vs. basic mistrust);(2)获得独立自主感从而减少羞耻和不安感(autonomy vs. shame and doubt);(3)获得主动感而克服内疚感(initiative vs. guilt);(4)获得勤奋感而避免自卑感(industry vs. inferiority);(5)获得认同感而克服认同混乱(identify vs. confusion);(6)获得亲密感而避免孤独感(intimacy and distantiation vs. self absorption);(7)获得创造力感而避免"自我专注"(generativity vs. stagnation);(8)获得自我完整而避免失望感(ego integrity vs. despair)(Erikson,1980)。

三、客体关系

客体关系(object relations),是指人们内心深处形成的对他人和自我态度的总和,是人们在与生活中重要人物的实际交往过程中逐渐形成的。一个人幼年时期的关系模式会显著影响其日后与他人的相处方式。这里,"客体"既可以是现实生活中真实的人,也可以是人们心中对别人或这个人某方面的心理映像。部分客体(a part object),是指人们在与他人的交往中,仅关注并内化对方的某些特质,而非全面地看待其整体。相反,整体客体(a whole object)意味着,人们能够全面地接纳和理解他人的所有方面,包括其优点和缺点。这种整合不同情感体验,从而形成整体对象的能力,被视为心理成熟的重要标志。客体恒常性(object constancy)是一种成熟的心理状态,是指一个人即使与生活中重要的人或物分离后,也能够在心中保持对这些重要的人或物的全面且稳定的认知。这种能力有助于维护长期、稳定的人际关系:虽然物理上分离了,而情感联系依然牢固。通常,个体在心理发展到一定阶段后才能形成这种能力,这是成熟客体关系的一个重要标志。(Walsh,2010)

四、自身障碍与人格类型

科胡特(Kohut)和伍尔夫(Wolf)将自体障碍分为四类:受刺激不足的自体(understimulated self)、受刺激过度的自体(overstimulated self)、分裂的自体(fragmenting self)和超负荷的自体(overburdened self)。第一类是受刺激不足的自体,体现为个体感到自己是令人厌烦、缺乏积极性的,且这种情况可能是长期的,也可能是间断性反复出现的。其原因是,个体在童年期缺少来自父母方面的激励,个体的精神成长受到了严重威胁。第二类是受刺激过度的自体,体现为个体因现实与理想化情境背离而产生焦虑。其原因是,在儿童期,父母时常对孩子的天赋、技能进行夸张的欣赏、注意和认同,甚至当作向旁人炫耀的工具。在这种持续、过度的侵入背景下,儿童会对自己所拥有的天赋、技能丧失兴趣,甚至可能会因这种过度刺激而产生焦虑,从而无法发挥自己真正的潜能。第三类是分裂的自体,体现为个体对任何一点轻微的反驳都很敏感,对世界充满敌意,并且容易迅速丧失持续性和目标感。第四类是超负荷的自体,体现为个体在童年早期缺乏共情的体验以及温暖和安慰性的环境。由于父母未能教会其情绪稳定的能力,因此个体难以进行自我安慰、产生平静,自我负担过重,会常因自己的情感需求而感到内疚。(转引自 Elson,1986:42-45)

对于有自体障碍的个体,如果不能采取具体的保护措施,他们就会形成某类人格,这样的类型划分为社会工作干预提供了依据。具体而言,可以为以下五类:

第一,渴求镜映人格(mirror-hungry individual)。具有这类人格的人需要得到自体客体的接纳、认可、关注、赞美,以满足自体的需求。他们会对自己需要被崇拜这件事感到焦虑和不安,但还是会继续寻求新的他人的关注与认可。对此,社会工作者可以通过"镜像转移"的方式进行干预,以帮助其了解当下产生的镜像需求及其起源、知道自己受的伤害及其原因,从而将情感和认知结合起来。从而,个体可以认识到自己的焦虑来源,进行监控,并将这种能力转化为一种自我功能,既调节了自大的情绪,又享受了内心的自我赞许和他人的主动赞许可能带来的额外愉悦。

第二,渴求理想化人格(ideal-hungry individual)。具有这类人格的人只有在面对一个崇拜自己的对象时,才会感到自己是有价值的。而这种关系破裂后,理想对象的地位会下降,个体便又开始寻找新的对象。

第三,渴求另我人格(alter-ego-hungry individual)。具有这类人格的人希望寻找到可以肯定自己价值的人,以确立自己的真实性,他们对另我的需求源于童年早期对自体的需求,这种对自体客体的需求会持续一生。

第四,渴求融合人格(merger-hungry individuals)。具有这类人格的人很难将自己的愿望、需求与自体客体的愿望、需求区分开来,他们期待温暖并会将自己持续依附到自体客体上,任何不完美的回应都会被他们视为一种伤害或冒犯。

第五,回避接触人格(contact-shunning individual)。具有这类人格的人孤僻冷漠,非常渴望接触自己选择的客体,但又不敢冒着被拒绝的风险去亲近其所渴望的客体。(Elson,1986:45-48)

以上分类源自对自恋行为和人格障碍患者的分析,但适用于更广泛的社会群体。这有助于我们理解自体障碍和人格类型,从而为微观实践提供指引。

五、依恋

安斯沃思根据陌生情境实验将依恋分为三个类型:安全型、不安全回避型、不安全矛盾型。豪引述了依恋的五种类型:(1)安全型依恋,他人的积极响应能增进孩子的自我价值感、自尊感、自我潜能感。(2)不安全-回避型依恋,父母忽视、专制、拒绝,儿童的期望遭到拒绝,有逃离倾向。(3)不安全-矛盾型依恋或反抗依恋,父母照顾方式不一致,对儿童的需求不敏感。儿童缺乏自信,容易怀疑,有爱、亲密、关注的需要,但怀疑是否能够无条件不间断地获得。(4)不安全-混乱型依恋,照料者一方面积极照顾,一方面充满敌意和暴力,儿童无所适从。(5)无依恋,常见于机构养育儿童,儿童的基本需要得到满足,缺少刺激的环境,没有机会与他人形成情感纽带,从而缺乏互惠概念。不安全的依恋会导致困难行为、混乱关系和情感障碍,实际上是社会工作中经常要面对的问题与挑战。(Howe,2013:82-83)

鲍尔比(1980)提出一个重要概念"内部工作模型"(internal working model,IWM),即儿童期与父母交往的经历使个体形成关于自我与他人的"内部心理表征"。内部工作模式被整合到个性结构之中,成为一个重要组成部分。内化工作模式组织与依恋有关的经历和感觉,指导儿童在新情境中的行为,甚至一直影响到其成人之后与他人和孩子的关系。也就是说,这样的工作模型具有稳定的倾向,一旦建立起来就倾向于保持稳定,婴儿期或童年早期的依恋经验会积淀下来,到成年后变成一种与依恋有关的心理状态,这就是一套个体根据自己对依恋相关的信息进行组织或取舍的规则。

第三节 心理动力理论的实践框架

一、心理动力理论的实践原则

不同的心理动力理论流派的实践原则有所不同,因为理论关注点不一样,以下分述自我心理学、客体关系心理学、自体心理学、依恋理论和关系理论的实践原则。

自我心理学认为,问题或挑战源自个人的内部冲突或个人与环境之间的冲突,因此案主的压力来自环境的压力或者不良的自我功能或生活的转变。由此,自我心理学取向的干预目标是帮助案主有效利用现有的自我优势或者建立新的自我优势。自我心理学的实践原则是:辨识案主的自我功能失调与当前问题之间的关联;考察案主面临的问题、自我功能与外在环境之间的关联;促进自我发展以提升案主的内在能量;改变环境条件;促进个人的自我能力和环境条件之间的配合度。(Walsh,2010)

基于自我心理学取向的社会工作实践似乎带有强烈的病态学的偏好,为了克服这一弱点并回应特殊人群的需要,包括妇女、有色人种等,自我心理学的干预模式加了更多充权性或宏观的实践元素。

客体关系心理学介入的重点是放弃坏的客体或者对不同客体的坏的意象。介入成功的要素是案主将社会工作者当成一个好的客体来体验,这样的工作关系有利于案主的正面发展。戈尔茨坦(2002)归纳出了客体关系心理学的六个重要原则:(1)早期婴儿-照顾者的互动导致个人内化了自己和他人的基本态度、关系模式、防御以及内在能量的库存。主要的发展过程包括依恋、分离-个体化、早期的客体丧失、经历不良客体、从依赖到独立的转变,这是考察案主的基本视角。(2)案主的问题源自早期的客体关系病态,诸如适应不良的依恋形式,分离-个体化亚阶段面临困难,自恋、狂躁、分裂型障碍,以及严重的和慢性的抑郁。(3)案主会将病态的内化的客体关系、原始防御、发展缺陷以及能量和优势带入干预的情境。(4)治疗应该聚焦于修正病态的内部结构或者创造一种有利的、治疗性的体验,以获得新的、更加强大的结构。(5)治疗中的变化过程源自修复性的和新的体验,在这一过程中,治疗关系本身和洞察可以修正病态的客体关系。(6)提供一个治疗性的支持环境,指出功能失调的关系模式和防御机制,采用一系列发展性共鸣(attuned)技术,聚焦于移情与反移情的动态过程。

从自体心理学的视角看,社会工作干预是一种自体重建循环向前的过程,具体表现为:(1)建立一个自体或自我客体单元。(2)社会工作者将自己作为一个新的自身客体。(3)关注案主的移情需要,并及时跟进案主希望出现的自身客体,识别这种移情是镜映的、理想化的还是伙伴的关系。(4)社会工作者尝试理解并共情案主当下情境中的自体或自我客体单元是如何浮现的及其童年期的根源是什么。(5)探讨反移情的意义,即自体的状态如何反映案主的需求和渴望。(6)识别防御机制,这是源于要保护脆弱的自体,或对社会工作者移情失败的基本反应。(7)识别抵抗机制,这是个体在保护自己避免再次体验共情失败的创伤和羞耻感。(8)案主降低防御和抵抗,再移情理解,从而实现一定程度的控制。(9)社会工作者的自身客体功能被转化为自我功能,重新激活个体的发展需求,案主的人格建构得以恢复。(10)挫折被内化为力量。(11)理解和解释的循环为个人提供了确认、阐释内在矛盾的机会,从而促进其人格结构的重建。(12)当个体再次寻求避免暴露于强烈的感受时,可能会出现新一轮的防御和抵抗。(13)当个体认识和整合曾经被自己否定的东西的能力不断增强时,其在自尊调节方面的缺陷得以修复,并不断强化自我的凝聚力和韧性。(14)当个体足够相信自己的感知,并能从自体存在出发时,其功能连续体得以建立,从而迈向可实现的目标。(Elson,1986:64-65)

依恋理论的核心原则是,给案主提供安全基地和发展环境,这是理解、支持和治疗三者的结合(Howe,2013)。干预包括五个原则。第一,社会工作者要提供一个安全基地,这样案主就可以探索痛苦的事件,社会工作者要给予陪伴并且体贴入微;第二,社会工作者要帮助案主探索、发现并承认某种关系引起的情感和行为反应;第三,社会工作者和案主需要认识到案主如何看待、理解和利用他们之间的治疗关系;第四,社会工作者要帮助案主认识到过去的依恋经验是否对现在的关系、行为和情感产生影响;第五,社会工作者要帮助案主重塑自我和防御机制,并学会更好地应对社会关系(Howe,2013:226)。

关系理论的社会工作干预的核心原则包括:建立合作关系,形成治疗性的友好环境,形成同理共振,超越同理,真诚、真实、即时和自我披露,认识到社会工作者和案主之间的相互影响,链接社会工作者和案主的主体性、治疗的回应性,鼓励形成新型的关系体验、差异化的阐释等等(Goldstein, Miehls & Ringel, 2009)。

二、心理动力理论的评估

心理动力理论在评估层面有很多共同之处,评估的过程也是干预的一个重要组成部分,两者密不可分。社会工作者一般聚焦于案主的四个相互关联的层面:当前的问题,涉及案主的生理、心理、社会情境因素,这些因素与当前问题的关联程度,案主的动机和期望(Goldstein & Noonan, 1999)。评估考察案主现在和过去应对问题的方式,案主的情感和案主实际的应对行为、案主内在能力和外在情境。因此,社会工作者要向案主提出以下四个问题:(1)案主当前的症状或问题是对当前生活压力的反应还是长期人格障碍的证据?这个问题可以帮助社会工作者了解案主的问题并做出回应。(2)案主的症状和问题在何种程度上体现为客体关系或自我的病态或依恋的障碍?这一问题可以帮助社会工作者明确干预的聚焦点。(3)案主当前的症状和问题是否体现了内在心理结构、冲突或发展缺陷?(4)案主解决问题的内在的能量、动机、环境资源和社会支持是什么?(Goldstein, 2002)评估的出发点是分享问题,讨论案主已做出的解决问题的尝试,从而寻找其他可能处理问题的途径(Payne, 2005)。

自我心理学的评估聚焦于案主的当前和过去的功能以及内在的能量和外部的境遇,因此社会工作者可以询问以下问题:(1)在何种程度上案主的问题是其当前生活角色或发展任务所导致的压力的结果?(2)在何种程度上案主的问题是情境压力或创伤性事件的结果?(3)在何种程度上案主的问题是其自我功能的障碍或发展性障碍的结果?(4)在何种程度上案主的问题是缺乏环境资源或内部能力与外部境遇之间缺乏配合的结果?(5)案主拥有怎样的内部功能和环境资源可以用来动员以提升功能?根据这一指引,案主的问题是众多因素互动的结果,包括当前的生活压力、自我功能受损、发展性障碍和环境因素(Goldstein, 1995)。这一判断以自我心理学为主导,但引入了"社会"的视角,表明社会工作试图调整纯粹的心理学取向。

从客体关系心理学的角度看,社会工作者需要深入了解案主的人际关系模式,探究其行为背后的心理动力,以及这些动力如何受到其过往经历、文化背景和环境条件的影响。社会工作者需要聚焦以下问题,以更好地理解案主的人际关系动态,识别潜在的问题根源,并制定相应的干预策略,从而帮助案主改善人际关系,解决深层的心理问题:(1)案主是能与其重要他者(如老师、雇主和朋友)保持积极的关系,还是其大多数亲密关系中都会产生冲突?(2)考虑案主的人际冲突是源于当前的现实还是在重复过去的关系模式?(3)案主是否倾向于像对待早年生活中的重要他者一样与现在的重要他者形成敌对的互动?(4)案主的某些行为是否在重演与其父母早期的经历?(5)案主的问题行为是否在努力通过与他人重复过去的创伤,以克服旧伤?(6)案主的哪些行为是对童年经历的真实再现?(7)案主是否需要纠正关于过去的扭曲的记忆?(8)哪些文化或环境因素在影响案主建立或维持关系的行为?(Walsh,2010:76-77)

从依恋理论的角度看,评估要包括:个人发展史、性情、生理机能、人格;当前的社会关系与过去的社会关系、关系的类型;案主处于关系的烦恼、失常或无序阶段;案主的社会支持水平、体验到的压力大小、社会经济状况;与家庭结构相关的风险因素,包括父母曾有病史及治疗史、父母曾有问题行为史、再婚、离婚等。评估关系时要注重关系的内容和质量,即人们在关系中如何表现、如何互动,人们投入关系的动机是什么,由关系引起的情感如何,情感投入水平如何(Howe,2013)。

从关系理论出发,评估的重点是当前的生活情境和人际关系状况,自我概念以及自信,动机模式和关系模式,早期照顾质量和人际关系体验,情绪控制,早期的重要事件及其意义、性别、文化和其他环境因素等(Goldstein, Miehls & Ringel, 2009)。

三、心理动力理论中的专业关系

基于心理动力取向的社会工作对于工作人员与案主的关系极为重视,它聚焦于案主的需要。心理动力取向的干预模式允许社会工作者将自己的个人特质以比较克制的方式介入"案主-工作人员"的关系。社会工作者要与案主建立治疗联盟,试图让案主克服非现实的行为和观念,践行现实的行为和观念。社会工作者的评估需要这样的关系,即工作主要聚焦于维持希望和动机、提升自主和问题解决能力、提供一个示范角色和良好的体验,以纠正不良体验、促进人格的改变、动员资源帮助案主、改良环境、协调和倡导。因此,专业关系对于整个治疗过程是非常重要的(Goldstein,1995)。干预的核心在于形成一种有利于治疗的环境(therapeutic holding environment)或安全基地,这样可以让案主感到安全且得到了支持和理解,从而可以表达自己的感情,促进工作关系的形成(Howe,2013;Goldstein,2002)。因此,专业关系提供这样一个情境:案主于其中能够得到他们小时候未曾有过的照顾和接纳。

在客体关系心理学和自我心理学中，社会工作者与案主的关系聚焦于移情与反移情，关系以案主的自身客体移情为中心，或者社会工作者成为替代性的安全客体。客体关系理论倾向于认为社会工作者是案主可以利用的客体，案主可以在这样的安全关系中重新成长，此时，社会工作者就是案主良好的内化对象，如同温尼科特所言的"足够好的母职"（good enough mothering）。社会工作者要对案主想要获得一个可使其满足的理想自身客体的持续需要具有同理心，这样的同理心是一种近距离的体验，在此基础上可以帮助案主重新开始其原本陷入僵局的发展。在依恋理论和关系理论中，社会工作者与案主要建立一种理解与支持的关系，从而为心理治疗提供安全的关系基础，但要小心处理关系的边界和伦理议题。

第四节 国外社会工作学者对心理动力理论的批判与讨论

佩恩（Payne①，2005）指出，心理动力理论对社会工作的理论和实践的影响是基础性的，其有关发展、人格、治疗的理论影响甚广。

第一，心理动力理论是社会工作中第一个有很强解释性的理论，为后来的理论创造了平台，因为后续的不少社会工作理论，无论是支持、修订还是反对，都是在此基础上建立的。

第二，心理动力理论对感觉和潜意识因素的重视对于社会工作具有重要启示意义。精神分析常用的重要概念，诸如"潜意识""洞察""攻击""冲突""焦虑""母子关系""移情"，几乎成为社会工作的日常术语。

第三，社会工作重视儿童时期、早期关系和母爱剥夺就是受到心理分析理论的影响。

第四，社会工作对精神疾病和困扰行为的关注起源于20世纪二三十年代，社会工作与精神科学和心理分析治疗的重要关系也肇始于此。在这一时期，相较于心理和情感因素，社会工作较少重视社会因素在一定程度上就源于心理动力学派的影响。

自我心理学、客体关系心理学、自体心理学、依恋理论和关系理论，在一定程度上超越了弗洛伊德的传统精神分析框架，更加注重个人成长过程中的关系环境，这

---

① Payne，又译为"派恩"。

对于社会工作具有重要影响,也在某种意义上延续了心理动力理论对社会工作的传统影响,显示出心理动力理论并没有过时。布兰德尔(2002)抱怨,就学术层面而言,精神分析在社会工作中被边缘化了,但泰尔(Thyer, 2015)则认为,美国社会工作者协会界定临床社会工作之时过分突出了心理动力理论的重要性,而实际上很多临床社会工作干预模式(例如行为模式)与心理动力理论没有任何关联。可以看出,不同立场的社会工作学者对心理动力理论的重要性有着迥异的判断。

心理动力学派的干预已经应用到不同的人群之中,得到了一定的证据支持(Drisko & Simmons, 2012; Walsh, 2010; Goldstein, 2002)。但总体而言,还需要加强对心理动力各个流派的干预研究,以更好地证明其有效性。自我心理学、客体关系心理学和自体心理学采用了更多的抽象概念,具有形而上的倾向,社会工作者可能认为这些都是空洞的且缺乏操作性的(Walsh, 2010; Payne, 2005)。心理动力学的干预也在寻求走向一个周期更短的治疗方向,毕竟冗长的干预过程对于服务购买者、第三方和服务机构而言都是难以接受的。

心理动力理论聚焦于个人,不能很好回应种族、性别、阶级和文化的多样性等议题,将社会排除在外,有化约主义之虞。对心理的过分关注导致很多人认为,这个理论没有很好地反映出对人类自我决定的尊重(Strean, 1979)。心理动力理论对文化多样性的关注不够,影响了社会工作者对个人体验的理解,因为个人主体体验的形成和表达受到文化的形塑(Walsh, 2010; Payne, 2005)。进而,心理动力理论可能会忽视实际物质需求,这样,案主受益就限定在一定的范围之内。环境因素在心理动力理论里没有受到足够的重视,仅仅从一个比较狭窄的心理视角看待案主和思考案主的问题,限定了社会工作者的专业视域。因此,心理动力理论就其本质而言是中产阶级取向的,是以接受现存秩序并内化问题为基础的。心理动力理论没有全面考虑社会层面的变革,有责怪受害者之虞,这无疑限制了社会工作的正义和权利的维度。尽管心理动力理论的后续发展关注到了个人的关系环境,但心理聚焦还是窄化了干预的范围。

女性主义批评心理动力理论形成和强化了对女性的刻板印象,比如"足够好的母爱"这一话语,这进一步再生产了男女不平等的社会结构。客体关系心理学和依恋理论都强调母亲-婴儿关系的重要性,但这很容易将儿童发展中的缺陷和扭曲主要归咎于母亲的责任,相应地,父亲的责任被有意或无意地免除了,母亲可能因不恰当的养育、影响儿童的未来发展而受到谴责(Enns, 2004)。

第五节 国内社会工作学者对心理动力理论的批判与讨论

在国内,以往学术界对精神分析和心理动力理论的介绍主要是由心理学家来完成的。社会学和社会工作对精神分析的关注可以追溯到潘光旦1929年出版的《冯小青:一件影恋之研究》,这是中国社会学史上运用西方精神分析理论来重新理解中国传统文化现象的名作(孙飞宇,2021),但这篇论文并没有强调精神分析在中国语境下的实践意涵。孙飞宇(2012)对弗洛伊德精神分析学说的脉络进行了更为社会的解读,强调精神分析与文化语境的结合、与社会理论的结合,形成不同的"反叛"或新的理论流派。他通过考察精神分析的经典文本知识在传播过程中的理性化现象,将精神分析的传播发展置于相应的历史社会背景中去进行理解,由此可以观察到弗洛伊德原著中所关心的灵魂问题变成了科学式心理问题(孙飞宇,2017)。何雪松、王天齐(2021)强调,心理动力理论是社会工作关系思维的三大传统之一,精神分析学聚焦人际层面的"交互",关注对个体心理层面的分析,沙利文提出的精神分析的人际关系方法、米勒提出的关系文化理论、格林伯格和米切尔的精神分析的关系学派、格根的关系本体论等,均为社会工作关系范式的建立提供了理论基础。在社会工作的关系思维发展之初,精神分析对于社会工作关系视角的影响占据主导地位,虽然随着后期系统理论和"人在情境中"范式的融合以及系统理论对于精神分析的批判,社会工作的关系思维和精神分析之间的关系逐渐从亲密变为疏离,但精神分析理论在社会工作关系范式的建立过程中依然具有深远影响。

总体而言,我国对心理动力理论与社会工作实践的关联研究较为缺乏,仅有少部分以心理动力学理论为基础开展的实证研究。佟新(2022)从精神分析的角度分析了家庭关系类型对青少年身心健康的影响,并在此基础上开展了社会工作对平权型亲子关系的倡导性实践。许丹、李强(2018)以心理动力学为研究视角,从补偿、自恋、作为价值来源的照顾、对他人痛苦的共情和对职业榜样的认同这五个角度,分析了包括社会工作在内的多种助人职业的助人倾向,从而突出了创伤经历在助人职业生涯选择中的作用,进一步丰富和充实了"源自苦难的利他"的心理机制。

从上述内容来看,国内学术界将心理动力理论更多地应用为一种解释理论而非实践理论。但是,弗洛伊德及其后继者们的工作可以成为我们理论反思的起点,为了理解中国的大众心理学以及社会工作与社会学的重大问题,不仅要反思我们自身的历史,还要重新反思主体间性的问题(孙飞宇,2012),更要反思心理动力理论的在地化,这样才有可能为我们理解大变革时代个体、群体与社会的心态波动提供新的想象空间。

本章结语

本章的宗旨在于介绍心理动力理论的发展脉络及其在社会工作之中的应用,自我心理学、客体关系心理学、自体心理学、依恋理论和关系理论是本章的重点,这些理论进展丰富了社会工作的心理动力基础,是本章焦点。弗洛伊德的精神分析学说的核心概念包括"驱力""本能""人格结构""意识""无意识""自我防御机制"和"人格发展"。心理动力理论是围绕诸如自我功能、防御机制、自我掌控感、客体、分离-个体化、自身客体、自身客体移情、蜕变性内化和依恋等核心理论建构起来的。尽管心理动力理论有了长足的进展,为临床社会工作提供了重要的智识支持,但它们没有摆脱这一理论流派的先天局限性,过分聚焦于心理层面,而忽视了"社会"这一重要的层面。

思 考 题

1. 心理动力理论对于社会工作的意义是什么?
2. 自我心理学与传统精神分析学说的区别是什么?
3. 从自我心理学、客体关系心理学、自体心理学、依恋理论和关系理论的视角分别针对同一个案提出干预计划。
4. 客体关系心理学和自体心理学的区别是什么?

参考文献

何雪松、王天齐,2021,《社会工作的关系思维:三个传统与新的综合》,《新视野》,第6期。

D. Howe,2013,《依恋理论与社会工作实践》,章淼榕译,华东理工大学出版社。

M. Payne,2005,《现代社会工作理论》,何雪松等译,华东理工大学出版社。

潘光旦,2000,《潘光旦文集》,北京大学出版社。

斯蒂芬·A. 米切尔、玛格丽特·J. 布莱克,2007,《弗洛伊德及其后继者——现代精神分析思想史》,陈祉妍等译,商务印书馆。

孙飞宇,2017,《从灵魂到心理——关于精神分析理性化的知识社会学研究》,《社会学研究》,第 4 期。

孙飞宇,2012,《精神分析理论的百年发展及其反思》,《中国社会工作研究》,第 2 期。

孙飞宇,2021,《自恋与现代性:作为一个起点的"冯小青研究"》,《社会学评论》,第 2 期。

佟新,2022,《顺从与反抗:青少年的自我认同及其整合——社会工作对平权型亲子关系的倡导性实践》,《学海》,第 1 期。

许丹、李强,2018,《心理动力学视角下的创伤经历与助人职业偏好》,《南开学报(哲学社会科学版)》,第 4 期。

Bowlby, J., 1969, *Attachment and Loss: Vol. 1: Attachment*, Basic Books.

Bowlby, J., 1980, *Attachment and Loss: Vol. 3: Loss, Sadness and Depression*, Basic Books.

Bowlby, J., 1973, *Attachment and Loss: Vol. 2: Separation: Anxiety and Anger*, Basic Books.

Brandell, J., 2004, *Psychodynamic Social Work*, Columbia University Press.

Brandell, J., 2002, The marginalization of psychoanalysis in academic social work, *Psychoanalytic Social Work*, Vol. 9, No. 2.

Brandell, R. (ed.), 1997, *Theory and Practice in Clinical Social Work*, Simon & Schuster.

Clair, M., 2003, *Object Relations and Self Psychology: An Introduction*, Brooks Cole.

Cooper, M. & Lesser, J., 2004, *Clinical Social Work Practice: An Integrated Approach* (2nd ed.), Allyn & Bacon.

Drisko, J. W. & Simmons, B. M., 2012, The evidence base for psychodynamic psychotherapy, *Smith College Studies in Social Work*, Vol. 82, No. 4.

Elson, M., 1986, *Self Psychology in Clinical Social Work*, W. W. Norton.

Enns, Z., 2004, *Feminist Theories and Feminist Psychotherapies: Origins, Themes, and Diversity* (2nd ed.), Routledge.

Erikson, E. H., 1980, *Identity and the Life Cycle*, W. W. Norton.

Goldstein, E., 1995, *Ego Psychology and Social Work Practice* (2nd ed.), Free Press.

Goldstein, E., 1984, *Ego Psychology and Social Work Practice*, Simon & Schuster.

Goldstein, E., Miehls, D. & Ringel, S., 2009, *Advanced Clinical Social Work Practice: Relational Principles and Techniques*, Columbia University Press.

Goldstein, E. & Noonan, M., 1999, *Short-Term Treatment and Social Work Practice: An Integrative Perspective*, Simon & Schuster.

Goldstein, E., 2002, *Object Relations Theory and Self Psychology in Social Work Practice*, Free Press.

Greenberg, R. & Mitchell, S., 1983, *Object Relations in Psychoanalytic Theory*, Harvard University Press.

Greene, R. (ed.), 1999, *Human Behavior Theory and Social Work Pratice*, Aldine De Gruyter.

Gunter, M. & Bruns, G., 2013, *Psychoanalytic Social Work: Practice, Foundations, Methods*, trans. by Hasenclever, H., Routledge.

Hartmann, H., 1964, *EGO Psychology and the Problem of Adaptation*, International Universities Press.

Jacobson, E., 1964, *The Self and the Object World*, International Universities Press.

Kohut, H., 1984, *How Does Analysis Cure?*, University of Chicago Press.

Kohut, H., 1977, *The Restoration of the Self*, International Universities Press.

Mitchell, S. A., 1988, *Relational Concepts in Psychoanalysis: An Integration*, Harvard University Press.

Payne, M., 2014, *Modern Social Work Theory* (4th ed.), Palgrave Macmillan.

Robbins, S. P., 1998, *Contemporary Human Behavior Theory: A Critical Perspective for Social Work*, Allyn & Bacon.

Rosenberger, J. (ed.), 2014, *Relational Social Work Practice with Diverse Populations*, Springer.

Strean, S., 1979, *Psychoanalytic Theory and Social Work Practice*, Free Press.

Sullivan, H. S., 1953, *The Interpersonal Theory of Psychiatry*, W. W. Norton & Company.

Thyer, B. A., 2015, It is time to delink psychodynamic theory from the definition of clinical social work, *Clinical Social Work Journal*, Vol. 45, No. 3.

Walsh, J., 2010, *Theories for Direct Social Work Practice* (2nd ed.), Wadsworth Cengage Learning.

Walsh, J., 2005, *Theories for Direct Social Work Practice*, Wadsworth Publishing.

Yelloly, M., 1980, *Social Work Theory and Psychoanalysis*, Van Norstrand Reinhold.

第二章 认知/行为取向的社会工作理论

认知行为理论(cognitive behavioral theory)是社会工作的基础理论之一。社会工作是一种助人自助的专业性服务,离不开对人的行为和认知的理解,以及在此基础上多种类型的服务。因社会工作领域中更多是应用认知行为理论开展针对服务对象的干预和旨在促进服务对象良好行为或健康心理的治疗,该理论有时又被称为认知行为疗法(cognitive behavioral therapy,简称 CBT)。

认知行为理论源于认知理论和行为主义两个心理学流派。这两个流派在心理学发展历史中具有重要地位。在心理治疗领域,虽然已经发展出了数百种治疗方式,但绝大部分都可归纳为精神分析、行为主义和认知理论三种流派。20 世纪早期的社会工作,特别是个案社会工作,更多受到弗洛伊德所开创的心理动力理论的影响,采用以精神分析为主流的治疗方法。心理动力理论把社会问题归结为个人需要和社会要求之间的冲突,并认为人的行为产生于天然存在的本能和生物驱力中。这种观点漠视了社会问题产生的社会根源,反对社会变革,甚至客观上支持社会控制。随着社会福利制度在西方国家普遍建立,这种观点越来越不能被广泛进入社会福利体系的社会工作者所接受。同时,基于精神分析的社会工作模式的效能也被广泛质疑。此外,精神分析模式的艰涩和昂贵也是被诟病的重要原因。这种情境下,社会工作迫切要求向医学和临床心理学学习,将社会工作建立在科学证据的基础上。

因为社会工作的许多内容涉及帮助服务对象改变不适宜的行为,而行为主义强调运用自然科学的实证方法研究人的行为,认为人可以改变旧的不良行为和学习新的因应方式,所以行为主义较早就被社会工作所应用。20 世纪 50 年代,行为治疗的方法就在美国、英国等国家开始出现,并不断发展,成为取代传统精神分析方法的另一种选择。70 年代之后,行为治疗已经成为社会工作领域的重要力量,应用十分广泛。然而传统的行为主义只注重外在的显见行为,忽略了人的主动性和社会性,甚至治疗中有过于简单直接之处,因此也被许多社会工作者所厌恶。随着认知理论在20世纪中期后的更快发展,心理学家开始从科学的角度认识精神状态、思想、理解和记忆等认知问题,与精神分析相比,更关注人的思维过程,而非潜意识的冲突。这在后来被称为"认知革命"(cognitive revolution)。这种动向也逐渐影响到社会工作领域。60年代,发展出认知治疗方法。之后,基于认知理论的治疗方式不断涌现。而且,因为行为主义在实践应用方面的不足,70年代以后,认知治疗大有取代或涵盖行为治疗之势。

无论怎样,认知和行为是一体两面。人的行为,总有内在动机和目的,人要经过某种审慎的计划和思考,才采取行动,而行动本身也会随着外界不同情境状况而不断调整权变,具有复杂性和灵活性。于是,无论是行为主义还是认知理论都内在具有整合对方的趋向,以进一步延伸和扩展自己的解释能力和应用空间。从20世纪70年代开始,行为治疗和认知治疗就开始相互整合,到90年代以后,进一步向折中主义发展,强调行为、认知和情绪三者之间的依存,逐渐以折中和整合为特色,形成了认知行为疗法。进入21世纪,更出现了认知整合观点(cognitive-integrative perspective),旨在将精神分析、行为主义、认知理论、体验和存在哲学、家庭系统和环境介入等观点和做法整合起来,形成综合性的实践治疗的策略和技巧(Berlin & Barden,2000)。

无疑,认知行为理论及认知行为疗法是基于个人主义的科学方法,存在相应的不足,但其清晰的聚焦、系统化的方法、明确的实践指导和丰富的治疗方式,广受社会工作者的青睐,始终在社会工作理论中占据重要的地位。

第一节 认知/行为理论的发展脉络

人的行为极具吸引力。当我们与其他人住在一起时,常会惊觉他人与我们的生活习惯如此不同。不同人从牙膏管挤牙膏的区域、叠衣服的方式存在差异,即使做同一道菜时放配菜的顺序也会有所出入等。诸如此类差异性极强的思维定式或随处可见的生活习惯,主要源于每个人从小是从不同的父母或照顾者处"训练"习得的,换言之,每个独立个体的学习经历是不一样的。这就意味着,一个人的认知中可能是"正常"的东西,在旁人眼中便可能是"异常"。每个人的经历都是独一无二的。

站在历史发展的角度,在我们开始梳理认知行为理论的理论脉络之前,让我们以抑郁症为例,粗浅地阐明一下认知和行为两大学派的异同。社会工作者如果以认知理论为切入点观察服务对象,即会认为抑郁症是由于服务对象消极的、不合逻辑或内心存在自我毁灭的信念;若以行为理论为切入点,则会认为诱发抑郁症的原因在于服务对象生活的环境,这样的服务对象一般生活在高惩罚和低强化的外部环境中。

正是因为存在这样鲜明的差异,在过去的三四十年间,心理咨询领域最令人兴奋的一次学派交融就是认知理论和行为理论的碰撞与融合。此外,两大流派的心理学家们也发现思维和行为的学习机制是相同的。因此,一种多元的治疗方法——认知行为疗法随即产生。社会工作者实践验证发现,认知行为理论及其疗法对于解决服务对象所存在的问题有着显著效果。因此,梳理其两个源头的理论脉络,并将其理论基础有效内化,对社会工作者而言十分必要。

一、行为主义的发展脉络

19世纪末20世纪初,美国已进入了高度机械化生产的社会,工业化模式也正逐步迈向自动化生产的阶段,这对组织生产与管理提出了更高的要求。为适应当时社会经济发展的需要,心理学家从原本着眼于人的内部世界转向研究人的行为规律,通过研究人的行为,更好地控制人的行为。与此同时,实证主义的兴起以及达尔文(Darwin,1959)的生物进化论的广泛传播,都为古典行为主义的发展提供了哲学和自然科学方面的理论支持。

行为主义学派是由美国心理学家约翰·华生(John Watson)基于俄国生理学家伊万·巴甫洛夫(Ivan Pavlov)的经典条件反射学说而建立的。巴甫洛夫证明,通过与时间和空间的联系,铃声可以使狗产生分泌唾液的生理反应,这就是为经典条件反射。深受这项发现的影响,行为主义心理学家认为人的行为是后天习得的,环境决定了人的行为模式,因此人可以通过学习改变既有的行为模式。这一理念彻底颠覆了固有的心理学研究传统,并将心理学的研究从意识层面带入了行为层面,该学派的心理学家认为,人的行为是人对环境刺激所做出的反应。

行为主义的思想占理论统治地位长达半个世纪。张厚粲(2003)曾将行为主义界定为四个时期:华生的古典行为主义时期、新行为主义时期、斯金纳的操作行为主义时期以及班杜拉的后期行为主义时期。基于对社会工作者实践领域影响因素的考量,我们将行为主义简化为三大阶段。

（一）华生的古典行为主义时期：20世纪初至30年代中期

古典行为主义是对传统心理学的意识概念和内省法（introspection）的批判，行为主义学家认为心理学的论题应该围绕有机体的行为进行研究。因此，行为主义学家研究的主体是客观的、可观察的生物活动。华生作为该学派的领军人物，于1913年发表了《行为主义者心目中的心理学》一文，侧重从有机体适应环境的角度来考察行为，表明行为就是有机体用以适应环境的反应系统，即行为的基本单位是"刺激-反应"（stimulus-response，简称S-R）。刺激是可引起有机体反应的外界环境，可导致身体组织发生任何变化；反应则是有机体对于刺激作用产生的肌肉收缩和腺体分泌。

（二）斯金纳的操作行为主义时期：20世纪30年代末至50年代末60年代中期

1938年，美国行为主义的后起之秀伯尔赫斯·斯金纳（Burrhus Skinner）出版了其第一部著作《有机体的行为》，系统地阐明了操作行为主义理论。斯金纳的操作行为主义与早期行为主义的不同点在于，早期行为主义侧重针对有机体在观察到刺激条件下做出的反射和行为实施大量实验，即将其反应归纳为应答性条件作用或反应性制约作用（respondent conditioning），较为被动。而操作性行为主义同时注重针对有机体在没有观察到刺激的自发行为条件下的行为和反射进行研究。例如经典的斯金纳箱（Skinner Box）实验，表明了有机体对环境的主动适应，如人类学习游泳、写字等技能。

虽然斯金纳的操作行为主义是对华生的古典行为主义的拓展、修正，但是并没有切实弥补古典行为主义存在的对有机体内部条件研究不足的缺陷。因此，时至20世纪60年代初期，以斯金纳程序教学为主流的教学改革运动受到了当时教师和学生家长的质疑，同时也招致心理学同行的批判。由此开始，便进入了后期行为主义时期。

（三）班杜拉的后期行为主义时期：20世纪60年代末至80年代

后期行为主义的特点主要表现在两种趋势上。一种是延续斯金纳的操作行为主义向行为治疗方向的发展；另一种是吸收了人本主义心理学和认知心理学的思想发展出来的非正统的行为主义理论。阿尔伯特·班杜拉（Albert Bandura）作为后期行为主义的代表人物主要致力于第二种趋势的研究。1971年，班杜拉出版了

《社会学习理论》一书,详尽阐释了社会学习理论(又称社会认知理论)及其特点,着重强调了三个方面。(1)强调个人的社会学习与模仿:个人习得行为不需要事事都亲力亲为,许多时候个体可以通过模仿社会学习过程形成一定的行为。(2)强调个人的自主调节作用:社会学习与模仿不需要个体不断地被动强化,可以通过主动的自我调节进行。(3)行为的形成不单纯由环境决定,而是源于环境、人、行为三者因素间的交互作用。这最后一点正是对原有行为主义框架和基本观点的重大突破,也反映出认知理论和行为理论的融合发展。尽管后期的行为主义采纳了认知理论的概念和观点,但是其根本目的依然是在说明人的行为,其根本落脚点并没有发生改变。

二、认知理论的发展脉络

1967年,乌尔里克·奈塞尔(Ulric Neisser)出版了著名的《认知心理学》(*Cognitive Psychology*),标志着认知心理学的诞生。他对认知心理学的定义是,认知心理学(研究的)是感觉输入的变换、减少、解释、存储、恢复和使用的所有过程。换言之,认知心理学是研究人的身体内部认知过程的机制和功能。认知理论的发展渊源可追溯到古希腊时期,但由于行为主义在19世纪末到20世纪初大行其道,所以认知理论一度遭到学科内部的排挤。直至20世纪50年代,由于行为主义发展受到了诸多挑战,因此"认知"这一概念再次进入心理学家们的研究视野。直至20世纪70年代,认知心理学研究成为西方心理学研究的主流方向,其研究范畴也纷繁复杂。基于社会工作者的实操角度,我们主要从以下三个方面进行探讨:认知的定义及认知心理学家的理论假设、认知理论的研究方法、认知心理学的主要人物及其理论特点。

(一)认知的定义及认知心理学家的理论假设

何雪松(2007)曾在《社会工作理论》中提到,认知包括各种心理现象和各种心理活动的过程,如意识、智力、思想、想象、创意、推理等,知觉、记忆等高级心理活动也属于认知的范畴。简言之,认知是一个人对待周遭事物的看法以及思考该事物的一种方式。就定义而言,认知理论的研究对象与行为理论将外部行为作为研究对象这一做法相悖。古典行为主义的心理学家假设人的行为受外部环境影响,而认知心理学家则认为认知过程会影响人的行为和情绪。

(二)认知理论的研究方法

认知心理学的研究方法大致上经历了两个时期,以第二次世界大战后的第一台电子计算机的出现为分界点。早期心理学家无法用肉眼观察人的心理过程,只能通过观察输入和输出信息的方式加以推测,该过程也称为信息加工过程。世界上第一台电子计算机在美国问世后,认知心理学的研究得以进一步地发展,可以通过实验、计算机模拟、认知神经科学和认知神经心理学等多种方式进行全方位、多角度的研究。

(三)认知心理学的主要人物及其理论特点

在社会工作实务中,应用最为广泛的是阿尔伯特·艾利斯(Albert Ellis,1977)的理性情绪治疗理论。该理论认为非理性信念导致人们表现出反常行为,旨在挑战和改变人们的非理性或不合逻辑的信念。20世纪60年代,另一位认知心理学领域的大师阿伦·贝克(Aaron Beck,1967)也通过研究发现,抑郁症是由人们对自我、自己世界中的其他事情以及未来抱有的消极信念引发的结果。随即,由其发展出的情绪认知理论也得到了广泛的临床应用。

三、认知行为理论及疗法的发展脉络

这里将围绕两个部分展开描述:第一部分是理论层面的认知行为理论,第二部分是临床应用的认知行为疗法。

(一)认知行为理论

认知行为理论的发展历程事实上是行为主义和认知心理学不断交融的过程。20世纪20年代到50年代,行为主义在美国心理学界占有主流地位,到60年代,行为主义的发展受到诸多质疑,当时的许多心理学家认为,一味注重环境决定行为的研究视野可能过于狭窄,但让行为主义者突破行为主义的理论假设,承认身体内部的因素也会对人的行为产生影响并非易事,直至后期行为主义彻底放弃了固有传统,将认知纳入了研究框架。总体而言,行为主义在不断趋向于行为认知主义。

认知理论虽然缘起已久,有着深厚的历史积淀,但由于研究方法的局限性,认知心理学一度被摒弃。直至随着科技的进步,认知心理学的研究方法才得以不断修正,认知和行为得以融合。简言之,认知理论也是从聚焦个体内隐行为向结合人的外显行为的方向发展。

随着理论的融合与深入,认知行为疗法及其临床应用在20世纪中后期产生了深远影响。一方面是为心理治疗、社会工作实务等提供了实操方法;另一方面社会工作的实践证明,大到干预抑郁症、恐惧症、创伤后应激障碍,小到解决夫妻矛盾、家庭矛盾,认知行为疗法都有明显作用。

(二)认知行为疗法

认知行为治疗法作为较为新派的临床方法,产生于20世纪60年代到70年代早期,直至最近几十年才被广泛采用。作为处理心理问题的"范本",CBT是对认知行为理论假设的临床应用,聚焦于对人的外部行为和内部认知的修正,以"问题为核心,行动为开始"为主要治疗核心。

1. CBT的形成原因

认知行为疗法是在融合行为主义和认知心理学知识的基础上形成的一种临床社会工作方法。这种融合得以产生的原因有以下四点。第一,发展至班杜拉时期,行为疗法便从有机体的偏激行为转向解决人所面临的常规问题方面发展。这使得行为主义的心理学家在原有的经典条件反射理论和操作主义理论之上,进一步将干预治疗聚焦于人的行为改变。第二,这源于行为疗法本身对自我定位的突破。行为疗法在面对失调型症状时,旨在通过对外部行为的改变减缓病症,但当面对强迫性思维(obsessional thinking)等问题时,行为疗法就需要认知心理学方面知识的介入。第三是认知心理学的发展。20世纪50年代,认知心理学家在学界掀起了一场"认知革命",从而建立了众多认知理论及理论模型(Neisser, 1967; Paivio, 1971)。第四,就治疗效果而言,大量发表的文章证实认知行为疗法比原有的行为疗法更有效(Chambles & Ollendick, 2001; Chambless & Hollon, 1998; Charmbless, et al., 1996)。

2. 认知行为疗法的基本命题

认知行为疗法基于三大基础命题。首先,认知会影响行为,如当个体有了一定要被人喜欢的想法时,他/她的行为就会表现得不够果敢且有过分取悦他人之嫌;其次,认知可被控制与改变;最后,行为可以以认知为中介,从而间接影响人的情感,如当个体开始习惯性地逃避社交时,便强化了"自己不够出色、别人不喜欢自己"的观念,由于个体获取了这样的观念,因此回过头来个体又会感到孤独、忧伤,自我评价也会降低,从而形成一个恶性循环。

3. 认知行为疗法的分类

马奥尼(Mahoney)和安可夫(Arnkoff)在 1978 年将认知行为疗法大致归为三类。随着临床应用的发展,认知行为的治疗方法仍在不断扩充。我们可以先参照以下分类方式(Dobson, 2009: 6-7)。

第一类,应对技能疗法(coping skills therapy)。

应对技能疗法主要针对服务对象所面临的外部问题或外显行为,帮助服务对象寻找合适的策略来减缓负面事件所带来的影响,侧重为服务对象提供解决具体问题的方式和手段,帮助服务对象面对应激性事件。例如,萨因(Suinn)和理查森(Richardson)创立的焦虑控制训练(anxiety management training,简称 AMT),可帮助服务对象评估自身对外界应激事件的焦虑程度,并根据服务对象的焦虑程度来制订训练计划,缓解、降低服务对象的不适和过度焦虑感。

第二类,问题解决疗法(problem-solving therapy)。

PST 是一种积极的临床干预疗法,可以有效地缓解服务对象的心理障碍,提升其对负面事件的应对能力,从而防止其他心理障碍并发症的发生,该疗法的最终目的是提高服务对象的生活质量。换言之,PST 是第一类和第三类认知行为疗法的结合。例如,斯皮瓦克和舒尔(Spivack & Shure)创建的 PST 可以有效帮助服务对象缓解来自工作与生活的负面压力,如家庭矛盾、办公室人际关系、财务压力等。

第三类,认知重建疗法(cognitive restructuring methods)。

认知重建疗法将服务对象行为上的困扰归因于个体不合理的认知。因此该疗法旨在调整人的认知。这类认知行为疗法在社会工作者实务中应用较为广泛。例如本章将展开讲述的艾利斯的理性情绪疗法(rational emotive behavior therapy)和贝克的认知疗法(cognitive therapy)。

第二节 认知行为理论的基本框架

在上一节,我们从历史角度简单回顾了认知行为理论及其疗法的由来。本节我们将从理论视角出发,对认知行为理论进行梳理。如前所述,认知行为理论由行为理论和认知理论两部分组成。行为理论主要建立在三大理论基础之上,而认知理论主要有两大理论基础。

在展开介绍各个理论之前,我们需要先简单地回顾两个基础概念:"外显行为"和"内隐行为"。外显行为指的是可以被人直接观察到的行为,如言谈举止等便于观察的行为;内隐行为则是指不易被人观察到的行为,通常是指心理活动、意识、认知等。行为认知理论正是围绕这两种行为观察和研究而得以构建的。

一、行为理论的基本框架

行为理论包括以下几种主要流派。

(一) 经典条件反射理论

巴甫洛夫的经典条件反射理论说明了当有机体接收到无条件的刺激后,自身会自然而然地发生无条件的反应。这是刺激所触发的一种先天的行为。该理论用于解释人类行为时仍然具有适用性。例如研究发现,巨大的响声和人感到恐惧之间存在类似固有的联系,这种反应可能存在于早期的人类社会之中,早期处于荒野中的人,可能会因动物发出的巨大响声而感到害怕。如果我们用经典条件反射理论来观察我们自身,会发现我们也许并不是天生害怕蛇、老鼠、蟑螂、蜘蛛等,而是因为我们在小的时候,可能在捡起一只蜘蛛或是蟑螂时,周围的大人会大声警告称:"危险!住手!"正是这个声音触发了孩子内心的恐惧反应,由此他会将蜘蛛或蟑螂与这种令人不适的反应相联系。

(二) 操作性条件反射理论

斯金纳的操作条件反射理论研究的是实验控制的刺激与有机体的反应的函数关系。他认为,有机体面对刺激的时候不仅只有一个刺激与反应的联系,可能也需要考虑改变刺激与反应的关系的条件。因此他提出了一个函数公式,即 $R=f(S, A)$,其中 R 代表行为反应,S 代表刺激,A 代表反应强度的条件。我们从增加行为和减少行为两个方面出发,来观察刺激和反应强度的条件。

1. 增加行为

正强化和负强化都会增加行为的频率、持续时间和强度。正强化是指获得强化物以增强某个反应,负强化是指去掉令有机体讨厌的刺激物以增强某个反应。所以,无论对于是正强化还是负强化,刺激都是十分重要的。

在正强化中,刺激对于行为的执行者必须具有一定的价值。例如,你的爱人送给你鲜花,你以感谢、拥抱或亲吻回应,送花行为的频率可能会增加或至少继续,因为你进行了正强化。但是,如果送花的爱人在接受了正强化作用后,其送花的频率降低了,那么说明对于送花的爱人而言,你接收到花的反应对于他/她而言影响很小,或是他/她可能没有意识到礼物与回应之间的关系。此外,如果你的回应被推迟了或者被其他事情干预了,比如送的是你不喜欢的花(颜色或是种类),你的爱人就可能错过观察送花与刺激之间建立联系的机会。

在负强化中,行为终止的条件在于接受了一个负刺激。例如,晚上,你走进卧室,因为不喜欢黑暗,所以打开了灯。开灯的行为中止了黑暗(厌恶的情况)。习惯在黑暗的屋子里不自觉地开灯后,可能你会惊奇地发现自己在白天走进房间时也会打开灯。这是因为开灯的行为已经被你条件反射般习得,并通过负强化成为一种习惯。

2. 减少行为

惩罚行为、回应成本和消除行为会减少行为发生的频率、强度和持续时间。

惩罚可以称为一个过程、机制或是程序,一个行为导致了负面刺激,会降低行为后续发生的频率、持续时间或强度。依旧引用之前的例子,你的爱人送花给你,但是你是一个激进的环保主义者,所以当你收到鲜花的时候,对方可能得到:"你为什么会破坏一个个鲜活的有机体,并把它视为爱的表达?"假使你的爱人不是一个"慢学习者",这可能是你最后一次收到鲜花的礼物。所以,在现实生活中,我们定义惩罚的时候,我们可能会用打屁股或是挨揍这类刺激让行为暂停一段时间,但是行为并不会从根本上消失。例如,孩子在小的时候都喜欢触碰各种新奇的事物,但是对于他们而言,有些事物是非常危险的,比如煤气灶,当孩子把手伸向煤气灶的时候,父母会为了保护孩子,情急之下打孩子的手,孩子下意识地远离了煤气灶,但是其实他们并不明白为什么自己会被打。过一会儿,他们又会将手靠近煤气灶,这个时候,父母会更加严厉地打孩子的手,孩子可能会因疼痛而哭泣,甚至不明白为什么会被打,大多数孩子仅会把注意力转向父母所给予的痛苦。父母迫使孩子停止触碰的行为就是在定义惩罚。如果是更为聪明的父母,往往就会抱起孩子,用其他更吸引孩子的玩具来转移其注意力。

回应成本与惩罚类似,也是一个过程、机制或是程序,与惩罚不同的是,回应成本会通过一个正强化来减少某行为后续发生的频率、持续时间或强度。较为形象的例子是,家中刚拿到驾照的子女,希望开家里的车出门,但是由于是新手,父母难免会有所顾虑,于是会和子女协商在晚上 10 点之前必须回家。如果他们不接受这个约定,可能会被勒令禁止开私家车出门。因此,如果他们在乎这样的禁令,以后按时回家,那么回应成本的效果就凸显出来了。

消除行为与前两者相同,也是一个过程、机制或是程序,但是其根本目的是彻底消除有机体的某种行为。这意味着,当有机体触发某种行为的时候,不会受到原有的强化刺激,从而减少其后续行为的频率、持续时间或强度。例如,孩子在商场通过撒泼打滚的形式向父母索要计划外的礼物,如果父母不予以理睬,忽略孩子的哭闹,久而久之,孩子便会停止使用该方法向家长索要物品。

值得一提的是,在特定的情况下,上述三种方法似乎也并不奏效。因为人们减少后续行为发生的频率、强度和时间的"罪魁祸首"是人们的认知。

3. 社会学习理论

早期的行为研究强调,正强化或负强化要紧跟着期望行为或不期望行为尽可能快地发生。对于年幼的孩子而言,他们的行为和强化之间的最佳时间差可能是几秒或是比几秒稍长一点的时间;但对于成年人而言,行为与强化之间的间隔可能会持续相当久的时间。对于其时滞所需要的过程,我们通常称为"记忆"的认知过程。

班杜拉的社会学习理论形成于20世纪60—70年代,他的理论聚焦于记忆和认知。他将自己的理论建立在人的行为、认知和环境三者相互影响的基础上。基于此框架,班杜拉形成了自己的社会学习理论,他认为人类行为模式的获取主要通过两种途径:一是亲身经历的直接学习;二是观察、模仿的间接学习。例如,一个10岁的孩子看见另一个孩子在自助餐厅里为一位老奶奶开门,老奶奶回以微笑和感谢。几个月后,这个10岁的孩子趁机表现出了同样的行为,并为获得的微笑和感谢感到高兴。

观察学习的对象并不局限于陌生人,父母也是子女模仿学习的重要对象之一。这就是为什么人们常说自己的行为和自己的父母相似。例如,曾经一名男子有社交障碍的征兆,当社会工作者询问其成长环境时,他表示,其父母一贯喜欢待在家里,情绪波动不大,也不经常表现自己的情绪,既不兴奋也不悲伤,很少出去吃饭,也不怎么和朋友聚会。通常每天晚上10点,父母会开始安静地看书,看电视的时间都不是很多。自己就在这样的环境中长大。在他的认知中,父母和自己属于"正常的人",当遇到不同于父母的人时,他会觉得他们"有些奇怪"。高中和大学期间,他都在和自己认为的"正常"人玩耍、约会,只是到了大学末期,他被一个自认为比较"狂野"的姑娘所吸引,虽然约会了一段时间,但是也无疾而终。最终他找了一个和自己类似的姑娘结婚。

在班杜拉的社会学习理论中,观察学习这种间接学习过程需要经过四个阶段,即注意、记忆、动机和行为重现。孩子可能会观察父母的某种行为模式,但是要习得该行为模式还需要父母进一步的讲解。例如,父母在领着孩子过马路的时候,会先向左向右看,确认无车才会通行。所以当父母看到孩子们向两边看后,仍要在汽车面前通行时,父母会对孩子的这个行为感到十分诧异。因为大多数父母并没有意识到,孩子虽然观察到了行为,但是行为模式的最后习得还需要一个过程。在孩子学习某种技能的时候,往往需要旁人的讲解,才可以更好地习得某项技能或拥有某种能力。

二、认知理论的基本框架

认知理论包括以下几种主要流派。

(一)理性情绪治疗理论

理性情绪治疗理论是由美国心理学家阿尔伯特·艾利斯于20世纪50年代提出的,是社会工作实务中应用最为广泛的认知行为理论之一。其基本观点如下:

1. 理性和非理性思维

该理论认为人是兼有理性和非理性的。人的认知中一部分是理性的,而另一部分是非理性的。艾利斯(1994,1974)曾预测,一些人会有令自己感到苦恼的解决问题的方案,其根本原因在于这些方案是人们自己的非理性信念系统产生的。例如,如果孩子被灌输、教育了"所有人都喜欢自己"这样一个非理性信念,他们可能会和那些不是特别关心自己,或是没有表现出那么喜欢自己的人产生冲突。艾利斯(1994)也曾描述了一些常见的且非理性的想法,例如,"在所有重要的领域,我是有足够的、绝对的能力取得成功的,否则我就是一个不称职且没有价值的人","当事情不是朝我想要的方向进行时,我觉得这是一件既糟糕又可怕的事情"。因此,认知临床医生可以介入和帮助服务对象重新定义他们的非理性信念,使其变得理性,如"我希望自己从来没有犯过错误,但是我知道犯错误是一件正常的事情,没有人是完美的"。

2. ABC理论

认知理论学家通常运用ABC理论(模型)来展示认知理论是如何对人类的行为进行解读的(见图2-1)。在这个模型中,A代表了外界的刺激,也是诱发的事件;B代表人们的思维和信念,它属于一种内隐行为;C代表一种行为,是情感和认知后的反应。它们的关系是 A 激发出 B 从而引起了 C。B 这个想法实际上涉及想法和信息处理的学习模式(认知模式),该模式是从生活中获取的。

图 2-1　ABC 理论

内隐行为的学习方式与一些显而易见的行为学习方式相似,如语言、信念、情感、知觉、归因等,都是通过经典条件反射、操作性条件反射或者社会学习模式直接获取的。例如,小孩有着先天发出声音的能力,但是其特殊的语言技能则需要通过强化习得。当婴儿模仿大人的言语时,大人会说:"哇,他在讲话呀!"但事实上,婴儿并不知道他们发出的声音是什么意思,而只是在模仿他们喜欢的这些言语(一种积极的强化),才重复这些声音。婴儿对正确的语言表达会倾注更多的注意力且会忽略其他的语言表达,也正因如此,照顾者通过这样的方式来塑造婴儿的语言能力。孩子们也通过同样的方式来学习信念、行为、情感回馈、思维模式、归属感等。

人们的思维也能够对其行为产生积极强化作用。例如,一个员工如果通过解决问题,从而获得更为创新的解决问题的方法,就会为自己感到骄傲。更进一步分析,如果人们相信某种行为能够使得他们得到想要的东西,他们就有可能愿意在相对残酷的环境中付出时间、精力,从而获得自己想要的东西。一些在健身房里锻炼几个小时的运动达人,就是因为相信锻炼能够给自己带来更好的肌肉和更长的生命,才会付诸行动。从另一层面来讲,经历过家庭暴力的受害者,会因有生活会变好的信念而再次回到施暴者身边。所以本质上讲,信念或内隐行为会对人们的生活产生很大的影响。

(二)情绪认知理论

如前文所述,20 世纪 70 年代,阿伦·贝克最早提出了情绪认知疗法,并积极将该疗法用于临床实践。这一理论和疗法旨在努力解决人们所持有的失衡的信念问题。贝克等人(1987,1967)曾提出,人的消极信念源于自身、旁人及自己对未来的看法。他的理论是想通过改变服务对象看待某事的思维方式,从而解决情绪上的困扰。总体而言,情绪认知理论和理性情绪治疗理论十分相似,也是理性情绪治疗理论的一种引申。

贝克将该理论主要应用于治疗抑郁症。他从理论分析得出,消极信念是构成抑郁症的基本要素。患有抑郁症的服务对象,相比未患病者,会对自我比较苛刻,经常会产生自我批判的想法。这样的服务对象往往会无助、对生活失去希望，或常把自己放置于受害者的位置。例如，人们认为自己工作"不达标"时，听到的上司的评价会比实际的更为严厉。与此同时，抑郁症患者可能会认为来自同事的称赞都是虚伪的、不诚恳的。从而，他们会变得愈发沮丧，甚至会有轻生的念头。

贝克和他的同事（1987）表明，一些问题信念其实就是"认知错误"。导致抑郁情绪的一些常见的认知错误包括：(1) 过度推广，比如我考砸了，我并不聪明；(2) 承担过多责任，如我负责工作中的一个青少年出现暴力行为，是我的责任；(3) 绝对两面思想（正确/错误），如要么你是爱我的，要么你是恨我的。

贝克的认知理论展现了信息处理如何影响人们的判断。以自尊（中性意义）为例，自尊是一种内隐行为，往往代表了一种信念，它是人们判断自己及拿自己与旁人比较的产物。如一些职业选手需要通过专业资格认证考试，但他们经常说的话是"自己将要考砸"，并会指出哪些人可能会通过考试。值得一提的是，被指出的那些人，恰恰是他们羡慕或是崇敬的人。随后，在考试中，他们会遇到许多难题，如果这些难题过多，就会让他们感到不舒服，他们最初"考砸"的信念会发挥作用。如果真考得很糟糕，他们可能认为这恰恰验证了自己的想法。反之，如果考得好，他们会将这一切归功于运气。如果人们把这种糟糕的自我推广到其职业生涯领域，那么这种低自尊感会更强。如何解决这个内隐行为所带来的问题呢？如何处理这类内隐行为所造成的困扰呢？贝克认为，社会工作者可以帮助低自尊的服务对象辨明自己的信念，判断自己的能力，了解自己可能高估了其他人的能力而低估了自己的实力。同时，也可以鼓励服务对象运用一些其他的学习辅导手段，如参加课外辅导班，提高他们的感知能力。

（三）建构主义

人们通常会以多种方式建构自己的现实意识。建构主义阐明了人是如何将一套信息处理机制应用在特定情境中的，而旁人则可能以一种完全不同的方式来感知该情境。如在夫妻治疗中，夫妻双方其实并不是在相互分享事实，而是在分享经历（Granvold，2006）。同样地，人们把逻辑判断、非理性信念、希望、新点子以及对过往和现在的看法等一系列想法交织在一起，从而形成了人们对于世界的假设。建构主义观点时刻提醒社会工作者，在对服务对象采取治疗时，需要注意到服务对象的差异性，从而设计出因人而异的个性化治疗方案。

第三节 认知行为理论的实践应用

虽然认知行为理论在心理学领域的发展可以追溯到19世纪,但是直到20世纪六七十年代,认知行为理论才开始对临床心理学做出卓越贡献,从而被社会工作者所注意。目前,行为认知疗法已经成为指导社会工作实务的主流理论之一,并且具有独特的实务原则和实务路径。其代表人物有布鲁斯·泰尔(Bruce Thyer)和雷·托姆利森(Ray Thomlison),他们将行为治疗用于解决婚姻问题、恐惧症等社会工作的实务问题。目前各类研究证明,相比于其他疗法,认知行为疗法对于成瘾、焦虑性障碍、抑郁症、家庭暴力等20类精神疾病和行为问题都有很明显的效果(Turner, 2001),确实为社会工作者提供了一种新的工作模式、方式和选择。下面我们将介绍认知行为疗法在个案和团体工作中的具体应用。

一、认知行为疗法在个案工作中的应用

社会工作者在面对服务对象时,一般分为接案、前期评估、干预、结案与后期评估四个阶段来处理服务对象面临的问题。下面我们将按照这四个阶段逐步展开论述。

(一) 接案

认知行为疗法以温暖、真诚和同理心为其治疗沟通过程的核心要素。"温暖"是指社会工作者通过动作、语音语调、面部表情等来向服务对象传达其关心、友好的态度。专业的温暖会给予服务对象一种被接受、被关心的感觉,而非仅出于个人友情上的支持与帮助。"真诚"是指社会工作者与服务对象的沟通是开放的、主动的、没有防备性的。因此服务对象能够体验到社会工作者作为一名真诚的沟通者的坦率(Egan, 2014)。"同理心"则是指社会工作者能够切实考虑服务对象的感受,尤其是服务对象面对一些特殊事情时的情绪反应。

认知行为疗法主张将服务对象的问题视为其学习的结果,这有助于缓解在精神分析一类服务过程中经常会出现的那种服务提供者与服务对象之间的紧张关系。因为这意味着,对于服务对象不想获得的行为,他们可以不学习或者中止学习;反之,对于服务对象想要获得的行为,他们则可以通过学习来获得。而且,对于行为改变而言,让服务对象更愿意接受的观念是,当他们需要改变某种行为状态

时,他们被认为不是因为自己有缺点或出于某种糟糕的需要而要改变行为,而是因为他所学习到的行为方式对他们来说是不适合的或者是无法帮助他们达到想要之结果的。这样,他们就可能会很乐意地接纳服务人员所提供的服务。

(二) 前期评估

评估的主要目标是识别需要增加或减少哪些对行为的学习(频率、持续时间或强度)。通过专注行为,服务对象可以很容易地回答诸如"发生了什么""谁做了什么"以及"接下来会发生什么"等问题。许多服务对象尤其是青少年服务对象往往不具备某些能力来告诉我们他们的感受,而回答诸如"发生了什么"或者"谁做了什么"之类的问题比"你为什么要做你刚刚所做的事"一类的问题相对既更容易也更不具威胁性。

评估是决定需要改变什么的一个阶段,但同时又是一个贯穿工作人员和服务对象之间关系的过程。社会工作者可以制定相当精确的干预方法来使服务对象做出改变。此外,对于已确定的行为可以明确目标,通过这些目标可以评估治疗的最终效果。工作人员无论是采用特定的行为目标还是采用单一主题设计方法来追踪随着时间变化而不断变化的行为,其所识别的(明显的和隐蔽的)行为都可以验证治疗的成功或导致干预计划的策略改变。

行为观察是评估的主要工具之一,如果执行得当,可靠性很高。服务对象或观察者可以统计行为的频率、持续时间或强度数据。前期观察可以作为未来比较的基准,以测定变化。例如,在一个亲子中心,两个儿子害怕母亲咒骂他们,而他们的母亲希望他们清理房间。三个人均同意完成下述评估任务:男孩们对母亲分别就早上和晚上对他们进行咒骂的情况进行统计。反过来,在睡觉前,母亲计算在卧室或浴室的地板上留下的衣物的数量。虽然这个任务是为了评估,但简单的观察和被观察行为可以引发未来的变化并促使双方达成一致。

一些问题(如内隐行为)并不容易被观察到。例如,抑郁的想法和感觉是常见的心理健康问题。然而,抑郁作为一种心理构想却在特定的服务对象之间呈现出不同的形式。对内在的愤怒、悲伤、嗜睡等只能间接测量。这一般需要服务对象创建自己的1—5的自我评级量表。例如,我们鼓励一个服务对象用标签"1"来表示不高兴,而她选择用它表示"感觉糟糕透了"。对于"5",她选择表示"高兴极了"。而对于中指数"3",则选择表示"一般"。无论选择的标签是什么,让服务对象对其自身的量表标注不同的数值的过程可以使其创建一种主人翁动机,以及实际上在家使用量表并将结果报告给社会工作者的有效动机。

快速评估工具(rapid assessment tool,RAT)能使服务对象回应那些隐蔽的行为(Bloom, Fischer & Orme, 2009)。贝克抑郁量表是使用最广泛的 RAT 之一(Beck, et al., 1961)。这个测量工具通过让服务对象回答 21 个题目然后得出一个总分来判断他们的抑郁等级。对于抑郁测量，贝克抑郁量表仅仅是快速评估工具中很小的一部分。科科伦和费希尔(Corcoran & Fischer, 2013)编写了一套两册的快速评估工具，它是社会工作最常用的评估工具之一，并且其中涵盖了各种各样关于服务对象的问题，包括针对儿童、家庭、成人以及夫妻的测试。

额外的提示能够帮助服务对象在家中运用快速评估工具或者自我评定量表。社会工作者能够在这个环境中帮助服务对象选择一个提示从而暗示他们完成自己的量表。例如，一个服务对象声称自己"每时每刻"都在生气。她被要求对自己的生气进行记录并且要选择早、中、晚这三个情境。然后采用就餐时间(有时人们会省略这个时间)作为一个提示。这个服务对象决定将一份量表用胶带粘在她每天早上梳头的浴室镜子上，一份放在她工作的电脑日程表上，而另外一份则放在她的闹钟旁——这是她每晚要设置闹钟的地方。这些提示成功提醒了她按照要求完成自己的量表，并且帮助她理解，她的工作、她正值青年的女儿，以及丈夫在她的情感生活中扮演着不同的角色。

简言之，行为观察、快速评估工具以及额外的提示能够让服务对象和社会工作者更明确服务对象具体明显的行为模式和/或认知，其特异性越高，越有助于精确地找到更有效果的治疗方法。

(三) 干预

在认知行为疗法中，服务对象不只是治疗过程的被动接受者，相反，他们必须参与其中，学习和改变行为与认知。通常来讲，服务对象对于认知行为模式的训练有较强反应。雷格尔(Regehr, 2008)表明："这一理论使服务对象能够充分参与干预目标和认知行为治疗方案的确定过程。"这意味着，在认知行为治疗过程中，服务对象和社会工作者可以在环境中随时提供奖励或惩罚，从而改变人们的行为和互动方式。在认知模式下，想法被看作是可习得或不可习得的内隐行为，服务对象可以通过检查非理性信念和认知偏误来增强信息处理能力。虽然服务对象会被视为独特的个体，但是他们独特的信念、观点和行为都可以在干预计划中得到改变。

下面简要介绍一些具体的干预措施来说明认知行为疗法的使用范围及原理。

由于外显行为和内隐行为很少会单独变化,所以大多数的干预措施都融合了认知和行为因素。我们整理的以下干预措施包括在 CBT 治疗中常用的行为治疗方法、认知治疗方法以及认知行为治疗方法这三种。

1. 行为治疗方法

(1) 系统脱敏和满灌疗法

系统脱敏(Wolpe, 1990)和满灌疗法(Barlow & Brown, 1996)是常用的针对恐惧症的行为治疗方法。它们的相似之处在于,要使服务对象暴露在其害怕的事物面前(实际上或通过想象),而治疗师则帮助服务对象保持在恐慌和逃离的临界点。系统脱敏的第一步是帮助服务对象建立引发恐惧的情境或条件的等级。尽管不同服务对象恐惧的事物(比如蛇、飞机)可能是相同的,但恐惧的具体原因或触发因素是个体习得的结果。第二步,治疗师指导服务对象进行放松训练。深度肌肉放松(Bernstein & Borkovec, 1973; Jacobsen, 1925)是一种有效的放松方法,除此之外,深呼吸等方法也是有效的(Madders, 1997)。第三步,在现实或想象中,治疗师根据服务对象的恐惧等级,使其逐渐暴露在越来越可怕的情境中。只要服务对象的恐惧程度低于他们逃离或恐慌的临界点,治疗师就可以继续增强恐惧刺激,目的是使服务对象暴露在更高等级的恐惧中而不会恐慌或逃避,从而对恐惧的事物或情境变得麻木。

满灌疗法的目的也是使服务对象对恐惧的事物脱敏,但是它并不是逐渐将服务对象暴露在恐惧中,而是通过经验的描述,使服务对象最大限度地暴露于其所害怕的事物中,让服务对象体验恐惧,而不产生任何恐惧或想象的后果。系统脱敏和满灌疗法经常利用认知重建来帮助服务对象保持相对的放松。例如,为了让害怕狗的服务对象敢去接触狗,治疗师要说一些话使服务对象安心:"狗和我们一样都是动物";"狗的唾液比人的唾液的细菌要少";"看她多可爱啊!她是那么温柔";"作为人类,我们是如此庞大,要小心别吓着她"。

(2) 行为激活

抑郁症的行为理论基础之一是人们的情绪依赖生活中相对平衡的奖励与惩罚。例如,当奖励因素(好时光、令人愉悦的活动)水平较高,当惩罚因素水平较低时,人们的情绪比较高昂;当惩罚因素高于奖励因素时就会导致抑郁。认知理论进一步强调了愉悦和积极的想法之间的联系。行为激活是指帮助服务对象回忆或识别那些给他们带来快乐的事件或活动,并且激励他们参与这些活动的过程,其目的是增加正强化从而抵消惩罚。

(3) 应急管理技术

聚焦于改变行为后果（积极的和消极的）的方法具有广泛的适用性。据此，父母可以忽略孩子恼人的但不具有破坏性的行为，并对他们的正向行为给予积极的关注、表扬或奖励。减少对消极行为的关注会使这种行为逐渐消失，而对正向行为给予积极关注会强化这种行为。例如，表扬孩子轻轻抚摸小狗，可以教会他们温和地与小狗玩耍。关键是要记住行为是"功能性的"，这意味着接受强化（表扬、赞美、微笑等）的行为会持续或增加，被忽视的行为在频率、持续时间和强度上都有所减少。

普雷马克（Premack，1965）是一种应急管理的方法，它描述了如何使用高频率行为来促进低频率行为的发生。这一原理被称为"祖母原则"，并举了祖母对孩子说话的例子，"只要你把玩具放在玩具箱里，我们就能吃冰激凌"（Cohen, et al., 2000）。当然，这里假设了把玩具放进玩具箱里是一种低频率行为，吃冰激凌是一种高频率行为。

(4) 应答预防

在几十年前，强迫行为治疗的方式就是逐渐降低强迫行为发生的频率。例如，针对服务对象存在的检查是否关了火炉这一强迫行为，就可以使他逐渐减少每天检查火炉的次数。而后来的研究发现，尝试逐渐减少行为可能会无意中使服务对象保持强迫行为（O'Hare，2005）。即使服务对象可能会减少每天检查火炉的次数，但这种行为不能被消除，因为检查火炉会无意中强化服务对象的强迫行为。

治疗的重点则是帮助服务对象完全消除强迫行为。在"暴露结合应答预防法"的过程中，服务对象和社会工作者首先要确定引发强迫思维的事件或想法，但不能让服务对象感到过于紧张。通过一个类似系统脱敏的过程，服务对象获得最不紧张的触发器（想象的或真实的），并且不被允许对强迫行为做出反应，直到他们的焦虑逐渐消退，如通过放松、深呼吸或者治疗师的语言安慰使服务对象的焦虑感快速降低。接下来是一个强烈的触发器（不允许服务对象执行强迫行为），直到焦虑消退，以此类推。这与消除行为的原则是相同的，当服务对象不再从强迫行为中得到"好处"时，行为出现的频率或强度就会下降。

2. 认知治疗方法

焦虑和压力管理是认知治疗方法的代表。控制压力和焦虑的干预措施包括自我对话（自我陈述对服务对象来说是独特的并且会产生使其平静的效果）和认知干扰（服务对象从他们的记忆或想象中看到积极且美好的场景）（Resick, et al.,

2008)。然而必须要注意的是,要告诉服务对象在他们正处于中高度的兴奋状态时放松是无效的,甚至会适得其反。社会工作者需要记住,唯一比唤醒更快的是认知。例如,一个服务对象非常讨厌他的老板并且在工作时经常感到生气和焦虑,治疗师帮助他选择了一个美好的记忆,让他想象每天早上开始工作时都能这样做,并且鼓励他全天都这样去想象。令服务对象惊讶的是,他在工作中从愤怒和敌意转变为与客户和同事愉快互动。

我们必须牢记,虽然许多服务对象将恐惧症发作归因于特定的环境压力,但他们的个人生活中却充满了高度的压力和焦虑。学会管理整体的压力是治疗的一个重要部分。因此,当人们感到轻松或相对平静的时候,应该学着去练习放松技巧,比如拉伸和放松肌肉(重新学习放松的感觉),练习深呼吸以及积极想象,来降低生活中的焦虑整体水平。

3. 认知行为治疗方法

(1) 认知重建

服务对象对自己的消极或破坏性信念可能成为非常大的麻烦。人们倾向于根据他们对自己或他人的负面看法来解释行为和生活事件。帮助服务对象检查他们的信念及其效能,可以使服务对象用更现实或更实用的想法来代替原有的信念。例如,在艾利斯(1994)的理性情绪疗法中,工作者的首要任务是识别与服务对象问题相关的非理性信念。这可能包括指出或说服服务对象相信他们有"全有或全无"的信念(比如,我必须每时每刻都表现完美)。接下来,工作者会展开积极争论,并通过指出其不合理的方面来反驳这种信念,这可能会涉及布置家庭作业。最后,社会工作者应该帮助服务对象建立更加理性的信念,并布置家庭作业来实践和强化理性思维(Corcoran,2006)。

贝克等人(1987,1967)的认知疗法也聚焦于认知重建,与艾利斯的理性情绪行为疗法有很多相似之处。但是,贝克的模型更多依赖行为实验的证据,较少强调对认知假设的哲学挑战。贝克在认知重建的方法中使用了三个基本问题:"证据是什么?""另一种看待它的方式是什么?""拥有这种信念会有什么影响?"比如,一名服务对象认为他的父亲恨他。当被问及证据时,服务对象回答说,在成长过程中父亲打过他。社会工作者认为父亲通常不会打孩子,于是问服务对象他的父亲是如何学会打孩子这个行为的,服务对象说父亲被爷爷打过,社会工作者回应说"天哪,你的父亲也是可怜人",服务对象感到很震惊,突然从"我曾是个坏孩子"转变为同情他的父亲。

(2) 应对技巧疗法

此处主要介绍自我监控、心理教育及自我对话和应对语句三种应对技巧。自我监控作为一种自我评估技能在很多情境和治疗干预中都很有效,因为自我意识常常会引发服务对象改变。自我监控的总体目的是帮助服务对象认识或更加了解自己的想法或行为(内隐行为和外显行为)。可以通过写日记等形式使服务对象记录自己的想法、感受和外显行为,他们会意识到批判性的自我陈述、理性或非理性信念,以及与问题行为相关的环境(比如在什么时间、什么地点,他们会感到生气)。

心理教育一般包括以下步骤:自我监控计划改变的行为;设定切实的目标;制订行为改变计划;训练识别问题影响因素的能力并建立控制情境的方法;识别行为导致的结果并训练自我照顾技能(放松、增加娱乐活动、控制消极想法、社交技能)。另外,如果出现问题要制订应急计划(Craighead, et al., 1993)。对于很多问题(如养育、肥胖、药物管理),简单的技能训练就可以有效促进服务对象改变。例如,对家长的训练通常包含处理发怒和奖励良好行为的技能,并为体罚提供替代方案。对于存在暴食行为的服务对象,可以训练其去识别那些有可能产生暴食行为的地点或情境,并制订一个避免这些情况出现的计划;可以设定具体的用餐时间,使饮食习惯正常化,抑制深夜饮食;可以用低热量的食物代替不健康食物;可以让其家人参与健康饮食计划。

自我对话和应对语句旨在帮助服务对象从自我鼓励或自我安慰中获益。儿童读物中有这样一个例子:一辆火车说着"我想我可以,我想我可以"艰难地到达了山顶。成年人和孩子都可以通过自我陈述来指导自己的行为或激励自己的能力和勇气。下面的例子讲述了如何帮助一名母亲解决孩子对黑暗和睡觉的恐惧。一名育儿中心的工作人员让一名母亲每天晚上在睡觉前和孩子们坐在卧室外面的地板上,拿起一本书说:"这本书是由一名儿童专家写的,他知道关于孩子们的一切。"在翻阅了几页之后,她假装读了一遍,然后说:"哦!作者想让我读一个特殊的句子,然后你们跟着我重复。"孩子们同意后,她假装读书并且说:"女巫和鬼魂(她停下来让孩子们重复这些话)仅仅在电视上和电影里(停顿)是真实的(停顿)。在我的床上,我是安全的(停顿)。"接下来,她说这本书让她重复这句话,但这次孩子们都在低声说这个句子。她低声说:"女巫和鬼魂(停顿)仅仅在电视上和电影里(停顿)是真实的(停顿)。"之后,她让孩子们在脑海里说这些话,并且她又低声说了那个特殊的句子。最后,她告诉孩子们专家在书里说,在任何时候,如果他们感到害怕或担心,就可以对自己说这句话,这样就能感到安全。在与社会工作者的下一次会面中,她说:"你简直不会相信!这非常有用!"

每个人都可以利用自我对话和应对语句。一些害怕公开演讲的服务对象听说著名演讲者在演讲前总会紧张时,觉得非常惊讶,他们是用自我陈述来记住要讲的内容并让自己安心的。参加考试的人可能会安慰自己不需要知道所有的事情,自己掌握的知识已经足够在考试中取得好成绩,以此来感到放松。

(四) 结案与后期评估

评估贯穿认知行为治疗全过程。在治疗早期建立的针对特定的外显或内隐行为目标的进展是需要不断回顾的。服务对象主要通过行为观察、自我评估量表或学术期刊提供的数据来评估他们的目标进展。随着时间的推移,社会工作者的角色可能会从老师变成教练和支持者。社会工作者也可以使用单一案例的方法来评估工作进度,以向服务对象展示他们的行为是如何随着时间而改变的。随着服务对象在治疗过程中越来越自立,社会工作者会逐渐终止干预。结案是庆祝获得新技能和计划如何在治疗结束后保持行为的时期。社会工作者要鼓励服务对象继续训练这些技能,并且用有意义的方式奖励自己;也要使服务对象放心:如有需要,他们可以回来寻求进一步的帮助。

二、行为疗法的进一步应用

行为疗法在夫妻、家庭和小组中的应用也十分广泛,我们简单介绍一下在三种情况中的应用情况。

(一) 夫妻治疗

两性关系的变化可能非常微妙。例如,在情侣最初开始约会的几个月里,两人的体验都属于正向强化(Granvold, 2006; Epstein & Baucom, 2002)。情侣会花很多时间彼此交谈,分享更多的共处、亲密的时光。同时,也会共同完成许多事务,比如一起做饭、看电视和锻炼。在随后的日子里,如果情侣变成了夫妻,那么双方便会承担更多的责任,如抚育孩子、照顾老人、在外工作等,而这些可能更像是例行公事,各自承担需负责的部分。与此同时,共享的属性变得越来越弱,表扬、肯定的话语或其他积极强化物发生的频率也逐渐减少。多年后,伴侣感受到更少的感激,也被视为是理所当然的。

一则案例如下。曾有一对夫妻表示,自从孩子出生以后,他们就再也没有单独出去吃过饭。丈夫说"这就是家庭的常态",但同时他们也表示,怀念彼此"早年"的亲密关系。事实上,当积极强化物的频率下降时,配偶容易受到来自外人的赞美、肯定的影响,这会对两性关系产生影响。因此,夫妻治疗的重点在于,增加积极强化行为和重新激发起夫妻之间的友谊、共享活动以及无条件的积极关怀。针对以上的案例,可以想到的一种解决方案是,聘请保姆,从而保证夫妻二人可以每周出去约会、共进一次晚餐。即使"约会之夜"是如此显而易见的建议,但在日常琐碎的生活中,夫妻二人都可能忽视这些显而易见但行之有效的举措。

爱泼斯坦和鲍科姆(Epstein & Baucom, 2002)采用认知行为方法制定针对夫妻双方的治疗策略,旨在通过解决个人问题从而使得家庭问题得到解决。他们采取的干预策略主要聚焦于如何增加夫妻双方积极互动行为的频率,通过意识层面的强化促进夫妻双方互动的频率。例如,在特定的日子里,伴侣双方都要列出一个行为列表(例如,"给我一个拥抱""给我打电话""说'谢谢'"),意在让对方感到被爱和被关怀(Stuart, 1980)。伴侣分享了他们的列表后,会在下一周被邀请做列表中一些指定行为。之后,夫妻双方和临床医生再一起探讨哪些行为是行之有效的。

(二)家庭治疗

在家庭治疗中,认知行为视角有助于家庭成员识别他们在自我认知和行为中所承担的角色。如果信念和行为偶尔得到强化,那该信念和行为就能维持下去。例如,孩子们学会发脾气,并试图通过发脾气的方式来获取他们想要的东西。此时的父母应该分析孩子发脾气的行为是不是破坏性的或危险性的,如果不是,那么他们就应该忽视孩子发脾气,不予理睬。

在存在问题的家庭中,家庭成员(伴侣或是孩子)可能更多关注了消极行为而非积极行为。因此,面对如何改进存在问题的家庭情况,应鼓励家庭成员多去关注积极行为。除此之外,他们也会被指导如何将现有行为塑造为积极行为。社会工作者还可以通过认知重组的方式,来帮助家庭成员弥合家庭内部的矛盾。通常认知重组在一种无责备态度下完成。这种态度旨在帮助家庭成员不牢记彼此的过错(Alexander & Parsons, 1982)。例如,青少年应避免类似"这全是我父母的错"的想法,而大人也应明白"我并不对我孩子的错误全权负责"(Ellis, 1994)。

家庭教导会使得家庭成员间缔结相应的行为契约,该契约可以使得每个家庭成员都接受特定的角色和行为(Falloon, 1991)。当每个人的行为都符合契约中的大部分规定时,该家庭需要设计一个特别的方案来庆祝契约被成功履行。例如,可以在每晚召开家庭会议,来讨论每个家庭成员的具体分工。孩子们可以通过家庭会议的形式,接受被指派的任务,从而获得一种充权的感觉。与此同时,家庭会议还可以规定完成的进度,如果截至周五晚上完成了80%的任务,整个家庭将用其喜欢的方式来进行庆祝。如果目标尚未达成,也可以采取一定的惩罚措施,比如晚饭的菜色有所改变。而家长也有其相应的分工。家长首先应该保障家庭里的每个成员都很清楚自己的分工,其次要将大家完成进度的情况绘制成表,并在一周内不断更新大家完成情况的进度,以确保目标的实现与达成。

（三）小组治疗

与一对一的个案治疗不同,社会工作者在参与小组治疗的时候,需要激发小组成员互助的力量。组员可以效仿小组的其他成员的行为,从而使得彼此间产生一定的影响。例如,对接受社会工作者帮助感到迟疑的组员可能受到积极接受社会工作者帮助的组员的影响。小组治疗还可以帮助一些组员鼓起勇气,承认过往的错误。组员之间相互指导是非常有效的方法,可以为组员思考及处理问题的方式提供更多的选择。例如,为刚离婚的母亲设计小组时,关注的重点应在于如何帮助她们安排自己晚上的时间,目的在于帮助离异单身妈妈更好地安排自己可支配的私人时间,同时也给自己的孩子足够的安全感。该小组设计需要提供的强化物是可预测性,比如每个母亲对孩子的关注点。该时间表的制定是为了给母亲一定的私人时间,所以,时间表需包含具体时间的任务大纲,以便让所有的孩子在指定的时间内陆续地完成作业、洗澡和睡觉等任务。为了对按时间规定完成任务的孩子进行奖励,母亲可以提供额外五分钟的时间和孩子在床上相处。也许,该组中的妇女不可能每天都按照时间表进行,但是不论结果如何,只要努力按照既定的时间表去做都是值得鼓励的。值得一提的是,每晚的时间表都需重新开始。该小组允许母亲们用不同的应对问题的策略来创建自己的时间表,这一定程度上让母亲们感到了被充权与支持。

三、认知行为疗法的案例分析

以下我们引用他人曾经实践的案例(Coady & Lehmann, 2016),来说明认知行为疗法可以有效地干预治疗抑郁症。该案例各个阶段都强调了认知或行为的问题。

小马(化名)刚刚从大学毕业,高中时经历了抑郁症。因为这个经历,她对自己最喜欢的活动也失去了兴趣。她的朋友们很少能把她叫出去玩,即便出去了,她也不得不强逼自己显得友善。在她看来,朋友的一些笑话显得既无趣又无聊,甚至让人觉得很莫名其妙。当她在家独处时,她更喜欢待在自己的房间里睡觉。而当她和室友在一起时,她更喜欢看电视,而非互动性的活动。

小马寻求社会工作者(以下简称社工)帮助,社工想通过把想法和情绪联系起来,从而最终帮助她改变认知和行为。社工让小马回想她的一个朋友曾说过的一些有趣的话语或做过的一些有趣的事情的时刻。在讨论的过程中,社工指出,记忆似乎影响了她的情绪,使她感到快乐。与此同时,社工让她回想自己曾经难过的经历。小马描述了曾有一个人对其刻薄的评价,这让她感觉非常糟糕,也给她带来了困扰。通过对于两个不同情绪的场景的回溯,社工表明,小马对于幸福的回忆会让她感受到幸福,对于难过的回忆则会让她感受到痛苦。因此,社工明确了小马的想法影响其心情的基本原理。

接下来,社工要求小马用日记来记录让她感觉良好和不好的想法,以便对其行为进行自我监督和控制。社工与小马共同约定,小马每天晚上睡觉之前,都需要把自己的想法和情绪写入日记。

紧接着,社工帮助小马列出可以帮助其在独处时光中更为放松的事情。其中包括读书、与猫玩耍、泡澡、散步。小马对于读书和泡澡不是十分认同,她表示,以往她都没有把时间用于读书或是长时间地泡澡。于是,社工和小马在接下来的15分钟里开始计划,如何将这两个相对较为陌生的事情列入小马的日常生活。最后,他们达成了共识,明确了小马每天需要找30分钟来阅读,一周7天需要泡2次足够长时间的热水澡。

在接下来的面谈中,小马忘了带日记,但是她表示,通过日记的形式,她意识到了负面想法对她情绪的影响,同时惊讶于这样的影响。由此,社工和小马开始对受到的负面评价进行评估,看其是否符合小马真实的状态。他们发现,有些评论出自小马自己不太喜欢的人或是有人刻意为之。

在此过程中,小马提到她认为自己的身材看起来不够完美。于是,社工用自己的例子,来说明自己的身材也和大众所认为的"十分完美"并不相称,也存在出入。小马听后,感觉十分轻松,笑称:"虽然我有些地方显得不够完美,但是有些地方还是很棒的。"因为这次交谈,社工和小马建立起了可以相对坦诚沟通的机制。

接下来的面谈中,小马带了她的日记,她和社工用三个问题来评估她日记中的想法:你有什么证据来证明这一想法?还有其他可替代的解释吗?这个想法的真正含义是什么?

他们一起重构、聚焦了小马的大部分忧虑,也讨论了小马对于生命和人际关系的一些假设。慢慢地,小马思想中的一些错误暴露出来。最后,他们制订了一个计划,让小马将个人重心放在读书、洗澡,并关注她的自我照顾上。同时,他们还设计和演练了一个策略:小马需要对他人给予的意见进行评估,从而决定这些意见是否对她有价值,并考虑这些给出意见的人,是因为其性格还是偏见才给出了如此意见。

值得注意的是:第一,抑郁症患者的治疗通常是药物和疗法两手抓。但在这个案例中,社工认为不需要用抗抑郁药来改善她的心情。第二,抑郁症的严重程度决定侧重认知疗法还是行为疗法。当服务对象抑郁严重时,为了充分改善服务对象的心情,需要先进行如行为激活等行为疗法,然后才能使用认知方面的治疗。

第四节　认知行为疗法在中国的发展

为了充分了解认知行为理论和认知行为治疗在中国的应用和发展,我们基于中国知网(2008—2017),采用 CiteSpace 软件进行了初步分析。第一,从总体趋势来看,中国有关认知行为理论和疗法的研究呈现波动上升的趋势,且自2014年之后,发文量逐年上升,见图2-2。第二,在认知行为理论和疗法领域的研究中,发文量第一的是首都医科大学附属北京安定医院,位居前列的还有北京大学第六医院(北京大学精神卫生研究所、北京大学精神卫生学院)、上海交通大学医学院附属精神卫生中心等机构。这说明,该理论和疗法在中国的应用及本土化主要是由医学和心理学研究者及工作者来主导的,社会工作研究者和实务工作者的参与还相当有限。第三,我们通过关键词分析提炼出,中国认知行为理论及疗法的关注点主要是"精神分裂症""抑郁症""生活质量""心理治疗""团体行为治疗""强迫症"等,见表2-1。其中,生活质量和团体行为治疗与社会工作存在较大的关联,但整体上仍然关注的是医学和心理学的内部议题。第四,我们采用突发性关键词呈现了中国认知行为理论和疗法领域的前沿话题,例如"强迫症""社会功能""大学生""创伤后应激障碍"等。其中有关"创伤后应激障碍"的研究在2008—2011年内激增,强度高达4.10,而这也与我国2008年发生"汶川大地震"事件相吻合,见图2-3。

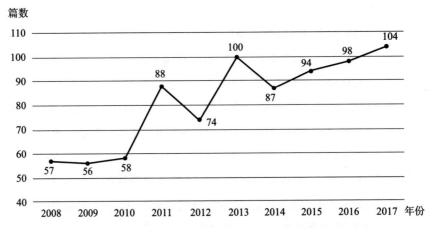

图 2-2　2008—2017 年 CBT 研究主题年度发文量趋势变化图

表 2-1　高频关键词一览表

词频	中心性	关键词	词频	中心性	关键词
409	0.34	认知行为治疗	32	0.21	药物治疗
77	0.24	精神分裂症	31	0.17	抑郁
73	0.09	抑郁症	31	0.06	焦虑
50	0.25	认知行为疗法	27	0.18	疗效
49	0.26	生活质量	24	0.04	团体认知行为治疗
45	0.11	认知行为	21	0.14	强迫症
32	0.14	心理治疗			

关键词	年份	强度	起始年	终结年	2008—2017
强迫症	2008	3.3922	2008	2010	
社会功能	2008	3.3798	2008	2011	
大学生	2008	3.7886	2009	2010	
创伤后应激障碍	2008	4.0965	2010	2011	
西酞普兰	2008	2.553	2010	2011	
减分率	2008	3.187	2011	2012	
睡眠效率	2008	2.6127	2014	2015	

图 2-3　2008—2017 年 CBT 研究领域突发性关键词

简言之,认知行为疗法在中国的应用和发展主要集中在医学和心理学领域,北京和上海两个城市分布着具有较高研究水平和集群效应的相关机构,服务对象主要以青少年和大学生为主。而"创伤后应激障碍"等突发性关键词则可能反映出,该疗法在未来的应用将会与重大社会事件和危机紧密联系在一起。可以预见的是,该疗法可能将更加广泛地被社会工作者运用于帮助受疫情影响而认知扭曲和行为异常的人们。

认知行为疗法源起于英语国家,当应用于英语国家之外的情境时,应用者需要依据新的情境来对其进行本土化改造,否则其治疗效果将低于预期。中国学者对于认知行为疗法的反思,主要立足于中国人的民族特质与文化思想,如中国传统哲学、价值和信仰系统、社会角色、语言沟通方式、社会化进程、应对方式、自我观念、世界观等方面对认知行为疗法的效果可能产生的影响(Lin,2002)。

在影响认知行为疗法实践的各种文化因素中,最首要的因素是语言。作为认知行为疗法介入的核心手段,语言表达直接影响着治疗的有效性。较为常见的问题是被治疗者因语言不通而对其症状或具体表现描述模糊,或是治疗者的用语与介入立场僵硬使得被治疗者对治疗过程产生排斥(Guo & Hanley, 2015)。在严重的情况下,这可能会使得治疗效果不佳,甚至对被治疗者产生不良影响(Hays & Iwamasa, 2006;Shen, et al., 2006)。有学者曾举例,"忧郁"一词在中文与英文语境中所表达的含义的差异,可能会直接影响到治疗者对于被治疗者相关情况所做的判断(Ng, et al., 2006)。

此外,东亚文化中一些独特的价值观,如高度整合的集体观念、社会运行方面强烈的秩序情结、对社会地位尊卑分化的明确认同等,是对认知行为疗法进行本土化构建中需要考虑的最重要因素。这些价值观淡化了个人观念,强化了权威的力量。中国人重视培养一种对群体,特别是对家庭的义务和责任感,因此,中国文化推崇忠恕和体谅他人的感受,而不推崇强烈的自信或以自我为中心(Phillips & Pearson, 1996)。这间接影响了中国的被治疗者在治疗过程中的行为态度,致使他们互动过程中更多地将治疗者放置在权威位置上,无意识地削弱了被治疗者的自主行动力,依赖治疗者提供建议。当然,对这一情形及其后果,我们并不能做出是好还是不好的绝对判断,因为,一味使用固有的疗法模式,无视中国被治疗者在文化认同或价值观念方面的特征,也并不一定能给治疗带来好的效果,过早地挑战这些传统价值观可能会导致被治疗者的身份危机和进一步的焦虑(Shen, et al., 2006)。在剧烈的文化冲突情况下,甚至存在治疗关系破裂的风险。

中国人"羞于"求助和不愿示弱的习惯,要求对舶来的理念进行本土化改造。例如,经验显示,在治疗后的跟进反馈阶段,中国的被治疗者往往参与程度不高(Guo & Hanley, 2015)。有学者将"面子"作为CBT疗法在中国实践中遭遇阻力的重要因素,但本章作者认为此类模糊的因素归类并不能真实反映 CBT 疗法在中国社会中所遇到的情况,也并没有实证研究能断言 CBT 疗法在面对群体层面的中国被治疗者时会呈现出明显的抗拒与不配合。这一情形的原因更可能是被治疗者并不把治疗者看作地位更高的权威代表,也不愿轻易将自己的内心世界与真实感受交由他人窥探。在面对年龄较大的被治疗者以及涉及心理创伤恢复等领域时,这样的特点愈发明显。此外,相比较于西方社会,中国人更加执着于通过集体途径来获取支持,遇到困难挫折的中国人更倾向于通过社区、亲友等渠道获得支持。这就要求 CBT 疗法在实施过程中要更加重视建立"自助式""结构化"的干预途径。

在对 CBT 疗法进行反思的基础上,中国学者构建了一些独特的认知行为治疗模式,如悟践疗法、道家认知疗法等。虽然总体上看,这些不同模式依然坚持治疗程序的标准化、治疗结果的实证化,但它们都已经注意到了由文化差异导致的 CBT 疗法在中国实践应用中表现出的差异(卢佳等,2021)。

在社会工作领域,CBT 疗法可被用于帮助个人解决与社会环境相关的心理问题。社会工作者可以使用 CBT 疗法来帮助案主应对社会压力、家庭问题、职业挑战等。这种方法可以帮助被治疗者改变对问题的看法,从而更好地应对和适应不同的社会情境。相较于心理治疗和临床治疗领域,社会工作领域的 CBT 疗法更加关注被治疗者的外部环境,其治疗目标也与社会工作的特点相契合,可以总结为支持客户获取社会资源、解决社会福利问题、改善人际关系等。

面对众多的应用领域,CBT 疗法有不同的操作手段,每一种具体疗法的有效性都需要通过具体的实践检验。量表或手册是 CBT 疗法规范化操作的主流手段,但对其在中国的应用效度的检验目前仍处于较低的研究水平。一项关于 CBT 疗法对中国人疗效检验的元分析中就得出结论:"CBT 对主要症状的总体短期效果处于中等水平;应对焦虑、抑郁和照顾压力的效应中等,应对精神病症状和成瘾行为的效应较小;对过程变量(不良行为的念头和应对措施)的影响很小,且适应文化的 CBT 比不适应文化的 CBT 效果更强;总而言之,CBT 对中国人是一种有效的干预手段,而 CBT 对中国文化的文化适应会带来更高的疗效。"(Ng & Wong, 2018:635)不过,在处理成瘾行为、家庭暴力等方面的案例时,CBT 疗法在中国的有效性则明显得到了验证。在中国的医务社会工作领域,CBT 疗法经常被用于帮助服务对象及家属减轻焦虑感受,消除消极认知,但对这些服务个案的有效性大都还缺乏系统的研究。总之,尽管 CBT 理论在中国社会工作的诸多实践领域都有着广泛的应用,但其具体模式仍处于需要实践检验来加以完善和发展的阶段(张青、任小平,2014)。

本章结语

认知行为疗法的优势及其限制

服务对象之所以被认知行为方法所吸引是因为外显行为和内隐行为都是可习得的。通常,当服务对象来接受治疗时,他们会以受害者的角度描述他们的问题。他们作为有虐待倾向或粗心的父母、伴侣的受害者,也许被抑郁、恐惧、命运、神经紧张、坏老板、别人对我不好的想法等所困扰。通过评估过程及聚焦于行为和思维,服务对象开始看到,所有的问题是他们学习经历的一部分,他们的一些成功或失败源于以前习得的行为和思维。他们能够意识到以前的经历如何产生了不良的应对技能、产生了无助或绝望的情绪,并可以通过学习新的、更有效的思维和行为方式,更好地矫治自身的问题。

认知行为模型适用于所有年龄段,可根据服务对象的发展水平进行适度的调整。例如,对儿童强化而言,非体罚的干预措施反应最好,而青少年和成人往往可以通过教学、建模及认知干预达到更好的学习效果。认知行为疗法的主要优势在于,各式各样的干预措施在解决服务对象的一系列问题中已被证明是有效的。其有效性已在可控研究项目中成立,且已在众多临床研究中得到证实(Kalodner, 2010; Norcross, Beutler & Levant, 2005; Lilienfeled,. et al., 2004; Beck & Hollon, 2003; Chambless & Ollendick, 2001; Chambless & Hollon, 1998; Jacobson & Hollon, 1996)。

如前文所述,认知行为治疗中的认知部分不适用于某些严重问题,例如严重抑郁症、精神病。有严重问题的服务对象通常会对行为干预做出反应。尽管行为是习得的,但一些长期的、习惯性的行为是比较难改变的。在个体性格和行为方面,一些根深蒂固的行为是很难改变的。

认知行为疗法的未来展望

认知行为理论和干预方法的融合,不仅建立起了对人类行为阐释的一个新的理论角度,同时还形成了一系列有效的干预措施,用于处理服务对象所遇到的多种问题。理论层面上,思想、认知、情感、情绪和行为被概念化为内隐和外显行为,这些行为可通过经典条件反射、操作性条件反射过程或通过建模进行替代学习。实践层面上,当社会工作者听到他们的服务对象谈论模糊的情感和情绪时,他们可以指导服务对象对所触发的信念进行探究。当服务对象表现出有问题的行为时,他们可以寻找到导致外显行为的环境诱因。

一些认知行为干预措施聚焦于通过采取某种惩罚措施来加强积极行为或减少消极行为。其他干预措施聚焦于帮助服务对象评估个人信念的有效性,通过习得认知技巧来改变他们的信念,让服务对象与自我内在进行对话。服务对象需要认同、理解聚焦于行为的这种疗法,只有建立在认同的基础上,治疗对他们来说才具有真正的意义,从而使得他们更愿意配合治疗。认知行为干预的持续发展和实证验证的有效性令人鼓舞,而其未来的挑战在于,社会工作者需要因人而异,针对不同特征的服务对象制定个性化的认知行为疗法的干预措施。

思考题

1. 为什么说认知行为理论融合了认知理论和行为理论?
2. 社会工作者和心理治疗师在运用认知行为治疗方面有什么差异?
3. 在小组情境中,如何运用认知行为疗法,与在个案情境中有何差异?

参考文献

何雪松,2007,《社会工作理论》,上海人民出版社。

卢佳等,2021,《国内认知行为治疗本土化典型流派述评》,《医学与哲学》,第22期。

文军(主编),2013,《西方社会工作理论》,高等教育出版社。

张厚粲,2003,《行为主义心理学》,浙江教育出版社。

张青、任小平,2014,《论社会工作理论在医务社会工作实务中的应用》,《医学与哲学(A)》,第2期。

Alexander, J. & Parsons, B. V., 1982, *Functional Family Therapy*, Brooks/Cole Publishing Company.

Bandura, A., 1969, *Principles of Behavior Modification*, Holt, Rinehart & Winston.

Bandura, A., 1978, Reflections on self-efficacy, *Advances in Behaviour Research and Therapy*, Vol. 1.

Bandura, A., 1986, *Social Foundations of Thought and Action: A Social Cognitive Theory*, Prentice Hall.

Bandura, A., 1977, *Social Learning Theory*, Prentice Hall.

Barlow, D. H. & Brown, T. A., 1996, Psychological treatments for panic disorder and panic disorder with agoraphobia, in Mavissakalian, M. R. & Prien, R. F. (eds.), *Long-Term Treatments of Anxiety Disorders*, American Psychiatric Press.

Beck, A. T., 1979, *Cognitive Therapy and the Emotional Disorders*, The Penguin Group.

Beck, A. T., 1967, *Depression: Clinical, Experimental, and Theoretical Aspects*, Harper & Row.

Beck, A. T. & Hollon, S. D., 2003, Cognitive and cognitive-behavioral therapies, in Lambert, M. J. (ed.), *Bergin and Garfield's Handbook of Psychotherapies and Behavior Change* (5th ed.), Wiley.

Beck, A. T., Rush, A. J., Shaw, B. F. & Emery, G., 1987, *Cognitive Therapy of Depression*, The Guilford Press.

Beck, A. T., Ward, C. H., Mendelson, M., Mock, J. & Erbaugh, J., 1961, An inventory for measuring depression, *Archives of General Psychiatry*, Vol. 4, No. 6.

Berlin, S. B. & Barden, J. E., 2000, Thinking differently: The cognitiveintegrative approach to changing the mind, in Allen-Meares, P. & Garvin, C. D. (eds.), *The Handbook of Social Work Direct Practice*, Sage Publications.

Bernstein, D. & Borkovec, T., 1973, *Progressive Relaxation Training: A Manual for the Helping Professions*, Research Press.

Bloom, M., Fischer, J. & Orme, J. G., 2009, *Evaluating Practice: Guidelines for the Accountable Professional* (6th ed.), Pearson.

Chambless, D. L., et al., 1996, An update on empirically validated therapies, *The Clinical Psychologist*, Vol. 49, No. 2.

Chambless, D. L. & Hollon, S. D., 1998, Defining empirically supported therapies, *Journal of Consulting and Clinical Psychology*, Vol. 66, No. 1.

Chambless, D. L. & Ollendick, T. H., 2001, Empirically supported psychological interventions: Controversies and evidence, *Annual Review of Psychology*, No. 52.

Coady, N. & Lehmann, P. (eds.), 2016, *Theoretical Perspectives for Direct Social Work Practice: A Generalist-Eclectic Approach* (3rd ed.), Springer Publishing Company.

Cohen, J. A., Berliner, L. & March, J. S., 2000, Treatment of children and adolescents, in Foa, E. B., Keane, T. M. & Friedman, M. J. (eds.), *Effective Treat-*

ments for PTSD: Practice Guidelines from the International Society for Traumatic Stress Studies(2nd ed.), The Guilford Press.

Corcoran, J., 2006, *Cognitive-Behavioral Methods for Social Workers: A Workbook*, Allyn & Bacon.

Corcoran, K. & Fischer, J., 2013, *Measures for Clinical Practice and Research: Vol. 2: Adults* (5th ed.), Oxford University Press.

Craighead, L. W., Craighead, W. E., Kazdin, A. E. & Mahoney, M. J., 1993, *Cognitive and Behavioral Interventions: An Empirical Approach to Mental Health Problems*, Pearson.

Cullen, C., 2008, Acceptance and commitment therapy (ACT): A third wave behaviour therapy, *Behavioral and Cognitive Psychotherapy*, No. 36.

Darwin, C., 1959, *The Origin of Species: A Variorum Text*, University of Pennsylvania Press.

Dobson, K. S. (ed.), 2009, *Handbook of Cognitive-Behavioral Therapies*, The Guilford Press.

Egan, G., 2013, *The Skilled Helper: A Problem-Management and Opportunity-Development Approach to Helping (HSE 123 Interviewing Techniques)* (10th ed.), Cengage Learning.

Ellis, A., 1974, *Humanistic Psychotherapy: The Rational-Emotive Approach*, McGraw-hill.

Ellis, A., 1977, Rational-emotive therapy: Research data that supports the clinical and personality hypotheses of RET and other modes of cognitive-behavior therapy, *The Counseling Psychologist*, Vol. 7, No. 1.

Ellis, A., 1994, *Reason and Emotion in Psychotherapy: A Comprehensive Method for Treating Human Disturbances* (Rev. ed.), Birch Lane.

Epstein, N. B. & Baucom, D. H., 2002, *Enhanced Cognitive-Behavioral Therapy for Couples: A Contextual Approach*, American Psychological Association.

Falloon, I. R. H., 1991, Behavioral family therapy, in Gurman, A. S. & Kniskern, D. P. (eds.), *Handbook of Family Therapy*, Brunner/Mazel.

Gottman, J. M., 1999, *The Marriage Clinic: A Scientifically Based Marital Therapy*, W. W. Norton & Commpany.

Granvold, D. K., 1999, Integrating cognitive and constructive psychotherapies: A cognitive perspective, in Northcut, T. B. & Heller, N. R. (eds.), *Enhancing Psychodynamic Therapy with Cognitive-Behavioral Techniques*, Jason Aronson.

Granvold, D. K., 2006, Working with couples, in Freeman, A. & Ronen, T. (eds.), *Cognitive Behavior Therapy in ClinIcal Social Work Practice*, Springer Publishing.

Guo, F. &Hanley, T., 2015, Adapting cognitive behavioral therapy to meet the needs of Chinese clients: Opportunities and challenges, *PsyCh Journal*, Vol. 4, No. 2.

Hays, P. A. &Iwamasa, G. Y. (eds.), 2006, *Culturally Responsive Cognitive-Behavioral Therapy: Assessment, Practice and Supervision*, American Psychological Association.

Jacobson, E., 1925, Progressive relaxation, *The American Journal of Psychology*, Vol. 36, No. 1.

Jacobson, N. S. & Hollon, S. D., 1996, Cognitive-behavior therapy versus pharmacotherapy: Now that the jury's returned its verdict, it's time to present the rest of the evidence, *Journal of Consulting and Clinical Psychology*, No. 64, No. 1.

Kalodner, C. R., 2010, Cognitive-behavioral theories, in Capuzzi, D. & Gross, D. R. (eds.), *Counseling and Psychotherapy: Theories and Interventions* (5th ed.), American Counseling Association.

Kazdin, A. E., 1978, *History of Behavior Modification: Experimental Foundations of Contemporary Research*, University Park Press.

Lilienfeld, S., et al.(eds.), 2004, *Science and Pseudoscience in Clinical Psychology*, The Guilford Press.

Lin, Y. N., 2002, The application of cognitive-behavioral therapy to counseling Chinese, *American Journal of Psychotherapy*, Vol. 56, No. 1.

Madders, J., 1997, *The Stress and Relaxation Handbook: A Practical Guide to Self-Help Techniques*, Random House.

Montgomery K., Kim, J. & Franklin. C., 2011, Acceptance and commitment therapy for psychological and physiological illnesses: A systematic review for social workers, *Health & Social Work*, Vol. 36, No. 3.

Neimeyer, R. A., 1993, Constructivism and the cognitive psychotherapies: Some conceptual and strategic contrasts, *Journal of Cognitive Psychotherapy*, Vol. 7, No. 3.

Neisser, U., 1967, *Cognitive Psychology*, Appleton-Century-Crofts.

Ng, S. M., et al., 2006, Stagnation as a distinct clinical syndrome: Comparing 'Yu' (stagnation) in traditional Chinese medicine with depression, *The British Journal of Social Work*, Vol. 36, No. 3.

Ng, T. K. & Wong, D. F. K., 2018, The efficacy of cognitive behavioral therapy for Chinese people: A meta-analysis, *Australian & New Zealand Journal of Psychiatry*, Vol. 52, No. 7.

Norcross, J. C., Beutler, L. E. & Levant, R. F. (eds.), 2005, *Evidence-Based Practices in Mental Health: Debate and Dialogue on the Fundamental Questions*, American Psychological Association.

O'Hare, T., 2005, *Evidence-Based Practices for Social Workers: An Interdisciplinary Approach*, Lyceum Books.

Paivio, A., 1971, Imagery and language, in Segal, S. (ed.), *Imagery: Current Cognitive Approaches*, Academic Press.

Pavlov, I. P., 1946, *Conditioned Reflexes*, Oxford University Press.

Phillips, M. R. & Pearson, V., 1996, Coping in Chinese communities: The need for a new research agenda, in Bond, M. H. (ed.), *The Handbook of Chinese Psychology*, Oxford University Press.

Premack, D., 1965, Reinforcement theory, in Levine, D. (ed.), *Nebraska Symposium on Motivation*, University of Nebraska Press.

Regehr, C., 2008, Cognitive-behavioral theory, in Coady, N. & Lehmann, P. (eds.), *Theoretical Perspectives for Direct Social Work Practice: A Generalist-Eclectic Approach* (2nd ed.), Springer Publishing Company.

Resick, P. A., Galovski, T. E., Uhlmansiek, M. O., Scher, C. D., Clum, G. A. & Young-Xu, Y., 2008, A randomized clinical trial to dismantle components of cognitive processing therapy for posttraumatic stress disorder in female victims of interpersonal violence, *Journal of Consulting and Clinical Psychology*, Vol. 76, No. 2.

Shen, E. K., Alden, L. E., Söchting, I. & Tsang, P., 2006, Clinical observations of a Cantonese cognitive-behavioral treatment program for Chinese immigrants, *Psychotherapy: Theory, Research, Practice, Training*, Vol. 43, No. 4.

Skinner, B. F., 1974, *About Behaviorism*, ALtred A. Knopf.

Skinner, B. F., 1953, *Science and Human Behavior*, Macmillan.

Stuart, R. B., 1980, *Helping Couples Change: A Social Learning Approach to Marital*

Therapy, The Guilford Press.

Turner, F. J., 2017, *Social Work Treatment: Interlocking Theoretical Approaches* (6th ed.), Oxford University Press.

Turner, J. A. & Romano, J. M., 2001, Cognitive-behavioral therapy forchronic pain, in Loeser, J. D., et al. (eds.), *Bonica's management of pain* (3rd ed.), Lippincott Williams & Wilkins.

Turner, J. S. & Leach, D. J., 2012, Behavioural activation therapy: Philosophy, concepts, and techniques, *Behaviour Change*, Vol. 29, No. 2.

Twohig, M. P., 2012, Acceptance and commitment therapy: Introduction, *Cognitive and Behavioral Practice*, Vol. 19, No. 4.

Wolpe, J., 1990, *The Practice of Behavior Therapy* (4th ed.), Pergamon Press.

第三章 人本主义取向的社会工作理论

20世纪50年代到60年代初期,以行为主义和精神分析理论为基础的辅导模式被公认为是心理咨询和治疗领域中最具影响力的理论辅导模式。在心理治疗领域,被称为"第一势力"的行为主义认为人同机器和其他动物一样,受外界刺激控制;被称为"第二势力"的精神分析理论则主张人的一切行为完全受无意识的本能欲望驱动。进入60年代,欧美国家开始迈入后工业化时代,与此同时,日益繁荣的社会背后隐藏着尖锐的矛盾,越南战争及反战运动、种族运动、女权运动等社会变革迭起,尤其是国际军备竞赛和战争威胁的加剧,使公众产生了巨大的精神压力,社会出现反主流的文化运动,争取公民权利的运动时有发生,个人主义价值观开始盛行,整个社会发生了结构性转型,后现代主义逐渐盛行。这说明单一的经济发展、技术进步难以解决人类的精神生活和价值追求问题,必然引起全社会对人的尊严和内在价值的重视。

在这一时代背景下,将人视为环境产物的行为主义和主张人受潜意识控制的精神分析学派因其简单的行为决定论取向和过分强调的病态人格而在此基础上形成了机械化的辅导模式。这些辅导模式导致对心理历程的研究逐渐陷入了环境决定论和生物还原论,受到人们普遍的质疑。学界亟须一个新的理论视角和辅导模式,来重新诠释在新的社会变迁过程中,人们的行为动机、行为发展及其改变机制。学者意识到仅仅强调服务对象受环境或者潜意识的影响已经不能解释人类行为的本质和新现象,而对人自身内在价值的研究和认识是理解和把握人类行为的核心所在。因此,在亚伯拉罕·马斯洛(Abraham Maslow)、卡尔·罗杰斯(Carl Rogers)等人的倡导和推进下,人本主义理论及其辅导模式应运而生。由此,在批判和继承行为主义与精神分析学派的基础上,学者逐渐将分析视角从人类外部行为转向了人的内部空间,人本主义理论应运而生,成为辅导界与行为主义、精神分析相抗衡的"第三势力"。

作为对行为主义和精神分析进行批判而发展起来的学术流派,人本主义反对简单的个体行为决定论,关注个体的独特性及对个人的尊重。人本主义强调人具有内在建设性的倾向,这种内在倾向虽然会因环境条件而受到制约,但是可以通过辅导者的真诚、同感与积极的无条件关怀恢复。尽管人们对人本主义理论有诸多批判,如认为只是在辅导中倾听服务对象,给予其情绪上的支持和情感上的共情,整个辅导过程是非指引性的(non-directive),缺乏具化的操作程序和辅导技巧,也无法以问题为导向为服务对象提供直接的解决问题的方法。但是,人本主义以其深度的人文关怀,正向肯定服务对象的潜能和自我价值,以及自我实现的动力,在服务对象个人潜能开发方面有着非常积极的影响。而且,人本主义理论不是停留在情感层面,而是针对服务对象逐渐关怀地指出矛盾,给予适当的引导,它经过不断的发展已经成为社会工作重要的理论范式。

第一节 人本主义理论的发展脉络和主要代表人物

人本主义理论(humanistic theory)起源于人道主义和存在主义,先后通过奥尔波特(Allport)、罗杰斯、马斯洛、梅(May)和布根塔尔(Bugental)等人的理论构建和实务发展,逐渐形成一个完整的知识体系。马斯洛提出的需要层次和自我实现理论奠定了人本主义的理论基础,而罗杰斯提出的人本中心(person-centered)辅导(治疗)模式,实现了人本主义理论在咨询领域的具体应用。虽然仍然存在争议,但是学界通常公认,马斯洛使人本主义心理学成为心理学的正式分支。1961年马斯洛创办了《人本主义心理学》杂志,1962年美国人本主义心理学会成立,上述事件标志着人本主义成为一个正式的理论体系。

一、人本主义理论的发展脉络

(一)作为哲学思潮的发展

人本主义作为一种哲学思潮,最早可追溯到古希腊时期。当时的哲学家试图将"人"作为关注和研究的中心,探讨人的本质、人的来源以及何去何从。这一时期对人本主义的产生具有重大影响的思想主要有苏格拉底提出的"作为思维者的人是万物的尺度"思想,普罗泰戈拉提出的"人是万物的尺度"思想,以及柏拉图提出的"人的心灵本身就是认识神圣事物的源泉"思想等。

此后,人本主义先后经历了中世纪宗教神学的压迫、文艺复兴时期的重生、17—18世纪科学理性的促进、过度科学理性的冲击,以及现代人本主义的兴起等不同阶段。宗教神学作为人类认知水平发展阶段的一种思想,在一定阶段可以发挥解释世界的积极作用。但随着历史的发展,宗教神学变成了统治阶级的政策工具和压迫工具,这种压迫在中世纪达到了顶峰,人本主义思想在中世纪被彻底颠覆。在经历中世纪的劫难后,人本主义在14世纪文艺复兴时期浴火重生。此时,人本主义者虽不否认上帝的存在,但歌颂人的伟大,强调人的自由,提出了"天赋人权""人生而平等"和追求自由、平等的思想。其本质是以人性反对神性,以人权反对神权,以民主反对专制,以自由反对禁欲,同时强调知识和科学的力量。文艺复兴时期的人本主义不是对古希腊文化中人本主义的简单复制。后者对人的肯定依仗朴素的信念,直观相信人类依靠理性的力量能够彻底认识外在世界;而前者对人类理性的认知则扩展到了社会实践活动的范围(潘洪林,2000)。17—18世纪,随着资本主义生产关系的确立和发展,自然科学取得重大成就,哲学家们也从理论上高度论证了人的主体性和理性的意义。这一时期,典型代表人物有笛卡儿、康德和黑格尔,科学理性对人本主义的发展起到了促进作用。然而,随着工业技术的进一步发展,科学技术成为社会的主宰,只有符合技术理性要求的人才能融入社会生产活动,人被严重地机械化,如卓别林在《摩登时代》中所传达的观点,机械化使劳动者成为流水线上的零件。此时,过度强调科学技术的负面影响逐渐增强,成为继宗教神学之后对人本主义的又一次压迫。

直到19世纪三四十年代现代人本主义出现,批判科学理性的思潮兴起,其对传统的理性主义进行了彻底的反思。这一时期,在论述人的本质和人在世界中的地位问题方面,出现了与以往传统哲学不同的理论甚至相反的看法,认为人的本质不是抽象的理性,而是现实、具体的情感、意志、欲望等,代表人物包括叔本华、尼采和海德格尔等。随后又出现了一次批判科学理性,反本质主义、反普遍主义的思潮。20世纪中期,后现代主义哲学兴起,同样提出要批判现代化带来的种种弊端,对传统的理性主义、普遍主义进行彻底的颠覆。但后现代主义也力主建构一种健康和谐的人际关系与自由创造的生存样态,彰显出人本主义的价值观。总之,尽管作为哲学思潮的人本主义在不同历史时期有不同的表现形式,却始终围绕"人"这个主题,反对离开人去思考问题。而人本主义的哲学观点,极大地影响了教育学、心理学和社会工作领域的人本主义理论建构。

(二) 作为心理学流派的发展

作为心理学流派的人本主义则兴起于 20 世纪五六十年代的美国,在哲学基础和方法论上主要受到人道主义、现象学和存在主义的影响。人道主义起源于欧洲的文艺复兴时期,提倡尊重人、关怀人,推崇以人为本、以人为中心的世界观,将人的价值和尊严视为最核心的价值观,确信人的可教导性和发展能力,提倡个性的自由和全面发展。现象学以人为目标,通过对"纯粹意识内的存在"的探索,揭示人所处生活世界的本质,从纯粹主观性出发以达到"交互主观性"的世界(车文博、黄冬梅,2001)。现象学研究者以胡塞尔为代表,认为哲学应该把人的主体性问题作为研究的核心,将价值和意识的问题视为研究的逻辑起点。存在主义则是一个广泛的流派,从揭示人的本真存在出发来探索存在物的存在结构,把个体的非理性意识活动当作最真实的存在,并以其为全部哲学的出发点。存在主义强调以人为中心、尊重人的个性和自由,其核心概念是"存在"。提倡存在主义的学者认为人类有能力了解自身,了解自己正在做的事情和周围正在发生的事件,因此,人类有能力对这些事物做出决策并对自己的行为负责。人的重要性不在于过去,而在于"此时此地"和未来发展的方向,这里的"发展"是指人格的最后实现(Ford & Urban, 1963)。

人本主义心理学理论传承和发展了人道主义、现象学和存在主义思想,强调人的正面意义和价值,看重对生命的投入和体验,以及对个体的尊崇,它被视为"存在-人道主义派"(existential-humanistic approach)的主流,强调人不仅具有内在的自我发展动机,而且能够在合适的环境做出积极且具有建设性的选择。依托人道主义、现象学和存在主义的哲学观与世界观,人本主义理论构建了对人的基本价值判断,即相信人的价值和尊严,且人的本性自然发挥的作用是建设性的、可信赖的。它批判过于强调环境控制的行为主义,也反对只强调潜意识控制的精神分析学派,认为这些理论只停滞在人格的某一个层次,或者是生理的,或者是精神的,既不完整,也扭曲人性,而且并不符合个体问题的复杂性特征以及解决问题的基本逻辑。总之,人本主义理论认为每个人都具备一种与生俱来的自我实现倾向和自我发展的能力,因此我们不仅能够协助人们发展自己的能力,同时也能促使人们做出建设性的改变,每个人都能通过这种能力实现个人与社会的改变。

心理学领域的人本主义理论通过马斯洛构建的需求层次(hierarchy of needs)论得以确立。马斯洛将人的需求分为两大类:一类是人的基本需求(basic need),

属于人的低层次需求,具体包括生理需求、安全需求、归属与爱的需求、尊重需求。这类需求由低级向高级发展,即在较低层次的需求得到满足后,人们才会产生新的高层次的需求。另一类是心理需求(psychological need),属于人的高层次需求,包括认知需求、美的需求和自我实现的需求。区别于低层次的需求,这类需求没有严格的等级高低关系。马斯洛认为,基本需求的满足并不是意味着心理治疗的完结,而只是迈出了通向全部治疗的最终目标,即自我实现之路的重要一步。需求层次理论被后来的科学研究证实,并广泛运用于心理学、管理学和社会学等不同学科领域中,为解读人们的行为动机和决策机制提供了一个基本的分析框架。

马斯洛的需求层次理论为人本主义心理学提供了重要的理论基础,在此基础上,人本主义心理学确立了自己的研究对象、研究方法以及辅导模式。人本主义心理学主张,以正常人为研究对象,把人的本性和价值置于心理学研究的首位,探索人的经验、价值、需求、情感、生命意义等重要议题;人的潜能是价值的基础,需要释放和发挥,人的成长逻辑与植物的成长逻辑相似,就像一粒橡子"迫切趋向"长成一棵橡树那样,人在自己的本性中也"迫切趋向"人性的完善与实现(马斯洛等,1987),这种成长是一种自然倾向,最重要的条件是周围有适当的环境以支持人更好地自我实现。人本主义的目的明确,即只要创造出合适的条件,就可以帮助个人实现健康发展、促进自我实现并造福社会。由此,这一基本逻辑构成了人本主义的核心理念和辅导基础。

二、人本主义理论的主要代表人物

人本主义的代表人物很多,按照时间先后,我们主要介绍以下几位学者。

路德维希·费尔巴哈(Ludwig Feuerbach),德国哲学家和人类学家,以著作《基督教的本质》闻名。他基于对基督教的批判,建立了完整的人本主义哲学体系。费尔巴哈的人本主义学说的核心是人的本质,体现为人的自然属性和人的理性。人的本质的表达由低到高有四个层次:人的自然本质、人的类本质、人的社会本质及人的绝对本质。他的人本主义思想的实质,是确立实在的、物质的、经验的、生活着的人的无上地位,即把上帝人化、把人神化。他的主要观点包括:人是自然的产物,人是感性的存在;人不仅具有自然本质,而且具有理性、意志和爱的本质,一个完善的人是理性、意志和爱的统一体;人是社会存在物;人是类存在;人是人的最高本质,人的本质在于人自身;宗教的本质是人,神是人的本质的异化;人应当按自己的本性生活,摒弃宗教异化现象;人不应当去爱上帝,而应当爱人自身,提倡普遍的爱。

马克思与恩格斯合作发表著作中最有名的就是《共产党宣言》和《资本论》。马克思的人本主义是建立在对人类社会特别是资本主义现实的科学分析基础上的关于现实的个人自由和全面发展的科学。马克思的人本主义思想,既吸取了现代人本主义有关人的言说的积极有用的观点,如重视人的地位和价值,维护人的尊严和权利,关心人的自由和幸福等,也批判了传统人本主义的局限,即它的本体论基础是唯心史观,阶级基础是资产阶级或小资产阶级。它有别于以往的从抽象的、脱离社会现实的人的本性观点出发的人本主义。马克思认为,人的本质不是自在性存在,而是对象性存在,只能存在和体现于他改造对象世界的实践活动之中,人的主体性、人的普遍性唯有通过实践才能得以表征和体现。

亚伯拉罕·马斯洛是美国著名的社会心理学家、第三代心理学的开创者。他的主要成就包括提出了人本主义心理学,构建了马斯洛需求层次理论。在马斯洛的影响下,20世纪中叶,人本主义思潮在美国成为一种新的心理学思潮。马斯洛本人也被称为"人本主义心理学之父",他创建了需要层次理论,认为人类行为的心理驱力是人的需求,动机是人类生存与发展的内在动力,而需求是动机产生的基础与源泉。马斯洛认为,人在低层次需求被满足之后,会转而寻求实现更高层次的需求。其中自我实现的需求是超越性的,追求真、善、美将最终导向完美人格的塑造,高峰体验代表了人的这种最佳状态。马斯洛的主要著作有《动机与人格》《存在心理学探索》《人性能达到的境界》《人的潜能和价值》等。在这些著作中,马斯洛深入研究了人的本性问题,阐述了自己的人性理论,详细论证了需要层次论、自我实现论、高峰体验论、似本能论等理论,深入批判了精神分析学和行为主义的人性理论,为人本主义心理学奠定了理论基础。

卡尔·罗杰斯是美国心理学家、人本主义心理学的主要代表人物之一,从事心理咨询和治疗的实践与研究。罗杰斯主张"以服务对象为中心"的心理治疗方法,首创非指导性治疗,强调人具备自我调整以恢复心理健康的能力。如果给服务对象提供一种最佳的心理环境或心理氛围,他们就会倾其所能,最大限度地去进行自我理解,改变对自我和对他人的看法,产生自我指导行为,并最终达到心理健康的水平。他对人的本质持积极、乐观的态度,主张人有选择的自由,肯定了人的主动性和创造性。罗杰斯的主要著作包括《咨询和心理治疗:新近的概念和实践》《当事人中心治疗:实践、运用和理论》《个人形成论:我的心理治疗观》《自由学习》。

他提倡的"当事人中心疗法"渗透到教育、科学、管理等不同领域,影响深远。

戈登·奥尔波特(Gordon Allport)是美国人格心理学家、人本主义心理学的代表人物之一,主要理论观点有人格理论、"统我"和健康人格。他在著作《生成:人格心理学的基本看法》中强调自我的重要性,认为自我是人格一致性、动机、记忆连续性的基础。区别于精神分析取向的自我心理学,他认为人格心理学的研究对象为健康人的自我,旨在探讨有意识的自我,致力于研究自我统一体的形成与发展,认为健康人格是自我统一的追求。奥尔波特强调人格的独立性,注重研究个体而非研究制约人类的规律。他多次强调,绝不会存在两个完全相同的人,因此了解某一特殊个体的唯一途径是研究这个特殊的人。

罗洛·梅(Rollo May)被称作"美国存在心理学之父",也是人本主义心理学的杰出代表。他推动了美国人本主义心理学的发展,也拓展了心理治疗的方法和手段。梅认为,人格指的是人的整体存在,人是有血有肉、有思想有意志的。他认为,人的存在有四种因素,即自由、个体性、社会整合和宗教紧张感,这四种因素是构成人格的基本成分。自由是人格的基本条件,是人整体存在的基础;个体性是自我区别于他人的独特性,它是自我的前提;社会整合是指个人在保持自我独立性的同时,参与社会活动,进行人际交往,以个人的影响力作用于社会;宗教紧张感是存在于人格发展中的一种紧张或不平衡状态,是人格发展的动力。他认为人格发展会经历四个阶段:天真无知、寻求内在力量的反抗、日常自我意识的发展、自我的创造意识。他提出的存在人格理论试图揭示人在运用其自由和责任来实现自己的存在时的基本人格特点,突出自由、创造、勇气、权利、爱、力量在人格发展中的作用,强调自我的主动性。其主要著作包括《咨询的艺术:怎样给予和获得心理健康》《焦虑的意义》《人的自我寻求》《存在:精神病学和心理学的新方向》等。

第二节　人本主义的基本理论和实务框架

一、人本主义的基本理论

在人本主义范式下,人本主义理论的共同信条包括以下六个方面(赫根汉,2003):(1)研究非人类的动物对研究人没有什么价值;(2)主观存在是人类行为的主要指引;(3)研究个体比研究具有共同特征的群体更有意义;(4)主要精力应用于发现那些能拓展并丰富人类经验的事;(5)研究者应该寻找那些能帮助解决人的问题的信息;(6)心理学的目标应该是完整地阐述成为一个人意味着什么,这一阐述包括语言的重要性、评价过程、人的所有情感及人们需求的并获得生活意义的方式。

基于这些共同的信念,人本主义发展了三个主旨:一是强调个人的责任和自由意志,主张个人本身对于个人成长和自我实现具有核心作用;二是关注此时此地而非过去的重要性,即不看重服务对象的过去,而是聚焦于现在;三是强调个人的成长与实现,着眼于服务对象的未来。以此为基础,人本主义发展出一套核心概念和理论,主要包括对人性的基本假设、自我实现的动力机制、自我概念与自我压迫等方面的内容。

(一)对人性的基本假设

人本主义理论以对人性的认识为基础。虽然存在不同的理论倾向(罗杰斯,2004;May,1982),但是整体上,人性本善论是人本主义理论基本的人性观,也是人本主义的动机论与人格论的出发点和理论支柱。人本主义反对精神分析学派人性观的生物决定论思想,同时也不认同行为主义将人性视为纯粹外界环境刺激之产物的看法,而是主张人性本善,认为恶是由环境和文化造成的。关于人的基本价值,人本主义认同柏拉图和卢梭的理想主义观点,认为人性是善良的,恶只是环境影响下的派生产物,能够通过教育和后天的引导得以改变。在人性本善的基本逻辑下,人不仅有自我成长、自我实现的内在动力和潜能,也有爱的需求和内在动力,具备与他人和谐相处的愿望与能力。因此,只要具备适当的成长和自我实现的环境,人性就会展示出善良的一面,至少表现为中性的。人本主义认为人的天性中就有实现自己的潜能和满足人的基本需要的倾向,动物在进化的过程中,就显现出人性自然的一面,如协作、友善和创造等潜能。爱是人类的本性,是一种健康的感情关系,需要双方相互理解和接受。人本辅导模式沿袭了罗杰斯的观点,认为个体自身内部有着广阔的潜力可用于自我理解,从而产生改变自我概念、态度和自我导向的行为。而且,只要为个体提供具有促进作用的氛围,那么这种潜力就能够被激发出来(罗杰斯,2006)。

(二)自我实现的动力机制

自我实现的动力机制是人本主义的核心理论构建之一,主要包括:(1)人的行为彼此相关,互相影响,人是个统合的整体(integrated whole);(2)人不断地衡量遇到的经历,判断这些经历能否协助满足自我实现的倾向,个体有不断进行自我评估的动力;(3)人具有个体主观的参考构架(subjective frame of reference),对事物的判断以区别于他人的主观体验为基础;(4)人具有自我成长的动力机制。无论是马斯洛的自我实现理论,还是罗杰斯的自我概念理论,都认为人有潜在的自我价值实现的内驱力。但是,相比较而言,罗杰斯更强调人的自我指导能力,相信人们经过引导能走向自我实现的正确方向。

马斯洛提出的需求层次论是人本主义理论最为核心的动机理论。马斯洛认为,人的需求和动机是一种层级结构,高级动机的出现有赖低级需求的满足,有机体仅仅受尚未被满足的需求的支配,并产生行为。他运用比较心理学的资料论证,低级或高级的需要和动机都具有本能的或者说是类似本能的性质,即人是自我驱动的,本性为个人行为提供先决的目的、目标和价值体系。每个人都有自发满足需求的倾向,一般情况下,在满足基本需求的基础上,人才会去追求更高级的需求和动机(如友爱、认知、审美和创造),即实现人的价值或人性的自我。自我实现是马斯洛人格理论的核心,自我实现不是一种结局状态,而是在任何时刻、任何程度上实现个人潜能的过程,即在个人内部不断趋向同一、整合或协同动作的过程。

与马斯洛一样,罗杰斯假定人有一种朝向自我实现的内在驱动力,如果人们把这个实现倾向作为生活的参考框架,他们就有可能发挥自己的全部潜能。在适当的条件下,人有能力指引和掌管自己的生命(Rogers,1959)。个体之所以存在,生命之所以有意义,就是为了自我实现。人不仅仅追求原始欲望的满足,即使在所有的欲望和冲动都得到满足和发泄之后,人仍要不断地前进,而且只有当人最基本的生理需要满足之后所做出的行为,才被称为真正的"人"的活动。这一点与马斯洛的需要层次理论不谋而合,并区分了人与动物之间的根本区别。罗杰斯以心理治疗和心理咨询的经验论证了人的内在建设性倾向,认为这种内在倾向虽然会因环境条件的作用而遇到阻碍,使人积极向上的力量受到摧残和破坏,使人性受到压抑和歪曲,但是罗杰斯仍然坚信人的内心依然是向善的。尽管会做出破坏性的、倒退的、反社会的、不可信赖的行为,但是辅导者对服务对象的真诚、无条件关怀、移情理解和积极引导可以消除这种行为障碍而使人恢复心理健康,达到人与环境的和谐统一。

(三)自我概念与自我压迫

为了进一步说明人的自我实现倾向,罗杰斯提出了自我概念理论。罗杰斯把个人对自己与其相关环境的关系的了解和看法称为"自我概念"。他认为,一个人在自我发展和成长过程中,由于与环境之间的交互作用,逐渐把"自我"一分为二,即划分出"自我"和"自我概念"。"自我"是指服务对象真正、本身的自己,而"自我概念"是指服务对象如何看自己。自我概念是人内心深处关于自己的形象,是个人在其成长生活的环境中与人、与己、与事物交感互动所得经验逐渐形成的综合性观念。罗杰斯认为自我概念是人格形成、发展和改变的基础,是人格能否正常发展的重要标志,是自我知觉和自我评价的统一体。自我概念包括身体、社交、性、感情、喜好、理智、职业、价值观、人生哲学(Nelson-Jones,1982),其结构可以划分为三个方面:第一,我是谁,即服务对象对自己身份的界定;第二,我可以做什么,即对自己能力的认识;第三,我应该是怎样,即对自己的理想或要求。自我概念直接影响个人对世界和自己行为的认知(车文博,2010)。

自我概念的形成有两个途径。一是由成长过程中的自我经验(self-experience)和体验形成,这个过程可以真实地反映实现的倾向。二是通过周围的重要他人(significant others),如父母、朋友对我们的态度和反应,不断积累和修正我们的自我经验。这一过程非真实地反映着自我实现的倾向,并且阻碍着真实的实现倾向。自我概念并不总是和一个人的经验或体验完全相同,心理失调的根本原因就在于个人的自我概念与经验之间的不协调。如要得到别人的关怀并不是无条件的,服务对象必须满足他人的要求、期望或家庭规则,这些便是被认为有价值的条件(conditions of worth)。这些条件往往会使服务对象忽略或牺牲自己内在的真正需要,直接影响自我概念的接受程度,导致自我压迫。"自我概念"与"自我"越趋于一致和协调,个体就越是心理健康的,就越能达成自我实现;相反,自我对经验或体验适应程度越低的个体,由于"自我"与"自我概念"不一致或不协调,会感到心理压抑、心理失调,进而产生恐惧、焦虑等各种心理障碍(唐淑云、吴永胜,2000)。

二、人本主义的实务框架

人本主义理论自诞生以来,便不断地被应用于管理学、社会工作、教育学等学科领域中。人本主义理论独特的理论观点和治疗方法在企业人力资源管理、心理治疗、社会工作实务中发挥着重要的指导作用。人本主义心理学家在不断探索的基础上,总结归纳了众多人本主义治疗方法和治疗理念。其中,罗杰斯创建了一系列自我理论,并率先将人本主义理论,尤其是自我理论具体运用于心理咨询和心理治疗中(车文博,2010),创立了人本中心治疗(person-centered therapy)模式,也称服务对象(当事人)中心疗法(client-centered therapy)。

罗杰斯终身致力于完善与发展服务对象中心疗法,其发展过程大致可以分为以下四个阶段(Corey,2008)。

第一阶段为20世纪40年代。1942年,罗杰斯出版了《咨询和心理治疗：新近的概念和实践》一书,提出了服务对象中心疗法的前身,即"非指导性方法"。这是一种提倡辅导者/咨询师"更少指导"的方法,被视为一种新的心理治疗方法。随后,通过探索咨询师在咨询过程中的语言行为,罗杰斯区分了指导性方法和非指导性方法。他认为前者是以咨询师为中心,治疗方案的设计、规定、指导以及整个治疗过程的安排都由咨询师决定,服务对象只是处于被动、遵从、配合和接受的地位,而这种被动和接受的地位在治疗的过程中不利于服务对象积极性的发挥；后者基于"重视每个个体都有心理独立、维护自身心理完整性的权利"的价值判断,"强调使服务对象更清楚地意识到自己的态度和情感,并随之促进其洞察力和自我理解的方法",更有利于服务对象解决问题能力的提升(罗杰斯,2006)。

第二阶段为20世纪50年代中期。为强调对服务对象而非咨询技巧的关注,罗杰斯将"非指导性方法"更名为"服务对象中心疗法"。1951年,罗杰斯出版了《当事人中心治疗：实践、运用和理论》一书,提出了人格及其变化理论,回顾了服务对象中心治疗在过去十年的发展状况,进一步阐明咨询师的定位,提出须强化和突出服务对象的中心地位。罗杰斯指出,作为以服务对象为中心的咨询师,须接纳自己、贯彻对他人的尊重,更好地发挥服务对象中心疗法的效果；另外,他从责任体验、探索体验、自我重组体验等多方面分析了服务对象对治疗关系的体验,指出服务对象需要通过体验来实现自我重组,而咨询师则需要敏锐洞察服务对象的话语和情感,促发服务对象的治疗体验。

第三阶段为20世纪50年代晚期到70年代。这一时期,罗杰斯出版了《个人形成论：我的心理治疗观》一书,阐释了个人发展历程和自己的心理治疗理念及方法。同时,罗杰斯开始关注服务对象与辅导者之间的关系,注重服务对象"此时此地"的感受。在服务对象与咨询师的心理接触过程中,服务对象处于失调状态,而咨询师对服务对象的真诚、同感以及无条件的积极关注的态度,和服务对象对咨询师的了解、信任等和谐因素是促成服务对象人格改变的充要条件。在这个时期,罗杰斯与同事共同开展了多项研究,很好地促进了服务对象中心疗法的完善与扩展。

第四阶段为20世纪八九十年代。在这个时期,服务对象中心疗法扩展到教育、冲突解决、世界和平事业等领域,从而更名为"人本辅导模式",以适应更为广泛的应用领域。该阶段人本辅导模式的重点由治疗技术转向对辅导者本身的价值观、信念和态度的重视,认为只要辅导者拥有了人本主义的信念,就能够很好地进行治疗辅导工作。1973年,罗杰斯与同事共同创立了个人中心式团体治疗方法,不断推广并运用于各种群体,涉及减缓政治紧张压力和解决少数民族团体、社区关系、种族与跨文化以及国际关系等由多种因素带来的不同区域、不同生活背景下的各种群体性问题(陈和,2005)。同时,更加强调辅导者投入的热情和帮助他人的意愿。而且,在这一阶段为了更好地帮助服务对象自我实现,消除他们的紧张情绪,人本主义强调辅导者必须强化人文关怀,运用自我披露和同理心,与服务对象建立平等的关系,以实现服务对象的尊严和主体价值观。

经过罗杰斯人本主义辅导模式发展的四个阶段,人本主义从作为一种理论构建和价值观导向,重点关注对人的行为动机和行为发展的解读,逐渐进入辅导环节,发展出一套明确的辅导原则、方式和程序,形成了独具特色的实务技巧与方法。罗杰斯将辅导与治疗的过程分为12个步骤,并认为这些步骤是有机结合在一起的(罗杰斯,2004)。

第一步,服务对象前来求助。

第二步,辅导者向服务对象说明情况。经辅导者的说明,服务对象必须知道,辅导只是提供一个场所或一种气氛,以帮助服务对象自己寻找答案或解决问题;辅导时间是属于服务对象自己的,他们可以自由支配,并用于商讨解决问题的方法。

第三步,鼓励服务对象自由表达情感。辅导者应以友好、诚恳、接受对方的态度,促进对方对自己的情感体验进行自由表达。

第四步,辅导者要能够接受、认识、澄清对方的消极情感。辅导者要对服务对象内心潜藏的真实信息有所反应,注意发现对方影射或暗含的情感。不论对方所讲的内容是如何荒诞无稽及可笑,辅导者都应接受这一切并加以处理,努力营造出一种气氛,使对方认识到这些消极情感也是其自身的一部分。有时,辅导者也需要对这些情感加以澄清,但不是解释,目的是使服务对象自己对此有更清楚的认识。

第五步,服务对象的成长萌动。服务对象充分暴露出其消极的情感之后,模糊的、试探性的、积极的情感不断萌生出来,成长由此开始。

第六步,辅导者对服务对象的积极情感要加以认识和接受。辅导者对服务对象的积极情感的认识和接受,不是为了对服务对象加以表扬或赞许,而在于让服务对象对此有所了解,从而使服务对象既无须为拥有一些消极的情感采取防御措施,也不必为具有积极的情感自傲,从而促使服务对象自然达到领悟与自我了解的境地。

第七步,服务对象开始接受真实的自我。在辅导者所创设的氛围中,服务对象有可能重新省察自我,获得对自己情况的一种领悟,进而达到接受真实自我的境地。服务对象这种对自我的理解和接受,为其进一步在新的水平上达成心理的整合奠定了基础。

第八步,帮助服务对象澄清可能的决定及应采取的行动。此时依然要注意不能勉强对方或给予某些劝告。

第九步,产生辅导效果。服务对象自己通过主动、积极地发现和领悟,对自己的问题有了新的认识,并且付诸行动,这便意味着辅导效果的产生。

第十步,进一步扩大效果。扩大辅导效果包括扩展和加深服务对象的领悟范围和层次,使服务对象更完全地增进自我了解和接受真实的自我。

第十一步,服务对象的全面成长。这一环节表现为服务对象不再惧怕选择,处于积极行动与成长的过程之中,并有较大的信心进行自我指导,常常主动提出问题与辅导者共同讨论。

第十二步,辅导结束,辅导关系终止。

罗杰斯认为在辅导过程中,若有以下六种条件出现,就足以促生建设性的性格改变。(1)辅导者与服务对象有心理上的接触;(2)服务对象处于一种无助、焦虑与混乱的状态;(3)辅导者与服务对象的关系处于一种真挚、和谐、协调的状态;(4)辅导者对服务对象产生一种无条件的接纳与尊重;(5)辅导者对服务对象产生同感,不再从自己的观念立场来看对方;(6)服务对象体会到辅导者对自己的尊重和同感。

在完善治疗方法和辅导过程的基础上,罗杰斯也确立了人本主义辅导模式的根本原则:人为地创造一种绝对的、无条件的积极关怀和尊重的氛围,使服务对象在这种和谐的气氛中,修复被歪曲、受损伤的自我实现潜力,重新进入自我实现、自我完善的心理建设过程。

第三节 西方社会工作学者对人本主义的应用及批判

人本主义理论是在心理学的语境下产生的,但由罗杰斯发展而成的个人中心疗法目前已经被广泛地运用于社会工作实务领域。罗杰斯认为如果能够提供某种特定形式的关系,其他人发现自己有能力去运用这种关系促进成长及改变,则这个人就能随之发展。罗杰斯对社会工作的主要影响在于其对服务关系的不同理解和对辅导过程中富有成效的辅导要素的发掘。在他看来,社会工作的取向应是非指令性和非评价性的。在这一取向下,社会工作者要本着积极倾听、准确同理和真诚友好的价值和态度,形成帮助服务对象进行自我探索、发现自身问题,改善其周围环境和挖掘其自身潜能,帮助服务对象个人成长以助人自助的辅导模式。

一、应用:从问题诊断模式转向成长模式

人本主义理论对西方社会工作理论主要的影响在于社会工作服务模式的转向,即从问题诊断模式转向成长模式。问题诊断模式(disease model)强调关注服务对象的问题本身,而成长模式(growth model)强调非指导性,坚信人的积极自主性,以及人的自我实现的潜能。人本主义辅导模式强调心理治疗的着眼点不是个人的病态或问题,而是个人的自我实现和成长,认为人具有内在的建设性倾向和自我指导评估的能力。该模式也影响了社会工作辅导的基本理念和导向,将服务对象的问题从"问题化"转向"正常化"。区别于行为辅导和精神分析辅导模式的问题诊断导向,人本主义辅导是成长导向的,其目的在于协助服务对象的成长,而非问题的解决;通过对服务对象自身的了解,促进服务对象学习克服成长中的障碍,最终能采取对自己有益的行为。这种辅导模式认为每个人都具有独特性,都有自我成长的潜能,不应对他们进行症状的诊断和分类;强调服务对象此时此刻的感受和行为,而非服务对象问题的产生和发展历史。同时,人本主义辅导模式不但要求解决问题,而且强调服务对象的学习成长过程。

罗杰斯认为重大的人格改变必须在某种关系中产生,而这种关系就是治疗关系。在辅导的过程中,服务对象是主角,拥有人的尊严和价值。服务对象是由自我引导成长的,服务对象与社会工作者之间是信任关系。要在辅导过程中达成一种建设性的关系,社会工作者必须做到以下三点:第一,诚实和真诚。真诚对待服务对象,使之有一种安全感和信赖感,从而能够更自然公开地讨论自己的情感和态度。第二,温暖、尊重和接纳。对服务对象的各种行为都应采取宽容和接纳的态度,要通过积极倾听和非批判性的语言来表达对服务对象的尊重。第三,同理心。社会工作者要完全放下自己的主观态度,设身处地地从服务对象的角度出发,体验其内心世界,并将这种感受反馈给服务对象,以达成情感上的共鸣。这种理念也体现在具体的辅导关系中(Truax & Carkhuff, 1967)。在此原则的基础

上，罗杰斯主张应该具备三种特质以营造一种促进个人成长的气氛。这三种特质包括：

第一，真诚或真实。辅导者在辅导过程中的表达及其行为表征要能够表现出他们的人格特质以及真实态度，更为关键的是辅导者不能将自己的价值观和主观意识强加给服务对象。总之，真诚或真实就是指辅导者在和服务对象沟通过程中，一定要成为真实的自己，即辅导者的认知、经历、主观体验及其与服务对象之间的沟通应该是一致（congruence）的。

第二，无条件的正面关怀，具体包括接纳和认同、无条件的积极关怀。辅导者应对服务对象的问题和陈述持不带批判性的态度，也不做反对或赞成的表态，而仅去接纳和认同、关怀服务对象。这表现为对服务对象的接纳和关怀。积极地、非批判性地接纳服务对象，推动他们自身成长，增强他们的能力。并且，这种关怀是非占有式的，是无条件地赞赏和信任服务对象的。

第三，准确的同理心，或者称为共情（empathy）。同理心是指辅导者准确地领悟和沟通现时的感受，并感知他人经历的意义和重要性的能力。辅导者的这种同理心表现为，他们能够准确感受服务对象所体验的情感和个人意义，同时还应该通过落实这些价值，促进服务对象的人格改变和成长。

总之，整个辅导过程中，辅导者应以服务对象的需要为根本，由服务对象掌握会谈的本质和控制权，他们的行为转变应发自其本身。辅导的焦点乃是服务对象，而不是他们的问题。辅导者要深切体会服务对象的心态和处境，并强调这是服务对象的内在资源，使其发挥自我引导的本能（self-directing capacity）。辅导者在辅导过程中应不过问过去、不介入行为、不评价认知、不决定态度，积极充当非指导性的角色，强调服务对象对自己的自我实现倾向和目标负责。随着服务对象视自己为解决问题的专家，服务对象的资源及其与他人的合作就逐渐形成通向问题解决的重要实践基础。

二、批判：缺乏清晰界定和严谨的辅导程序

人本主义理论的发展为对个人行为的解读提供了一个新的理论框架，为心理学和社会工作实务的发展做出了重大贡献。一些学者赞誉人本主义理论批判了西方心理学中第一势力的机械决定论和第二势力的生物还原论，将心理学回归于人性科学的本来面目，对人本主义理论的贡献给予了高度评价。但是，在人本主义理论获得广泛认可和推崇的同时，也有许多批判的声音。

持反对意见者大多从学科性质、研究方法特别是科学主义视角来进行评价,认为人本主义理论不是科学而是哲学,将其视为"诗人的或哲学的心理学"(Decarvalho,1991),认为人本主义的概念比较模糊,没有清晰的界定,研究方法不精确,科学性不强。人本主义起源于哲学范畴,逻辑思辨性较强,很难形成对这一概念的简要的定义,人本主义发展的每一个阶段都缺乏一个清晰明确的概念界定。而且人本主义本身也反对清晰的定义和严谨的辅导程序。同时,人本主义理论中的有些基本观点已包含在完形心理学理论、整体论和机体论心理学之中。批判者认为人本主义从根本上存在弊端,不能被视为科学心理学的范畴,辅导过程中观念和取向的问题不够明确,难以形成具体清晰的辅导目标,并难以对服务对象的行为动机和过程做出一致性的评估。其对服务对象潜能的强调,虽然提供了潜在的解释力,但是批评者认为人本主义的价值观过于含糊和缺乏精确性,也缺乏对其建议技巧的有效性证据。人本主义是基于对过于技术化的辅导模式的批判而建立起来的,更加注重服务对象自我能力提高的重要性,过分强调人性自然因素的作用,忽视了社会环境和社会实践在人格形成和发展过程中的决定意义。这些批判者确实指出了人本主义理论实务操作过程中的一些不足,而在人本主义发展的过程中,其推崇者也开始反思这些问题并加以改进。

人本主义的首要问题在于对存在主义信念的过分依赖,存在主义认为我们可以通过自己的意识经验来了解自身,即不是从宏观的社会物质生产关系中去研究人的本性,而是从封闭的主体内在世界中去寻找人性的根源(车文博,1999)。这就表明辅导者可以通过服务对象的自我表达来获得对其较为详尽的了解。但是实际上,许多有价值的信息是不为意识所了解的,人们经常以扭曲的方式来表达自己,这会削弱主观经验的价值。而且,人本主义过分强调个人在自我实现中的作用,过分重视人的内在因素,没有意识到人是生活在一定的社会环境中的,人的本性的形成和外在行为表现是受其所在的外在环境影响和塑造的。

正如美国心理学家杜安·舒尔茨(Duane Schultz)所说:"其实自我实现并不单纯取决于个人的努力,还受制约于许多社会条件。"(舒尔茨,1981)人本主义的另一个重大问题是它相对忽略了人格的决定因素,人本主义者很少考虑弗洛伊德指出的人格受早期童年经验的影响,但是在临床经验中,不少证据表明,遗传在成年人人格发展中扮演了重要角色(艾森克,2000)。

此外,人本主义辅导模式周期漫长,并且对辅导者有很高的要求,在实践中受到较大制约。不同于任务中心疗法,人本主义辅导的目标在于对人内在潜力的激发而不是具体问题的解决,倾向于长期性而不是短期性,由此可能导致辅导过程耗时耗力较多,很难在追求效率的情况下被采用。另外,人本主义对辅导者的要求较高。辅导者既要坚持非指导性,又不能被动、放任自流和置身事外;既要避免评价,又要鼓励服务对象的探索。过于相信人的内在潜力,在那些渴望得到具体方法指导的服务对象看来,可能是咨询者能力不强的表现。

人本主义辅导模式排斥具体诊断和评估,忽视具体策略和技术的运用,由此也可能导致其缺少实证支持。尽管大多数社会工作实务方法都直接或间接地受到人本主义的影响,但是人本主义片面地注重个体层面而忽略了对宏观社会环境和社会结构的关注,从而对一些问题的认识不够全面,这是该方法的一大缺陷。而且,不管是罗杰斯还是马斯洛等人都没有发展出严谨翔实的治疗方法和诊断程序,导致不同人具体运用这一模式时极有可能提出不同的辅导意见,这也使得难以对人本主义方法的效果进行有效的评估。此外,由于缺乏严格的程序和明晰的治疗方法,人本主义的社会工作者不重视那些可能带来服务对象行为改变的具体诊疗技术(Corey,2008)。

此外,从科学主义的视角来看,人本主义还有一个缺陷,即并未形成自己独立的研究方法,这导致人本主义的研究和诊断缺乏科学性。

三、后现代主义的冲击

后现代主义思潮是在 20 世纪中期西方发达国家由现代工业社会转入后工业社会时出现的一种文化思潮,是对现代文化哲学和精神价值取向进行批判和解构的一种哲学思维方式和态度。后现代主义反对纯理性和单一的、绝对的、固化的行为分析模式,主张人性经验的主导作用以及个性化、散漫化和自由化,因而更具有人文主义色彩。它的研究重点由中心主义转向非中心多元主义,由深度模式转向平面模式,由以人为中心转向反对传统人本主义(车文博,2003)。在后现代社会,人们的认知和行为取向更多表现为不确定性而非绝对主义、多元性而非一致性、差异性而非系统性、复杂化而非简单化(Rosenau,1992)。

后现代主义对人本主义的挑战是多方面的。一方面,后现代主义崇尚的核心理念在一定程度上挑战了人本主义心理学,前者认为"自由意志""选择与责任""潜能及自我实现"等人本主义心理学家看重的概念不过是人本主义者的话语体系,没有一个精神实在的基础。心理学中的科学主义者主张决定论,认为人没有选择的自由,用斯金纳的话来说,自由与尊严不过是人类的幻觉,因此要"超越自由与尊严"。人本主义心理学者反对决定论，而采纳存在主义哲学的话语，主张意志自由，认为人具有选择的能力和承担责任的义务。尽管两方观点针锋相对，但都是从一种语言范畴出发，假设了某种精神实体的存在。所以，这些所谓的"精神实在"都是话语的建构物，是由我们的语言范畴"塑造"出来的，其意义也是个人赋予的。

另一方面，人本主义所主张的个体主义倾向也遭到了后现代主义的冲击。个体主义萌芽于文艺复兴启蒙时期，后来逐渐被建构为支配西方社会的个人主义倾向。心理学同样受到了个人主义倾向的影响，主张从个体内部寻找行为的动机，从而忽略了社会文化和环境对个人行为和心理的影响（叶浩生，2008）。人本主义心理学产生时就带有强烈的个人主义色彩。而后现代主义则主张，从个体理性转向公共理性，从个体自我转向关系自我，给人本主义带来了严重冲击。同时，后现代心理学家又提出了从个体人本主义转向关系人本主义的论断。在后现代主义的挑战和冲击下，人本主义心理学内部逐渐分野为两派：一是保守派，即主张仍然坚持传统的人本主义心理学立场，重视人的存在，排斥社会建构的概念；一是激进派，即主张正确看待后现代主义的影响，认为后现代主义与人本主义之间的冲击与碰撞将有利于人本主义心理学更为完善地发展。

第四节 人本主义在中国社会工作领域的应用与思考

一、人本主义对社会工作理论和实务的影响

人本主义在中国社会工作领域也得到了广泛的应用。社会工作是一种专业的助人活动，因此社会工作往往会陷入一定的误区，即努力地寻求社会工作助人的技巧而忽视社会工作的"软"价值，即它的精神力量和社会意义（陈和，2005）。当人本主义理念被广泛地引入社会工作的助人技巧时，可以将社会工作实务从过于关注技巧中解放出来，重新回归尊重、接纳、无条件关怀等基本价值观实现的目标，这对社会工作实务的发展具有非常重大的指导意义。总体上，在中国社会工作领域，人本主义的影响主要体现在两个方面。

一方面，对社会工作理论的影响。人本主义理论对中国社会工作理论的启示也主要体现在两个方面。

第一，人本主义理论引导对西方人本主义理论的内涵和价值进行反思。人本主义是社会工作的重要哲理价值之一，社会工作的出现就是为了在制度上保证每

个人的价值都得到尊重(何雪松,2007)。换言之,社会工作的核心理念"助人自助"就是在人本主义哲学价值观基础上形成的。人本主义为社会工作者提供了一个认识服务对象及其问题的视角,同时与社会工作专业价值观如尊重、接纳等相一致。人本主义被学者总结为社会工作四大理论范式之一(周长城、孙玲,2012),其核心要义包括:(1)尊重人的价值和尊严,尊重、接纳、不批判,尊重服务对象的价值观;(2)强调个人潜能的发挥,充分挖掘服务对象的潜能,满足其自我实现的需要;(3)强调每个人的多样性与差异性,尊重服务对象的个别化,运用不同的方法来回应服务对象独特的需求。

第二,在反思批判西方人本主义理论的基础上,我国社会工作学界也在不断探索本土的社会工作理论。其一,探讨在儒家文化背景下,人本主义理论及其方法在我国社会工作实践中的适用性,以及如何将人本主义理论与我国社会工作发展现状相结合,从而进一步促进我国社会工作专业和实践的发展(陈和,2005)。其二,挖掘中国传统文化尤其是道家文化与人本主义理论的契合性,在哲学和价值观层面探索中国社会工作理论的本土化基础(黄耀明,2011)。童敏认为,人本主义理论指导下的社会工作无法实现个体现实性与超越性的统一,提出要立足中国传统文化中的和谐理念,实现个体现实性与超越性的和谐,并将和谐作为中国社会工作专业化的核心(童敏,2007)。

另一方面,对社会工作实务的影响。随着我国社会工作逐渐职业化和专业化,人本主义理论及模式在我国社会工作实务中得到越来越多的应用。在学校社会工作、老年社会工作以及针对残障人士等特殊困弱群体的介入领域中,人本主义理念和方法也得到了广泛的运用。在社区矫正(治)领域,一线社会工作者运用人本主义的相关理念和治疗方法,对社区矫正人员进行帮扶和指导,促使其更好地融入社会(曹隽、王洪光、徐晔,2016)。随着我国社会工作实务的开展,社会工作的介入领域不断扩展,一线实务工作者逐渐将人本主义与行为主义、认知学派相结合,以此提高社会工作实务的介入效率。

在社会工作实务发展的基础上,我国社会工作学界也在不断反思总结人本主义理论对我国社会工作专业化和职业化的影响。例如,郑颖芳(2009)认为,从实务方面看,人本主义理论和辅导模式所倡导的营造良好的专业氛围、非指导性、促进服务对象自我实现、以服务对象为中心、角色定位由"问题化"转向"正常化"、超越技术、强调互动关系等理念,为我国社会工作实务的开展提供了十分有益的启示。杨晶(2006)认为,人本主义促使社会工作者关注自身和服务对象的价值观,相信人的自我实现,注重营造真诚的沟通和治疗氛围,以平等的态度来接纳服务对象,帮助服务对象发挥自身潜能、促进成长。基于人本主义理论,社会工作者在辅导过程中应该为服务对象营造一个宽容、接纳、无威胁性的成长环境,让服务对象能够更真切地表达自己的意见和情绪,由个人导向转为自我导向,开放经验,提高积极的自我关注,进行自我探索,从而正确地评估自己在社会化过程中被迫戴上"面具"的过程,发现自己真实的需要,实现自我概念的重构,从而发展正向的评价,并做出成熟的行为。陈和(2005)认为,人本主义所倡导的以积极的人性观为出发点,相信服务对象的能力并促进自我实现,"以服务对象为中心",重视同理、提高专业性,助人过程平等化、开放化等,对社会工作实务的开展和效果评估都有启发意义。文军(2013)认为,人本主义假定每个人是独特的,社会工作者不能对服务对象套用固定的模式,这使得社会工作者更加注重与服务对象之间关系的建立和维护。冯晖(2009)认为,人本主义为社会工作实务提供了相应的助人技术和方法。在实务工作中,社会工作者坚持人本主义的以服务对象为中心的思想,强调辅导和培训中的"服务对象参与",在会谈中要鼓励、重复对服务对象感情的反应,鼓励服务对象自己思考、尝试,并且不直接提供问题的答案。此外,人本主义倡导关注每一个人,扩大了社会工作服务对象的范围:不仅包括困弱群体,也包括其他一切需要帮助的人。

二、对人本主义的批判与本土化思考

同西方学者一样,中国社会工作学者和实务工作者对人本主义也有一些批判性的反思,主要包括以下四个方面的内容。

第一,理论体系较为松散。人本主义理论没有给社会工作提供完整的理论体系,更多的是关于人性观、价值观的影响以及治疗关系如何建立的探讨(文军,2013);过多关注个人层面,对宏观实践层面,即对服务对象所在系统的改变的关注较少。实际上,很多社会问题都有其深刻的制度性和体制根源(周长城、孙玲,2012)。整体上,人本主义心理学内部虽然有统一的观点,即都希望致力于研究活生生的、作为整体的人的心理经验,但是人本主义心理学缺乏清晰的、彻底的和深厚的理论基础,在方法论和真正理解人的经验方面明显存在不一致,而且其实现目的的方法和手段并不统一,仍然没有完全摆脱传统研究方法及量化的色彩(伍麟,2003)。

第二,难以解决自我与他人、个体与环境之间的割裂问题。与实证主义哲学将人视为机械化存在不同,人本主义心理学将关注点置于个体的积极层面,认为人具有不断积极发展至完美人格的趋向。因此,人本主义心理学对人的关注不再是某一问题的解决,而是引导和协助个体充分发挥潜能,并通过营造有利于其自我发展的环境,促进个体健全人格的发展。然而,人本主义心理学的理论预设仍然是将个体视为独立、理性的,认为个体只要能够充分释放自己的天性就能获得充分的发展,个体之所以面临种种问题,是因为其天性被外在环境限制、受到了压抑,因此只有改变不利的外部环境,个体才能获得成长。这种理论预设使人本主义心理学片面关注个人的自我层次而忽略了外部环境的影响,将自我与他人、个人与环境割裂开来(童敏,2007)。

第三,缺乏实务指导性。人本中心模式虽然不会伤害服务对象,但也可能无法带给服务对象积极的帮助和改变(杨晶,2006)。社会工作者会因时间或机构的制约,不能完全使用以人为本的方法。在最初阶段,社会工作者会对服务对象表达无条件的积极关注、同理心和真诚,但是由于时间或机构的限制,不得不在共同工作中表现出更多的指导性,这就偏离了人本视角的非指导性本质。而且,社会工作者不可能对所有的服务对象真正表现出同情心、真诚和无条件的积极关注,尤其是对那些有反社会行为的服务对象。单纯靠同感、真诚等让服务对象宣泄其情感,并无助益。以服务对象为中心可能会导致社会工作者对服务对象的过分认同,从而在辅导中失去自我,无法清楚和准确地看到他们的问题。

第四,本土化思考。社会工作作为一种科学学科和观念,需要知识和理论形式方面的不断探索和实现。社会工作是一门专业的助人自助的学科,研究者首先应该了解社会工作的本质,其次要在厘清人本主义思想不同阶段的发展脉络,了解人本主义思想的内涵及其核心观点的基础上,寻找人本主义精神与社会工作实务之间存在的联系,以更好地推动学科的发展。此外,要认识到社会工作在迈向专业化的过程中,应引入不同思想作为其知识发展的基础,在吸收借鉴人本主义思想作为价值理论时,要强调理论的科学性与现实的对应性。由于人本主义社会工作理论以西方文化思想为主要来源,在实践中强调突出个体意识、自我依赖的观点,因此与中国传统的集体意识、协作精神之间存在冲突与矛盾。因此,如何实现以人为本的观念与中国社会的融合仍然是人本主义取向的社会工作模式中国本土化过程中的难点和重点。

本章结语

人本主义源起于哲学，它承认人的价值和尊严，把人看作万物的尺度，以人性、人的有限性和人的利益为主题。此后，人本主义逐渐从哲学中脱离出来，并在心理学领域得到了极大发展，人本主义心理学也成为继精神分析理论、行为主义心理学之后的第三大势力。人本主义心理学主张把人作为人而不是作为物进行研究。人本主义心理学的理论和方法在管理学、社会工作等领域得到广泛运用，并产生了极为深远的影响。社会工作的基本工作理念和方法除了受到哲学层面的人本主义思想影响外，很大程度上受到人本主义心理学流派的影响，基于此，社会工作形成了相信服务对象有潜能与积极的人性、注重同理心的运用、对服务对象无条件的积极关怀等核心理念。

人本主义给社会工作发展带来的启示是巨大的。第一，以"积极的人性观"为"助人自助"的出发点，要尊重服务对象的基本权利，社会工作者要在认识上理解人、信任人，在情感上尊重人、关心人，在行为上支持人、激励人。第二，社会工作者在工作中应坚信人有成长和改变的潜能，故无论服务对象过去的经历如何，社会工作者都应无条件地接纳，学会利用同理心，传达真诚（杨晶，2006）。第三，人本主义强调社会工作者人格和态度的作用，而不是具体方法技巧的作用，这对社会工作实践模式具有积极意义（周长城、孙玲，2012）。

但是，由于人本主义理论片面强调情绪和情感，忽视理性、认知、智慧对人的行为的影响，不重视诊断、心理测量和资料的收集，过分主张工作者的价值中立态度，因此人本主义辅导模式停留在非指导性倾听服务对象的心声、给予其情绪上的支持和情感反应等层面。这些影响了人本主义理论和疗法在实务中的应用，导致人本主义理论面临被边缘化的风险。进入20世纪90年代后，人本主义辅导模式针对以上问题做出了许多调整，包括在有需要的时候，适时地与服务对象进行对质，关怀地指出服务对象的矛盾。同时，社会工作一方面继续吸收和内化人本主义基本原理和治疗理念、方法，另一方面也结合社会工作实务要求不断对其加以调整，以实现社会工作实务与理论的双向互动，从而确保二者相互促进和完善。

思考题

1. 人本主义心理学受到了哪些哲学思潮的影响？
2. 人本主义的核心观点主要包括哪些内容？

3. 对人本主义的批判主要集中在哪几个方面？

4. 人本主义对中国社会工作发展的影响主要体现在哪些方面？

参考文献

B. R. 赫根汉，2003，《心理学史导论（第四版）》，郭本禹等译，华东师范大学出版社。

曹隽、王洪光、徐晔，2016，《人本主义视角下的社区矫正对象重构》，《大庆社会科学》，第4期。

车文博，2003，《后现代主义思潮与人本心理学》，《心理与行为研究》，第1期。

车文博、黄冬梅，2001，《美国人本主义心理学哲学基础解析》，《自然辩证法研究》，第2期。

车文博，2010，《人本主义心理学大师论评》，首都师范大学出版社。

车文博，1999，《人本主义心理学评价新探》，《心理学探新》，第1期。

陈和，2005，《人本主义取向的社会工作模式及其本土化过程》，《首都师范大学学报（社会科学版）》，第5期。

杜·舒尔茨，1981，《现代心理学史》，杨立能等译，人民教育出版社。

冯晖，2007，《"助人自助"——罗杰斯"求助者中心疗法"的理论与方法》，《伊犁师范学院学报（社会科学版）》，第2期。

何雪松，2007，《社会工作的四个传统哲理基础》，《南京师范大学学报（社会科学版）》，第2期。

何雪松，2017，《社会工作理论（第2版）》，上海人民出版社。

黄耀明，2011，《试论道家文化对社会工作本土化的契合与贡献》，《安徽农业大学学报（社会科学版）》，第5期。

卡尔·罗杰斯，2004，《当事人中心治疗：实践、运用和理论》，李迎潮、李孟潮译，中国人民大学出版社。

卡尔·罗杰斯，2006，《罗杰斯著作精粹》，刘毅、钟华译，中国人民大学出版社。

M. 艾森克，2000，《心理学——一条整合的途径（上下）》，阎巩固译，华东师范大学出版社。

潘洪林，2000，《西方人本主义的沉浮》，《云南社会科学》，第1期。

唐淑云、吴永胜，2000，《罗杰斯人本主义心理学述介》，《哲学动态》，第9期。

童敏，2007，《东西方的碰撞和交流：社会工作的本土化与和谐社会建构》，《马克思主义与现实》，第4期。

文军(主编),2013,《西方社会工作理论》,高等教育出版社。

伍麟,2003,《人本主义心理学的危机及其僭越》,《心理学探新》,第4期。

亚伯拉罕·马斯洛等著,林芳主编,1987,《人的潜能和价值》,华夏出版社。

杨晶,2006,《人本主义模式与社会工作》,《贵州师范大学学报(社会科学版)》,第1期。

叶浩生,2008,《人本主义心理学:后现代主义的挑战》,《华东师范大学学报(教育科学版)》,第4期。

郑颖芳,2009,《论人本中心模式的治疗原则与实务运用》,《社会工作》,第11期。

周长城、孙玲,2012,《人本主义:社会工作的重要理论范式——浅析人本主义视角下的社会工作》,《社会工作》,第4期。

Corey, G., 2008, *Theory and Practice of Counseling and Psychotherapy* (8th ed.), Cengage Learning.

DeCarvalho, R. J., 1991, Abraham H. Maslow(1908-1970): An intellectual biography, *Thought: Fordham University Quarterly*, Vol. 66, No. 1.

Ford, D. H. & Urban, H. B., 1963, *Systems of Psychotherapy: A Comparative Study*, John Wiley & Sons.

May, R., 1982, The problem of evil: An open letter to Carl Rogers, *Journal of Humanistic Psychology*, Vol. 22, No. 3.

Nelson-Jones, R., 1982, *The Theory and Practice of Counselling Psychology*, Holt, Rinehart and Winston.

Rogers, C. R., 1959, The essence of psychotherapy: A client-centered view, *Annals of Psychotherapy*, No. 1.

Rosenau, P. M., 1992, *Post-Modernism and the Social Sciences, Insights, Inroads, and Intrusions*, Princeton University Press.

Truax, C. B. & Carkhuff, R. R., 1967, *Toward Effective Counseling and Psychotherapy: Training and Practice*, Aldine Publishing Company.

第四章 存在主义取向的社会工作理论

存在主义是20世纪最重要的一股哲学思潮。从其发展历史和理论脉络来看，这股思潮有着极其深厚的现象学基础。当今，无论是作为对抗系统论登场的社会建构主义，还是被社会工作援助理论所重视的"叙事疗法"，就其方法论的根基而言，无不与现象学理论及其运用有着深刻的联系。因此，当我们探索存在主义对社会工作所产生的影响时，将其重新放置于现象学的脉络之中来加以考察，是十分必要的。2000年以来，国内也有了尝试基于存在主义视角开展社会工作的实践。检验和反思这些实务探索，对于社会工作如何汲取存在主义的养分，以及总结在实务领域产生的作用和经验而言，都是十分有意义的。

虽然，在社会工作的主流理论中，存在主义从来没有成为开展专业服务理论的主流，但必须承认的是，这股思潮对社会工作理论与实践产生了不可估量的影响。存在主义可促进社会工作者自觉其作为援助者的存在立场，为援助方案、援助方法及援助情境的意义理解提供重要的启示。这一影响首先体现在存在主义式的心理治疗上。在欧美，维克多·弗兰克尔（Viktor Frankl）的存在分析心理治疗普及之后，发展为一种无法忽视的心理治疗方法。这一追问人的存在状况的存在主义的进路，也被社会工作者实践时采用。尤其表现在当案主所面对的问题或者苦痛是无法以治疗的方式解决的时候，比如患有不治之症，或因故残障，或面临死亡时自身感到绝望，或因亲人离世而悲痛万分，当人们面对客观上无法改变的艰难处境之时，人何以"存在"的问题就变得重要起来。尽管存在主义理论无法也不可能对治疗相关的问题加以根本解决，但是对人的存在方式的深刻洞察，足以启示人们改变处置这类问题的主观态度。

基于上述问题意识，本章将着重于：(1)探讨存在主义谱系之中"存在"的含义，并理解其"人观"，进而探讨其在社会工作援助场合中展现的意义；(2)厘清存在主义社会工作中的核心概念,并揭示其援助过程的一般化框架;(3)基于欧美社会工作研究,探讨存在主义产生的主要影响;(4)回顾存在主义视角下社会工作的实践状况并进行展望。

第一节　存在主义理论的发展脉络

一、存在主义及其人观

在哲学思潮中,存在主义源自世俗化之后的近现代,由思考人存在的意义而形成一股曾经席卷西方的社会思潮。丹麦的克尔凯郭尔(Kierkegaard)被认为是存在主义的创始人,正因为"创始",也常常被列在现代存在主义发展的主线之外。作为创始人,克尔凯郭尔是孤独的,但又拥有虔诚的信仰。他对于黑格尔所建构的哲学体系,即在广义上对人的能力(尤其是理性和智慧)表现出彻底的信赖,以及乐观地认为依赖这一理性的力量能够把握自然和社会法则的所谓黑格尔式的辩证法表示怀疑,尤其对被狄尔泰(Dilthey)概括为"客观观念论"的理性观念论表达了猛烈的批判。在他看来,理性观念论所认为的唯有普遍理性的客观存在及其运动才是本质和真实的观点,恰恰是非真实的;而每一个个体的个别性,才是一种客观而普遍的本质,才是真实的。

在克尔凯郭尔对黑格尔观念论的反对之中,存在主义不在于追求人类普遍而一般化的法则,而是试图确立起人的"存在先于本质"的观念。面对抽象的普遍理性与客观法则,存在主义关注的是面对具体现实时,作为感受到具体生存意义的各个个体在现实情境中如何理解自身存在的问题。重视从个体出发的克尔凯郭尔显然是个"个人主义者",用"存在的"(existential)一词来特指个体不得不面对的日常。由于个体的独自性,这一日常存在的自我拒绝被同化,试图坚持做自己。因而,这一自我是忧虑的,正如其所感慨的那样:"忧虑是自由的眩晕。"(Kierkegaard,1981,转引自贝克韦尔,2017:31)

因此,追溯存在主义的发源,令人意识到,理解存在主义就必须理解存在主义的人观。作为一位法国的存在主义哲学家,让-保罗·萨特(Jean-Paul Sartre)早年被克尔凯郭尔独立反抗宏大叙事哲学的勇气和精神所吸引,受到其深刻的影响。在他那里,克尔凯郭尔的存在得到了进一步的强调。他摒弃了克尔凯郭尔思想中浓厚的宗教层面的内容,但继承了来自他的反抗精神,试图在关注选择、行动和自我肯定中,建构出"存在"的新定义。

在对人的存在的绝对性上,萨特尤其强调的是人的自由与选择。在他看来,存在主义的核心思想就是自由承担责任的绝对性;通过自由承担责任,任何人在体现一种人的类型的同时也体现出了他自己(萨特,2012:26)。因此,作为自我承担责任、作为存在选择器本质的"自由存在"(free being),与"绝对存在"之间也就没有了区别。

正是在这一意义上,存在主义试图构建一种"崭新的人观"。正如萨特所强调的那样,在存在主义者眼中,人是自己造成的——人通过自己的道德选择进而造就了他自己,而且他不能不做出一种道德选择,其中主要有环境对他的压力(萨特,2012:29)。因此,存在主义的人观并非倾向于谈论某种普遍的"人性",而是更积极关注并洞察"人的处境"。的确,以援助人为专业的社会工作者,也同样需要细致把握案主及其被抛入的处境,因此在这一意义上说,存在主义对人的处境的重视对于社会工作而言是极具启发意义的。

在萨特看来,存在主义者还必须具有一定的价值选择,因此他强调,存在主义者"永远不会把人作为目的",因为存在主义坚信,人始终在"形成之中"。作为人道主义的存在主义者,是指人始终处在自身之外,依靠自己投出并消失在自身之外而存在;人则是依靠追求卓越的目的才得以存在(萨特,2012:35)。因此,对照上述价值选择,树立起利他主义价值观的社会工作者,在反身性地对待自身的援助过程和援助目标时,可以汲取存在主义的人道主义观的丰富养分。

总而言之,从存在主义的谱系中概括出什么是存在主义并非易事。不过参照贝克韦尔的概括,对上述存在主义者是可以加以定义的:(1)存在主义者关心个人,是具体的人类存在。(2)他们认为,人类存在是特殊的,因为"作为人,我在每一刻,都可以选择我想让自己成为的样子。我是自由的"。(3)因此,我对我所做的每件事都负有责任,这一事实会导致一种焦虑——这种焦虑与人类存在本身密不可分。(4)人只有在境遇中才是自由的,这一境遇不仅包括人的身心状况,而且还包括人被抛入的世界中的那些物质、历史和社会变量。(5)从现象学角度看待这一境遇中的存在主义者,会倾向于关注描述生活经验本身的样子。(6)通过充分描述生活经验,人希望能够理解这种存在,以唤醒自身去过更真实的生活。(贝克韦尔,2017:49-50)

但到底何为"存在"?对于这个问题,我们还得到海德格尔那里去寻找答案。

海德格尔,出生于德国弗莱堡附近的梅斯基尔希。他的父亲弗里德里希是一位箍桶匠兼教堂执事,而祖父则是一名鞋匠。据他成年后回忆,童年的家庭生活对其一生影响深远,令他无法忘却因此唤起的对那个匠人世界的忠诚。他的思想也总是回到家乡的黑森林,他给自己的书冠以《林中路》这样的名字。在其代表作中,海德格尔试图总结"存在"的含义:存在本身不是存在者,即不是任何可被定义或描述的实体,为此需要专门区分任何单一实体(seiende,Being)和特定存在所拥有的"存在"(sein,being)①——这是他所强调的一种本体论上的区别,也就是研究"存在"的学问(海德格尔,2016:6-7)。存在与存在者的不同之处在于难以指明,因而容易"忘却"。因此,以一种不同的思考方式,他提醒,这不仅意味着从"存在"起步,而且对"我"之一自身存在有待质疑的存在,要保持恒常的警惕和细致的洞察。在这一意义上,海德格尔式的存在主义为生活在战争间歇期动荡时代的人们提供了一种强大而个体化的哲学。不过,这只是存在主义的一个侧面,在海德格尔看来,另一侧面要始终保持恒常的警惕和细致的洞察是劳心劳力的,因此个体的存在可能陷入某种"烦腻"的精神状态,这是"多重神经失调"的原因。

因此,海德格尔极为关注精神层面出现的某种意义崩塌的状态。这类崩塌或小或大:小到一根钉子在被锤子钉打时的弯曲,大到面对最严重的不公正(比如惨遭死亡的可能性)。在一些人的遭遇之中,日常在世存在的崩塌,令其感受到了平常漠视状态之下从未产生过的突兀、脱节,甚至断裂。这样的经历,堪称"精神崩溃",将导致神经失调症的发生(贝克韦尔,2017:98)。海德格尔考察存在问题时,运用了现象学的方法,但值得注意的是,这与胡塞尔(Husserl)所指的现象学是有所不同的。在他看来,现象学不是一种单单被称为某某学(-ology)的分支性学科,而是关心"事情是如何被切近的",即现象学作为一种方法,试图通过揭开隐藏着的或遮蔽着的东西,而让我们去看(约翰逊,2014:20)。

按照精神病理学家艾伦伯格(Ellenberger)的理解,对于"存在"(being)与"存有"(existence)的比较问题,现代哲学家进行了更明晰的区分。首先是狄尔泰,他认为死气沉沉的物体与人的存在之间必定是不同的。海德格尔哲学正是在狄尔泰的基础上,比较了作为"现成存在"(vorhandensein)的事物与作为"此在"(dasein)的存在,并指明了"此在"是人类存在的特有形式,因而才有了"存在的问题只能通过存在本身得以理顺"的判断。因此,在精神病理的临床层面,存在主义的心理学

---

① 对于本体论的区别,由于英文中没有类似德语中"seiende-sein"式成对的术语,因而只能区分大小写,"seiende"常被翻译为"Being",与之相对的"sein"则译为"being"。

与现象学的精神医学之间相互关联,在 20 世纪 60 年代前后形成了一种以存在主义现象学的进路来理解和开展治疗的探索。

二、存在主义的心理学与现象学的精神医学

存在主义对存在主义心理学和临床精神医学都产生了不小的影响。按照罗洛·梅的概括,它促成了存在主义心理学的发展,同时对 F. 斯托奇、H. 昆茨等精神病理学家也产生了影响。而 20 世纪 60 年代,以英国精神病理学家莱恩(Laing,又译莱因)为代表的一些人在存在主义现象学影响下展开的临床精神病学的探索,则为社会工作者理解精神障碍以及探究精神障碍者的意义世界打开了一扇新的窗口。

莱恩深受弗洛伊德、萨特等人的影响,提出了一种以存在主义与现象学相结合的精神卫生观。当年退伍之后,莱恩来到了一家皇家精神病院。在院长与护士长的支持下,他选择了 11 位患者在实验病房展开了心理治疗,经过一年半的努力,所有患者都出院了。莱恩本人称这一成功是他一生中最为感动的事。不过一年后,这些患者又全部重返精神病院了(Laing, 1985:140-143)。这一临床实践的经历颠覆了他关于神经科学与精神医学相互结合的梦想,使他开始关注造成分裂症的社会根源。实际上,莱恩对克雷珀林(Kraepelin)以来所谓"客观的"精神医学始终持批判态度,主张通过社会的、政治的维度来理解"疯狂与正常"的相互关系,并试图确立起一种对"疯狂"的新理解。他认为,我们所谓的"正常"并非"真正"的正常,患者们的"疯狂"亦非"真正"的疯狂。患者的疯狂本是由人为的破坏所导致的结果(Laing, 1967:118)。在莱恩眼中,人为区分正常与疯狂毫无意义。当人们在本质上陷入"存在的不安"时,要么向外在空间进行探究,要么向内在空间展开探险。然而,"作为社会性的条件,我们把投入外在空间与时间的行为当作正常,而陷入内在空间与时间的做法被认为是反社会的逃避、是其自身疾病式的越轨,在某种意义上是羞于出口的越轨"(Laing, 1967:101)。因此,精神医学新时代的开启,意味着社会也应该允许人们对这一内在空间的探险与实践。

但当时精神医疗的现状却使莱恩感到十分失望。这是人类历史上最为排斥精神疾病患者的时代,患者们被贴上了"精神分裂症"的标签,并随之丧失了被莱恩称为"自然治愈过程"——对"内在空间与时间"的探险——的机会。那些被贴上标签的人被迫与制度化的精神医疗展开"必死"的战斗。精神医学将这一探险视作异常,时而使用镇静剂消减其精神能力,时而利用电击等疗法施加惩罚,妨碍了这一探险的展开。可见,莱恩想要断然反对的正是这种精神医学。莱恩认为,如果

把精神疾病患者的自然治愈过程比作"航海",精神医生不仅应该允许其出航,还需要理解、支持并且鼓励"航海者"。代替精神医学的检查、诊断、预后等人格侮辱的仪式,我们需要为心有准备的人们(精神医学用语所说的"陷于精神分裂症边缘的人")举行"出航"的仪式。这一仪式中,个人将会被已经完成了"航海"的人们引导到内在空间与时间之中。从精神医疗的观点来看,也就是过去的病人会对未来的病人给予一种援助(Laing,1967:103)。

在莱恩看来,这一"航海"过程是个人的自我得以再次统一,重新确立同一性,发现自身并再创造的过程,因此必须得到来自周围人们的支持。"航海"同时要求确立一种崭新的精神卫生观:精神科医生应该成为引路人、守护人和援助者。这便是莱恩强调的精神医学应当对自然治愈过程所担负起的责任。其实,莱恩期待精神医学要担负的责任还不限于此,在与埃斯特森合著的《理智、疯狂与家庭》(1964)一书中,通过对11个家庭的研究,他们的主要关注更是指向了精神分裂症的出现对家庭带来怎样的影响,同时家庭又如何影响其发病这一问题上。莱恩不仅分析了患者所在的家族,而且还分析了患者与家庭所处的社区,最后扩展到分析无形中不断干涉个人与家庭的社会文化状况。1965年,在东伦敦的著名福利设施——"金斯利社区",莱恩终于能够完全按照自己的精神卫生观,真正担当起了患者们"航海"之旅的援助者,创建了一个开放式的"康复共同体",试图为那些被贴上精神疾病标签的人提供真正的避难所。经过五年多的实践,随着患者们的离去,这一共同体也最终完成了它的使命,然而,在实践过程中,莱恩对现代社会里被异化的人际关系及其欺骗性提出的尖锐批判,却引发了巨大的反响,其精神卫生观和家庭治疗方面的临床实践超越了传统精神医学的界限,折射出人性的光芒(杨铿,2014)。

第二节 存在主义社会工作的核心概念

存在主义思潮真正进入社会工作领域,要晚于心理学和临床精神病学。在社会工作层面,所谓存在主义的社会工作通常被理解为社会工作者通过与案主进行对话和尊重案主的自我决定等途径,协助案主从苦痛中发掘改变的意识,从个人的基本自律、选择自由和支配性的社会惯习中获得解放,解决其在存在中所遭遇到的危机或问题这样一种社会工作理论视角(Robert,2003:150)。

唐纳德·克里尔(Donald Krill)是存在主义社会工作研究的代表人物之一。参照克里尔（1996）的观点，存在主义社会工作有五大核心概念，即"选择自由"（freedom of choice）、"幻灭"（disillusionment）、"苦痛的意义"（meaning in suffering）、"对话的必要性"（necessity of dialogue）以及"承诺"（commitment）。上述每个概念，基于存在主义都有一定的具体含义（Krill，1996）。

第一，"选择自由"。存在主义认为，当下的此时此地所存在的我是一切的出发点。在这一时空中，其存在方式和发生的行为具有当下的唯一性（一次性）特征。人的行为是连续选择的结果，而行为的一次性特征注定了人常常在面对逼近的选择时，不得不做出无法重新再来的"一次性"选择。行为的选择，因而有可能是出于自由意志，也有可能是被强制。但无论如何，人们的行为选择自然总是会受到惯习、意志或价值判断体系的支撑，且人们总是会在自己的行为选择中呈现出反映这一选择的价值判断。也正是在行为的选择当中，对人自身行为及其存在被赋予的意义加以批判分析的路径得以呈现出来。

第二，"幻灭"。幻灭常发生在人们无法面对的新情境，如因直面死亡、衰老、病痛以及遭遇残障而陷入苦痛之时。在这些情境中，一贯沿用的价值体系不再起作用了。幻灭与无聊、绝望、虚无等，与对一切价值和意义的否定相通。在这些遭遇面前，人们常常会对以往所坚信的价值观表示怀疑，产生幻灭感。而存在主义认为，人们所产生的幻灭感和怀疑可能成为对自身以往日常性存在的批判性根据。尤其对于介入援助的社会工作者而言，须理解人所遭遇的幻灭及其原因。通常苦痛源自人所处的客观状况与主观感受的意义和价值之间的落差。这一落差越大，人所产生的苦痛感则越强。当外部提供的援助与治疗无法改变客观状况时，就有必要运用存在主义的进路，援助者须尝试建立起与案主之间的对话，通过对话，协助其探索新的价值和信念系统。在这一介入路径之中，援助者需要对案主所遭受的苦痛重新确定出一种肯定性的意涵。正是在其所遭遇这一系列的幻灭之中，案主有了重新构建价值系统的契机，也正是在克服和超越这一幻灭感的过程中，案主才能实现真正地成长。

在幻灭之前，人通常首先体验到的是无法顺利处置的"苦痛"。因此，第三个需要理解的核心概念是"苦痛的意义"。人生在世，必然会遭遇苦难。如果面对苦难，无法构建起对苦痛意义的积极理解，人们就容易跌落入虚无主义或快乐主义：如果逃避苦痛，仅仅追求快乐，则容易陷入快乐主义；而如果为了追求治愈，直到最终追求治疗的可能性，则其态度往往趋向逃避苦痛，甚至因拒绝思考苦痛的意义而陷入虚无主义。相反,在遭遇和经历苦痛时,如果能够挖掘苦难的意义,并将其转变为发现存在价值的契机,则有可能促使将苦难转变成为成长过程中的宝贵财富。但是,现实中,极少有人能够通过独自的努力实现对苦难理解的转变。如愿将苦难转变为改造其价值系统的源泉,通常是需要有他者的援助的。

第四,当陷入苦恼时,人就需要倾听和倾诉的对象,"对话的必要性"就此产生了。如果有一个乐于倾听、理解其苦痛的人能够出现在苦难者的身旁,就可能促使陷入苦难的人意识到新的契机:此时此刻的苦恼将启示其人生下一阶段的方向。也就是说,人是在回应导致苦难的状况之中形塑自身的意义系统的。这一意义的形塑将成为其行为选择的基础。那一时刻,为了能够摆脱困境、获得成长,就有必要获得对自身的新认知。这一认知不是自身凭空想象所能确立的,而是要依靠倾听者的反馈而感知。这就要求,对话的一方必须是受过训练的、出色的倾听者,只有能够同理诉苦者,切实理解其困苦的状况,才有可能在开放式的对话中,令其平复情绪,在感受到被理解的同时整理自己的思绪,并经历重新点燃生命意义之火的过程。存在主义的进路之所以强调对话的必要性,与重视主体间关系化存在的人有着密切的关系。存在主义的社会工作就基于人的关系性,通过对话的过程,发现本真、追求价值转换,实现主体间的联结力,最终发挥援助作用。

第五,通过对话产生的主要功能是实现"承诺"。承诺所指向的是,被援助者通过对话的过程,终于对自身处境和生活方式有了重新认识,并有了从自我哀怜和无力改变的状况中脱离出来的积极性,此时向援助者主动做出对自己负责的承诺。这一承诺的实现过程,体现了在临床社会工作之中,专业援助关系建立的原则——一种"助人自助"的关系性基础。其突出体现为,建立专业的关系是引发被援助者积极改变的本质性要素。

如前所述,基于五大核心概念之间的相互关联,存在主义社会工作的一般化援助过程是:被援助者从"选择自由"到产生"幻灭",再到理解"苦痛的意义",进而认识到"对话的必要性",最终在与援助者的专业关系建立过程之中,产生对自己负责任的"承诺"。上述一般化的过程,始终体现出以被援助者为中心的本质,这一立场与社会工作"助人自助"的本质是密切相通、契合的。这一过程中,被援助者如果能够在与社会工作者的专业关系之中,通过对原有自身价值系统的批判性反思,进而努力建立起新的价值和意义系统,就能在援助者适当的回应与陪伴中,主动做出适合自身的选择。

第三节　国外社会工作领域对存在主义的运用

一、欧美学者对存在主义社会工作的探索

战后存在主义对欧美社会工作者的影响是在这样一种特定时代背景下发生的:第二次世界大战之后,欧美诸国几乎都采取了以加快经济发展为主的合理性政策。在这一发展过程中,虽然经济改善带来了物质的充裕,却似乎并没有充分改变个人在主观幸福方面的感受。相反,人的主体性未被重视,导致人们的心态发生了一系列消极的变化,产生了诸多需要加以应对的问题。存在主义正是作为人们疗救这些问题的工具之一进入了相关学者或工作者的视野之中。

20世纪50—60年代,最先受到存在主义思潮影响的是心理学家,存在主义被运用到各种心理治疗和心理援助过程之中,比如格式塔(gestalt)疗法、理性情绪疗法,同时存在主义思潮也影响了以莱茵为代表人物的现象学的精神医学(杨锃,2014)。在这个过程中,对存在主义的传播起到重要作用的是弗兰克尔的著作《一个心理学家在集中营的经历》(…*trotzdem Ja zum Leben sagen: Ein Psychologe erlebt das Konzentrationslager*)(1953)。这一著作于1963年被翻译成英文版(书名改为 *Man's Search for Meaning*)而进入英美世界,受到了公众的广泛关注。弗兰克尔自身在纳粹集中营的体验,在20世纪欧美社会代际割裂、社会运动高涨和越南战争以及"水门事件"、石油危机等政治、经济和社会的剧烈变动的背景之下,引起了人们的广泛共鸣。

不过,在社会工作领域,围绕存在主义展开的代表性论文则集中出现在20世纪60—70年代。根据以往的梳理,戴维·韦斯(David Weiss)、唐纳德·克里尔、杰拉尔德·鲁宾(Gerald Rubin)、罗伯特·辛西默(Robert Sinsheimer)等当时就在社会工作的相关专业期刊上发表了若干论文,讨论如何将存在主义哲学运用到社会工作的理论与实践之中(Turner, 2017:184)。最早的著作是布拉德福德(Bradford)撰写的《存在主义与个案工作》(1969)。此著作对存在主义与社会工作以及心理治疗之间的关系进行了考察,并对当时的一些探索做了概括。进入20世纪70年代,至少有四本主要的著作与存在主义社会工作密切相关:存在主义首先被运用到对小组工作进行探索的相关著作中,揭示出存在主义对于小组工作所具有的潜力。其后,惠特克(Whittaker, 1974)在其著作中对存在主义做了充分肯定,认为其是对

社会工作最具贡献性的四大理论之一。韦斯则在《存在的人际关系》(1975)一书中,具体说明了存在主义的哲学理念可以在社会工作开展的各个层面加以应用。而最具影响力的著作则当属克里尔的《存在主义的社会工作》(1978)一书。在该书中,作者从心理与系统两个层面就存在主义对社会工作可能产生的影响进行了系统的探讨。2014年,该书刊出其最新版本。

二、存在主义在社会工作领域的运用

存在主义在社会工作中的应用主要影响两大方面:一是在与受助者建立关系的过程中,基于存在主义立场,从"作为存在的人"这一角度来理解受助者;二是在社会工作专业性的研究中,基于存在主义的现象学,尝试对专业关系建立过程中的"理解""接纳"和"共情"等概念进行再解释,并指导专业实务工作的开展。

第一,基于存在主义的立场,有助于援助者与被援助者之间建立起一种深层次的专业关系。这一专业关系的建立,首先有赖社会工作者在援助的现场,能够建立起对"作为存在的人"的被援助者之理解。在各种对人进行援助的场合中,最能令被援助者感受到"实存"状态的,就是在他/她临终之时。此时,人不再关心抽象的、观念意义上的人的一般的死的意义,而关注直面"我之死"的时候,产生对"我之生"意义的追寻。也正是在这一意义上,现实中具体个体的"存在"是先于抽象意义上的存在之"本质"的。海德格尔在分析人的现实存在状态时,就将"人之死"提到本体论的高度,认为"向死而在"才能获得人的真正自由,而获得这一自由的方法就是使自己先行体会"我之死",即令自身"先行到可能性中去"(海德格尔,1987:314)。一方面,由于临近死亡的人是没有将来的,因此就必然专注于回忆过去,在回顾过去的过程中,试图对其存在给予一个"整体性"的认识。另一方面,由于对死的自觉,人会对原本一直感觉亲近的日常生活产生距离感,觉察到其中的虚妄,因而开始对一直以来所处的日常世界,即对那种以往被认为是"自然而然的态度"有了批判的眼光。对日常生存的批判,通过有限的、"向死而在的我"成就"本真自我",或者说引导人迈向追求不灭的永恒。这意味着,有限的存在促进了本真性的发现,进而促使作为存在内核的"灵性"觉醒。

灵性的觉醒,因此常被社会工作所重视。灵性意味着,我们在对存在的意义的表达之中,对神圣的事物做出一系列回应(Fitchett,1993:16)。这些回应直面死亡,从死之来临时人的存在状态生发出对生命意义的探究、对日常性的批判、对本真自我的发现以及试图重返整体性和本真性的努力,即意味着试图从有限的生命迈向追求永恒的超越。这些价值系统的转换对于因面临有关问题而思考存在意义的人而言,将构成其重要的课题。对于社会工作而言,存在主义理论并不只是在服务对象面临死亡时才具有重要性。只要服务现场是有关存在价值、意义及其超越性的主题,社会工作者都可以基于存在主义理论,通过与被援助者进行对话来共同探索实现价值系统的转换。

正是在这一意义上,存在主义有助于使社会工作者与被援助者之间建立起一种更深层次的互动关系。因为,存在主义的社会工作者一方面极为重视与被援助者的问题相关的价值取向,另一方面则将被援助者视为与自己平等的人,在充满人性化的援助过程之中,二者试图建立起类似马丁·布伯所倡导应当达成的"我-汝"关系(布伯,2015)。这一关系的基本经验模式就是"对话"。"对话"使被援助者真正"参与"其中。这一关系又类似亚隆所强调的咨询者与被咨询者之间的关系,对话的实现,既不是由于社会工作者创造出了参与感,也不是由于被援助者受激励去参与,而是在对话中,被援助者心中本来就存在的参与生活的愿望被激发出来。在这一关系之中,社会工作者最重要的工具是自身,通过自身与被援助者建立起深刻的、真诚的对话关系,并指导其与他者建立关系;被援助者进而认同与社会工作者之间建立起信赖关系的时候,也正是社会工作者实现专业使命,促进被援助者成长,帮助其建立起新的认知去寻找意义的时候(亚隆,2015:511)。

第二,从存在主义视角理解专业关系,可以增进对社会工作专业性的理解。其一,基于存在主义的视角,一个专业过程若欲达成案主价值系统的转变,就必须依赖社会工作者与案主之间所形成的专业关系。唯有专业关系,才是导致案主价值观变化的根本性要素。这时,存在主义进路的社会工作所体现的专业性,首先体现在案主及其无法被置换的且具有独特性的、在认识自身成长发展过程中形成的意义理解,即世界观和价值观之中。其二,存在主义为理解社会工作者与案主之间在专业关系中的相互作用提供了理论启示。当社会工作者意识到与案主建立起专业关系之时,社会工作援助者的专业性才开始呈现出来。社会工作者从自身的生活经验和意义世界出发,对案主产生的同理、共情,实际上需要将案主的生活经验、意义世界作为对照的镜子。只有在这一映照之中,社会工作者才能理解案主及其所处的情境,也正是在这一与案主的同行和陪伴过程之中,双方才能相互作用,进而使案主感受到社会工作者的专业价值观、基于利他精神的纯粹助人动机并产生信任感。

在社会工作几乎所有的专业活动中,社会工作者与案主之间如何建立起有效的关系和进行有效的相互作用,是两个具有普遍性的问题。正是针对这两个问题,通过寻找更具意义的感受性,存在主义进路为我们有效地开展社会工作实践提供了新的可能性。

第四节 对存在主义社会工作实践的批判性考察

作为一种哲学思潮,存在主义最初被社会工作者所接纳是基于其可以加深对人的存在意义的理解。之后,这一思潮被社会工作理论所吸纳,究其原因,除了存在主义强调人的存在意义之外,更重要的是主张人是可以做出自由选择,并有能力主动塑造自身的。这一点与社会工作所倡导的充权视角和优势视角都有着高度的价值重合。

存在主义对社会工作实践的影响在精神康复领域尤为显著,其主要表现就是所谓"替代服务"的兴起。

一、替代服务的兴起:存在主义对精神康复服务的影响

就存在主义在精神康复服务中的运用而言,"替代服务"(alternative service)的兴起无疑是值得关注的。替代服务对社会工作专业介入社区精神康复服务以及与案主之间的专业关系建立等问题,带来了一系列启示,同时也构成了一定程度的挑战。

(一)替代服务

通常,限定于精神障碍者范围内的替代服务是指,精神障碍者作为使用者依靠自身运营,通过自身力量提供的代替原来由其他主体提供的服务。对替代服务较为正统的解读,则侧重实现与专业服务之间的合作和协同,在肯定专业服务的基础上,确定作为使用者的精神障碍者也成为运营主体是其基本条件之一(National Institute for Social Work,1993)。

综合对替代服务的以往研究,可以发现以下一些共通的主张:精神障碍者自身最了解自身的需求;康复期的精神障碍者也能自主选择并且做出决定,在病情稳定的康复期有责任能力;精神障碍的体验有助于其对具有相似苦痛体验的人提供更好的援助;在助人的同时实现自助(Lindow,1994)。这些共通主张,一方面体现了替代服务的功能,另一方面也为公众改变对精神障碍者的刻板印象提供了可能路径。

据考证,临床心理学家沙利文在1920年就已雇用基本康复的精神障碍者在病院中提供相关服务(Davidson, et al., 1999)。20世纪40—60年代,从WANA(we are not alone)活动到泉屋(Fountain House),类似后来被概括为"消费者"的一群人在传统精神医疗系统之外,将朋辈支持推广开来(Mowbray & Moxley, 1997:35-44)。

20世纪90年代以来,患有精神疾病的人们开始为病友提供服务,朋辈咨询(peer counseling)等非专业化的"替代服务"在精神康复服务中的比重迅速增加,并成为社区精神康复的新路标(Anthony, 1993:11)。2000年之后,美国佐治亚州为此创设了一种新的职业资格,即"朋辈专员资格"(certified peer specialist),持有这一资格证的人可作为精神卫生服务团队中的一员开展替代服务。进入21世纪的不足10年间,全美约有20个州引入了朋辈专员制度,获得资格认证的人数增加到了约5000人(Daniels, et al., 2010)。这意味着提供替代服务的人员也被纳入了职业化范畴。

为精神障碍者的自助团体提供了理论支持的朱迪则认为,替代服务应该被归入非职业化(nonprofessional)范畴,属于"消费者控制的替代"(consumer-controlled alternatives),是通过服务使用者的自身行为进行自我开发、自我管理来实现的一种服务(Chamberlin, 1978)。面对替代服务实践中出现的三大模式,即朋辈关系模式、支援模式和独立模式,朱迪认为前两种模式本质上都与传统精神医疗是一丘之貉,实际上是对精神障碍者的继续管制。接受专业服务,就意味着遭受服务提供者的控制,因而朱迪崇尚的是对等的同伴之间基于非正式的网络所实现的真正的支持(Petty, 2012:233-236)。然而不可否认的是,认为替代服务中依靠精神障碍者自身就能完全实现康复的见解,背离了替代服务的初衷,提供专业服务的各主体显然是无法接受的。

(二)贝塞尔之家:替代服务的具体应用

在运用替代服务来治疗精神障碍者的社区康复实践方面,日本的"贝塞尔之家"具有一定的经验借鉴意义,同时也存在进一步探讨的空间。贝塞尔之家是由担任过机构精神医疗社会工作者的向谷地生良建立的一所精神康复机构。向谷地生良曾经用三个短语,即"医疗是包围""看护即看管""福祉乃服从",揭示了当时浦和红十字精神病院内开展的精神医疗服务的实质(浦河べてるの家,2003:42)。基于对机构化精神医疗所致问题的反思,当他和出院的精神障碍者们打造贝塞尔之家时,营造一个人们能够相互照顾、体现真正开放式的精神康复空间就成了他们的共同目标。为实现上述目标,贝塞尔之家尝试开展了各类活动。这些活动既有专业人士带领的行动,也有精神障碍者团体的自助行动,大家常常会共同策划实施。虽然活动是开放而自由的,但并非零敲碎打,经日积月累逐渐形成了一定的理念和风格。

在商业经营的层面,贝塞尔之家形成的重要经验是要让精神障碍者能够重新感受生活的艰辛。经历了长期的机构化生活和抗精神病药物的治疗后,精神障碍者们温顺如羔羊,且沉默寡言,成了一群丧失苦恼能力的人。当精神障碍者们集体讨论如何才能一起苦恼时,大家最终达成的一致意见是"去挣钱获得收益",于是才有了创办公司的构想(浦河べてるの家,2003:44)。能从事商业活动,就具有了独立生活的可能性,也意味着在一定程度上回归社会。然而开展商业经营,就意味着必须参与市场竞争,需要面对各种充满不确定性的状况,也需要设法解决各类困难。面对困难时,精神障碍者们再度感到了不安,逐渐恢复了感受烦恼的能力。在经营活动的过程中,精神障碍者开展的替代服务,克服了原有看护管理导致的对身心状况的过度保护问题。不过,自主经营的压力导致的后果也是多种多样的。许多精神障碍者并不能单独胜任工作。面对无法承受工作压力、身心疲惫甚至试图逃避的状况时,精神障碍者的主体性体现在对工作空间的重新认知上。他们开始反思仅仅追求利益导致的非人性化状态,提出了"重点关注那些没有利益的部分"而体现出对人自身价值的关注,从而减轻了由单一追逐销售绩效和劳动效率导致的精神紧张;他们勇于公开示弱,公布各自"脆弱"的情形,来达成多人合作应对某个工作岗位的要求,进而营造出能够安心偷闲的职场氛围。

如果说,经营商业是恢复感受苦恼、承担工作的能力,并重新融入社会经济活动的特殊途径的话,那么探讨如何与各自的精神疾病相处的过程,才是真正体现替代服务功能的日常途径。在共同生活中,贝塞尔之家每个月的各种会议将近100场,精神障碍者们最重要的事情就是参加会议。除了贝塞尔之家运营方面的通报会之外,自我照顾和相互援助的会议是最为主要的。自助照顾的会议中有按照精神障碍类型召开的分享会 SA(schizophrenia anonymous)①,也有对障碍类型不加区分的分享会。其中历史最悠久、出席人数最多的分享会是"星期五会议"。该会议以"身体和情绪状况"为主题,每周推举出一位主持人,围绕"本周的亮点""本周的苦恼""进一步改善之处"三个方面展开讨论和分享(浦河べてるの家,2003:96)。实际上,星期五会议并非普通的分享会,而是紧密结合了"社会技能训练"(social

---

① 是指有精神分裂症经历的人们为实现自我照顾而团体开展的一种自助集会方式。

skill training，SST）①的技法而展开的。其中，通过优势视角来改变固有消极态度、提升参与者的自信心，展现亮点并提出改善建议的一系列做法完全结合了 SST 的技法，成为改变人际沟通方式的两个核心环节。通过集会达成沟通，使精神障碍者有了表现自我的公共空间，同时也形成了一种精神障碍者之间相互理解的场域。

精神障碍者的生活危机，大多都来自与他者之间无法达成有效沟通而引发的"表达的危机"。改善表达就意味着提升其生活质量的正面影响。同时这一改变不仅对贝塞尔之家的成员有影响，也会积极影响到与贝塞尔之家紧密相关的社区居民，使他们体察到精神障碍者改变的可能性，从而增加对他们的理解并接纳他们，社区居民对精神障碍者加以理解是去污名化的第一步。因此，在贝塞尔之家，一系列的替代服务成果都与集体讨论有关，达成了"比起一日三餐更重要的是集会"的共识。比如，精神分裂症患者们通过分享各自的幻听体验，达成了既然无法消除幻听，就从共同体验幻听到设法与幻听共处的共识；通过讨论直面症状，也能够坦然给自己取病名，敢于讨论偏见和歧视相关的话题，有了减轻病耻感、直面污名的勇气。来到贝塞尔之家，尤其在"橡子会"中，精神障碍者可以自由展现其病痛。共同生活令他们认识到，面对无法完全治愈的现实，持病而能改善生活质量、保持看起来还不错的状态，才是更值得追求的目标（杨铨，2019）。

概言之，替代服务的范围涵盖了本来由专业人员提供的、非药物治疗的精神康复服务。服务的内容主要包括五大层面。第一层面是基础的身心锻炼，通过瑜伽、伸展运动、体育活动和冥想，完成一系列的压力管理，达到减压效果。第二层面主要是精神障碍者的"主体性"恢复，使其从与症状被动相处，转化为主动接纳自身状况。第三层面的服务目标是把精神障碍者的消极要素转变为积极要素，主要运用朋辈咨询的方式，并结合认知行为疗法，开展自主参与的"当事者研究"，真正令其寻找到与所患精神障碍相处的方法，走上复原之道，确立起积极生活的态度。第四层面则是第三层面的继续深化，在实务过程中，主要通过与提供替代服务的同伴互动，把受到幻听等症状的影响相对化，使之从"被症状所包围的自我"转变为"在自我之中接纳这些症状"的状态。第五层面是迈向就业和角色重建，主要通过与同伴的互动，摆脱孤独、建立社会联系，并寻找生活与存在的意义，在此基础之上开展SST，在社会技能提升的同时，引入就业训练，开展就业援助。

---

① 社会技能训练源自常采用十余人的团体小组形式，讨论形成共同的课题或目标，通过成员之间角色扮演等进行相互评价，来肯定好的方面，并提出进一步改善的建议，从而达成共同课题的解决或团体目标的实现。

在实务研究领域,对替代服务所产生改善效果的探讨,则进一步推动了由此引发的精神障碍者整体改善状况的相关研究。已产生广泛影响力的研究指出,精神康复服务中的非药物治疗,尤其是 SST 对精神障碍者有改善作用(Morrison, et al., 2014)。贝塞尔之家的替代服务实践,在国际社区精神康复领域已产生了不小的影响力,从重视替代服务中的 SST,进一步扩展出社区精神康复的"当事者研究"。后者也正在精神康复领域产生持续的影响。值得一提的是,当事者参与提供替代服务的成效不仅停留在以向谷地生良等精神医疗社会工作者对贝塞尔之家相关经验的总结和推广当中,而且还引发了一系列跨学科的讨论。如 2017 年 8 月,日本《临床心理学》杂志以"大家的当事者研究"为主题,专门发行了一期增刊,综合呈现了当事者研究的丰富性并对今后的发展可能性提出了展望(熊谷晋一郎,2017)。精神障碍者的当事者们在实践替代服务的过程中,逐渐形成了与专业服务提供者、家庭照顾者的交流和研讨的社会网络。这一网络甚至吸引了韩国等其他国家精神康复力量的参与,逐渐形成了一定的国际影响(石原孝二等,2016)。这一状况预示着替代服务作为创新社区精神康复的服务理念、改善服务路径和方式将提供诸多有益的启示。

(三)替代服务与专业服务的关系

存在主义丰富了对社会工作者与案主之间的专业关系的理解,替代服务使精神障碍者们在互助中增进了主体性,同时也必须要面对一个核心问题,即精神障碍者与专业助人的社会工作者之间是一种怎样的关系?延伸开来,在形成了共同生活场域的精神康复过程之中,精神科医师、社会工作者和心理咨询师等专业人士起到的是怎样的作用?替代服务兴起导致的一个极端是兴起了"去专业化"的浪潮,然而去专业化并没能对替代服务产生促进作用。替代服务并非意味着完全否定专业服务的价值,相反在一定程度上促成了专业服务方式的改变,重视关联性服务的专业服务之兴起就是这一过程的显著成果。

回顾 30 多年的专业助人生涯,向谷地生良认为,与精神障碍者相处的过程中,相比于职业权威的树立、专业技法的运用,更为重要的是相信作为当事者的精神障碍者,并重视与他们一起形塑公共生活空间的可能性(浦河べてるの家,2003:206-208)。然而,营造适合精神障碍者自主康复的场所并非易事。专业服务人员如何避免单方面的、权威式的发号施令?如何真正做到与精神障碍者一起面对困难和问题,在弱化看管中避免过度服务以实现双方沟通的对等化?

在贝塞尔之家,最为典型的做法之一就是设法改善专业服务人员与精神障碍者之间的沟通方式,提出了"从康复迈向沟通"的目标。参照利伯曼(Lieberman)的研究,在精神康复过程中,精神障碍者需要努力面对"脆弱性"(心理压力等导致幻听、幻想等常见症状),而脆弱性的主要原因多来自人际沟通。贝塞尔之家的星期五会议主要通过精神障碍者的自助活动来克服人际沟通中的问题,但往往不能解决与专业服务人员之间的沟通障碍问题。这些沟通障碍主要表现为,精神障碍者即使好不容易通过 SST 克服了沟通问题,但每当面对专业人员权威式的管理指令时,立即又感受到了与专业服务人员之间的非对等地位,从而其自主参与康复活动的主体性遭受到损害。因此,在精神康复中产生的沟通问题,并非只在于精神障碍者之间的沟通改善,很大程度上在于专业服务人员与精神障碍者之间的沟通问题。

起初,解决方式是仅仅对专业服务人员进行所谓 PST 的训练(向谷地生良等,2013)。之后,为了克服双方在沟通中存在的双重标准,实现各群体内外沟通的一致化,应一名精神障碍者的提议,专业服务人员也都参与了 SST。在双方共同集会中,专业人员也能够在精神障碍者面前暴露困惑和苦恼,所谓的专业权威随之逐渐解体,一种通过集体讨论建立起的对等关系消解了沟通中的双重标准,相互自律的人际沟通关系成为双方的共同目标。

在这一过程中,专业人士与精神障碍者之间人际沟通的变化,反映出专业服务与替代服务之间关系的调整,体现出"从康复迈向沟通"的具体意涵。康复理念坚持认为,面对具体的精神障碍,通过专家的专业服务,开展医疗、职业及社会三个层面的综合训练,精神障碍者可实现康复。这种康复不仅体现了专业中心主义的倾向,其所推崇的健全者中心主义更是彰明较著(杨锃,2015)。然而,沟通理念体现的则是,精神障碍者和专业人员通过对身心、自我和他者甚至对社区、生命史的重新和解,关注精神障碍之外依然健康的部分,直面人性中的脆弱,寻求一种与健全者共生的关系,促进与同伴、专业服务人员甚至家庭成员间关系的恢复。因此,沟通令精神障碍者和专业人士意识到了各有各的脆弱,感受到了彼此的共性。当深刻理解这一共性时,专业人员与精神障碍者之间就形成了"以共通的脆弱为纽带"的关联。这一各自对自身脆弱的感知,构成了相互信赖关系的价值和意义基础。因此,向谷地生良认为,专业人士的"专业性"已并非仅仅体现在通常所要求的"保证康复服务质量"上,而更多的是以各主体间的充分沟通充当起"中介者"的角色,体现在支持替代服务持续展开的关联性服务之中(浦河べてるの家,2003:185)。

二、存在主义在中国社会工作领域的影响及接受状况

关于存在主义在当前中国社会工作领域的影响及接受状况,可以从理论与实务两个方面来考察。相关理论探讨通常是基于哲学基础与价值观,追寻存在主义对社会工作的形成与发展的影响。何雪松(2007)对存在主义社会工作进行了系统的介绍,认为萨特的存在主义哲学是真正的、完全的人本主义,这种真正承袭了人本观点的存在主义关注整体与环境的互动,尊重个人对自己的经历的理解和解释,为社会工作提供了重要价值基础;其局限性则在于更多聚焦于个人层面,对于宏观层面把握不足。谭文静等人(2007)则认为,存在主义取向的社会工作试图以不同方法去理解人的内心主观世界,强调一个完整的人,但是本身并没有发展出一套独立完整的理论体系,这注定了其具有边缘性;不过,不可否认,可以在存在主义基本哲学观点的引导下,灵活运用各种理论指导实务,其给予人的在精神深层的帮助又使得存在主义拥有普遍性。实务研究虽也有运用存在主义取向的社会工作,并试图展开本土生命教育的实践,但是大多集中在临终关怀方面。此外,上述国外在精神康复领域中出现的"替代服务"实践,也开始受到中国同行的关注。虽然中国社会工作者对存在主义取向社会工作的运用和探索仍处于起步阶段,但借助存在主义来发现中国人的独特处境,以及从社会工作的专业价值出发理解这一独特处境及其构成的意义世界,对于中国社会工作者来说还是具有启示意义的。

本章结语

概言之,存在主义思潮对社会工作理论及其具体实践产生了不可估量的影响。本章梳理了存在主义谱系之中"存在"的含义,并对存在主义的"人观"进行了概述,进而探讨了援助过程中存在主义式的意义寻求对社会工作的启发。同时,本章也介绍了存在主义社会工作的核心概念,并展现了其援助过程的一般化框架。基于欧美的社会工作研究,本章还对存在主义产生的主要影响进行了简要考察,并结合替代服务的理念和实践,以贝塞尔之家的案例对存在主义视角下的精神康复服务的实践经验进行了介绍。

需要补充的是,20世纪60年代以来,存在主义者和结构主义者之间发生了几乎白热化的论争。存在主义被结构主义者认为是主体中心思想最后的辩护思想。在结构主义者看来,人的主体或者说主观性,既不是世界的中心,也不再形成世界

的能动者,相反,"人"这一主体仅被认为是结构中的一个要素,成了结构所形成的各种关系之中的节点。由于结构主义对存在主义的批评,存在主义的思想大厦开始解体。就社会工作领域的应用而言,存在主义的社会工作也开始遭到人们的批判。对存在主义社会工作的批评主要包括:首先,存在主义因其价值立场而回避了大规模的调查研究;其次,存在主义缺乏具体的人格理论,显得过分强调主体性和独立性;最后,存在主义呈现出过度的价值关怀。这些都导致运用存在主义来开展结构化研究显得极其困难。

不过,我们认为,尽管存在这样那样的一些局限,存在主义依然能够提供一种研究人和动物的生活类纲领,并用以指导社会工作的研究和实践:一方面,在理论层面,为了理清现代思想的谱系,作为反结构主义认识论的代表,存在主义依然有其值得汲取的思想内容;另一方面,在社会工作的实务及其探索层面,我们开展的是对"人"的工作,因此无论是"主体",抑或是"关系",都可被理解为一种"存在"。尤其当面对每一个体时,我们必然会意识到,每一个体作为绝对与他者有所不同的"个别化"存在,是无法用概念化思考的普遍志向的"理性"完全处理的。因此,可以认为,存在主义对社会工作研究和实务的参考及启发价值仍然是不应被否定的。

思考题

1. 如何理解存在主义?
2. 存在主义对社会工作理论与实务探索有什么启发?
3. 对中国社会工作而言,存在主义社会工作实践有哪些可能领域与路径?

参考文献

海德格尔,1987,《存在与时间》,陈嘉映、王庆节合译,生活·读书·新知三联书店。
何雪松,2007,《社会工作的四个传统哲理基础》,《南京师大学报(社会科学版)》,第2期。
罗洛·梅等(主编),2012,《存在:精神病学和心理学的新方向》,郭本禹等译,中国人民大学出版社。
马丁·布伯,2015,《我与你》,陈维纲译,商务印书馆。
马丁·海德格尔,2016,《存在与时间(中文修订第二版)》,陈嘉映、王庆节译,商务印书馆。

欧文·D. 亚隆,2015,《存在主义心理治疗》,黄峥等译,商务印书馆。

帕特里夏·奥坦伯德·约翰逊,2014,《海德格尔(第二版)》,张祥龙等译,中华书局。

浦河べてるの家,2002,『べてるの家の「非」援助論』,医学書院。

让·保罗·萨特,2012,《存在主义是一种人道主义》,周煦良、汤永宽译,上海译文出版社。

莎拉·贝克韦尔,2017,《存在主义咖啡馆:自由、存在和杏子鸡尾酒》,沈敏一译,北京联合出版公司。

石原孝二等(編),2016,《精神医学と当事者》,東京大学出版会。

谭文静、李金娟、王丽,2007,《浅析社会工作理论与实务的关系——以存在主义取向的社会工作模式为例》,《社会工作》,第 4 期。

向谷地生良等,2013,『浦河の PST(professional skills training)の実践から』,『精神医学』,第 3 期。

熊谷晋一郎(編),2017,『みんなの当事者研究』,『臨床心理学(増刊)』,第 9 号。

雅斯贝斯,2013,《时代的精神状况》,王德峰译,上海译文出版社。

杨锃,2019,《替代服务与社区精神康复的转向——以日本"浦和贝塞尔之家"为例》,《浙江工商大学学报》,第 1 期。

杨锃,2015,《残障者的制度与生活:从"个人模式"到"普同模式"》,《社会》,第 6 期。

杨锃,2014,《"反精神医学"的谱系:精神卫生公共性的历史及其启示》,《社会》,第 2 期。

Anthony, W. A., 1993, Recovery from mental illness: The guiding vision of the mental health service system in the 1990s, *Psychosocial Rehabilitation Journal*, Vol. 16, No. 4.

Bradford, K. A., 1969, *Existentialism and Casework*, Exposition Press.

Chamberlin, J., 1978, *On Our Own: Patient-Controlled Alternatives to the Mental Health System*, Hawthorn Books.

Daniels, A., Grant, E., Filson, B., Powell, I., Fricks, L. & Goodale, L., 2010, *Pillars of Peer Support: Transforming Mental Health Systems of Care through Peer Support Services*, Substance Abuse and Mental Health Services Administration.

Davidson, L., Chinman, M., Kloos, B., Weingarten, R., Stayner, D.& Tebes, J. K., 1999, Peer support among individuals with severe mental illness: A review of the evidence, *Clinical Psychology: Science and Practice*, Vol. 6, No. 2.

Fitchett, G., 1993, *Assessing Spiritual Needs: A Guide for Caregivers*, Augsburg Fortress.

Frankl, V. E., 1963, *Man's Search for Meaning: An Introduction to Logotheraphy*, Beacon Press.

Inwood, M., 2000, *Heidegger, A Very Short Introduction*, Oxford University Press.

Krill, D. F., 1978, *Existential Social Work*, Free Press.

Krill, D. F., 1996, 'Existential Social Work', in Turner, F.(ed.), *Social Work Treatment*, Free Press.

Laing, R. D., 1967, *The Politics of Experience and the Bird of Paradise*, Penguin.

Laing, R. D., 1985, *Wisdom, Madness and Folly: The Making of a Psychiatrist (1927-1957)*, Macmillan.

Liberman, R. P., DeRisi, W. J. & Mueser, K. T., 1989, *Social Skills Training for Psychiatric Patients*, Pergamon Press.

Lindow, V., 1994, *Self-Help Alternatives to Mental Health Services*, Mind Publications.

Morrison, A., et al., 2014, Cognitive therapy for people with schizophrenia spectrum sisorders not taking antipsychotic medication: A single-blind randomised controlled trial, *The Lancet*, Vol. 383, No. 9926.

Mowbray, C. T. & Moxley, D. P., 1997, *A Framework for Organizing Consumer Roles as Providers of Psychiatric Rehabilitation*, in Mowbrg, C. T., et al. (eds.), Consumers as Providers in Psychiatric Rehabilitation, International Association of Psychosocial Rehabilitation Services.

National Institute for Social Work, 1993, *Building Bridges Between People Who Use and People Who Provide Services*, NISW.

Petty, L. F., 2012, The spiritual gift of madness: The failure of psychiatry and the rise of the mad pride movement, *Library Journal*, Vol. 33, No. 3.

Robert, B., 2003, *The Social Work Dictionary*(4th ed.), NASW Press.

Turner, F. J., 2017, *Social Work Treatment: Interlocking Theoretical Approaches* (6th ed.), Oxford University Press.

Weiss, D., 1975, *Existential Human Relations*, Dawson College Press.

Whittaker, J. K., 1974, *Social Treatment: An Approach to Interpersonal Helping*, Transaction Publishers.

第五章　灵性取向的社会工作理论

西方社会工作理论从兴起到发展,经历了较为漫长的阶段。一个十分有趣的现象是:在大约150年中,它越是向前发展、越是向着当代而来,它就越是含有某种程度的"灵性气息"。从诸如存在主义社会工作、女性主义社会工作、生态主义社会工作、反压迫社会工作、临终关怀社会工作和神经语言学理论、希望理论、混沌理论、叙事疗法、短期意义寻解疗法、正念疗法、冥想疗法等新近发展出的西方社会工作理论与实务中,几乎都可以析出"某种与灵性相关的要素"。可见,"灵性"已经成为当代西方社会工作"理论发酵"的核心概念或核心酵母之一。本章简要回顾了与灵性社会工作相关的诸多内容,主要包括与灵性相关的社科研究兴趣、西方社会工作中的灵性视角以及当代中国社会工作中关于灵性社会工作理论与实务模式的探讨路径与具体内容。

第一节　灵性研究的兴起

自20世纪60年代,与灵性相关的研究在西方社会和理论界开始广泛兴起。这主要体现在新纪元运动、灵性资本研究以及心理学之第四势力等思潮中。

一、新纪元运动中对灵性的探讨

针对现代社会,埃克斯利(Eckersley)曾经尖锐地指出,它缺乏一种道义视角,推崇经济增长,却忽略了经济增长的社会后果,如社会不平等、社会问题和环境退化等现象。现代社会面临无法回避的悖论,那就是经济社会的快速发展创造了一个"增长神话",但是却彻底颠覆了道德价值;经济的进步无法修复经济增长对人们所造成的损害。在现代社会中,具有欺骗性的时尚文化,并没有产生预期的利益,在物质主义中,人们丧失了自我和皈依,个体生活与共同体生活迫切需要寻找一种意义、归属感与精神信仰。基于此，一场席卷西方社会和思想界的新纪元运动(New Age Movement)，取得了重要的成果。

就目前所知，首先采用"新纪元"一词的，是布拉瓦茨基(Blavatsky)夫人于1888年所写的《奥秘的信条》。20世纪60年代末，来自观星术的神秘概念"宝瓶星座纪元"重新激活了"新纪元"这一概念。虽然新纪元运动并没有正式的定义，但多个名词与新纪元运动相关，包括"自我心灵"(self-spirituality)、"新心灵"(new spirituality)以及"心-身-灵"(mind-body-spirit)、"文化创造(cultural creative)思维"与"新典范(new paradigm)思维"等等。

新纪元运动涉及的层面很广，涵盖了灵性、神秘学、替代疗法，并吸收了世界各个宗教的元素以及环境保护主义。通过对传统宗教的新诠释，新纪元运动力图为人们的多元信仰寻找最终归所。新纪元运动涉及宗教的主要的观念有：万物归一(all is one)、一切都有神性(all is God)、人即是神(humanity is God)，世界与人均会产生一种意识的大改变(a change in consciousness)、一切宗教最终会归于一统(all religious are one)，相信宇宙的进化包括意识和人性的进化(cosmic evolutionary optimism)、个体创造自己的实相(you are creating your own reality)，等等。简单说，新纪元运动倡导一种类似宗教的信仰，但是它对于培养精神层面的事物采取了较为折中且个人化的途径，排拒主流的观念；将统一性贯穿多样性，提倡人在本质上是一体的，主张真理存在于所有宗教中，认为科学与灵修的终极目标都是一样的，世界上不同的宗教与哲学提供了不同的灵修方式，人们可以各取所需；倡导"拒绝批评他人"和兼容共存的宗教宽容主义。大融合成为新纪元运动发展的趋势，它主张超越多元，形成一个更为宽广和完整的宗教，实现"多元寓于统一"的精神升华(Garrett, 2003)。由此，灵性的追求，成为新纪元运动的一个重要元素。新纪元运动鼓励正向思考，认为正向思考有助于当事人一路顺风；主张折中式灵修，即每个人都应当以适合个人的方式提升灵性，而不是依循死板的教条。

在西方，兴起于20世纪六七十年代的新纪元运动，是一种去中心化的社会现象，是一场普及西方的社会与宗教运动，也是一场精神与信仰的解放，或者说是一场"个体灵性"从基督教"圣灵"之中解放出来的灵性解放运动。它在一定程度上与起源于资本主义社会内部具有反文化性质的嬉皮士运动也有关联。经过几十年的发展，它如今却成为对抗物质主义的超越种族和国界、复归东方思想和原始宗教的精神觉醒运动和泛生态运动，并以"灵性""治疗""整合"等观念为依托，试图在传统基督教信仰之外重新找回人类与宇宙自然的精神的和谐状态。

二、关于灵性资本的理论探讨

在新旧世纪交替之际,继经济资本、文化资本、政治资本、智力资本、社会资本等有关"资本"的概念讨论之后,有关"灵性资本"(spiritual capital)概念的讨论也悄然兴起。

最初的研究把灵性资本等同于宗教资本,一些经济学家开始从效用、福利等经济学意义上的概念分析大众的宗教需求。无论是市场活动还是宗教活动,投入的资源都分为两种,即时间投入和金钱投入。利普福德和托利森(Lipford & Tollison, 2003)把宗教信奉者的收益划分为"现世财富"和"来世财富"。他们认为宗教信奉者在进行投入决策时,不得不在现世财富和来世财富之间进行权衡。要获得现世财富,就要参加市场活动。投入时间与金钱参加宗教活动,属于一种获取"来世财富"的手段。

不过人们对"灵性资本"一词的理解也有较大差别。目前主要有三种定义:(1)佐哈与马歇尔(Zohar & Marshall, 2004:27)将"灵性"一词看作是"意义、价值观和基本目的",灵性资本就是"适宜于一个个体或文化的灵性知识和经验的数量"。(2)麦特奈可瑟斯研究所(Metanexus Institute)2003年对"灵性资本"的界定被学界广泛采纳,它认为灵性资本是指对个体、社区和社会具有一种可度量的影响的精神和宗教实践、信仰、网络及制度所产生的效应。(3)关于灵性资本研究的第三种进路则是将灵性资本扎根于布迪厄(Bourdieu)的文化资本概念中,如刘永川将灵性资本定义为因个人或组织的精神信仰、知识和行为而产生的力量、影响和倾向。一些研究也区分了获取灵性资本的三种途径:(1)通过努力将个体概念的灵性知识带给组织获得(Zohar & Marshall, 2004);(2)通过作为人力资本和社会资本的子系统的宗教资本获得(Iannaccone, 1990);(3)通过应用布尔迪厄文化资本的形式获得(Verter, 2003)。

与"灵性资本"概念相关的还有"灵性资源"概念。在福格尔(Fogel)看来,灵性资源并非只局限在宗教领域,而是涵盖了所有的非物质资源。灵性资源被认为是医治人们精神创伤的不可或缺的要素,但是它们时常只能在人与人之间进行私下转移,而不可能通过市场交换来公开、大规模进行。懂得人生的目的、了解人生的机遇、有集体感、有很强的家庭观和劳动观、有自信心等都是拥有灵性资源的表现。在应对现代生活的挑战以及各种困难的过程中,许多其他的行为准则和生活理念也可以激发并引导人们走向成功。一些研究指出,大多数美国人,尤其是那些40岁以上的美国人都能够从自己的文化和宗教信仰中找到一些灵性资源(福格尔,2003:60)。

三、超个人心理学理论中有关灵性的研究

对人类意识超个人属性的直接关注,可以追溯到精神分析学家卡尔·荣格(Carl Jung)和罗伯托·阿萨焦利(Roberto Assagioli)。荣格直接把个人的发展与包含"内在上帝"(God within)更高层次的自我关联起来;阿萨焦利则认为人有追求灵性生活的能力。威廉·詹姆斯(William James)可能是最早对灵性做出定义的心理学家,他认为,"灵性是人类超越自身的过程。对于信仰上帝的人,灵性是他们与上帝的关系的体验;对于人道主义者来说,灵性是与他人相处的自我超越体验;对某些人,它可能是与自然或宇宙(无论怎样描述它们)的和谐或同一的体验。它引导我们进入一个王国,在那儿我们可以体验到与某种大于自身的事物的联合,并由此找到自己最大的安宁"(Trautmann, 2003)。某种意义上,对灵性的后续研究,基本延续了詹姆斯的这个定义。但是将灵性作为心理学的直接关怀,则与超个人心理学的兴起相关。

超个人心理学是人本主义心理学充分发展的结果。20世纪60年代中期,一些人本心理学的领袖人物,包括亚伯拉罕·马斯洛和安东尼·苏蒂奇(Anthony Sutich)等人经常讨论超越人本主义的问题。在研究自我实现人格的特征时,马斯洛等心理学家发现如果只关注个体的自我及其实现,会导向不健康的个人主义,甚至有陷入自我中心的倾向。在对其早年提出的个体需求层次理论反省的基础上,马斯洛认为人具有超越自身的意识状态、人天生具有超越性的需求,并且超越性的需求高于"自我实现"的最高需求。自我实现不能成为人的终极目标,而应该将自我与个人以外的世界和意义联系起来,而这个领域属于超越的领域或超出自我关怀的精神生活领域。

超个人心理学将行为主义视为心理学的第一势力,将精神分析视为心理学的第二势力,将人本主义视为心理学第三势力,自称为心理学第四势力。超个人主义心理学有三点关键性主张:一是,人除了生理和心理两个层面以外,还有精神(或灵性)的层面;二是,超个人心理学家揭示了个体的自我迷失,即大多数人盲目和错误地认同自己所扮演的某种角色、自己的人格、自我观念或认同自己在平常清醒的意识状态下含含糊糊觉察到的所谓"我",但这些都不是"真我";三是,每个人都不是绝对独立的个体,而属于"大我",并植根于"大我",因此人的使命,不只是人本心理学所强调的自我实现,还有自我超越。

一些研究指出,心理学流派中的超个人心理学,试图将世界精神传统的智慧整

合到现代心理学的知识系统中。世界精神传统和现代心理学,是两种关于人自身的知识体系。前者是指世界各民族文化的传统宗教和哲学,其中包含对人及其精神生活的理解和践行方式,但不是以现代科学的方法和系统化的表达方式存在的;后者包含对人的身体与心理的科学研究,但这种研究在很大程度上割断了与世界精神传统的联系。超个人心理学则对世界精神传统和现代心理学持同等尊重的态度,并试图将二者结合起来加以创造,进而提供一种包含身体、心理和精神的架构以全面地认识我们自己。在超个人心理学旗帜下达成的共识由以下一些基本假设构成:人的本性是精神的;人的意识是多维的;人类生命具有一种精神追求的驱力,它表现为通过内在深处的个体、社会和超越意识而寻求全体的倾向;触及内在的智慧之源是可能的,且有益于健康;将个人有意识的意志、热望与精神动力结合起来,具有十分重要的健康价值;意识的变异状态,是通往超个人经验的道路之一,也有助于康复和成长;生命和行动是有意义的;超个人的背景决定了治疗师如何看待当事人(郭永玉,2000)。

灵商理论也可以被归类为某种关于个体灵性能力的心理学理论研究。对于分析个体能力,心理学中有"智商"和"情商"的概念。21世纪初,英国人达纳·佐哈、伊恩·马歇尔提出了"spiritual intelligence quotient",译为"灵商",简写为SQ。"灵商"概念进入"商系"后,开始为人们所认识。灵商被认为是对事物本质的灵感、顿悟能力和直觉思维能力。它表示一个人内在的洞察力,对抽象事物、对心灵的敏感度和洞察力。灵商,有时又被视为一种综合性的心灵的能量。灵商理论认为,在一般情况下,灵商高的人,对自己有更深刻的觉知,能够体悟到自己的内在价值及内在追求;有足够的能量支撑自己度过任何困境,向着自己的梦想前进,这种力量让自己与外在有一种很好的联结,他们不仅能感受到人际方面的情感,也能感受到整个世界和生命的相关性(佐哈、马歇尔,2001)。

第二节 西方社会工作中的灵性视角

对于西方社会工作理论与模式,我们可以从不同角度加以各种类别化研究。"灵性视角"或"灵性视野"下的西方社会工作理论与实务模式,是当代西方社会工作理论与实务家族中的重要成员之一。

一、何谓灵性视角

何谓"灵性视角"?从广义范围来看,灵性视角是指将"灵性"概念及其相关观点置于理论研究和实务服务的中心,并由此得出相关的社会工作理论和实践模式,而这种基于"灵性"的视角有别于社会工作理论中的其他视角或视野。

众所周知,心理学理论的发展历来对社会工作的理论与实务模式的发展发挥着重要的影响作用。继超个人心理学成为心理学第四势力之后,西方社会工作理论与实务领域也开始受到它的影响。社会工作理论者开始认识到灵性是人的需要中不可缺少的一部分,是帮助服务对象过程中必须考虑的内容,专业社会工作的发展不能忽视对灵性的研究。一些社会工作者尝试把超个人的视角运用到临床实践和社会政策领域,把灵性视为人类健康发展的重要组成部分。西方社会工作中的灵性视角主要集中在几个方面:灵性的界定、灵性的模型、宗教与灵性的关系、灵性评估、灵性干预技巧等等。

在灵性视角下的社会工作研究中,灵性的具体定义或所指同样也众说纷纭,甚至可以说存在一定的混乱。什佩罗(Spero)、卡罗尔(Carroll)将灵性定义为"个体与上帝的关系,或者是与任何能够给个体带来生命的意义感、目的感、使命感的终极力量的关系,这种关系会在个体身上产生可见的影响,例如利他主义、爱、饶恕等果实";塞万提斯(Cervantes)和拉米雷斯(Ramirez)将灵性定义为"对生活的意义和使命的寻求,对宇宙中的和谐和完整的追求,对一种属性全然是爱的终极力量存在的信念"(张志鹏,2010)。既是神学家又是社会工作专家的布利斯(Bullis,1996)认为,从临床的意义上讲,我们关于自己和世界的信仰即灵性。可见,一般来说,灵性是指一个人的超越性追求,即与自身以外的更大力量(上帝、自然等)的联系,或者又可以理解为信仰、价值体系以及相关的体验。

坎达(Canda)从广义和狭义两个层面定义灵性。广义而言,灵性被认为是人类生活和发展的整体过程的格式塔,包括生理的、精神的、社会的和灵性的层面,它不可化约为上述任何一个层面,它即人的整体;狭义而言,灵性涉及个人或群体的经验中的灵性部分,与个人寻求意义感、道德成就感的经验相关(何雪松,2007:123)。卡罗尔(1998)从本质与维度两个角度来理解灵性:一是作为本质的灵性,二是作为维度的灵性。前者是指灵性作为人的核心本质,能够为个体的自我实现和自我转换提供持续性的能量;而后者则存在于一种关系中,尤其强调个体与最高实体(如上帝)的关系,通常是指个体的超越层面。布拉德福德认为,灵性是一个包含人性的、奉献的(devotional)和实践的三重意义的概念,三者紧密联系在一起,互为补充以形成更完善的整体,并在实践中体现为多元文化和不同信念的结合。因此灵性就是一种健康、积极涉入的方式,这里的涉入,包括与自己和家庭、与上天或自己的信仰、与我们每天的活动以及与他人的联结(何雪松,2007:122)。

坎达和弗曼(Canda & Furman,1999)还进一步指出,社会工作中关于灵性的定义包含六个要素,它们分别是:被视为无价的、不可化约的个人精髓或全人特质;回应寻求意义、道德框架、与他人关系(包括终极现实)的个人特定层面;超个人本质的特殊体验;转变为某种关于自己和他人的整体感的发展过程;参与灵性支持群体而非必然加入正式的宗教;涉及特殊的信仰或行为。

关于灵性的理论模型,西方社会工作理论中也有涉及。主要有埃利森(Ellison)的垂直视角,沃恩(Vaughan)的五层次模型,法兰(Farran)、菲切特(Fitchett)和伯克(Burck)等人的整合视角和统整视角以及自我-他人-情境-灵性循环模型,艾乐(Ellor)和蒂博(Thibault)等人的全人模型。通过对上述模型的主要因素的整合,卡罗尔提出了自己的全人模型(holistic model),即从三个层面对灵性进行理解:作为人整体的灵性、作为人的核心的灵性和作为人的精神层面的灵性(何雪松,2007:124)。

如何处理灵性与宗教的关系问题,也是西方社会工作中灵性视角面临的一个重要问题。温克等人(Wink, Dillon & Fay, 2005)把"灵性"操作性地定义为"在个人生活中非惯常(non-institutionalized)和非传统(non-tradition-centered)的宗教信念和实践的重要性(对与上帝或自然的神圣联系的强调;混合了多种宗教和神秘主义传统)"。卡尔森等人(Carlson, et al., 2002)将灵性与宗教加以区分,认为"灵性"与"人类追寻意义、目的和价值的体验有关,它可能包括也可能不包括上帝或超越性力量的概念",而宗教则是对灵性信念和体验的组织化、机构化的阐释和实践。有的研究则将灵性应对(spiritual coping)与宗教应对(religious coping)视为同义(Fallot, et al., 2005)。在个人主义的影响下,隐藏在大多数现代社会工作理论背后的假设是:个体有能力掌控自己的生活,在没有宗教的情况下道德依然可能,个体可以根据自己的理解来建构主观的精神世界,找寻生活的意义,并用自己独特的言语体系来解释这种精神性(spirituality)。

一些倡导在灵性视角下开展实务的社会工作研究者还强调,必须将"灵性学习"纳入社会工作教育课程,对社会工作者进行必要的灵修训练(Furman, et al., 2004)。虽然这种倡导在西方社会工作界引起广泛争议,但是学界也在"是否有必要从灵性维度从事实务干预"上达成了一个共识,即必须认清社会工作的多元性,多维度发展社会工作的评估干预策略,而灵性也是其中一个重要的维度。

毫无疑问,任何社会工作干预都离不开评估。灵性视角的评估应围绕案主的灵性探索开展,涉及案主最初的叙事框架和阐释性人类学框架。不过,就灵性视角的进展而言,这个环节是最有争议的。美国乔治·华盛顿大学的克里斯蒂娜·普哈尔斯基(Christina Puchalski)对灵性评估做出了较为突出的贡献,提出了专门针对灵性需求进行测评的 FICA 量表,分别在意义层面、价值层面、共融层面和超越层面四个维度测量个体的灵性。普哈尔斯基结合精神病患者群体特点提出的灵性测量表,包含九个涉及灵性的问题:感到孤独及被遗弃、表示不被他人理解、质问苦难的意义、表示没有支持、憎恨自己或他人、表示生存没有意义、表示对前路感到彷徨、与他人隔离而情绪极度低落、没有希望的感觉等。霍奇(Hodge)也提出了灵性评估框架,他将其表述为行为指标、情感指标、认知指标、交流指标和直觉指标等五个指标,强调行为指标和情感指标是基础,认知指标、交流指标和直觉指标是关键,五个指标都各自占有重要的位置,缺一不可。他的灵性量表得到了广泛的认可并应用在临终关怀的实践中。

在一些研究者看来,灵性视角下的社会工作是一个整体的活动体系,包括理解或结构化问题、设计系统、实施系统、评估服务和整合系统,其构成元素包括知识和知觉、分析和综合、倡导和互惠、监督和转变、管理和智慧,见图 5-1。灵性视角下的社会工作的主要策略包括给出理想的示范、建立与更高层级力量的关系、社会支持、经由反思而实现的自我认识、赋予意义和寻找精神动力。

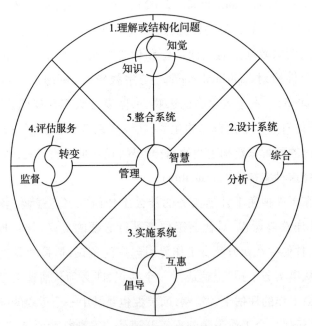

图 5-1 作为整体活动的社会工作

资料来源:参见 Canda, E. & Furman, L., 2009, *Spiritual Diversity in Social Work Practice: The Heart of Helping*(2nd ed.), Oxford University Press。

二、西方社会工作中灵性视角的理论意义

专业社会工作的灵性面向或灵性转向,既显示出社会工作专业在应对多元文化背景下的现实需求,也寓意着社会工作理论范式的重要转变(陈劲松,2012)。灵性视角下的西方社会工作经验主要包括以下几个方面:社会工作中"灵性"概念的引入在一定程度上修复了其与宗教的关系,吸收东方修身智慧进一步拓展了西方传统社会工作的理论与实务方法,在临终关怀等实务领域提供灵性照顾等社会工作服务进一步丰富了人类需求的内容。

(一)适度修复与宗教的关系

相关调查显示,在过去的几十年间,美国宗教信仰版图的最大变化,就是无宗派归属人群的增加,大约由美国人口的6%增长到接近20%。"我有灵性信仰,但不属于任何宗教",似乎成为美国人新的时尚潮流。西欧社会也大体如此,如对意大利青年的宗教信仰调查显示,自称是天主教徒者的比例降低了,更多的人选择多重信仰,也就是灵性。在英国,周末去教堂的人越来越少,以至于许多富丽堂皇的教堂最终沦为游客光顾的地方,而信仰逐渐成为个人的事情(辛立,2008)。

在过去宗教既包含有组织的宗教部分又囊括个人宗教方面,而现在宗教逐渐被只归为有组织的宗教方面,而"灵性"的概念逐渐被用来指代个人的宗教方面。英国社会学家格瑞斯·戴维教授针对欧洲宗教的发展趋势提出了"信仰而不归属"这一概念,它代表着不同于传统宗教的灵性层面。从宗教心理学研究的需要出发,戴维将"灵性"定义为:个人在制度化宗教之外对神圣或超越的认知、经验和追求。一些学者则将此概括为"文化宗教",认为这意味着正在形成一种新的"共识性宗教"。

可以说,灵性视角下的西方社会工作在一定程度上适应了西方传统宗教与世俗生活相妥协的要求。社会工作发展与宗教之间的关系经历了从最初的共生到社会工作专业化发展过程中的渐离,再到新时期社会工作重新关注宗教并重视灵性等阶段。在西方社会工作的发展历程上,美国社会工作与宗教之间的关系很好地说明了这一点。例如,20世纪早期,美国的社会服务机构与基督教、犹太教等宗教的慈善活动紧密相连,政府的社会福利系统也对宗教持开放态度。1920—1970年间,社会工作与宗教逐渐分离。随着社会工作的专业化发展和社会福利体系的完善,心理学中的人本主义、存在主义逐步取代宗教成为社会工作的主导话语。

20世纪80年代后,强调"文化敏感性"的社会工作开始出现。一方面,实践中接触到的大量非洲裔、墨西哥裔、亚裔等不同信仰与文化的移民,促使人们意识到社会工作服务对象并非整齐划一的科学"标本";另一方面,注重多元的文化交流与宗教的互相包容,成为全球化进程下一股世界性潮流,它也推动社会工作朝着"多元文化主义"(multiculturalism)的方向发展,并将培养"文化能力"(cultural competence)作为社会工作发展的第一要务。在西方社会工作领域,"灵性敏感性社会工作"(spiritually sensitive social work)成为时髦的口号(陈彬、刘继同,2017)。

由于对科学方法、理性和逻辑思维的强调,也受心理学领域对宗教的分析与拒斥的影响,诸如弗洛伊德等心理学家就将宗教视为幻想和"普遍存在的强迫症"的病理化观念。而灵性层面的问题在美国心理治疗界很长时间内一直遭受冷遇。后来伴随着新纪元运动的兴起,以及超个人心理学对灵性研究的积极回应,美国大众对灵性追求焕发出热情,这扭转了以往冷落灵性的局面。在美国,灵性融入心理治疗(integrating the spirituality into psychotherapy)成为心理治疗行业发展变化的趋势之一,并引发了讨论、研究、实践和培训等方面的一些新热点。作为这一变化的一个标志,DSM-Ⅳ1990 已经将"宗教和灵性问题"单独列为一节,并认为灵性层面的变化是个人整体态度变化的证据(Patterson, et al., 2000)。美国心理学家查尔斯·塔特(Charles Tart)在获得 2005 年亚伯拉罕·马斯洛心理学奖时则声称,未来的心理学是有关精神和灵性研究的科学(a science of mind and spirit),认为灵性是人的本质中不可缺少的部分。

(二) 吸收东方修身智慧

作为某种对灵性研究兴趣的回应,灵性视角下的西方社会工作实践也发展了一些实务技巧。坎达和弗曼(2009)就列出了一系列的灵性取向的助人活动,包括积极想象、艺术治疗、音乐治疗、诗歌治疗、舞蹈治疗、身体照顾、梦的解释、家庭头脑风暴、聚焦放松(focused relaxing)、宽恕(forgiveness)、有意识的呼吸(intentional breathing)、双赢寻解(win-win solution making)、冥想、祈祷、对话、关注(何雪松,2007:130)。其中,关注、有意识的呼吸和宽恕的助人技术尤其受到重视。

(1) 关注。关注具有治疗和痊愈的效果。当我们关注某事物之时,我们就受其影响。关注自己可以洞察自己的思维、感觉和直觉,关注他人就可以认知和同理。关注可以探索新的事物,成为享受生活的重要机制。

（2）有意识地呼吸。呼吸被视为习以为常的事情,当我们关注它的时候就可以受益更多。静坐下来,从腹部进行舒缓的深呼吸,吸入,然后缓慢呼出(时长为吸入的两倍),注意自己身体和心灵的感受,这样可以让你保持平静、化解痛苦。

（3）宽恕。宽恕自己或他人是缓解痛苦和摆脱罪恶感、羞耻感乃至愤怒的有效方式。宽恕并非要忘记,因为忘记不公和痛苦有时候是很难的。我们需要从错误中学习,继续前行而不固于负面的情绪和生活方式。因此,宽恕为更有效的行动提供了能量和洞见。

如上所述,灵性视角下的西方社会工作相应发展出了一系列社会工作干预技巧。一定意义上,可以说这些社会工作干预技巧是东西方文明长期相互交流的重要成果之一。伴随着实证主义在西方各个领域的滥觞,西方医学开始忽视诸如与超心理学、冥想和整全健康观念相关的替代疗法。新纪元运动则强调自我成圣和灵性追求,并以个人操练、默想等方式或借助一种积极思想,来实现自我平衡、自我肯定、自我实现和自我完善,认为人类本身就具有"自我疗愈"的潜能。实际上,冥想、瑜伽、太极拳、气功等,是东方文化的重要元素,新纪元运动充分吸收了它们,并将其传导到西方社会工作的实践中。

（三）在灵性照顾中探索人类的灵性需求

由于宗教的影响,以及对个体死亡质量的重视等,对临终患者的灵性照顾或者临终关怀在西方一些发达国家日益受到重视。根据国际临终关怀服务联盟的报告,全球每年有近一亿的病人需要临终关怀服务,但实际调研结果表明,只有8%左右的人享受到了这项服务。该报告称,英国是最注重临终关怀的国家,在具体的照顾方式上表现为给患者提供了丰富的止痛药和全面的临终关怀服务。美国于1980年将临终关怀纳入美国联邦政府医疗保险法案,这一举动标志着美国的临终关怀走上了法制化的道路。根据行业媒体 BioSpace 提供的数据,2020年,全球临终关怀市场规模为112亿美元,预计到2030年将达到253.09亿美元,2021—2030年的复合年增长率为8.4%。随着人们生活水平的提升,很多国家都在积极地健全临终关怀的政策和相关服务。

在西方社会的临终关怀服务中,社会工作服务已经占据了不可或缺的位置。由于能够更好地帮助患者及其家属进行能力提升和意义建构,专业化社会工作服务中的灵性需求、灵性测量与评估等得以强调和受到重视。灵性视角的评估是围绕探索案主的灵性需求展开的。人在临终时会表现出极度的害怕。比如对未知物、孤独、失去亲人和朋友的恐惧等。日本的"安宁照顾之父"柏木哲夫也曾指出，死亡不仅仅是个人身体的死亡和消失，更是一种心理和社会的变化过程。米利根（Milligan, 2011）认为，如果老人对自己的一生持有负面的评价，否定自己存在的价值和意义，害怕、担心别人对自己的否定性评价，恐惧未来等，说明老人存在灵性需求。作为灵性照顾的先驱者，伊丽莎白·库伯勒·罗斯（Elisabeth Kübler Ross）认为灵性需求主要包括以下几个维度：找寻存在的意义、自我的期望、自我和环境的关系以及自我价值的实现等。麦金利（Mackinlay, 2002）通过对独居老人的深度访谈得出了理解灵性的几个角度：终极意义的理解、合适的交流互动方式、超脱身体的残缺和物质损失、找寻生命的最终意义、建立人与神的亲密关系、怀有期望。

正因灵性视角下的社会工作在临终关怀等实务领域的不断拓展，人类的灵性需求才不断地被认识和被满足。美国白宫老龄问题会议对灵性给出了一个具有某种标志性的概念认定，强调并指出灵性是一种终极关怀，它对任何人都是一样的，不仅仅局限于有宗教信仰的人。灵性是人性超越自然层面的纯粹的精神追求。灵性是人们找寻人和生命，以及人与天之间的和谐关系的物质，它的主要目的是帮助人们获得心灵的安宁和健康。灵性被视为一种赋予个体生生不息但又不可触摸的精神法则，这项法则渗透了人的生理、心理和社会道德伦理层面，从而形成了一个超越价值观、人生观的纯粹的精神空间。

一些研究则指出，灵性对人类生活具有重要的意义，并且它与现代生活密切相关。韦布（Webb, 2006）认为，灵性研究在社会工作中的发展与个人主义的盛行、现代西方社会普遍存在的疏离感密不可分。过分推崇自由主义、多元价值导致过度的自我中心。由于缺乏统一的信仰指导，在现代性导致的疏离感与不确定性的催化作用下，个体很容易丧失自我认同与集体归属。在易变的世界中，我们不得不扮演自由的个体；在全球化的趋势下，人们逐渐丧失集体归属感和自我认同感。正是在这样的时代背景下，作为个人对确定性的追求及应对分裂的后现代性的尝试，灵性研究开始在社会工作中复兴。灵性为修复传统社会工作关于本能、同理心及关爱的概念提供了空间。更为现代性的社会工作则强调要发展外向型的"生态精神社会工作"，精神不是以自我为中心，而是以他人为中心的，不是以人类为中心，而是以宇宙为中心的，涵盖了对所有生命形式的关注（陈海萍，2010）。

第三节　灵性视角下的中国本土社会工作

将"灵性"作为一个重要的视角来关心人的存在状态并提供相应的社会工作服务,也已经成为中国社会工作理论与实务模式中常见的一个社会工作视角。我们将分别从关于灵性概念的探讨、灵性视角下的本土社会工作实践、中国本土灵性社会工作理论与实务模式的探索等三个方面来加以梳理。

一、关于灵性概念的探讨

在中国,要推动与发展本土灵性社会工作,面对的首要问题是如何理解与定义"灵性"概念。我国香港和台湾地区的社会工作服务者较早关注到个体的"灵性"。在"心身灵"服务模式中:"心",即心理,主要是指情绪范畴;"身",即躯体;"灵"主要是指人的精神和灵性状态,例如对生命的意义、人生价值的思考,以及人的生死观、苦乐观等(陈丽云等,2009)。有的研究则将灵性视为动态的,认为灵性表现为灵性丰沛与灵性困扰之间的连续线,诸如在共融与分裂、爱与恨、有意义与荒谬、价值观明确与价值观混乱、平安与混乱、充实与贫瘠、关怀他人与自我中心、放下与执着、感恩与怨、希望与绝望等连续线之间,因外在因素及所感受之医疗照顾皆可影响两端间连续线的动态游移。社会工作者最重要的作用就是帮助病人搭建与天、人、物、我沟通的桥梁,整合患者一生的经历,使患者自己发现生命中曾经忽略的美好,寻找到新的人生意义,获得内心的平静;同时也使患者意识到,即便他已经处在癌症晚期,他也有作为一个人应有的尊严和选择的权利(赵可式,1997)。

我国内地的灵性社会工作研究也取得了一定的进展。其中,一些灵性社会工作理论研究者将灵性(能力)视为人的一种基本能力,认为每个人都自然地、天生地禀赋着三种基本能力,即感性能力、理性能力与灵性能力,一个完整的人应该是感性能力、理性能力与灵性能力三者完整而协调统一的。其中,灵性能力是指个体所具有的一种自我超越的能力,即个体具有一种超越物性、摆脱物性束缚而"自由"并达至"幸福"境地的能力(陈劲松,2013a)。

二、灵性视角下的中国本土社会工作实践

在中国,基于灵性视角的社会工作在一些实务领域逐渐开展起来,涉及儿童社会工作、妇女社会工作、残疾人社会工作、老年人社会工作和医务社会工作等诸多领域。

随着一些医院和专业社会工作机构开始为一些患者提供社会工作专业服务，医务社会工作中的灵性视角开始受到关注。灵性视角在病患服务领域应用较多的地方，在于为癌症患者提供临终关怀服务。世界卫生组织对临终关怀广泛定义为：临终关怀指的是一种照护方法，它通过运用早期确认、准确评估和完善治疗身体病痛及心理和精神疾病来干预并缓解患者痛苦，并以此提高罹患威胁生命疾病的患者及其家属的生活质量。过去的服务往往只注意到临终患者在生理、心理、社会方面一些未满足的需求，但是临终患者的另一个重要需求即灵性需求，则往往被忽略。我国临终关怀服务的优先领域主要是肿瘤患者、老年人和重症患病儿童。根据临终关怀服务的"非治愈性治疗"的基本特征，综合医疗、护理、社会工作三类照顾服务可以提升患者的自我满足感（刘继同，2017）。

为提高癌症患者临终的生命质量和死亡质量，李嘉诚基金会在全国范围内与多家医院进行合作，开展了系列的针对临终患者的灵性关怀服务，主要包括推广针对癌症晚期患者的"身心灵社"的照顾模式、促进医院和家属对于灵性议题的了解、从实践中不断归纳总结针对癌末患者的灵性关怀经验等。癌末患者在生命的终末期不仅要忍受病痛的折磨，还要面对因痛苦、绝望、恐惧等而产生的情绪困扰。通过引入灵性视角的专业技巧和方法，社会工作者能够积极整合案主自身以及社会资源，增强案主对抗癌症的勇气，并进一步帮助案主理清心结，缓解疾病对案主身心造成的压力，利用灵性评估量表和旅行笔记两种灵性照顾工具来帮助患者接纳自己、摆脱束缚与重塑价值观。

在老年社会工作中，针对老年人精神需求提供的灵性满足服务也开始出现，主要在两个领域展开，即独居老人和失独老人。我国人口平均寿命不断攀升，人口老龄化的趋势日益突显。年龄的增长给个体带来了巨大的挑战，包括疾病的折磨和退出社会参与后的落寞情绪等。失独老人遭受了丧子之痛，这一巨大危机往往会导致"身心灵"三重维度的严重创伤。对此，一方面，灵性视角下的社会工作从"身心灵社"全人的角度去分析独居老人、失独老人的需求和问题，通过灵性干预帮助独居老人、失独老人认识到自己潜在的灵性力量，使其超越当前自我认同的局限，建立与更高层次精神力量的联系，重构生命意义和生存价值。另一方面，灵性视角下的社会工作侧重满足独居老人、失独老人的精神需求，相信每个人都有自我实现和自我超越的潜能。在长期的社会服务实践中，一些关注老人的公益机构还摸索出了一套具有本土意义的方法与技术，例如某老人服务中心在服务老年人的过程中提出了针对老年人的十大心灵呵护技术,包括祥和注视、用心倾听、同频呼吸、经典诵读、抚触沟通、音乐沟通、动态沟通、"三不技术"(不分析、不评判、不下定义)、"零极限技术"和同频共振等等。

还有一些针对大学生精神健康影响因素等方面的研究,也涉及灵性视角。这些研究发现,大学生信仰状况的四个测量维度(人生意义、道德信念、政治信仰、宗教信仰)与精神健康具有显著相关性,认为高等教育中应融入以生命教育、服务学习、心灵成长辅导为内容的多种社会工作实践,以促进大学生的灵性成长与发展,提升大学生的精神健康水平(沈晖,2013)。

此外,还有基于灵性视角的针对受家暴妇女的社会工作服务与研究。这些研究和实务强调,要赋予受暴妇女以生活意义与灵性幸福感的重要性,认为针对受暴妇女的社会服务应从生理的单一层面逐步上升为生理-心理-社会-灵性的整合层面(孙睿雯,2012)。还有基于灵性视角开展的儿童社会工作、残疾人社会工作等等。总之,在目标确立、服务设计与服务输送等三方面,灵性视角的社会工作理念与方法越来越受到关注,它们为进一步整合中西方社会工作理论、提升我国社会工作服务的本土化水平提供了一些理论和实践的思路。

基于灵性社会工作理论研究和相关实务领域中灵性服务的长足进步,2017年3月,"全国灵性关怀社会工作实务研讨会"在北京召开。在一天半的会议中,与会者就灵性概念与灵性需要评估、灵性关怀社会工作的本土化方法与模式、中国本土灵性关怀社会工作的专业行动策略与议程等方面开展了"头脑风暴"式的热烈讨论,并取得了一些重要的共识(陈彬、刘继同,2017)。

三、中国本土灵性社会工作理论与实务模式的探索

范彼德(Peter van der Veer)认为,现代灵性起源于19世纪的西方,在神秘主义、直觉主义(gnosis)、神智主义(hermeticism)以及大量古代传统中可以寻找到其悠久的历史(Veer,2009)。实际上,各种文明中有各不相同、别有意趣的追求"灵性生活"的方式。中国传统文化中也有诸多与灵性相关的理论倡导。一般来说,在传统中国社会中,个体生活的精神世界受到儒释道三种力量的左右。或者说,个体的感性经验、理性思维以及超越体验等三个世界,都借由儒释道三者得以解释,个体也能够从这些解释中获得某种程度的心安理得或安身立命的意义,而中华文化中的集体灵性和个体灵性,往往也正是出于这些解释。尤其值得关注的是,中国传

统诗学创作与评论甚至把"性灵"作为诗词评价的一个重要尺度。当然,作为个体或人的一种能力的灵性(灵性能力),虽然相比于传统的西欧文化来说更为丰富,但也没有得到足够的重视和有意识的促进。

虽然灵性概念逐渐成为许多学科讨论的话题,"灵性视角"也在一些社会工作实务领域中不断得到运用,但值得注意的是,对于"灵性"这个概念究竟意味着什么,存在诸多困惑。第一,当前绝大部分理论与实务仍然是从西方学者的定义中归纳和衍生的,其核心意蕴缺乏与中国优秀传统文化的深度勾连。有的研究就指出,西方关于灵性社会工作的理论假设与中国文化有着本质差异,例如西方将人的现实性与超越性相互割裂,而中国传统文化中的"天人合一"强调将人的现实性与超越性相连(童敏,2007)。第二,灵性和宗教有什么样的关系?有信仰地生活或活着,是有史以来不同文明中人类生活的共同重要追求或目标,其主要表征之一就是,所有现代文明的源头都或多或少地带有宗教暗示。因此,当我们把灵性作为一个重要向度引入现代人的生活时,人们往往不自觉地将灵性概念等同于宗教,认为实现灵性的提升必须通过宗教这一媒介。其实不然,虽然不能说灵性与宗教存在天壤之别,但是可以说灵性与宗教不仅倡导的观念相差很多,而且追求也不一样,尤其重要的是灵性能够更多地、更为开放地让人去体会和追求价值层面以及生命层面的意义或感悟等。第三,目前有关灵性的概念或观念未形成,系统性的理论阐释显得零散,缺乏与哲学、社会学等相关学科之间进行对话的能力。一些研究,也或多或少地暗示了引入西方灵性视角的社会工作时的困境或忧虑。

随着中国社会对精神健康的不断重视,灵性视角对于我们日常生活中精神追求的提升将会有很大的引导作用。但是由于理论和实践中灵性概念的模糊、不充分理解甚至是歪曲,日常生活中出现了各种"灵性实践的误区"。所谓灵性实践的误区是指,一些从事灵性实践的活动往往是和"灵性"相对立的,或者说它们可能只是打着"灵性"的旗帜却开展着违背"灵性成长规律"的活动,具体表现在三个方面:一是儿童灵性成长过程的"资本化"倾向;二是成人灵性实践的扭曲;三是老年人灵性实践深度的不足(陈劲松,2013b)。转型中国社会中的"灵性实践的误区",反映了人民大众对灵性的"渴求"和社会中灵性资源的"匮乏"之间的矛盾。

"灵性实践的误区"也促进人们进一步反思,我们的生活中是否需要灵性?真正的"灵性"又意味着什么?社会工作学科及其实务模式在一个国家或地区的引入和发展,自有其某种本土化的内在需求和逻辑,除此之外,人民大众对灵性的"渴求"和社会中灵性资源的"匮乏"之间的矛盾等也要求理论与实务界,尤其是社会工作理论与实务界探索一种完整的、系统的、适合本土文化与国情的有关个体灵性成长、灵性需求满足的灵性社会工作理论与实务模式(陈劲松,2013c)。

在社会工作理论和实务界,一些有识之士已经开始认识到,灵性是人性中不可或缺的重要组成部分,灵性是人类普遍具有的内在特质和固有本质,并且指出,当代社会中存在满足灵性需要的五种动力,它们分别是:(1)在全球化和信息化的社会,我们要与其他先进的文化思想接轨和对话;(2)社会极速发展和转型必然会增加社会冲突和矛盾,而灵性关怀对于缓解这些不确定性的冲突具有重要作用;(3)改革开放以来人们的精神需求得到了重视,灵性社会工作可以较大程度地满足人们的精神需求;(4)我国公益事业的本土经验发展取得了显著成就,灵性社会工作的理论也需要得以提炼;(5)灵性社会工作对于社会工作服务体系和队伍的构建具有理论和实践意义(刘继同,2015)。

在社会工作本土化以及灵性社会工作理论与实务模式的探索方面,我们已经做出了一些努力和尝试。下文将就这种尝试做一简要介绍。一个初步的灵性社会工作体系应该包括理论框架和实践框架两个方面的建构。灵性社会工作理论框架包括核心概念、基本假设等内容;灵性社会工作实践框架则包括实践目标、实践原则、基本方法及技巧等内容(陈劲松,2021)。

(一)灵性社会工作理论框架

1. 核心概念

对"灵性"概念的理解,决定了灵性社会工作基本的理论和实务发展方向。其一,所谓灵性,应该被置于与"物性"概念相对的关系中来认识和把握,就像我们只有在与"物质"概念的对立中认识"意识"的含义、在与"下"的对立中理解"上"的含义一样,灵性的对立面是物性。远离物性,就近于灵性。物性增加一分,灵性则减少一分;物性减少一分,灵性则增加一分。否则,就往往会迷失方向,或者陷入迷狂及各种欲望的陷阱。其二,应该将灵性视为人的一种能力(或者称为灵性能力)而赋予服务对象。灵性能力指的是人或者个体天生所禀赋的一种能力,它能够促进个体自我超越,或者说它是一种能够促进个体超越物性或摆脱物性束缚、达于"自由"并至于"幸福"境地的能力。灵性社会工作理论认为,相比于感性能力、理性能力来说,灵性能力更是个体或者人之须臾不可缺少的一种能力。在日常生活中,我们可以通过各种途径去培育个体的感性(感受性)能力,例如绘画课程的教学和学习可以培育个体的绘画能力,音乐课程的教学和实践可以培育个体的音乐天赋,等等。同样,我们也可以通过各种知识性学习,来培育理性能力,例如逻辑课程的教学和训练可以培育个体的推理能力,数学知识的学习可以提高个体的运算能力,等等。与此类似,我们完全可以通过开发一些特定的课程教育,去培育或者促进日常生活中个体灵性能力的成长和发展。通过灵性能力的培育,个体可以进一步去挖掘自身所禀赋的感性能力和理性能力,充分开发潜能,并最终成为一个完整的人、一个可感知快乐的人、一个可感知幸福的人。

2. 基本假设

灵性社会工作的基本假设包括个体的三种基本能力假设、全人假设或者全人模型假设、个体灵性发展阶段假设等。灵性社会工作理论认为,个体内在地具有三种基本能力,即感性能力、理性能力和灵性能力。对"万物之灵"的人来说,感性能力、理性能力和灵性能力共同构成了人的精神世界或者精神能力。灵性社会工作的全人模型假设是,一个完整的人是感性、理性和灵性相统一的整体。做一个完整的人或者促进人的完整性存在,是灵性社会工作理论和实践应有的终极关怀。什么样的人才能够称得上是一个完整的人呢?简要地说,一个完整的人是一个完整地具有人的三种基本能力的人,是一个有着内在空间并向广阔宇宙开放的人,是一个没有内在匮乏的人,是一个不断"止于至善"的人,是一个自由、有创造力且快乐的人……

灵性社会工作关于个体灵性发展阶段的理论认为,个体的灵性发展呈现为五个各具特征的阶段,并且依据不同发展阶段的不同任务,个体的灵性发展有三个高峰期和两个低谷期。第一个高峰期在学龄前后,大约从出生持续到 9 岁,也就是小学的早期阶段。在这个阶段,灵性发展的主要任务是生命的激活或者灵性的激活:将自己"指向物性世界",并对"物性世界"保持一种好奇、惊叹和探究。在这个阶段,灵性发展本质上表现为一种"空灵"。第二个高峰期是随着个体的专业化知识规训期的结束到来的,它是一种个体创造力的勃发期。它大约为成年的早期阶段,也就是经过了概念化规训之后的一个阶段,即 18—35 岁。在这个阶段,个体灵性发展的任务是依据概念或者理性能力而"附着于物性世界",并以"对物性世界保持一种张力"的形式,感受自我、领悟关系以及探究世界等。第三个高峰期,一般来说是随着老之将至(或者因其他生活事件如失恋、身体疾病、事业挫败等)而来的个体的灵性感悟期。在这个阶段,灵性发展的任务是依据人生的经验,超越关系、环境的束缚,达至某种从容面对生命中有限与无限、自由与必然、生与死二律背反之后的宁静与圆满状态。世俗社会中,和个体灵性成长的三个高峰期相对应,个体的灵性成长也往往会经历两个低谷或者说两个平台期。第一个平台期介于第一个高峰期和第二个高峰期之间；第二个平台期介于第二个高峰期和第三个高峰期之间。

灵性发展的三个高峰期的总体任务呈现为，通过与"物性世界"的对立与统一实现个体的自我价值。通过灵性发展三个阶段的依次递进，个体从生命刚出生时的一种"空有意志"的自我实现，变成了具有丰富生活内容的自我实现。在这里，自我实现被理解为"某种本于生命之中的止于至善"。在中国，灵性视角下诸多社会工作实务的开展在很多情况下往往成为西方社会工作理论的"传声筒"，缺乏理论性、系统性和可操作性，原因就在于它实际上缺乏一个关于个体灵性成长阶段的理论假设。实践者往往将弗洛伊德的精神分析学理论、马斯洛的需要层次理论、埃里克森的成长阶段理论等视为天然可以中国传统文化、天然可以解释转型中国社会中个体需求，未经对理论的批判或修正就拿来使用。实际上，它突显了社会工作理论与实践中的文化自觉性或者文化敏感性的缺失。这一点值得引起中国哲学社会科学界，尤其是提供实际服务或福利传递服务的中国社会工作理论与实务界的进一步反思，这也决定着我们如何看待自己、如何看待服务对象、如何看待社会秩序的根基、如何看待自己的文化传统及其未来发展方向等系列问题。

（二）灵性社会工作实践框架

灵性社会工作理论实践框架一般包括灵性社会工作的实践目标、实践原则、基本方法及技巧等。

1. 实践目标

灵性社会工作的直接服务对象是存在于社会之中的个体。社会是由个体构成的，但一定意义上社会又独立于个体而存在。基于此，灵性社会工作的实践目标可以简单分为个体复元目标和社会建设目标。

"元"，意味着某种原初性、完整性的状态以及这种状态孕育出的创造世界的动力。或者说，"元"意味着原初、完整、真实和创造。我们知道，中华传统文化源远流长，《周易》可被视为这种文化理性的源头之一。在《周易》中，乾卦为六十四卦中的首卦，乾卦的卦辞只是简单的四个字即"元亨利贞"，但是这简单的四个字却是《周易》中评价事物发展过程的最高价值标准。就"元"来说，《周易》只讲到了"乾元"和"坤元"。乾卦的"象"曰，"大哉乾元，万物资始，乃统天"；坤卦的"象"则曰，"至哉坤元，万物资生，乃顺承天"。这里的"元"被赋予了原初、创造与化育等意义。可以说,"元"是以《周易》为代表的中华文化对事物发展过程最高、最重要的评价标准。

对于岁月来说,我们知道,一元复始、一元正始,则万象更新。对于个体来说,其本身是否也存在某种原初、真实、完整及其孕育出的创造性动力等这样的"元"状态或要素呢?对于灵性社会工作来说,服务对象是一个个活跃于生活过程中的个体,而这一活生生的个体则本具三种能力,即感性能力、理性能力和灵性能力;对于个体的自我实现来说,个体本具的三种能力具有原初性、真实性和完整性,并且它们也孕育或蕴藏着个体未来发展的一切可能性即动力性。灵性社会工作理论认为,个体本具的三种能力都各有特殊的功能意义,而个体的灵性能力则是个体内在的最大优势。日常生活中,对于个体的一切问题的发生,都可以找到与个体的三种能力发展相关的某种缺失的可能。灵性社会工作中的个体复元目标或者"助人自助"的关键,即在于唤醒个体潜藏的灵性能力或灵性资源,并以此为基础促进个体感性能力与理性能力的功能实现。

在个体复元层次上,灵性社会工作的实践目标又可以进一步分为三个层次,即初级目标、中级目标和高级目标。

灵性社会工作在个体复元层次上的初级目标,即促进服务对象的积极参与。经过灵性社会工作者的协助,服务对象能够认识到自身具备三种能力,即认识到自身具备感性能力、理性能力和灵性能力,尤其是充分认识到自身灵性能力的存在价值,能够比较准确地界定自己所处灵性发展的阶段,比较全面、客观、清晰地界定自身和环境的问题及优势所在,初步掌握和运用灵性社会工作所倡导的有关意识、情绪、语言以及行动的理论和技术,缓解当前的困境,恢复自身的社会功能。

灵性社会工作在个体复元层次上的中级目标,即促进服务对象独立成长。经过灵性社会工作者的协助,在日常生活中,案主能够熟练掌握和独立运用灵性社会工作所倡导的有关意识、语言以及行动的理论和技术,例如意识流觉察、悬置思维、情绪控制、冥想等涉及自我探索、自我分析、自我觉察的技术,能够灵活运用诸如言语替代、果敢行动以及个体福利资源整合等技术,解决自身随时随地可能面临的各种困境问题,恢复自身的社会功能,充分自我实现。

灵性社会工作在个体复元层次上的高级目标,即促进服务对象在日常生活中真实地达到一种内在的和谐状态,并以"止于至善"为个体自我实现的内在目标,以促进自身所处环境渐次达至灵性和谐,或促进他者同时渐次达至自我实现为志愿或外在目标。灵性社会工作认为,"至善"的个体就是"自我实现"的个体,或者说个体的"自我实现"就是"至善"。个体的灵性发展最终表现为能够"认识自己"并且"做自己"(being yourself),所以个体灵性能力发展的最终成就,就是个体最终实现自己即自我实现。灵性社会工作理论认为,所谓自我实现,就是在灵性能力引导下,案主能够充分认识个体与环境的问题和优势,充分整合和利用环境资源,尽"天生我材"或尽个体本具的三种能力之"所用",最终成为自己,成为一个自性圆满、潜能得到充分开发的人。灵性社会工作的高级目标就是,社会生活中的所有个体最终都能够完成以灵性为引导的充分的自我实现。

在社会建设层次上,灵性社会工作理论认为,社会建设的目标即在于建设一个和谐社会,而一个和谐社会一定是一个充满灵性的、生动活泼的社会。一个充满灵性的、生动活泼的社会则一定是一个公平合理的、以满足全体成员最大幸福诉求及最大潜能实现的"止于至善"的社会。在社会秩序或社会建设层次上,灵性社会工作应该积极地致力于和谐社会的建设,尤其应该致力于中观层次的社区建设、社会组织建设和家庭建设。由此,灵性社会工作实践在社会秩序层次上至少应该在以下几个方面做出努力:其一,关注并促进那些在个体成长过程中对其三种能力具有重要意义的中观环境的灵性建设,包括家庭、学校、社区、工作场所等。其二,关注并促进各种类型的社会组织的灵性建设。从社会的基本构成或最终构成来说,社会是由每一个体构成的集合。但是,个体并不是孤立地存在于社会之中的散沙,而是活跃于各种类型的社会组织之中的角色扮演者。各种类型的社会组织为个体参与社会提供了舞台,并塑造着参与其中的个体的人格特质。因此,一个社会组织的灵性建设也往往会深刻地影响参与其中的个体的三种能力建设。一个社会组织的灵性能力,则往往和这个组织建立之初的亲社会性的社会目标、社会正义诉求、职业道德建设等要素紧密相关。其三,关注社会政策的制定。灵性社会工作应该倡导更加包容的社会政策的制定和实施。"以人为本"的核心在于将灵性注入社会政策的制定和实施的整个过程,致力于社会中全体成员的三种基本能力的充分发挥或实现。其四,致力于社会及各种社会组织中的灵性文化的建设。灵性社会工作理论倡导一种灵性引导的生活,倡导一种与灵性引导的生活相适应的灵性文化。灵性文化和暴力文化、物性文化或奴性文化是相对立的。

2. 实践原则

灵性社会工作的实践原则是社会工作者在实务过程中应该遵循的。传统社会工作理论和实务坚持了一些重要原则,如保护生命原则、自主自由原则、最小伤害原则、生活质量原则、保密原则以及真诚原则等。在遵循传统社会工作的一般原则的同时,灵性社会工作理论与实务中还有一些特殊性原则。灵性社会工作的特殊性原则主要包括"信愿解行证"相结合原则,感性、理性和灵性相结合原则,当下意识和潜意识相结合原则,身体(身)-语言(口)-意识(意)-行动(行)相结合原则,灵性指导语和服务过程相结合原则,空白(沉默)与澄清相结合原则,自利和利他相结合原则,社会工作价值普遍性与中国传统文化独特性相结合原则,以及服务计划的结构性与服务过程的创造性相结合原则等九个原则,下文就其主要含义分别做出简要的阐释(陈劲松,2019)。

一是"信愿解行证"相结合原则。它是指将信念、志愿、理解、实行和验证结合起来,相互促进,最终达到灵性社会工作的目标。其实践分为两个层次,即提供服务的社会工作者的信愿解行证和服务对象的信愿解行证。社会工作者的信愿解行证有以下含义:

所谓信念,是指社会工作者坚信自己拥有三种基本能力,既拥有感性能力、理性能力和灵性能力,也深信服务对象拥有感性能力、理性能力和灵性能力。在个体"天赋"的三种基本能力的意义上,社会工作者和案主是平等的。可以说,在这一点上,灵性社会工作者能够真正践行社会工作的初心,即实现案主与社会工作者之间的平等如一。所谓志愿,是指社会工作者应该志愿促进案主以灵性能力为主导的三种能力的复元与增长、应该志愿促进案主社会福利的增加、应该志愿促进以正义与公平为基础的社会秩序与社会变迁。所谓理解,是指社会工作者须全面而批判性地掌握与灵性社会工作理论相关的一些基本假设、概念及其实务技巧的意义。所谓实行,是指社会工作者应该将以灵性社会工作理论为基础的倡导、计划等付诸自身生活,从自身做起、从当下做起。所谓验证,是指社会工作者自身在日常生活中须对"灵性引导的生活"有所经验、体悟等。接受社会工作服务的案主的信愿解行证,是指社会工作者在提供接案、制订计划、实施计划和评估等服务过程中,须以灵性社会工作理论的基本假设为依据,努力促进服务对象的三种基本能力的复元、促进服务对象志愿发生改变、促进服务对象自身在其日常生活中验证个体的三种能力及其作用和意义等。

二是感性、理性和灵性相结合原则。它是指灵性生活的倡导须坚持感性能力、理性能力和灵性能力并重。虽然灵性社会工作认为相对于感性能力和理性能力来说,灵性能力是人所具有的更为基本的、促进人之为人的能力,但是灵性社会工作同时也坚持认为,一个完整的人是一个感性能力、理性能力及灵性能力内在协调统一的人。坚持灵性能力并不意味着要抛弃感性生活或抛弃理性生活。灵性社会工作者首先要尊重个体的身体,将身体视为个体感性能力、理性能力及灵性能力内在协调统一的生物性基础。在日常生活中,一些人的感性能力或理性能力或灵性能力此时此刻显现为不足,彼时彼刻却显现为过度。过犹不及,"有余者损之,不足者补之"。因此,在提供灵性社会工作服务过程中,就个体感性能力、理性能力和灵性能力的各自功能发挥来说,必须补其不足而损其有余,并基于此展开感性治疗、理性治疗和灵性治疗。

三是当下意识和潜意识相结合原则。它是指要避免或过于强调当下意识的意义或过于强调潜意识的意义。灵性社会工作认为潜意识是"当下意识"的残余物。一方面,当下意识是潜意识的因,或者说潜意识是当下意识的果,这只是就潜意识的源头来说的。另一方面,潜意识也是一种能量,它会变成为个体行动的"因",此时潜意识就凸显为当下意识或者说引导着当下意识。如果仅仅囿于"因"或"果"之一隅,就会失之偏颇。

四是身口意行相结合原则。它是指灵性社会工作提供的服务是全面的,其社会工作实务涉及服务对象的身体、语言、意识和行动四个方面。虽然对于不同的服务对象来说其侧重点可能不一样,但是实际上,个体的身体、语言、意识和行动具有内在的一致性。灵性社会工作者应该努力去发现这种一致性,并提出有针对性的、综合性的咨询和服务。

五是灵性指导语和服务过程相结合原则。它是指要将灵性指导语贯穿灵性社会工作服务自始至终的整个过程。灵性指导语是指一些能够激发、唤醒个体灵性能力的指导性语言。灵性指导语可以涉及天气、案主身体、梦想、关系、时事、发现及评论等各个方面。灵性指导语可以促进案主由拘束到开放(open)、由残缺到全能/自我充权、由外在诱惑到内省/反省(introspection/reflect/insight)、由物性依赖到自助/自强(self-improvement/help myself)、由无助到自信(self-confidence)。

六是空白(沉默)与澄清相结合原则。它是指灵性社会工作者在提供服务过程中要将时间的空白期和互动期结合起来。"空白",是指没有语言的交流或互动。灵性社会工作相信,空白具有某种力量,就像书画作品中的"留白"一样,交流中的空白期也具有同样的审美意义。空白给个体灵性的归来留下了空隙。灵性社会工作者不要急于打破空白,而要善于利用空白促进案主的反思、感悟。澄清,则是指对案主问题的回答或者对案主模糊的表达的明晰化。空白和澄清可以相互作用,互相促进。

七是自利和利他相结合原则。它是指灵性社会工作要将促进案主的灵性觉醒和促进社会工作者自身的灵性觉醒相一致。社会工作者在提供服务的过程中,并不是只有利他而没有利己。虽然灵性社会工作要坚持传统社会工作的利他原则,但是相信只有当社会工作者把帮助案主视为对自身也是有意义的时,社会工作者的个体欲望和人格才不会分裂。因此,在进行社会工作评价时,既应该考虑问题的解决,也应该着眼于个体灵性能力的提高;既应该考虑案主的灵性能力,也应该考虑社会工作者的灵性能力。

八是社会工作价值普遍性与中国传统文化独特性相结合原则。它是指将社会工作的促进案主和社会的福利、促进社会公平和正义的普遍原则与独特的中国传统文化中的概念相结合。社会工作的普遍性是指作为一种专业教育或者作为一种职业,社会工作在现代社会中有广泛的价值基础、社会基础。不论是在经济发达国家还是在不发达国家,社会工作都有其存在的现实意义。社会工作的普遍性在其传播过程中一直面临文化多样性的挑战,其结果之一就是社会工作的本土化的要求。"社会工作本土化"这一概念最早在1971年联合国第五次国际社会工作培训调查中提出,它被认为是将社会工作功能和教育与某个国家的文化、经济和社会现实结合起来的过程。中国社会思想中关于人的价值、仁爱、灵性等问题的思考无疑是社会工作本土化发展的动力之一,也是灵性社会工作得以开展的深厚文化资本。

九是服务计划的结构性与服务过程的创造性相结合原则。它是指灵性社会工作理论和实务框架本身具有一定的结构性,而每一次具体的社会工作实务又是需要社会工作者和案主积极参与其中并发挥创造性的过程。结构性指的是灵性社会工作原则、目标、方法、技巧及计划设计之间的关系,具有明晰性、关联性、整合性。结构性还指灵性社会工作实务的过程及其完整性,例如,它包含从接案到结案的整个过程。创造性指的是基于结构性的社会工作服务既要体现社会工作者的个性特征,又要充分展现服务对象个体化的生活经验。在社会工作服务过程中,社会工作者像是一条有结构的船,案主则像是一湾激情澎湃的水(如案主鲜活的话语与丰富的生命经历)。水流船动,船随水行。

3. 基本方法及技巧

灵性社会工作的基本方法可以分为意识介入模式(疗法)和行动介入模式(疗法)。灵性社会工作的意识介入(疗法)的技巧包括个体自我探索的技巧、自我悦纳的技巧、情绪反应的正确通道的"修通"技巧、意识流的觉察技巧、增强抗逆力的技巧、敏感性训练的技巧、觉察呼吸之道的技巧等。灵性社会工作的行动介入不是指一般的行动,具体说来它具有三个特征,即觉察后的行动、非暴力的行动、止于至善的行动。灵性社会工作行动介入模式(疗法)的技巧包括灵性整合、真实地表达、倾听协商、参与性行动(运动疗法、艺术疗法、读书疗法、自然疗法)、倡导行动(社会工作研究、社会政策倡导)、联合行动(就具体可见的问题展开的个体联合、社区行动)等。

本章结语

灵性社会工作包括一套基本概念框架、理论假设和实践模式。同时,灵性社会工作是指,专业社会工作者运用灵性社会工作的理论假设、方法和技巧,提供一套专业化的社会工作服务的活动,借此灵性社会工作者能够协助现实社会以及虚拟社会中有需求的个人、群体、家庭和社区,促进个体层面、群体层面、家庭层面乃至社区层面的灵性觉醒,恢复、改善和发展与其感性、理性和灵性相适应的认识和实践能力,协助案主在各个层面上的优势发挥、资源整合、困难或问题解决以适应环境挑战和发挥正常的社会功能,从而实现社会正义,促进社会变迁(陈劲松,2014)。

范彼德(2009)曾经指出灵性是现代的事物,认为它是现代性以及19世纪以来发生的广泛变革的一部分。这个观点对于我们理解现代社会以及现代社会中的灵性兴趣,是有所裨益的。但是,可以说,灵性不只是现代社会的产物,而且是伴随人类及个体生命始终的,只不过在现代社会追求个性创造的过程中,灵性需求显得更为突出而已。正因为如此,满足现代社会中集体或个体的灵性需求,就变得格外重要,因此它也将成为促进当代灵性社会工作发展的基本动力之一。

思考题

1. 简述西方社会工作中"灵性转向"的背景及其主要内涵。
2. 简述东西方文化传统中有关"灵性"观念的异同。
3. 结合案例说明如何理解个体灵性能力的发展阶段及各个阶段的发展任务。
4. 如何理解人的基本能力与促进人的全面发展之间的关系?
5. 结合具体案例谈谈如何理解灵性社会工作的实践目标、原则、基本方法及技巧。

参考文献

埃克哈特·托尔,2008,《新世界:灵性的觉醒》,张德芬译,南方出版社。
陈彬、刘继同,2017,《全国灵性关怀社会工作实务研讨会纪要》,《社会建设》,第3期。

陈海萍,2010,《社会工作中的灵性研究》,《社会工作》,第8期。

陈劲松,2013a,《灵性实践的误区与社会工作的介入》,《学海》,第4期。

陈劲松,2013b,《当代灵性社会工作的理论与实践初探》,《社会工作》,第4期。

陈劲松,2013c,《灵性引导生活:幸福的原理》,国家行政学院出版社。

陈劲松,2019,《灵性社会工作的目标、原则与功能探讨》,《社会建设》,第3期。

陈劲松,2014,《灵性社会工作及其在当代社会建设中的意义》,《社会建设》,第1期。

陈劲松,2021,《灵性社会工作:理论与技术》,国家行政管理出版社。

陈劲松,2012,《社会工作研究与实践中的"灵性转向"》,《中国社会工作研究》,第2期。

陈丽云等(编著),2009,《身心灵全人健康模式——中国文化与团体心理辅导》,中国轻工业出版社。

达纳·佐哈、伊恩·马歇尔,2001,《灵商:人的终极智力》,王毅、兆平译,上海人民出版社。

郭永玉,2000,《超个人心理学的基本理念》,《华中师范大学学报(人文社会科学版)》,第5期。

何雪松,2007,《社会工作理论》,上海人民出版社。

肯·威尔伯,2009,《性、生态、灵性》,李明等译,中国人民大学出版社。

刘继同,2015,《人类灵性概念框架范围内容、结构层次与中国本土灵性社会工作服务体系建构》,《人文杂志》,第2期。

刘继同,2017,《中国临终关怀社会工作元年与社会工作"实务问题清单"》,《重庆工商大学学报(社会科学版)》,第3期。

罗伯特·威廉·福格尔,2003,《第四次大觉醒及平等主义的未来》,王中华、刘红译,首都经济贸易大学出版社。

沈晖,2013,《大学生精神健康影响因素与社会工作介入策略——基于灵性视角的探讨》,《广东工业大学学报(社会科学版)》,第1期。

孙睿雯,2012,《受暴妇女社会救助服务整合与提升——基于灵性社会工作视角的思考》,《社会工作实务研究》,第7期。

童敏,2007,《东西方的碰撞和交流:社会工作的本土化与和谐社会建构》,《马克思主义与现实》,第4期。

王志成,2011,《全球化、宗教共同体及全球灵性》,《人民论坛》,第14期。

辛立,2008,《如何看待新纪元运动对教会的影响》,《生命季刊》,第4期。

张志鹏,2010,《灵性资本:内涵、特征及其在转型期中国的作用》,《南京理工大学学报(社会科学版)》,第2期。

赵可式,1997,《台湾癌症末期病患对善终意义的体认》,《安宁疗护》,第5期。

Bullis, R. K., 1996, *Spirituality in Social Work Practice*, Taylor & Francis.

Canda, E. & Furman, L., 1999, *Spiritual Diversity in Social Work Practice: The Heart of Helping*, Free Press.

Canda, E. & Furman, L., 2009, *Spiritual Diversity in Social Work Practice: The Heart of Helping* (2nd ed.), Oxford University Press.

Carlson, T. D., Kirkpatrick, D., Hecker, L. & Killmer, M., 2002, Religion, spirituality, and marriage and family therapy: A study of family therapists' beliefs about the appropriateness of addressing religious and spiritual issues in therapy, *American Journal of Family Therapy*, Vol. 30, No. 2.

Carroll, M. M., 1998, Social work's conceptualization of spirituality, *Social Thought*, Vol. 18, No. 2.

Fallot, R. D., et al., 2005, Religious/spiritual coping among women trauma survivors with mental health and substance use disorders, *Journal of Behavioral Health Services & Research*, Vol. 32.

Furman, L. D., Benson, P. W., Grimwood, C. & Canda, E., 2004, Religion and spirituality in social work education and direct practice at the millennium: A survey of UK social workers, *The British Journal of Social Work*, Vol. 34, No. 6.

Garrett, P. M., 2003, The trouble with Harry: Why the "new agenda of life politics" fails to convince, *British Journal of Social Work*, Vol. 33, No. 3.

Iannaccone, L. R., 1990, Religious practice: A human capital approach, *Journal for the Scientific Study of Religion*, Vol. 29, No. 3.

Lipford, J. W. & Tollison, R. D., 2003, Religious participation and income, *Journal of Economic Behavior & Organization*, Vol. 51, No. 2.

MacKinlay, E., 2002, The spiritual dimension of caring: Applying a model for spiritual tasks of ageing, *Journal of Religious Gerontology*, Vol. 12, No. 3-4.

Milligan, S., 2011, Addressing the spiritual care needs of people near the end of life, *Nursing Standard*, Vol. 26, No. 4.

Patterson, J., Hayworth, M., Turner, C. & Raskin, M., 2000, Spiritual issues in family therapy: A gradate-level course, *Journal of Marital and Family Therapy*, Vol. 26, No. 2.

Trautmann, R. L., 2003, Psychotherapy and spirituality, *Transactional Analysis Journal*, Vol. 33, No. 1.

van der Veer, Peter, 2009, Spirituality in modern society, *Social Research: An International Quarterly*, Vol. 76, No. 4.

Verter, B., 2003, Spiritual capital: Theorizing religion with Bourdieu against Bourdieu, *Sociological Theory*, Vol. 21, No. 2.

Webb, S. A., 2006, *Social Work in a Risk Society: Social and Political Perspectives*, Palgrave Macmillan.

Weiss, R. S., 1988, Loss and recovery, *Journal of Social Issues*, Vol. 44, No. 3.

Wink, P., Dillon, M. & Fay, K., 2005, Spiritual seeking, narcissism, and psychotherapy: How are they related?, *Journal for the Scientific Study of Religion*, Vol. 44, No. 2.

Zohar, D. & Marshall, I., 2004, *Spiritual Capital: Wealth We Can Live*, Berrett-Koehler Publishers.

第六章 结构取向的社会工作理论

物质基础与人们的认知和意识有密切关系。物质条件不仅影响人们客观需要的满足,还影响人们的认识。换言之,人们的物质条件和社会结构极大地塑造了他们对自身及其所面对问题的认知,以及寻找出路的可能性。这导致人们囿于结构性而不自知,只能接受被安排的命运。微观结构(如家庭)和宏观结构(如生产关系)在主导意识形态的强化下不断得以再生产。在社会工作的理论谱系中,结构取向的社会工作(以下简称"结构社会工作")既针对结构层面开展工作,强调个人问题的社会起源和社会结构对人的异化,又针对个人和群体层面开展工作,以提高人们对压迫的觉察程度,强调人的主观能动性在改变结构中的作用。

结构社会工作不仅提示我们物质条件的重要性,更重要的是,它也在告诉我们,主导的意识形态影响了我们每个人的选择。新自由主义将资本主义视为一个合理的经济体系,认为公司和个人的财富积累将产生"滴漏"效应,从而惠及有需要的人。这种意识形态给人们传递的信息似乎是,只要你努力工作,你就可以获得机会。因此,失业和贫困被认为是个人和家庭的问题。结构社会工作主张,我们不仅要改变人们生活的物质条件,给人们提供及时、必要的帮助,同时也要挑战主导的意识形态,终止不合理的社会秩序的再生产和一切形式的压迫与剥削,创造一个替代性的公正社会。

本章将首先介绍结构社会工作的理论基础,然后讨论其实务原则,最后将阐述结构社会工作在中国本土应用的可能性,并给出结构社会工作的具体案例。

第一节 结构社会工作的理论基础

一、激进社会工作、批判社会工作与结构社会工作

在社会工作的发展进程中,一个尚未解决的争论是:社会工作者作为专业人员是应当服务于既有的居于主导地位的制度体系和意识形态,还是应该致力于改变

现实世界？秉持社会变迁立场的社会工作一般为激进社会工作（radical social work）或批判社会工作（critical social work）。激进社会工作主张，社会工作者是社会变迁的倡导者、鼓动者，致力于推动社会的结构性改变，为人权和社会公正而斗争，将社区行动视为推动政治变革和为穷人社区提供新资源的手段。而批判社会工作则可以分为广义和狭义两个层面。狭义上，批判社会工作主张反思批判既有的实践（如临床社会工作运用的某种技术或技巧），找到发挥社会工作者与案主最大潜能的"最佳实践"，寻找替代性的解决方案，同时发掘案主的优势。广义上，批判社会工作主张对社会进行结构分析，反思批判既有的社会体系，确定居于统治地位的经济和政治体系，促进社会公正和人类解放。与激进社会工作的不同在于，批判社会工作是在承认既有的自由民主体制合理性的基础上，对阻碍"更好实践"的政策和机构进行批判（Gray & Webb, 2009）。在基本立场上，结构社会工作可以被视为广义的批判社会工作，主要是在结构层面而非临床层面展开批判分析，提出新的愿景。

二、结构社会工作的理论定位

社会工作理论可被分为冲突论和秩序论两个派别。冲突论认为，个人、群体和阶级为追逐自身利益经常与他者产生冲突。冲突是日常生活的组成部分。经济利益不是冲突的唯一来源，种族、宗教、声望、职业等其他因素也构成冲突的来源。冲突论强调批判意识、集体行动和社会的激进变革。秩序论则强调社会的共识、稳定与整合，主张社会中存在基本的价值共识，人们按照这种价值的要求行事、形成行为模式。这些价值共识和行为模式通过社会化过程和社会控制在代际传递。显而易见，冲突论将社会问题视为社会冲突的产物，并将带来社会的改变，而秩序论则将社会问题视为人们不适应既有秩序的结果，社会的规制和人们的适应将促进社会的和谐。例如，马克思主义社会工作和激进社会工作理论都属于"冲突论"，而传统社会工作和系统功能主义社会工作都属于"秩序论"。

在"冲突-秩序"的维度之外，我们还可以对社会工作理论从"主观-客观"维度加以区分。主观维度的理论强调个人意识和主观性，例如互动主义理论、个人主义理论，而客观维度的强调经济基础和物质条件，例如激进结构主义（Lundy, 2011）。

在"冲突-秩序"的维度，结构社会工作毫无疑问地站在了冲突论的一端，强调社会的结构性改变。在"主观-客观"维度，结构社会工作则居于中间位置，同时吸纳了激进人文主义和激进结构主义的观点，既主张改变客观的结构，也强调对人们进行意识提升,提高人们对压迫和剥削的敏感和洞察,以穿透既有的意识形态的统治,并提出新的社会愿景,见图6-1。

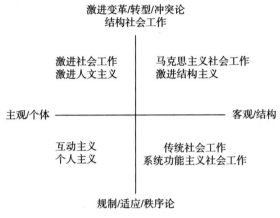

图6-1　结构社会工作的理论定位

资料来源:参见 C. Lundy, 2011, *Social Work, Social Justice and Human Rights: A Structural Approach to Practice*, University of Toronto Press, p. 127。

三、激进人文主义:在社会服务中提升人们的"想象力"

激进人文主义认为,社会工作者为人们提供服务的过程,既是满足人们日常的迫切需求的过程,也是促进人们认识压迫和意识提升的过程。直接的社会服务孕育了人们改变社会结构的可能性。具体而言,激进人文主义主要包含如下四个方面。

一是重视个人及人际工作。首先强调情境化,重视社会背景,促使服务使用者看到特定的社会背景使其有这样的做法或想法,而非自身"本来"或"想当然"就有这样的想法,拒绝任何将想法"自然化"的倾向。其次是与服务使用者建立平等的伙伴关系。社会工作者不应成为压迫的工具,而要与服务使用者建立较为平等的关系,尤其是当社会工作者可能掌握一定专业权力的时候。再次是服务使用者必须自主参与改变,因为只有他们拥有对自身的主权,社会工作者与服务使用者才能共同对主流的权力体系和制度做出批判反思。最后是促进合作,社会工作者不仅需要提供服务,还需要组织人们,协助他们寻找自己的身份认同,协助他们互相合作。

二是强调"个人的就是政治的"。激进人文主义认为,这个世界没有个人问题,所有个人问题均是集体的、社会政策和政治的问题。而政治是资源分配的问题,是谁有权决定资源调配的问题。在传统社会工作中,个案工作被当成微观工作,而微观与宏观并无互动,主要从事宏观工作的人认为自己与微观工作没有关系。换句话说,如果把微观与宏观分开,遇到服务使用者时就只会以个案方法处理,而不会扩展到资源分配问题。因此,当有人感到内疚、自责时,基于激进人文主义,社会工作者要帮助服务使用者,就要扩展到社会政治层面,使人意识到解放的可能。

三是关注充权。对激进人文主义而言,充权中最重要的是帮助人们认识压迫,开辟改变结构的可能性。作为目标,充权需要时间争取,因为压迫关系在社会中已经长期存在,不可能在短时间内消除。作为过程,充权是在不断发生的,明知不可为而为之就是充权的表现。作为关系,充权不是被动给予的,社会工作者只能提供协助和鼓励。社会工作者可以为服务使用者提供环境、关系、资源、方法,与服务使用者以平等关系一起协作。在充权过程中,社会工作者与服务使用者互相学习,社会工作者不是专家,不是精英,也不是代言人。

四是着力意识提升。与传统社会工作强调案主自决不同,激进人文主义强调意识提升。这可以分为两个步骤。第一步是"正常化",首先要使服务使用者知道不仅是他自己遭遇困境,不少人也经历相同处境,帮助其减轻内疚感,如用失业的数据去提醒失业者,不只有他失业,失业可能是产业转型的结果。其次,社会工作者要将相同处境的人联结起来,促进他们之间的相互支持。最后,推动服务使用者将个人问题重新放在政治经济社会环境中去看,以减轻内疚、增加自尊感,促进他们自主分析社会现象。完成"正常化"之后,社会工作者便可开始"再定义"的第二步,解构服务使用者的原有看法,帮助其重新界定现状,看到另一个现实,建立替代性的不同于主导意识形态的论述。值得注意的是,在意识提升的过程中,社会工作者着力提出问题,但不是解决问题。因此,社会工作者与服务使用者的关系是不断转变的、沟通的。

四、激进结构主义:在直接服务之外拓展改变的空间

激进结构主义认为,仅仅在制度或结构内实行意识提升是不够的,因为现存制度存在很多限制,服务使用者和社会工作者无法在不触动制度限制的情况下进行改变,因此进行外部改变是不可或缺的。例如,机构层面的社会工作实践不可避免受到制度的限制,结构取向的干预不能局限在机构里。就算在机构工作,社工作者也要与机构外致力于结构变革的抗争力量相连接（Moreau，1979）。具体而言，社会工作者可以采取如下策略。

一是建立并支持另类组织。因为大部分机构均采取主流的取向、做法及世界观，而主流有可能使得弱势者遭受压迫。例如，企业社会工作者可能与人力资源管理部门联合向员工提供服务，但却刻意回避员工的超时加班问题。在主流的社会服务机构之外，另类组织提供了服务使用者意识提升和团结的可能。例如，企业中的工会可能是保守的乃至被资方控制的，而工人小组的建立则提供了一个渠道——让工人展开对自身遭受压迫的分析，进而提升其劳动权利意识。尽管社会工作者自身可能无法在另类组织中工作，但仍然可以通过提供物质支持和转介服务的方法支持另类组织。当然，另类组织的力量可能有限，有时甚至会受到主流力量的打压，但它仍然可以对社会改变做出贡献。

二是与新社会运动建立联盟。社会工作者力量有限，社会改变是社会各群体共同努力的结果。因此在西方社会，社会工作要与新社会运动建立联盟关系，共同推动社会转型。20世纪60年代中期以来的社会运动是一种根本不同于工人运动的、全新的社会运动。它由环保人士和女性主义者等发起，以社区行动为基础，反对等级化的自上而下的组织方式，采取静坐、游行、请愿等体制外的非常规方式，支持者多是边缘群体和新中产阶层。通过与这样的新社会运动结合，社会工作者可以不断拓展自己在体制外的活动空间。

三是推动进步的工会主义。激进结构主义认为，工会的问题在于容易被收买。而且工会领导层的精英主义，使得他们倾向于在技术层面改变或成为现有官僚架构的一部分。因此，激进结构主义反对狭窄、自利的个人主义，鼓励集体参与组织；同时反对精英主义和从上而下的决议。对社会工作者而言，通过推动进步的工会主义，可以发展更多样化的意识提升方式和更多反压迫、反剥削的实践。

四是发展进步性的专业团体。激进结构主义主张，专业团体不仅是规制专业的自律性机构，还可以介入社会议题，提出观点和倡议。因此，专业组织不一定是自利的，它可以具备倡导力量。同时，为了保持专业团体的进步性，应当推动服务使用者参与专业组织。通过参与专业团体，服务使用者可以与社会运动形成联结。此外，还可以在专业组织中成立社会行动委员会，从而在专业化过程中保持社会工作的社会良知。

五是正视社会工作的政治性。激进结构主义反对传统社会工作主张的政治中立，认为社会工作不可避免涉及政治层面，因为任何所谓的中立和沉默都可能在强化不合理、不公正的既有秩序和结构,而这本身已经是政治活动。因此,如果社会工作没有参与进步力量的议程,便会成为保守力量。社会工作必须与政治团体联结,支持追求正义的政治力量。

第二节　结构社会工作的实践原则

基于激进人文主义和激进结构主义的立场,结构社会工作在实践层面关注两个焦点。它一方面主张社会结构产生和维持了不平等及个人苦难,另一方面也强调要给有需求或处在困境中的人士提供具体的帮助。它既是满足人们具体需求的反应性服务,也是推动社会改变,根除问题源头的预防性服务。它既是面向个人、群体、家庭和社区开展工作的直接实践,也是间接实践,如社会政策分析、项目开发和社会行政等。它旨在超越传统社会工作微观与宏观、政策与实践的人为两分。

对应结构社会工作关注的两个焦点,在具体实践中,结构社会工作也形成了两个核心假定。其一,结构社会工作不从病理学的角度来看待个人问题,而将其视为存在缺陷的社会制度安排的表征。其二,所有社会工作者都有责任推动社会改变,不管他是否在体制之内。由此,结构社会工作也界定了社会工作者在实践中的两个角色:第一,致力于探讨个人苦难的社会政治和经济情境,推动个人苦难的集体化,将个人问题变成社会的公共议题。第二,在助人过程中促进批判思考、意识提升和充权。

由此可见,结构社会工作对社会结构的关注并不是否认个人因素,而是认为任何个人问题中都包含结构因素。因此强调社会结构并不是忽视个人改变的工作,也不是主张个人不对其行为负责。结构社会工作主张在个人和社会结构层面的同时干预。具体而言,包括如下几个方面:

一是捍卫案主。社会工作者帮助案主主张权利或获取资格,并鼓励案主自己捍卫权益,反对歧视和压迫。无论是案主还是社会工作者,在挑战既有制度和政策的过程中都不可避免地会与国家和雇主对抗,这就需要获得进步工会、服务使用者团体或致力于社会行动的专业协会的支持。

二是集体化。社会工作者通过各种渠道和信息提供,告知服务使用者,他们的苦难也是其他人的苦难,其他人也有类似的经验,从而减少他们的疏离感和异化;通过把服务使用者与支持网络(如互助团体)联系起来,把他们的问题"正常化"。

例如,被家暴和性骚扰不是个人羞耻,而是很多人都会遭遇的。同时,社会工作者帮助服务使用者认识到,采取个人化方式是难以解决他们的问题的,而通过集体行动引致社会改变是必要的。例如,对于低收入群体,工资的问题无法仅仅通过恳求老板或换工作来解决。

三是提供物质支持。社会工作者既向服务使用者提供"软资源",比如尊重、关心、社会认可等,也向他们提供"硬资源",比如避难所、金钱、食品等。很多情况下,服务使用者不仅需要社会工作者的心理或情感支持,更迫切的需要可能是具体物质支持。例如,表面上,社会工作者面对的可能是一个来寻求婚姻和家庭咨询的女性案主,但如果她有更多的钱,如果她能够找到不被虐待的安全居所,可能不会来求助。因此,结构社会工作者要善于看到案主求助行为背后迫切的物质需求。

四是在专业关系中提升案主的力量。结构社会工作认为,不是社会工作者来解决问题,而是服务使用者自己解决问题。社会工作者只是帮助他们认识、理解和分析问题。通过充权,服务使用者能够自己解决问题。因此,社会工作者在实践中要对自身的专业性角色保持警惕,与服务使用者分享具体干预背后的原理,并注重自我披露。

五是通过个人改变提升案主的力量。结构社会工作致力于最大化服务使用者的潜能。为实现这一目标,社会工作者应当帮助案主认识其优势,促使他们在社会情境中理解个人问题,支持他们实现个人目标,让其探索改变环境的可能性。

六是社会行动和政治改变。社会工作者要积极参与推动社会公正的机构或团体,积极与新社会运动联结,同时在主流服务之外寻求另类的服务提供渠道。同时,社会工作者应当避免将这些运动、机构和团体整合到既有的制度框架中,因为这可能会扼杀其创造力和想象力。此外,为了达到真正的社会改变,结构社会工作者也应敢于在行业内发出更大的声音,而非一味以团结同行为代价限制自身的表达和行动。(Lundy, 2011; Hick & Murray, 2009)

第三节 结构社会工作的具体案例

Sarvangin Vikas Sanstha(简称为 SVS)服务项目是在印度农村开展的一项结构社会工作实践。它旨在提升所谓"贱民"(dalits/untouchability)的地位,促进其全面发展。该服务项目基于社会行动模式,在超过 200 个村庄展开。它的基本理念是,不面对影响人们的社会、经济、政治和文化因素,社区就无法真正地发展,也不能消除种姓为本的制度。其具体服务分为社会照顾和社会变迁两个层面(George &

Marlowe,2005)。

在社会照顾层面,SVS回应"贱民"直接的迫切需求,如衣服、食品,并将其视为发展批判意识、认识种姓压迫、塑造团结的手段。SVS认为,教育是使"贱民"得以从种姓压迫中解放出来的必要手段。SVS挑战既有的教育体制,就政府不允许"贱民"办学校提起诉讼。此外,它还开展社区经济发展项目,如针对家畜、农具的资金资助,技能培训,面向女性的法律咨询等。

在社会变迁层面,SVS主要做了四个方面的工作。

一是意识提升,拆穿认为不平等是"自然的"观念,邀请有声望的人士参加村庄会议,讨论种姓制度的问题。针对妇女儿童举办意识训练营(awareness camps),讨论她们遭遇的问题得以发生的社会情境及克服策略,并通过训练营来发展自助和支持性团体。同时,也致力于提升较高等级种姓人士的意识,促进他们对种姓压迫的反思性认识。

二是文化变迁,改变对"贱民"的刻板印象(如将其描述为"无技能的下等人"),为他们开展创造性的农业活动,同时对参与其中的女性给予额外支持,改变人们对迷信和乞讨文化的认识,举办"砸碎乞讨碗"等集体活动。

三是社会行动,SVS推动"贱民"占领村庄放牧地,使其能够在经济上自给自足,摆脱对高等级种姓阶层的依附。SVS采取多样化抗争方式(控诉信、抗议、绝食)等手段,最终迫使政府在十二年后承诺"贱民"可以获得土地;还采取集体行动,终止了村庄中对"贱民"的各种禁入(如寺庙、水源),促进他们在村庄掌握权力,参与村庄事务;打造志愿组织网络,基于类似的意识形态和取向来挑战种姓压迫。

四是为社会变迁创造替代性资源,SVS提供的社会服务接受了外部资金援助,但同时强调机构和项目能创造替代性资源,以保持社会变迁活动的持续性。SVS在村庄放牧地保留了8英亩地作为自身资产。[①]

第四节 结构社会工作在中国本土应用的可能性

要解决结构社会工作在当代中国的具体社会情境中如何落地的问题,首先要明确结构社会工作的基本立场。一方面,结构社会工作展现了社会转型的愿景,主张改变不公正、不合理的社会秩序,推动实现人权和社会公正。另一方面,它对实

---

① 参见 P. George & S. Marlowe, 2005, Structural social work in action: Experiences from rural India, *Journal of Progressive Human Services*, Vol. 16, No. 1.

现这一愿景的手段和参与其中的社会工作者也提出了要求。它反对通过暴力的方式来实现社会改变,也反对社会工作者的"越俎代庖"倾向,始终秉持以服务使用者为主体的观念。简言之,结构社会工作整体上主张社会非暴力的、和平的、民主的转型,这种社会转型是与人们的意识提升同步的过程。

结合当代中国社会的状况,我们不难发现各种群体或个体化的抗争时有发生,有的甚至是较为极端的方式。尽管这种抗争本身只是表达了不满和渴求,但它也有很大的破坏性,同时无法形成累积效果,反而易被既得利益集团"污名化",或遭遇其他社会群体的误解。因此,当代中国的结构社会工作者的基本立场可能是双重的。其一,结构社会工作者需要留在既有的体制内或体制的边缘,为服务使用者提供直接的服务,并在具体的干预中贯彻充权、优势视角和意识提升等理念,建立平等的伙伴化专业关系。其二,结构社会工作者还需要跳出既有体制,反思批判现存社会结构的问题,寻找体制外的解决方案,促进服务使用者与各种进步社会力量团结,共同致力于社会改变。在这个意义上,结构社会工作者的基本立场就是"体制之中的体制反思者"。

除了明确基本立场,在结构社会工作的本土应用中,还需要解决视角整合和愿景构建的问题。

结构社会工作在理论上试图整合诸多现代和后现代的社会思潮,例如反殖民主义、女性主义、对年龄主义的批判等。结构社会工作整合不同视角的目的是识别社会存在的各种各样的压迫。对结构社会工作者而言,没有一种首要的压迫,只存在多种形式的压迫。

视角整合对于当前中国的结构社会工作者而言尤其重要。长期以来,中国社会工作教育和社会工作实践,更多强调的是个案、小组和社区等具体的模式及技巧,对主导意识形态和既有社会理论的反思批判不足,缺乏构建未来社会愿景的能力。结构社会工作要求社会工作者和服务使用者共同提出一种或多种不同于现状描述的话语,否则结构社会工作难以具体展开和持续。例如,在"意识提升"的过程中,社会工作者可以采取先"正常化"后"集体化"等干预原则,但当深入"再定义"现状的步骤时,没有视角整合,没有对多元压迫的敏感,社会工作者就很难与服务使用者一起去设想未来的出路是什么。因此,结构社会工作的视角整合不是抽象的思考,它建立在深刻的社会体认之上。整合不同视角的目的是识别多元压迫,并以此为基础,提出新的社会愿景。

新的社会愿景的实现绝非一朝一夕之功,它可能需要若干代人的持续性努力。面对当代中国社会的具体情境,结构社会工作者可谓任重道远。

本章结语

结构社会工作的思想及实践由来已久,契合社会工作致力于社会公正事业的内在专业责任。基于对社会问题更充分的概念化和对社会工作目标的重新确定,它超越了社会工作传统的医学和病理模型,这种模型往往把人们置于被动或依赖的地位,把注意力更多地放在人而不是环境上。相比之下,结构取向的社会工作干预是一种超越人与情境二分法的尝试。结构社会工作关注个人和政治的权力,侧重讨论案主的个人问题、主导意识形态与个人具有的物质条件之间的关系。

结构社会工作要挑战造成社会不公正的结构,包括殖民主义、种族主义、父权制、残疾歧视和年龄歧视等。因此,结构取向的社会工作干预对各种激进的社会批判持开放态度,从对被剥削工人的阶级分析,到对父权制造成的家庭暴力的性别分析,不一而足。这些批判形成了结构社会工作所强调的多种替代性的社会愿景。

结构社会工作实践致力于推动社会变革和案主的意识提升,帮助案主建立积极的自我形象,鼓励案主在相互支持的氛围中分享个人经历及促进团体形成。这些团体鼓励对反压迫行动进行分析和规划。结构社会工作实践还旨在改变社会工作者与案主之间的专业关系。它反对社会工作者面对案主时自上而下的精英主义倾向和专家姿态,强调权力分享、优先考虑案主的生存需要,例如案主需要的食物、住所和医疗。它通过运用社会工作技能,如批判性质疑、框架重构和"戳穿神话",帮助案主解析压迫性权力关系是如何影响人们的日常生活和工作条件的。

简言之,结构社会工作不仅是一种理论或实践方法,也是一种看待社会工作和世界的视角,每个社会工作者需要在认同其理念的基础上,有韧性、有策略地付诸实践。

思考题

1. 结构社会工作从各种批判社会思潮中汲取了哪些观点?
2. 中国结构社会工作实践中要注意哪些关键问题?

3. 为什么说结构社会工作不仅涉及新自由主义的全球资本主义结构,还涉及强大的国家结构?

参考文献

Bowen, E. A., 2012, Addressing the inequality epidemic: Applying a structural approach to social work practice with people affected by HIV/AIDS in the United States, *Critical Social Work*, Vol. 13, No. 1.

Carniol, B., 1992, Structural social work: Maurice Moreau's challenge to social work practice, *Journal of Progressive Human Services*, Vol. 3, No. 1.

George, P. & Marlowe, S., 2005, Structural social work in action, *Journal of Progressive Human Services*, Vol. 16, No. 1.

Gray, M. & Webb, S. A., 2009, Critical Social Work, in Gray, M. & Webb, S. A. (eds.), *Social Work Theories and Methods*, Sage.

Hick, S. F. & Murray, K., 2009, Structural social work, in Gray, M. & Webb, S. A. (eds.), *Social Work Theories and Methods*, Sage.

Lundy, C., 2011, *Social Work, Social Justice and Human Rights: A Structural Approach to Practice* (2nd ed.), University of Toronto Press.

Moreau, M. J., 1979, A structural approach to social work practice, *Canadian Journal of Social Work Education*, Vol. 5, No. 1.

Mullaly, B., 2007, *The New Structural Social Work: Ideology, Theory, Practice* (3rd ed.), Oxford University Press.

第七章 系统取向的社会工作理论

系统理论是从生物学、控制论和现代信息科学中得到启示而逐渐形成的理论，自20世纪初开始发展至今已成为社会工作中极其重要的一种视角。它将社会工作从过度依赖医学或心理学干预的个体性视角中解放出来，通过理解和强调人所处的社会系统的复杂性和相互作用对个体的影响，拓宽了社会工作干预的视野。在现代社会工作实践、教学和研究中，都能看到系统理论的深刻影响。本章将系统理论分为一般系统理论、社会系统理论和家庭系统理论三个子类型，分别进行讲述和讨论。首先描述了系统理论的发展脉络和主要代表，接着介绍了系统理论的核心观点，然后梳理了系统理论在西方社会工作实务领域的应用及西方社会工作学者对系统理论的讨论，最后讨论了系统理论在中国社会工作领域的应用。

第一节 系统理论的发展脉络和主要代表

一、系统理论的发展脉络

现代系统理论在社会工作领域和在其他领域的发展似乎是交织在一起的。系统理论在其他领域得到发展的同时，社会工作领域的先贤们及时借鉴其最新发展情况，提出了适合本领域的实践模型。

（一）系统理论的基本脉络

古希腊哲学家亚里士多德提出了系统理论的核心概念之一——整体大于部分之和。然而，这种对整体的强调逐渐被更为严谨的分析方法所取代。例如，伽利略的数学概念取代了亚里士多德的描述，并为现代科学的分析方法铺平了道路。在笛卡儿的哲学思想指导下，科学方法倾向于将复杂现象分解为基本粒子和过程，这种方法成功地帮助人们理解了简单因果链的过程。然而，对于多变量系统，这种分析方法仍存在问题。近代的系统理论受到生物学的启发，也得益于第二次世界大战后物理科学中关注电脑自动调节功能的控制论和信息学的发展。由于许多科学和社会问题都涉及复杂的多变量系统，因此现代系统理论的努力就在于利用综合互动的方法构建一个能够解决自然、社会和工程科学复杂系统的统一理论。这种努力可以追溯到20世纪20年代早期，当时洛特卡（Lotka，1956）在他的《数学生物学要素论》中，明确阐述了现代系统理论的原则。1948年，维纳（Wiener）在他的著作《控制论》中讨论了系统的复杂性，并阐述了一个基于洛特卡的各种分析的综合理论框架。维纳的控制论借鉴了三个理论：系统理论、信息理论和控制理论。维纳对"反馈"进行了更全面的分析，将这些分析构想运用于社会、生物和数学系统的研究中。贝塔朗菲（Bertalanffy）建立了一般系统理论（general system theory）这种综合理论，于20世纪40年代首次提出，这一理论在20世纪的系统理论基本思想中占据重要地位。这种一般系统理论的哲学层面探讨由拉兹洛（Laszlo，1972）提出，他认为世界是一个相互联系、相互依存的领域，要"看待事物整体"，这种综合的立场为研究和分析碎片化的问题提供了强有力的解决方案（Chen & Stroup，1993）。

（二）社会工作领域中系统理论的发展

"系统理论"这一术语最早于20世纪30年代被引入社会工作，并进行了初步实践。受贝塔朗菲的一般系统理论的影响，社会工作学者在60年代尝试将系统思维整合到其实践和教育中，并利用系统理论更好地理解个体与环境之间的互动。20世纪70—80年代，出现了大量关于如何理解并将系统理论应用于社会工作场域的社会工作相关文献，尤其随着家庭系统理论的发展，系统理论对社会工作实践产生了巨大的影响。在20世纪70年代前后，以杰曼（Germain）和吉特曼（Gitterman）为代表的"生态系统视角"兴起。70年代后期，杰曼和吉特曼总结了生态系统模式发展中的各种理论，并建立了一套综合性的实务模式，即"生命模式"或"生活模式"。该模式强调社会工作实务的干预焦点应为将人置于其生活的领域，重视人的生活经验、发展时期、生活空间与生态资源的分布等有关个人与环境之间的互动。到了20世纪末，系统理论被更加深入和广泛地应用于社会工作教育和实践中，影响了个案管理、社区组织和政策发展等各个方面。今天,系统理论仍然是社会工作中最常见的重要理论框架之一,并通过与其他现代理论相整合而不断得以发展。本章着重介绍一般系统理论与社会工作领域的相关讨论和实践,下一章将详细探讨生态系统理论和生命模式。

二、系统理论的主要代表

本章所提到的系统理论包括一般系统理论、社会系统理论与家庭系统理论。

(一)一般系统理论

1968 年,贝塔朗菲发表专著《一般系统论——基础、发展和应用》,介绍了一般系统理论学说。该理论提供了一个全面的框架,用于理解复杂系统中的互动和相互依赖关系。一般系统理论强调将系统作为一个整体,而不仅是其部分的总和进行研究,引入了"反馈回路""稳态"和"开放系统"等概念。

(二)卢曼的社会系统论

20 世纪 60 年代至 70 年代初,尼古拉斯·卢曼(Niklas Luhmann)以自己多年的基层行政实践和社会学理论功底为根基,开始尝试把系统理论同组织学理论结合起来,并进一步将系统理论运用于对社会的总体研究。卢曼的《社会系统》(*Social Systems*)(1984)是他社会系统理论的一部代表作。在该书中,卢曼详细说明了社会系统如何运作和演变,提出了一个将社会沟通和组织的各个方面整合到一起的理论框架。

(三)家庭系统理论

家庭系统理论(Family System Theory)的奠基人物之一是穆雷·鲍恩(Murray Bowen)。他的研究重点是理解家庭动态,以及个体行为如何受到家庭关系的影响,其代表作是《临床实践中的家庭治疗》(*Family Therapy in Clinical Practice*)(1978)。该书汇编了鲍恩的理论见解和临床实践,为家庭治疗方法提供了全面的概述。萨尔瓦多·米纽钦(Salvador Minuchin)是家庭系统理论的另外一位主要代表人物。他以发展结构性家庭治疗而闻名,这种方法关注家庭系统的组织和结构。米纽钦在其代表作《家庭及家庭治疗》(*Families and Family Therapy*)(1974)中概述了结构性家庭治疗方法,并讨论了家庭结构如何影响行为和互动。

第二节　系统理论的核心观点

一、一般系统理论的要点

贝塔朗菲提出的一般系统理论的核心概念包括系统的整体性、系统的相互依赖性、反馈机制、系统的开放性和系统的动态适应性。贝塔朗菲的研究打破了传统的还原主义，强调了从整体视角来看待系统的必要性，将系统视为一个有机的整体而不是孤立的部分(Bertalanffy,1950)。

首先，系统的整体性是一般系统理论的基本观点之一。系统被认为是由相互作用的部分构成的整体，这些组成部分的功能和行为不仅由它们自身决定，还受到其他组成部分和环境的影响。系统的整体性表明，要理解一个系统的行为和特征，必须考虑其所有组成部分之间的关系，以及这些关系如何影响系统的整体功能(Bertalanffy,1950)。

其次，系统理论强调系统的相互依赖性和反馈机制。系统内的各个部分是相互依赖的，一个部分的变化可能会引发其他部分的变化，从而影响整个系统的稳定性和功能。反馈机制在维持系统稳定和促使系统适应变化方面起着重要作用：正反馈会放大系统内部的变化，负反馈则能通过调节作用帮助系统恢复平衡。

再次，系统的开放性是系统理论的一个重要特征。系统与环境之间存在能量、物质和信息的交换，这种开放性使得系统能够从环境中获取资源和信息，并将产出回馈给环境。系统的开放性不仅可以帮助系统维持其功能，也使得系统在面对外部变化时进行适应和调整(Bertalanffy,1950)。这种视角强调了系统与环境之间的互动关系，而不仅仅是关注系统内部的各个组成部分。

最后，系统的动态适应性是系统理论的又一重要特征。系统具有自我调整的能力，可以通过反馈机制对内外部变化做出响应，从而保持稳定或进行调整。这种适应性使得系统能够在不断变化的环境中持续运作，应对各种挑战和压力。系统理论的这种动态视角为理解复杂现象提供了重要的理论基础，适用于生物学、社会学和管理学等多个学科领域。

二、卢曼的社会系统理论的要点

卢曼的《社会系统》一书为理解社会系统提供了一个独特而全面的理论框架，关于该书中社会系统理论的关键点可以总结如下。

卢曼引入了"自我生成"(autopoiesis)的概念,用来描述社会系统如何自我生产和自我维持。据此,社会系统在操作过程中是封闭的,但在信息、资源和能量的交换中是对环境开放的。系统的内部沟通过程可以持续创造和维持系统的结构和边界,使系统能够自我再生产并适应变化。这一概念强调了系统通过内部互动生成和再生自身元素、过程的能力(Luhmann,1995)。

卢曼认为,沟通是社会系统构成和维持的基础过程。他提出,社会系统并不是由个体组成的,而是由沟通过程组成的。这一视角将焦点从个体行为转向维持社会系统的沟通模式和结构。沟通既是社会过程的媒介,也是其结果,在系统内部和跨子系统之间的沟通互动确保了系统的连续性和适应性(Luhmann,1995)。

社会系统理论突出了系统边界的重要性,这些边界将系统与其环境区分开来。这些边界对于理解系统如何在与外部世界互动的同时保持其独特性至关重要。系统通过这些边界来管理信息和资源的流入流出,从而维持其身份和一致性。这个概念强调了系统与环境之间的动态关系,系统如何在保持独特性的同时对外部影响做出响应(Luhmann,1995)。

他还引入了"功能分化"(functional differentiation)的概念。在现代社会中,各种社会子系统(如政治、经济、法律、科学、教育、健康等)根据各自独特的逻辑和功能运作。这些子系统虽相互关联,但各自独立运行,拥有自己的规范和语言代码。因此,各子系统内部可以进行专业化和高效运作,同时保持其自主性。这种分化有助于解释复杂社会如何在内部多样性中维持秩序和一致性(Luhmann,1995)。

卢曼的社会系统理论探讨了现代社会的复杂性,尤其是不同子系统如何互动以及社会秩序如何在专业化和复杂性不断增强的情况下得以维持。他认为,通过将功能分化应用于多个子系统,社会能够应对其复杂性、变化并持续运作。这一理念提供了对社会如何维持稳定和应对变化的深刻见解,强调了系统秩序与社会复杂性之间的相互作用(Luhmann,1995)。

三、家庭系统理论的要点

家庭系统理论认为,家庭是一个整体系统,家庭成员之间的互动和关系共同影响家庭的功能和稳定。例如,如果一个家庭成员出现问题(如酗酒、抑郁),这个问题不仅会影响这个成员自己,还会影响其他家庭成员的行为和情感状态。这个家庭成员可能会调整自己的行为以适应或应对这个问题,从而改变整个家庭的动态。这种整体性视角强调,在解决个体问题时,必须考虑到家庭整体的互动模式。例如,如果一个家庭成员试图解决其个人问题,但没有改变这个家庭的互动模式,那么这些问题可能会反复出现。(Bowen,1978)

在家庭系统理论中,家庭成员之间的角色和关系是至关重要的。该理论提出,家庭成员的角色(父母、子女、兄弟姐妹等)之间都是相互依赖的,这些角色通过各种互动模式和沟通方式来维持家庭的平衡。家庭中的角色不是固定的,而是可以根据家庭成员的行为和外部环境的变化调整。了解这些角色和关系如何相互作用,可以帮助识别和改变家庭中出现的问题。例如,在家中,一个父亲可能习惯性地承担决策者的角色,母亲则更多地负责家庭事务。如果这种角色分配失衡或发生变化,如父亲失业或母亲过度疲劳,那么整个家庭的功能可能会受到影响。该理论认为,角色的明确性和稳定性对家庭的功能至关重要,因此了解和调整这些角色对于维护家庭的健康非常重要。(Bowen,1978)

家庭系统理论还关注"家庭界限"的概念。家庭界限指的是家庭与外部世界之间的界线,以及家庭内部成员之间的界线。健康的家庭系统需要明确的界限,以保护家庭的功能和稳定,同时允许家庭成员与外部世界进行互动。界限过于模糊或过于严格都会对家庭的健康造成负面影响。因此,理解和调整家庭界限对于维系家庭的功能不可或缺。(Minuchin,1974)

家庭系统理论认为,家庭系统具有动态的适应能力。家庭必须不断地适应内部和外部的变化,以维持其稳定、发挥其功能。这种适应包括对生命周期变化、家庭结构变化以及外部环境压力的响应。该理论强调,家庭在面对这些变化时的适应能力是家庭保持健康和发挥功能的关键。(Minuchin,1974)

家庭系统理论特别关注家庭成员之间的情感系统。这一情感系统包括家庭成员之间的情感联结和情感互动,这些因素对家庭的整体功能和稳定性有重要影响。该理论认为,情感系统的健康对家庭关系的质量、家庭成员的心理健康至关重要。理解和改善家庭中的情感互动可以促进家庭的整体福利和功能。(Bowen,1978)

第三节　系统理论在西方社会工作实务领域的应用

一、系统理论影响下的社会工作实务框架

平卡斯和米纳汉(Pincus & Minshan,1973)在其著作中将系统理论观点应用于社会工作实务,指出人类周围的社会环境中有三类帮助系统:(1)非正式的资源系统(例如家庭、朋友、邮差、同事);(2)正式的资源系统(例如社区群体、商会);

(3)社会性资源系统(例如医院、学校)。案主存在问题的原因可能首先是无法使用上述三类系统,而无法使用的原因可能是案主生活中缺乏这些系统;或者是虽存在相关系统,但案主不知晓或者不愿意使用这些系统;又或者是案主拥有的系统与其所面临的问题不相符。其次,不同系统内可能存在一些政策规定,而这些又给案主带来一些使用的问题和障碍(Pincus & Minahan, 1973)。最后,不同系统之间可能存在冲突。

社会工作实务要试图寻找案主与环境的互动出现问题的原因,工作的任务主要集中在以下几个方面:(1)协助案主提升和使用自己的能力解决问题(例如,为了改善家庭关系学习新的儿童照顾技巧);(2)建立案主与资源系统之间新的联系;(3)协助或修正案主与资源系统之间的互动(例如,帮助案主提交社会保障的申请);(4)改善资源系统内人们之间的互动(例如,家庭互动);(5)协助建构和改变社会政策,使之朝着有利于案主的方向发展;(6)提供实际协助或支持;(7)成为社会控制的主体,扮演社会控制代理人的角色。

平卡斯和米纳汉(1973)将系统理论运用于社会工作实践,界定了四个社会工作基本系统,即改变媒介系统、案主系统、目标系统和行动系统,见表7-1。

表7-1 平卡斯和米纳汉社会工作系统

系统	定义	说明
改变媒介系统	社会工作者及其工作的机构	负责在干预中引导和实施变革;涉及社会工作者的专业技能、知识和方法
案主系统	求助并与改变媒介系统一起工作的个人、团体、家庭、社区等	现有案主是指已经同意接受帮助和参加的个人、家庭或团体;潜在案主是指工作者试图改变的系统
目标系统	改变媒介系统为达到目标而试图改变的系统或对象	案主和目标系统可能一致,也可能不一致
行动系统	为达到目标而与改变媒介系统共同工作的系统	案主、目标和行动系统可能一致,也可能不一致

资料来源:参见 A.Pincus & A. Minahan, 1973, *Social Work Practice: Model and Method*, F. E. Peacock Publishers。

这里,社会工作者及其所在的公立、志愿或非营利组织、机构是促使案主发生改变的媒介,是改变的主要行动者,将通过促进案主与社会环境资源之间的良性互动来促进案主的改变。有时,服务于案主的改变媒介由多种专业助人者组成,便形成一个改变媒介系统。

案主系统是社会工作服务的对象,也是社会工作服务的直接受益者。目标系统是为了达到改变案主系统的目的所需要改变和影响的系统。为了达到服务与改变案主的目的,社会工作者要将有关的人或系统作为目标系统去加以改变和影响。目标系统有时就是案主系统,有时不是案主系统,而是案主系统之外的与案主有关的其他系统。行动系统是那些与社会工作者一起工作、努力进行改变以实现改变目标的人与系统,可以说他们是社会工作者的同盟。有时行动系统是一个,有时可以是多个。行动系统与案主系统、目标系统可以是一致的,也可以是不一致的。社会工作四个系统的理论为社会工作者的实际助人活动提供了介入的蓝本,系统实践的阶段和技巧见表7-2。

表7-2 系统实践的阶段和技巧

阶段	活动	技巧
评估问题	陈述问题	对任何一个问题都需要陈述三个方面:社会处遇、确定与问题相关的人和原因
	分析系统	考虑系统对社会情况与个人遭遇的影响
	设定目标	评估问题包括确定实现目标的过程、可操作性和顺序
	设定策略	参与其中的四个系统和资源的介入、需求联系和预期的阻碍
	稳定改变努力	关注案主,及时解决因改变而出现的问题
收集数据	询问	口头的、书面的询问或进行测试
	观察	查看案主在家的情况,运用模拟方法(比如,儿童受虐个案)
	检查记录	书面的、口头的和其他的记录
进行初步接触	可及性	系统中的成员须列出与案主的关系及联系方式
	联络	接触一个系统内部成员,再接触其他的成员
	克服含糊性	清除介入的障碍
	改善	显示机构介入对系统目标的改变
协商合约	初次	社工(社会工作者)与案主之间
	第二次	社工与别的系统之间
	界定内容	各方的重要目标、各方应承担的任务、描述改变的过程
	建立良好关系	解释合约的目的,条理清晰,处理不同意见

(续表)

阶段	活动	技巧
	处理对抗	接触系统的其他成员或别的系统,接纳和了解对抗,提供新信息,鼓励并提出希望,设立实验性目标,运用团体动力
形成行动系统	决定大小和组成	案主+社工、案主+家庭+社工、社工+另外的机构、案主+社工+另外的机构
	操作程序	合约期限的长短、见面的次数、频率、地方、行为准则
维持和协调行动系统	避免系统负熵	建立良好的关系,让角色、沟通、权利、忠诚、价值和目标一致;避免改变或者要清楚角色、操作程序、系统活动或系统的改变
影响行动系统	影响行动系统的任何一方都影响另外的各方——多结果性	运用知识和经验、物质奖励和服务以及建立关系、声望、魅力和个人权威的合法性
终止改变努力	总结鉴定	全面评估过程中的进展
	关系分离	谈论并制定分离策略和步骤
	稳定改变努力	巩固系统已有变化

资料来源:参见 M. Payne, 2005, *Modern Social Work Theory*(3rd ed.), Bloomsbury Publishing;本章作者进行了少许改动。

二、系统理论在社会工作领域的应用实例

系统理论对社会工作的理论、教学、研究和实践都产生了深远影响。系统理论经过发展过渡到生态系统理论,成为目前社会工作领域最常借鉴的理论之一。多个系统的理念广泛出现在社会工作的教学中,比如社区社会工作、社会工作伦理等。另外,社会工作实务中经常用到的项目管理和评估的逻辑模型也是对系统理论的典型运用。比如有学者将系统理论运用到讨论社会组织的管理过程——输入、产出、成果(逻辑模型)中(Hardina, et al., 2006)。输入是指将某些资源(比如正式员工、志愿者、金钱、材料、设备、技术、合作者)投入系统,使得系统能够完成短期、中期和长期目标。在向系统(比如组织或者项目)投入各种资源以后,系统内外部相互作用转换,有了服务产出(比如工作坊、会议、产品、咨询、培训、评估、协调、合作),进而带来成果,即外界环境或者系统内部的变化(比如参与者知识、技

能和态度的变化,行为、决定和政策的改变,社会、经济、人文和自然环境的变化)。此外,还有一个回馈闭环,能够让系统更优地达成目标。

随着统计技术的大量运用,社会工作研究领域涌现出大量定量研究的文献。其中有很多是基于系统理论而进行交互作用和多层次模型分析的。在实践领域的运用中,有学者从系统理论的角度(系统的开发、信息流动)设计了一个以客户为中心的多部门共享数据网页,来预防重复提供服务或者服务不足。此类的网页或者软件现在在美国社会工作实践领域被广泛采纳和运用。以本章作者曾工作过的老年日间健康照料中心为例,社会工作者和其他专业人士组成的照料团队用近十几年开发出来的以 TurboTAR 为代表的软件来管理与老年人健康相关的各个系统信息,包括:个人身体健康信息,精神健康信息,物理康复信息,活动信息,家庭照料者信息,政府提供的养老金补助信息,政府提供的家护信息,健康保险信息,社区中其他提供食品和服务的信息等。这样,社会工作者能够掌握大部分和老年人密切相关的子系统信息。一旦出现了问题和危机,就可以多系统干预,并迅速提供转介。举例来说,如果出现和身体健康相关的危机或者问题,社会工作者可以协助老年人发起信息沟通,与相关家庭医生、护士或者保险公司进行传真或者电话沟通;如果和精神健康相关,比如出现自杀倾向,社会工作者可以突破保密原则向老年人的配偶或者子女报告,寻求家庭系统支持;如果出现虐待或者遗弃,社会工作者可以基于法律向相关政府机构报告,而政府机构则可以根据情况直接调查或者报警,使得警察系统介入以判断和解决问题。总之,系统理论扩展了社会工作者干预的层面,而现代信息系统的发展使得多层干预的理论实践构想以及社会工作者发起信息沟通和反馈的工作变得简便易行。

(一)社会系统理论的应用

卢曼的社会系统理论总体来说对美国社会工作界的影响不大,但也有一些实践例子。比如,维拉德森(Villadsen,2008)用卢曼的社会系统理论来分析一个安置流浪者的社会工作项目。他试图通过借鉴社会系统理论中"复调组织"(会使用多个系统交际代码进行交流的组织)的概念,研究交互策略来批判性地分析福利组织。该案例研究表明,参与流浪者重新安置工作的社会工作组织以不同的表述方式构建概念,创造了一个"复调组织",可以为案主和帮助系统同时提供不同编码。结论是,对于社会工作者来说,如何书面呈交案主的决定,以及特定措施和特定案主的价值取向,对能否成功安置至关重要。

因此,案例的成败似乎高度依赖特定的社会工作者卓越的思考能力,并且依赖社会工作者转介和伙伴组织的条款写作能力。这种情况使得相似案主的路径可能非常不同,因为他们案例的发展将取决于他们首先观察到的组织系统,也就是说,他们在寻求的过程中碰巧遇到哪些福利组织和哪个特定的社会工作者。

在"复调组织"中工作的社会工作者必须承担大量的翻译和沟通策略工作。今天,社会工作者似乎必须越来越多地担任一种能够在不同系统和交际代码之间进行翻译的调解员角色。此外,社会工作者必须能够让合适的专业人员参与进来,并利用他们的专家陈述以正确的方式和在恰当的时刻对案主资料进行编纂。因此,"复调社会工作者"不仅必须能够以"正确"的方式代表案主,还必须向不同的代理人分配话语权,并在战略性的组织沟通中翻译他们彼此的陈述。这种复杂的管理任务似乎变成了当今社会工作者面临的日益严峻的挑战。

(二)家庭系统理论的应用

家庭系统理论的一种典型应用就是家庭治疗。在社会工作实务中,家庭被看成由一系列相互联系的系统组成,其中一个部分的变化必然影响其他部分的变化。家庭作为一个系统,有自己的边界和适应性,能够维护自己的基本功能。当各个系统之间发生冲突时,各个子系统会尝试通过其结构变化和交流来实现对冲突的平衡。家庭治疗产生于20世纪50年代,70年代发展成为一种心理治疗,它以家庭为治疗对象,并认为案主的问题是家庭成员相互作用的一个结果,因此改善症状不能仅从个人入手,也应将整个家庭系统作为治疗对象。

结构式家庭治疗模式是家庭治疗的一种方法(洪幼娟,2005),由萨尔瓦多·米纽钦于20世纪60年代提出,又叫结构趋向家庭治疗。结构式家庭治疗从聚焦矫治越轨行为转向协助家庭结构调整,以在一种理想模式的指导下,重新调整家庭的紊乱局面。结构式家庭治疗发展至今,已成为家庭治疗中的一个重要学派,即结构派。结构式家庭治疗为社会工作者提供了一个清晰的组织框架来理解家庭和对家庭进行干预。

结构式家庭治疗的核心概念有"家庭结构""子系统""界限""权利"和"联盟"等。结构式家庭治疗理论认为:家庭结构是一组无形的功能性需求,家庭成员借以成立他们的互动模式。在这个模式中,每个家庭成员都有自己的位置、角色、权利和义务。家庭结构的特征通过家庭子系统的组成及各成员间的关系表现出来,而家庭子系统是根据家庭成员的性别、功能、角色和辈分划分的。通常一个家庭中是有多个子系统的,一个家庭成员也会在不同的子系统中扮演不同的角色,子系统之间相互影响、相互制约、相互扶持,构成了整个家庭结构的状态。

家庭与外部、子系统和个别成员之间存在边界,即界限。子系统的界限是定义谁能加入和如何加入的规则(Minuchin,1974)。有弹性的家庭界限使家庭成员具有自主性,能相互沟通交流又不会过于紧密。如果家庭界限不清,就会出现混乱现象和家庭成员的角色混淆。权利是指家庭成员对一项操作结果的影响力,联盟是指反对第三方的家庭成员之间结盟。在很多家庭中,联盟常常是造成家庭功能失调的重要原因。

家庭系统理论在社会工作领域一个具体应用的例子是,对问题行为的干预要着重关注家庭系统,其成为社会工作现代多层次干预模型的重要组成部分。比如,美国比较盛行的和经研究验证比较有效的成瘾性行为干预模式,就是以家庭系统为干预对象的实务模型,而不是以个人系统为指向的实务模型。成瘾性行为干预领域相关文献表明,婚姻和家庭干预方法在药物滥用干预方面比单独干预滥用者更为成功(O'Farrell & Fals-Stewart,2000)。更具体地说,有证据表明,将个人的家庭人际关系作为干预工作的一个基本组成部分,可以带来更好的干预效果(Borovec & Whisman,1996);并且,家庭干预与酒精使用障碍患者的依从性和治疗结果相关(O'Farrell & Fals-Stewart,2000)。

第四节 西方社会工作学者对系统理论的讨论

一、社会工作领域学者对一般系统理论的讨论

在探讨社会工作领域学者对一般系统理论的讨论之前,先从社会工作领域学者的认知中回顾一下系统理论的要点:系统是一系列相互作用的元素;系统可以开放或封闭地与外界互动;系统可以处于稳态和平衡态,或者处于不平衡状态;系统通过积极和消极的反馈进行管理;因果影响是循环的,一个系统的变化可对其他相关系统产生影响,而后者又可通过反馈对前者产生一系列影响。系统理论强调,某种效应可能以多种方式发生("等效性"),并且系统中任何地方的变化都可能造成连锁系统意想不到的后果("多结果性")。

这个理论对社会工作的影响主要包括四个层次:(1)哲学层面,代表社会工作与其他心理学和社会学理论的统一性建构;(2)对社会工作者的贡献,使他们认识到与案主进行沟通交流时应该考虑多个系统;(3)为实践提供了系统结构模型;(4)可作为评估和干预的指南(Forder,1976)。福德尔认为系统理论有更好的

包容性,而且不会使得角色理论和交换理论变得极端。但其缺陷是更像是一种说明性的解释,而不是可供研究验证的理论。其实践运用就是分析案主系统、行动系统等,或者是画出一个问题解决的回形图。

和福德尔一样,社会工作领域的其他学者不仅看到了系统理论的吸引力,也提出了将系统理论引入社会工作可能存在的问题。比如罗伯特(Robert)认为系统理论对社会工作的吸引力在于提供一个全面的视角,并且把社会工作的视线更多从心理治疗拉回到对社会层面问题的关注上,可以更好理解社会变革和权力与控制。但其面临的问题和挑战有以下几个方面:(1)不同系统的运作方式可能很不同,不能机械地加以对比运用。(2)全面性的视角不能回答因果联系的强弱和关键性系统有哪些问题。因此在社会工作实践中,还需要经验和直觉的判断。(3)社会工作界似乎接受了稳态和平衡态的假设,但是这很成问题。巴克利(Buckley),一个非常有影响力的社会学家,也是被社会工作领域引用最多的介绍一般系统理论的作者,反对将稳态和平衡态的假设从生物领域引入社会领域。因为这个假设会让人以为社会变革是自动调节的,但社会学家更多是从冲突中去理解变革。(4)系统理论假设系统要素是相互联系的,但在社会中,各要素并不是一定存在联系的,所以社会工作者在做系统要素链接工作时候不能想当然。系统理论假设之一的统一协调性在社会工作领域也许是不存在的。(5)信息反馈更多是从控制论引入的,社会工作者发现这种信息的流向也影响了权力和控制,而权力关系在系统理论中基本被忽视了。

尽管有一些迟疑和批判性思考,但最终系统理论被绝大多数社会工作学者接纳和使用。维克里(Vickery,1974)指出,在系统理论指导下,社会工作者最好扮演一种中介的角色,就是帮助案主和社会服务系统更好地沟通,一方面帮助案主从社会服务系统中获得所需帮助,另外一方面帮助社会服务系统更好根据案主需要调整提供的服务。但是维克里提出的实务分析框架被批评过于粗糙和缺乏目标指向性。学界最后表示比较赞同的实务框架就非常接近前文提到的逻辑模型。在美国,平卡斯和米纳汉较详细地将系统观点纳入社会工作实践模式,他们提出的四个系统的划分和实践模型逐渐流行起来,并沿用至今。

二、社会工作领域学者对社会系统理论的讨论

对卢曼的理论,西方社会工作学界的总体反应是比较冷淡的,可能因为从一开始就察觉出该理论假设和相关应用可能和社会工作的伦理价值相互冲突。比如,虽然卢曼提到的自我指涉性听起来很契合社会工作领域的核心价值之一,即尊重案主的选择,但是,社会工作的价值不止这一项,还有社会公平正义等。所以,当案主的行为侵害到其本人第三人的利益时,如果还是严格遵照案主自主选择的模式就会和其他伦理价值相互冲突。

后来,有学者尝试用卢曼的理论理解福利组织的复调组织的性质。以社会系统理论为出发点,学者安德森(Andersen,2002)提出了一些关于某些现代组织特定性质的一般性论点。其基本前提是,现代社会的分化过程中出现了组织的聚合。这些组织主要依附一个功能系统,因而受其特定的交际代码所支配。这种区分意味着每个功能系统都将以特定的组织形式进行"制度化";这些通过主要制度进行交流的焦点组织可以被定义为"同音"组织。

然而,人们可能会问:这种主要依附一个功能系统的组织的刻板印象是否足以描述当今的组织?安德森(2002)认为越来越多的组织使用多种代码进行操作,这些代码不受任何固定内部层次结构的约束。因此,随着组织与其相关功能系统之间的静态联系逐渐消失,"复调"组织应运而生。根据这一论点,组织必须通过不断的决策建立与功能系统及其各种代码的链接。例如,社会工作者原则上可以将自己附加到不同的功能系统中,根据沟通环境需要利用不同代码,这对其交流结构具有至关重要的影响。

三、社会工作领域学者对家庭系统理论的讨论

20世纪50年代至70年代中期,家庭系统理论首先接受了控制技术和信息技术的许多思想,其核心问题是:家庭系统如何保持平衡态,又如何从病理性平衡态中解脱出来?初期的概念有"内稳态",即系统的失衡可以通过内部的负反馈得到纠正。对家庭的观察更多注重家庭和病人的生活、交流环境的僵化或抵抗变化的倾向。治疗的技术是,治疗师总是站在家庭的僵化"游戏"之外,强调交流方式的"变化",指出家庭功能正常和异常的状态一般是什么样的。这种理论指导下的家庭结构疗法被批评过于僵化和死板,而且干预者的专家地位也影响了干预效果。

从20世纪80年代起,一种生物系统理论或生命系统理论逐渐兴起。其核心问题是:系统自主的、自我组织的、自我生产的过程如何确保不受外界影响而发生和进化?系统治疗师的观察是否会影响被观察系统?观察本身会使被观察系统产生哪些变化?结论是,家庭既是社会系统,又是一个生命系统,它独立存在,与其他系统虽然能够互相影响,但不能沟通,相互关系也不可预测。由此而来的治疗观就

是,生命系统总是在不断变化,治疗师如果想影响哪个家庭,只能在自我组织过程中与之合作相伴,并促进其朝建设性的"自我建构"方向发展。但治疗师干预的结果事实上是难以预见、不易控制的。因为治疗师在与家庭相伴的临床过程中,通过问话、评论和非言语交流,也参与了其所观察的系统,治疗师作为系统的一部分是不可能脱离系统内的相互作用,反过来控制总体的(Ungar,2002)。

第五节 系统理论在中国社会工作实务领域的应用和讨论

一、系统理论在中国社会工作实务领域的应用

(一) 一般系统理论的应用

在中国社会工作实践中,主要将一般系统理论运用于个案社会工作、社区社会工作和项目评估。基于平卡斯和米纳汉的实务框架,有学者建议社会工作者应从案主系统、目标系统、改变媒介系统、行动系统四个维度分析和评估案主出现的问题,介入案主自身及其身边的系统;并且提出在找出案主系统、目标系统、改变媒介系统和行动系统时,也应针对每类系统分别做出需求评估、方案制订、计划执行以及总结评估。这种系统理论下的社会工作实践更具有指导性和操作性,有利于社会工作者了解工作进程和及时反思,具体内容如表7-3所示。

表7-3 社会工作系统实践过程

	服务对象系统	目标系统	改变媒介系统	行动系统
需求评估				
方案制订				
计划执行				
总结评估				

经过对国内文献的整理,可发现系统理论下中国社会工作实践主要为针对不同服务人群的个人及家庭实践,如智障人士、网瘾青少年(孙美华,2013)、残疾人(潘瑞红,2017)、在校学生(张燕婷,2015;闫小红、张静敏,2011)等。这种针对不同服务人群的实践就其本质上来说还是系统理论视角下的个案工作。社会工作者通过对案主及其家庭的详细描述和呈现,关注案主四个基本系统的蓝图,提供了一

种很好的评估问题及资源的框架方案,有利于社会工作者在多元的角色定位及环境中,聚焦于找到恰当的角色和资源。

关于系统理论视角下的小组工作,国内文献较少。闫小红、张静敏(2011)将系统理论运用于大学新生适应小组,围绕大学新生来分析其周围系统;开展群体层面的服务包括朋辈群体的小组工作和学长同行小组工作,以此来提升大学新生的适应能力。该案例中系统理论下的小组工作,同时融合了社会工作中的其他理论和视角,如充权理论和优势视角,是一种综合视角下的群体层面实践。系统理论也被运用于对社区社会工作的分析。例如,傅芳萍(2013)将系统理论的实践分为三个方面:介入、工作过程和后续跟进。

(二)社会系统理论的应用

社会工作领域运用社会系统理论的文献非常少。曾丽萍、全祖赐(2015)引入卢曼的社会系统理论来描述社会工作实习实践各环节和整体系统中各要素的相互关系,并且以理论概念和框架来透视该社会系统的发展规则与方向。同样,卢曼的社会系统理论在这里更多是一个解释性的框架。他们也指出,根据卢曼的社会系统理论推导出的研究假设还需要进一步研究的验证,比如是不是社会工作实习教育系统中互动的各要素只要就参与/不参与、交流/不交流、认同/不认同、成长/不成长、专业/非专业、投入/不投入六种二元沟通符号代码达成抽象的共识,就能推动系统的自我演变。

前文提到的社会系统理论视角下西方复调社会工作的情形,也出现在我国社会工作实践中。本章作者在北京某社区进行社区社会工作实践时,就听到社区工作者讲到类似的复调职能,即居委会的社区工作人员面对居民时须把抽象性和多专业术语的文件转换成居民能够理解的语词和例子,而面对街道办事处的工作人员时则须把居民需求转换成抽象的文件用语。

(三)家庭系统理论的应用

在我国,家庭系统理论主要被运用于关于家庭暴力(郁之虹,2014)、亲子教育(欧阳洁,2015;崔金海,2012)、青少年自杀(彭国胜,2008)的研究和实践中。而心理咨询领域的关注点更多是各种治疗技巧的使用,例如提问技巧、家庭角色等(易春丽、钱铭怡、章晓云,2004)。中国是一个十分重视家庭观念的国家,基于家庭系统理论的社会工作实践有其强大的生命力和前景。

我国学者对结构式家庭治疗的探讨大多集中在临床精神病学、心理治疗与咨询领域中,在教育教学和社会工作领域才刚刚起步。社会工作领域的家庭治疗研究还很少,现存的一些研究主要涉及青少年社会工作、家庭社会工作和社区矫正,例如有学者把结构式家庭治疗用于对一个混合型家庭的治疗和青少年网络成瘾的干预。本章作者认为,结构式家庭治疗发展出来的实务方案,现在仍然有很强的学术和实践生命力,能为社会工作的干预提供一个清晰的实践方向。

二、中国社会工作领域学者对系统理论的讨论和争议

(一) 一般系统理论的借鉴性、局限性和可能性

对于系统理论的优点,国内学者已有一些讨论。首先,系统理论为社会工作者提供了清晰的分析、评估案主问题及资源的框架。当案主求助时,社会工作者能够从改变媒介系统、案主系统、目标系统及行动系统中确认自己的工作方向(朱东武,2001)。其次,系统理论重视环境,这与社会工作"人在情境中"的理念相契合。它要求社会工作者将案主放在其所处的各种场域中,从其所处的环境中探寻资源、寻求改变;也要求社会工作者对待案主系统的思维方式为从动态、多元互动的关系中寻求因果解释,而非单一的线性因果关系解释(董云芳、黄耀明,2006)。最后,系统理论在工作方法上是多元的,在实务过程中,系统理论往往也结合小组、社区等工作干预方法,并非仅仅局限于强调某一种方法,而是提供了用不同方法来描述案主不同层次的系统(朱东武,2001)。

就已有学者对于系统理论的讨论来看,关于其局限性讨论最多的就是系统理论对案主的主观能动性关注不足。系统理论下的案主是系统中的一部分,在实际社会工作实务中,个体被看作被动改造的个体,缺乏对案主个人特性、价值观及主观能动性的关注(董云芳、黄耀明,2006)。同时,尽管系统理论给工作者提供了很好的分析框架,但是并未说明社会工作者应该在何时、何地,甚至使用何种方法来介入不同系统,也无法知晓这些系统之间是如何产生影响的(朱东武,2001)。另外,系统理论缺乏规范性和指导性,不像社会工作的其他理论,如认知行为疗法能给工作者提供具体、实操性的工作程序,厘清实务方向。再有,系统理论对案主的心理和生活经历关注不够。系统理论关注外在的环境和系统,对案主内心深层次的心理活动及过往经历挖掘不够,可能导致案主的问题只是一段时间内被解决,而非彻底性解决,甚至会有再次出现的可能性(董云芳、黄耀明,2006)。

系统理论注重系统的整合和平衡,其实务过程偏向对系统的维护及平衡,但系统内部平衡有时是需要打破的,且系统本身可能存在一些冲突。这些冲突对于系统来说并非总是消极和不好的,某些冲突在一定条件下可以成为机会和解决问题的突破口,冲突的打破可能会建立起更高水平的新的平衡。过分强调系统的平衡和对冲突的消极假定并不利于案主问题的解决(董云芳、黄耀明,2006)。

(二)对系统理论应用的评述

在我国,部分学者似乎对一般系统理论、生态系统理论和人在情境中没有区分性的认知。尽管有些论文的题目涉及系统理论指导下的实践,但其实根据作者描述的微观、中观和宏观三大系统理论和图样,应该只是部分在生态理论指导下的分析。系统理论在国内实践中的应用确实更多的是描述性的解释框架,并没有提供因果关系的预测。用卢曼的社会系统论来理解和指导社会工作相关实践的文献很少,关于这点,国内外的社会工作学者似乎达成了某种一致。但也不可否认,也许这是未来值得继续研究的实践方向。家庭系统理论和本章提到的家庭结构治疗是基于国外社会文化发展起来的,但我国的家庭结构更加复杂,系统的理想型似乎是不一样的,所以,发展具有文化适应性的理想型或者采用自我指涉建构性的路径来探索解决家庭问题是未来可行的方向。

本章结语

本章主要介绍了社会工作应用中的一般系统理论、社会系统理论和家庭系统理论,梳理了中西方对于以上理论的阐述,并总结归纳了其在中西方社会工作中的实务和讨论、争论。一般系统理论起源于生物学和控制论,后续得到进一步发展并被引入社会工作领域。系统理论视角下的一般系统理论重视环境,分四个维度分析案主及其环境系统,探查系统中存在的资源及障碍,以此作为社会工作实践的基础。在社会学领域兴盛的社会系统理论在社会工作领域的影响和应用尚不明显,有待进一步积累实践模型。在一般系统理论和社会系统理论的影响下,由心理学范式发展起来的家庭系统理论有着广泛的社会工作实践空间。

尽管不同学者对系统理论也有批判,但无法否认的是,系统视角下的这些社会工作理论融合了不同理论模式,奠定了社会工作实践模式的基础,深刻影响了现代社会工作理论、研究和实践。

思考题

1. 一般系统理论中哪些内容是社会工作不能借用的？
2. 简述对一般系统理论与社会系统理论的讨论和争议。
3. 现代社会工作实践中哪些方面受到了系统理论的影响？

参考文献

崔金海，2012，《家庭暴力的女权主义与系统理论的比较研究》，《社会工作》，第5期。

丁东红，2005，《卢曼和他的"社会系统理论"》，《世界哲学》，第5期。

董云芳、黄耀明，2006，《试论系统生态理论对社会工作的贡献与局限》，《漳州师范学院学报（哲学社会科学版）》，第1期。

傅芳萍，2013，《系统理论在我国社区工作中的应用》，《学理论》，第10期。

何雪松、吴怡烨，2020，《沟通、系统与改变：反思卢曼对社会工作的启示》，《社会工作与管理》，第1期。

李青霞，2016，《家庭系统理论视角下失独家庭困境及社会工作介入策略》，《理论观察》，第9期。

欧阳洁，2015，《家庭系统理论对当前亲职教育的启发与思考》，《长江论坛》，第5期。

潘瑞红，2017，《社会工作系统理论在残疾人职业指导中的运用——以深圳市坪山新区残疾人职业指导为例》，《中国培训》，第3期。

彭国胜，2008，《家庭系统理论视野下的青少年自杀》，《青少年研究（山东省团校学报）》，第4期。

孙美华，2013，《青少年网络成瘾问题的社会工作介入——基于系统理论视角》，《学理论》，第30期。

闫小红、张静敏，2011，《系统理论视角下社会工作介入大学新生适应的服务模式研究》，《太原理工大学学报（社会科学版）》，第3期。

易春丽、钱铭怡、章晓云，2004，《Bowen系统家庭的理论及治疗要点简介》，《中国心理卫生杂志》第1期。

郁之虹，2014，《家庭系统理论视域下的家庭暴力——互动因果的矛盾循环格局》，《社会工作》，第6期。

曾丽萍、全祖赐,2015,《卢曼社会系统理论视域下社会工作实习教育研究》,《社会工作》,第3期。

张燕婷,2015,《学校社会工作的本土化实践——基于生态系统理论的地方性探索》,《学海》,第3期。

周月清,2011,《家庭社会工作:理论与方法》,五南图书。

朱东武,2001,《社会工作系统理论及其运用》,《华东理工大学学报(社会科学版)》,第1期。

卓然,2016,《流动儿童的社会融合问题及对策——基于家庭系统理论的视角》,《长春师范大学学报(人文社会科学版)》,第11期。

Ahmed-Mohamed, K., 2011, Social work practice and contextual systemic intervention: Improbability of communication between social work and sociology, *Journal of Social Work Practice*, Vol. 25, No. 1.

Andersen, N. A., 2002, Polyphonic organizations, in Bakken, T. & Hernes, T. (eds.), *Autopoietic Organization Theory: Drawing on Niklas Luhmann's Social Systems Perspective*, Copenhagen Business School Press.

Becvar, D. S. (ed.), 2013, *Handbook of Family Resilience*, Springer.

Bowen, M., 1978, *Family Therapy in Clinical Practice*, Jason Aronson.

Chen, D. & Stroup, W., 1993, General system theory: Toward a conceptual framework for science and technology education for all, *Journal of Science Education and Technology*, Vol. 2., No. 3.

Fitch, D., 2004, Client-controlled case information: A general system theory perspective, *Social Work*, Vol. 49, No. 3.

Forder, A., 1976, Social work and system theory, *The British Journal of Social Work*, Vol. 6, No. 1.

Gitterman, A. & Germain C. B., 1976, Social work practice: A life model, *Social Service Review*, Vol. 50, No. 4.

Greif, G. L. & Lynch, A. A., 1983, The eco-systems perspective, in Meyer, C. H. (eds.), *Clinical Social Work in the Eco-systems Perspective*, Columbia University Press.

Hardina, D., Jane Middleton, D. S. W., Montana, S. & Simpson, R. A., 2006, *An Empowering Approach to Managing Social Service Organizations*, Springer Publishing

Company.

Healy, K., 2022, *Social Work Theories in Context: Creating Frameworks for Practice*, Bloomsbury Publishing.

Laszlo, E., 1972, *Introduction to Systems Philosophy: Toward a New Paradigm of Contemporary Thought*, Gordon and Breach, Science Publishers.

Leighninger Jr., R. D., 1977, Systems theory and social work: A reexamination, *Journal of Education for Social Work*, Vol. 13, No. 3.

Lotka, A. J., 1956, *Elements of Mathematical Biology*, Dover Publications.

Luhmann, N., 1995, *Social Systems*, Stanford University Press.

Minuchin, S., 1974, *Family and Family Therapy*, Harvard University Press.

O'Farrell, T. J. &Fals-Stewart, W., 2000, Behavioral couples therapy for alcoholism and drug abuse, *Journal of Substance Abuse Treatment*, Vol. 18, No. 1.

Payne, M., 2005, *Modern Social Work Theory*, 3rd ed., Bloomsbury Publishing.

Pincus, A. & Minahan, A., 1973, *Social Work Practice: Model and Method*, F. E. Peacock Publishers.

Ungar, M., 2002, A deeper, more social ecological social work practice, *Social Service Review*, Vol. 76, No. 3.

Vickery, A., 1974, A systems approach to social work intervention: Its uses for work with individuals and families, *The British Journal of Social Work*, Vol. 4, No. 4.

Villadsen, K., 2008, 'Polyphonic' welfare: Luhmann's systems theory applied to modern social work, *International Journal of Social Welfare*, Vol. 17, No. 1.

von Bertalanffy, L., 1950, An outline of general system theory, *British Journal of Sociology*, Vol. 1, No. 2.

von Bertalanffy, L., 1968, *General System Theory: Foundations, Development, Applications*, George Braziller.

Wiener, N., 1948, *Cybernetics: Or Control and Communication in the Animal and the Machine*, MIT Press.

第八章 生态系统取向的社会工作理论

在社会工作实践中,系统是指在社会成员之间相互交流,且各种环境系统不断相互作用。在系统理论视角下,社会工作者致力于发现各个系统中所有元素彼此之间的相互交流和影响。生态系统理论是系统理论的一种发展和延伸,旨在将影响人类行为的环境分为微观系统、中观系统、外层系统和宏观系统,强调人在环境中发展,人与环境相互作用并影响人的行为机制。生态系统理论作为一个专业视角,为社会工作实务提供了分析框架,可应用于社区矫正、医务社会工作、学校社会工作等领域。在社会工作通用过程模式中,生态系统理论视角贯穿始终,以帮助解决个案问题、实现助人为首要目标。

第一节 生态系统理论的发展脉络和主要代表人物

一、生态系统理论的起源和形成

(一) 生态系统理论的起源

系统理论是为了回应心理动力学理论不足而发展出来的理论之一。系统理论主要有一般系统理论和生态系统理论两种。一般系统理论将人类发展置于一个特定的系统进行考察,旨在理解不同变量之间的交互作用。生态系统理论兴起于20世纪70年代,它由一般系统理论发展而来,是基于一般系统理论的"社会"缺失而提出的,提供了一种丰富而折中的社会工作知识与实践基础。生态系统理论结合了系统理论和生态学概念,是关于人类行为与社会环境交互关系的理论。

(二) 布朗芬布伦纳及其个体发展模型

美国著名心理学家布朗芬布伦纳(Bronfenbrenner)在《人类发展生态学》(*The*

Ecology of Human Development: Experiments by Nature and Design)(1979)中比较系统地将生态学理论引入人类行为研究,强调"环境中发展"的重要意义。生态系统理论即布朗芬布伦纳提出的个体发展模型,对环境对个人的影响做了详尽的分析(刘杰、孟会敏,2009)。在其看来,自然环境是人类发展的主要影响源,个体的发展嵌套于相互影响的一系列环境系统中,各个系统之间有交互耦合的联系和影响,个体与环境相互作用并影响着个体的发展。布朗芬布伦纳将人生活在其中并与之相互作用的不断变化的环境称为系统。

他认为,人类的生态环境是由四个水平嵌套在一起的系统组成的,分别是:微观系统、中观系统、外层系统和宏观系统。微观系统指的是个体互动和交往的直接环境,对个体的成长与发展的影响最为直接和重要,这个环境是不断变化的,是环境系统层次的最里层,包括家庭、学校、同伴群体等。中观系统是指各个微观系统之间的相互关系或联系,例如家庭环境会影响个体与同伴的关系等。如果微观系统之间有较强的联系,可能实现发展最优化,否则,微观系统之间的联系会造成消极后果。外层系统指的是个体虽然没有直接参与但是对其有影响的环境。例如父母的职业和工作环境、学校领导机构等。宏观系统是指个体成长所处的整体环境,包括文化、亚文化环境和社会环境,会直接或间接地影响个体的价值观和信念等。

布朗芬布伦纳的生态系统模型表明,宏观系统的变化会影响外层系统,也将影响中观系统和微观系统。因其研究是基于儿童进行的,布朗芬布伦纳的生态系统理论扩大了"环境"的概念。他不仅关注儿童当下的环境,同时也关注儿童周围的环境及其所处的更大的社会环境;根据系统对人的影响程度和方式的差异,进行系统结构化和具体化,并建立不同系统之间的联系。这有助于对问题的分析,并改进了一般系统理论中过于抽象的系统观。此外,布朗芬布伦纳也关注发展的动态性。他的理论中包含时间维度,并以时间维度为个体成长中心理变化的参照体系(Bronfenbrenner, 1979)。他强调儿童的变化或者发展,要将时间和环境相结合来考察儿童发展的动态过程。婴儿一出生就置身于一定的环境之中,并通过自己本能的生理反应来影响环境。例如他们可通过行为,如哭泣,来获得生存所必需的物质。同时,婴儿也会根据外界环境来调节自己的行为,如冷暖适宜时会微笑。

不过,布朗芬布伦纳的生态系统也有不足:其一,他的研究过分强调环境的作用而忽视人类的生物性;其二,他并没有明确提出一个人类发展的系统的理论模式。

(三) 杰曼和吉特曼的生活模式模型

杰曼和吉特曼认为,生活模式是生态系统理论的重要架构,他们试图以行为科学和生态观念来探索人类生活的复杂性,并提出了生活模式的实务模型。关于生态系统的种种关系,可以通过绘制"生态图"来清楚地表达。生态图是基于生态系统理论实务的中心,可以将与案主相关的种种因素较为清晰地呈现在案主面前(Germain & Gitterman, 1980)。

生活模式认为,人们在持续地适应他们所处环境的众多层面并进行交换。人们在改变环境的同时也被环境改变。在我们经由改变而发展且为环境所支持之时,就出现了交互性适应。社会问题(例如贫困、歧视或污名)会污染社会环境,降低交互性适应的可能性。生活环境(人们以个人或群体的方式生活)必须与其所处的社会环境保持良好关系。我们都需要适当地输入(例如信息、食品和资源)以维持并发展自己(派恩,2008),即良好的调适。杰曼和吉特曼认为社会工作的主要目的是强化人们的适应能力且影响他们所处的环境,这样的互动才是适应性的。而我们的生活之所以会出现问题,是因为人们在与其生活空间的互动中适应不良。

个人对生活转变、环境、人际过程等境遇的认知有可能会导致压力。生活模式强调对外部世界的认知和控制能力,相信可以通过学习或改变环境来解决问题;先找出问题的原因,再改变个人或是改变环境来满足个人的需求。而社会工作的目标便是:(1)通过有效的个人和情境式的激励及行为技巧,改善个人管理压力的能力;(2)通过影响个人所在的环境,促进个人行为的发展;(3)改善个人和环境间交流的质量。最终目的则是强化人的适应能力并且影响其周边环境,使互动过程更具适应性。

基于生活模式模型,我们可以将社会工作干预分为三个阶段,分别是初期、持续和结案。在初期阶段,社会工作者需要探寻问题的理论诠释,并且建立与案主感觉和反应的情感联结。在此期间,社会工作者要提供一个具有吸引力的、温馨的以及有支持性的环境,鼓励案主讲述自己的故事;在与案主的接触中表达同理心,鼓励案主增强其选择的能力,帮助案主消除群体经历中的压抑感受。根据案主的选择和类型,采用个案、小组、社区等不同介入方法开展工作。在初期阶段,要选择时段性的、紧急的、短期的、有时间限制的、结果开放的服务方法。社会工作实务技巧包括评估个人和环境的配合度、界定生活压力、辨识案主和社会工作者的期望等。在持续阶段,社会工作者需要帮助案主提升认知、增强能力,以更好地适应环境的变化。在此期间,可以采用家庭治疗和小组工作等方法,减轻社会工作者和案主之间的人际压力。在这个过程中,社会工作者可采取的行动包括:表示跟案主在一起以强化案主的能力,通过辨识能量、确认或给予希望进行动员,提供正确的指导,辨识支持性社会网络和家庭功能,与家庭互动,提出支持、辨识差异和分离的需要,协调组员等。在结案阶段,社会工作者和案主可能要面对分离的悲伤。因此,社会工作者要特别小心地准备,通过细致的工作达到成功结案的目的。这一过程会受到时间、服务类型以及关系等因素影响(派恩,2008)。

(四)其他学者的解释

德沃尔(Devore,1983)认为生活模式更好地回应了社会阶级、族群和文化差异以及生活风格问题。不过,这一模式却并未对与黑人相关的议题进行回应(派恩,2008)。

迈耶(Meyer,1983)给出了对生态系统理论的另一种阐释,宣称其比生活模式更为灵活,它清晰地采用了别的理论来解释,而非创造自己的理论,因而特别有益于评估(Greif,1986),且利用家庭图和生态图作为视觉工具(Gilun,1994),聚焦于家庭和环境支持网络。迈耶认为,社会工作者要关注个人所处的空间,理解个人发展、资源分布等;要从生存空间、环境品质以及适合程度三个方面进行问题评估,并基于此来解决问题。

肯普等人(Kemp, et al.,1997)在整合已有的生态系统理论的基础上,结合社会工作理论的进展,提出了个人环境实践是一种助人过程的社会生态学视角。社会生态学视角的提出纠正了社会工作实践沉迷于个人中心而忽视脉络的观点。它强调对环境的挑战和对资源的把握,重视为案主充权、提升案主的优势和抗逆力,聚焦于环境中的现实和潜在资源;同时它认为环境评估和干预是多层次的,环境代表了机会和限制,对环境的干预应包括批判性反思和行动。这一视角的优势在于,基于生活模式有了一些更深入的理解和思考,但缺点是缺乏对具体操作模式的探讨(卓彩琴,2013)。

格林(Greene,1999)对生态系统进行了归纳,提出了生态视角的十项基本假设内容,同时包括生命周期、时间、空间,人际关联与角色,胜任能力与调适,生活中的问题等核心概念。

生命周期是指影响个人发展的相关社会结构和历史变迁事件,对个人的发展有着重要的意义。我们可以通过不同的方法重现案主所经历的集体历史事件,并探索其对案主的影响。时间线方法在这一过程中尤为有效。生命周期是在空间和时间这两个重要的环境维度展开的。空间包括建筑风格、地域关系、个人对空间的认知等。空间也可以体现为"生态位"和"栖息地",这两个词引自生态学,用以表述人所处的文化环境。时间则包括时钟时间、生物时间、心理时间、文化时间、社会时间和进化时间等。生命周期在一定意义上而言就是一个随个人、家庭和历史时间变动的个人与环境之间的互动过程(何雪松,2007)。

人际关联是指个人拥有与他人建立联系的能力。这样的人际关系发展开始于亲子间的依附关系,并由此建构了个人在未来生命周期内发展出来的各种互惠性照顾关系。

在个人与环境交流过程中,个人与环境之间相互影响和反应以达到最佳的调适度。生态观点认为适应良好源于天时、地利、人和的成功交流,而适应不良则是个人的需要和环境所提供的资源、支持之间无法搭配调和的结果。调适就是这样一个互惠过程,它可实现有机体和环境之间的良好配合。良好配合也可以理解为个人所处的环境是具有滋养性的。"调适"这个生态学隐喻表明,具有滋养性的环境能够在适当的时间以适当的方式提供必要的资源、安全和支持,这样的环境可以改善社区成员的认知、社交和情感发展。胜任能力是指个人与环境之间的成功交流经验可建构个人有效掌控环境的能力,包括自我效能感、与他人建立有效而关怀的人际关系、做出决定以获得想要的结果,以及动员环境资源中的社会支持(何雪松,2007)。

生活中的问题指的是案主的问题,即与环境需要相适应的个人发展问题。这在一定程度上摆脱了对案主的污名。生态视角展现了更大的经济和政治环境对个人(包括内部及外部)的意义。基于生态视角的生活模式认为,生活中的问题源于人与环境之间的失衡,主要包括三类:(1)困难的生活转型或创伤性的实践,是指个人或家庭生活周期阶段的交替和演进,包括生理和社会的变动(预期与非预期的、长期的或突发的),会带来个人地位和角色的转变;(2)环境压力,个人可从环境中获得资源以增进自己的适应,但环境本身的结构也会阻碍个人的适应性发展,比如不平等的机会、难以对付和没有回应的组织都会影响个人的生活;(3)功能失调的人际过程,包括剥夺、不协调的期望等,不良的人际过程会影响个人生活和个人对环境的应对(派恩,2008)。

二、生态系统理论的批判与发展

(一)扎斯特罗和基斯特-阿什曼对社会生态系统的层次性及其相互作用的论述

受布朗芬布伦纳的影响,之后的生态系统理论研究者都集中于对环境的研究。生态系统理论仍在批判中不断地完善与发展。例如,现代社会生态理论代表人物扎斯特罗(Zastrow)指出,人与各个环境系统的相互作用对人的行为有重大影响。他在研究中进一步阐释了人的成长与社会环境的关系,认为人们依靠与环境的有效互动达到生存和发展的目的。因此,要评估社会环境背景下的所有问题,而重点应为微观、中观和宏观系统的相互作用(Zastrow & Kirst-Ashman, 2004)。

扎斯特罗和基斯特-阿什曼(Krist-Ashman①)在《理解人类行为与社会环境(第六版)》(2004)中重点阐述了社会生态系统的层次性。他们指出,个人的生存环境是一个完整的生态系统,即由一系列相互联系的因素构成的一个功能性整体,包括家庭系统、朋友系统、工作系统、社会服务系统、政府系统、宗教系统等。每个人都在环境中与各种生态系统进行着持续的互动,每个人都处于一定的社会生态环境中,因此其既受各种不同社会系统的影响,也持续地与其他系统相互作用。扎斯特罗和基斯特-阿什曼具体将系统分为三种基本类型,即微观系统、中观系统和宏观系统,见图8-1。

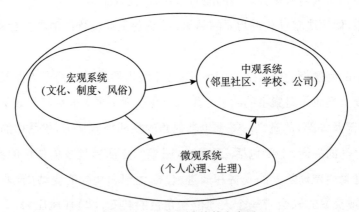

图 8-1 生态系统的基本类型

资料来源:扎斯特罗、基斯特-阿什曼,2006,《人类行为与社会环境》,师海玲等译,中国人民大学出版社,第 16 页。

---

① Krist-Ashman,又译为柯斯特-阿什曼。

微观系统指的是处在生态系统中的个人。每个人都有生理、心理和社会系统，所有这些系统都在一定情境下相互影响（扎斯特罗、基斯特-阿什曼，2006）。微观取向往往注重案主的个人需求及问题，同时关注案主潜能及优势的发挥；微观实践包括与个人协同工作，提升案主自身的功能。中观系统指的是一系列小规模的和个人直接接触的群体，例如邻里社区、学校、公司以及家庭、职业群体和其他社会群体等。不过，由于案主一般都处于和其他系统频繁密切的互动中，因此社会工作者有时会比较难以区分是微观系统还是中观系统。宏观系统则指的是比小规模群体大一些的系统，如文化、制度等。宏观取向关注的是整个社会的经济和政治状况以及宏观政策等，这些因素都在宏观层面影响着案主能否获取所需的各类资源及各项服务。因此，社会工作的宏观实践包括努力改善人们生活的社会环境和经济环境。

同前人相比，扎斯特罗和基斯特-阿什曼对社会生态系统的分层内容更丰富。在微观系统层面，他们加入了个体的心理与生理等因素，以及心理与生理之间的相互影响，注重分析个体本身对环境的反应。同时，他们还提出了社会生态系统对于社会工作者的影响模式，丰富了社会生态理论在社会工作实践中的内容。同时，扎斯特罗的社会生态系统理论在一定程度上弥补了布朗芬布伦纳理论的不足，强调了个体与环境的相互作用。具体而言，他们认为这三个系统是相互制约、相互影响、相互联系的（卓彩琴，2013）。

首先，在社会生态环境中，微观系统与中观系统是相互影响、相互作用的。个人行为往往会受家庭成员、环境及氛围的影响，同时个人的行为也会受其身处的工作群体及其参与的其他小规模群体的影响；反之，个人行为也会对这些系统产生重要影响。扎斯特罗和基斯特-阿什曼列举以下事例说明了微观系统和中观系统相互影响的关系：如果一个16岁的女孩子离家出走，她的这种行为显然会影响她的家庭，因为全家人都会因她的离家出走而担心；反之，这个女孩选择离家出走，同样也深受她所处的家庭群体的影响。如果她在家庭日常生活中总是被忽视，没有表达自己的权利，她就会愤怒和沮丧，并最终离家出走（扎斯特罗、基斯特-阿什曼，2006）。

其次，微观、中观系统与宏观系统也是有联系的，前者会受社会环境中与之互动的宏观系统持续和重大的影响。宏观系统中的公共价值观和结构系统常常会对社会工作的案主产生影响，决定着案主能否得到需要的资源及服务。在这里，能对案主个人和中观系统产生影响的宏观系统类型主要包括文化、社区、习俗、机构和组织，它们也是交织在一起、相互影响的（师海玲、范燕宁，2005）。文化（culture）是指共同的态度、价值观、目标、精神信念、社会期待、艺术、技术和行为的综合体,集中表现了人们生活于其中的较为广泛的社会面貌特征。社区(community)指的是具有某种共性或共同特征的一群人,其共同特征将他们联系在一起,并使之与其他人相区别。这里的共同特征包括人们居住的街区、人们参与的活动(如工作),或者如"种族认同"等其他联系。习俗(convention)指的是一种文化的基本风俗和行为方式,如婚姻和宗教。机构(institution)是指为某种公共目的而建立的组织以及供进行工作的物质设施,如监狱。组织(organization)是由为某种共同的目标而共同工作,并完成各部门分工及其工作任务的人们组成的群体,通常都具有比较清晰明确的成员关系。

最后,微观系统内部的生理、心理、社会系统间是相互作用的。事实上,生理、心理和社会重大事件在人的一生中会适时地发生并持续性地相互作用,生理、心理和社会这三个主题是三个独立的相互作用的系统,它们都对案主个人系统具有重大的影响。在三个系统的互动中,社会工作者需要注意两个方面:一方面,社会工作者需要了解其中每一领域正常发展的里程标,只有这样才能鉴别常态与非常态,进而决定干预的方向;另一方面,社会工作者还必须了解每一个系统如何对其他系统产生影响,这对于从时间顺序视角看这些系统之间的相互作用很有帮助。

(二) 扎斯特罗与基斯特-阿什曼关于社会生态系统的论述的启迪

扎斯特罗与基斯特-阿什曼合著的《理解人类行为与社会环境(第六版)》一书,在很大程度上丰富和发展了当代社会生态系统理论。师海玲和范燕宁(2005)指出,该书首先强调了层次性,以及各个层次间的相互作用。此外,扎斯特罗和基斯特-阿什曼在书中也对社会生态系统对于社会工作者的影响模式进行了较完整的阐述,并且分析了社会工作实践过程中的各个系统,例如案主系统、机构系统、社区系统、社会公共机构价值观系统、社会工作者系统等。图 8-2 展示了各个系统与案主系统之间的关系,其中双向箭头表示两个系统相互影响,而单向箭头则表示单维度影响。例如,从图 8-2 中可以看出,连接社会公共机构价值观系统与机构系统社区系统的箭头是单向的,这表明社会公共机构价值观系统通常对机构系统和社区系统有极大的影响,而没有反向影响,但这也并不意味着社会公共机构价值观不能改变。在扎斯特罗与基斯特-阿什曼看来,社会生态系统影响模式反映了各种生态系统的相互关系及相互影响。专业社会工作者不仅要与案主联系,而且要与许多同案主相关的其他大系统联系以解决案主的问题。他们由此建议,社会工作的基本追求应超越在微观范围内向案主提供咨询服务,或者在中观范围内与小规模群体协同工作。更确切地说,系统影响模式强调,社会工作者必须代表他们的案主,经常与现行的机构和组织协同工作,而其目标常常是去改变或改进服务及资源的分配方式,以及在社区内改善服务的条件和质量。

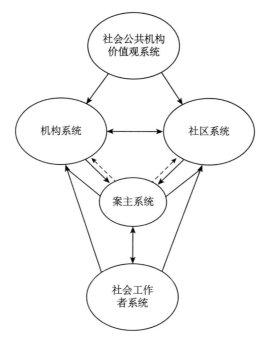

图 8-2　案主系统与各系统间的关系

资料来源:扎斯特罗、基斯特-阿什曼,2006,《人类行为与社会环境》,师海玲等译,中国人民大学出版社,第 26 页。

可以说,扎斯特罗和基斯特-阿什曼关于社会生态系统的论述也对社会工作者的工作产生了启迪作用,其主要体现在以下几个方面。

首先,一名专业社会工作者在接案后对案主进行评估时,必须了解案主所处的多样性的社会生态系统,并学会动员协调案主社会生态系统中的多样性资源,通过调动案主生态系统中的各类资源、支持及服务,更为高效地满足案主需求、解决案主问题。扎斯特罗和基斯特-阿什曼提出的社会生态系统理论影响模式十分清晰地呈现了社会工作者系统与案主系统以及宏观系统之间的关系,展现了案主和社会工作者系统的相互交流与影响(扎斯特罗、基斯特-阿什曼,2006)。

其次,社会生态系统理论影响模式也阐述了专业社会工作者应该如何运用自己的专业知识和技能与案主协同合作,改善包括机构组织和社区组织在内的宏观系统的状况,最终致力于满足案主的实际需求(Greene,1999)。

再次,扎斯特罗和基斯特-阿什曼描绘的基于社会生态系统的社会工作影响模式强调,通过案主系统和社会工作者系统的协同合作,案主确实能依靠自己的力量推动和实现宏观系统的改变,获得权利,改善服务,并最终实现自助的目标。

最后,综上所述,社会生态系统理论对于分析和理解人类行为发挥着重要作用。社会工作者历来极为关注个人与环境中各个系统的相互作用。社会工作者必须认识到人类生存环境的差异以及这种差异对人类行为的影响,善于从人与环境互动的角度出发去寻找影响人类行为的各种深层原因,从改变人与生存环境的关系入手,去解决各种社会问题。

(三) 其他学者的观点

马蒂厄斯等人(Matties, et al., 2001)在《社会工作的生态社会视角》中提出了生态社会视角,对之前的生态系统理论进行了批判。他认为生态系统理论将生态观点用作比喻手段,来讨论案主与他们所处环境之间的关系,虽然重视人与环境之间的关系,但却依旧认可人与环境的对立。生态社会视角则更加强调应用生态学的观点来反对社会排斥等问题。

莫拉莱斯(Morales)与谢弗(Sheafor)主编的《社会工作:一体多面的专业(第十版)》一书,针对处于"次等"社会地位的特殊人群(如妇女、同性恋、儿童、老年人、残疾人等)进一步修正了生态系统模式,将生态系统分为五个层面,即个人、家庭、文化、环境-结构、历史,每个层面都套叠在下一个层面之中。其中,最里层的个人层面主要是指个人拥有的生理、心理以及社会禀赋,比如沟通技巧、态度信念、抗压能力、学习能力等(莫拉莱斯、谢弗,2009)。此外,卓彩琴认为该系统模式较之前述模式又有了新的突破,它不仅将个人放到了整个生态系统之中,而且增加了历史的视角,并将家庭层面作为一个独立的层面来考察。此外,该生态系统模式把宏观系统细分为文化层面和环境-结构层面,认为文化对人的影响是毫无察觉、潜移默化的,环境-结构对人的影响则更为直接。这些都是非常好的分析视角,充分体现了社会结构对人的影响。但是,其他的层面,比如学校、单位、邻里、社区等还是被忽视了,而这些也是重要的层面;同时个体的主动性、能动性也被忽视了,我们只在其中看到了环境的压迫性(卓彩琴,2013)。

第二节　生态系统理论的基本框架及讨论

一、生态系统理论的基本原理和特点

生态系统理论其实是阐述了一种共生共存的组织系统，每一个系统都存在于另一个系统中。如前所述，依据布朗芬布伦纳的观点，影响人类行为的环境可分为四个层级，从内到外依次是微观系统、中观系统、外层系统和宏观系统。依据社会生态系统的观点，生命历程实践中会被界定为"问题"的，经常是发生在人与环境复杂的交流系统中的落差或失衡，及其进而产生的压力或危机感受，这些皆被称为"生活的问题"。基于这些问题，生态系统理论提出了"生命模式"的社会工作实务模式。生态系统理论认为社会工作干预的对象包括个人、家庭、次文化、社区等各个层次系统，社会工作者可以综合各种工作方法，通过多元和多面向的干预策略，增进个人适应能力或者建立及加强社会支持，从而增强个人与环境的调和度。具体的干预手段有：增进适应性的技巧以降低个人因压力而产生的挫折感，增进个人的能力以去除环境障碍，以及增进个人的人格动力等。

生态系统理论与一般系统理论相比，更加注重系统内的互动，它在操作层面比一般系统理论更加清晰。与传统理论相比，生态系统理论更加强调不断变化的环境，集中于研究个人与环境的互动，具有相当程度的互动性。与之前的理论不同，生态系统理论对人类行为和社会现象关系的理解不再是直线的、决定主义的因果式解释。

人作为一个独立存在的个体，是由身体各个器官和系统组成的，是一个完整的系统。但是人又不能独立存活，它是隶属于社会的，依赖社会环境，是社会系统的一部分。因此，在考虑问题的时候要将人放在具体的情境中，从更大的背景中去看问题，全面考虑各种因素及其相互之间的关联。生态系统理论给我们提供了更全面看待问题的视角，但不可否认的是，生态系统理论的缺点也清晰可见。它的缺点体现在：首先，它同一般系统理论一样，是说明性的而非解释性的，难以解释事情为什么发生以及为什么有联系；其次，生态系统理论过分注重整合系统各个部分的重要性；最后，生态系统理论具有综融式特点，与自我心理学、充权理论、社会资本理论、社会支持理论等很多理论都有一定的关联性，但是并没有将这些理论有机整合到自己的理论体系中，是较明显的机械整合。因此，在运用生态系

理论时,要将其优势更好融入解决问题的思路,同时也应尽可能寻求方法避免其劣势。

二、西方社会工作学者对生态系统理论的早期运用与探讨

20世纪初,生态系统理论进入社会工作领域。它发挥了一种暗示性的作用,表明内部因素和环境因素在社会工作中同样重要。20世纪60年代,一般系统理论由贝塔朗菲提出;它与生态系统理论具有共同的特点,即重视人与环境之间的互动和交互作用,关注不同层次的系统,将系统作为整体去考察,关注系统之间、系统内部各个要素之间的相互作用以达到平衡状态(何雪松,2007)。尔后,西方学者对生态系统理论中人与环境的关系进行了深入探索和研究。其中,勒温(Lewin)运用生态学的原理研究人的行为和心理,并提出了人的行为公式,即 $B = f(P, E)$,说明了行为是个人和环境的函数。随后,生态系统理论代表人物之一的布朗芬布伦纳发展了勒温的理论,系统地将生态学理论运用到了研究人类行为中,并发表了著作《人类发展生态学》。1979年,吉特曼正式提出,社会工作实务需要对服务对象的个人潜能和所处环境给予双重关注,突出了环境的重要性这一关注点。生活模式将生态系统理论作为社会工作实务中的一个重要理论依据(Germain & Gitterman, 1980)。后来,生态系统理论有了新的发展,主要包括生态女性主义视角、生态-社会视角(eco-social approach)、深生态学视角等。玛泰尼(Mattaini)等学者认为,生态-社会视角应该纳入社会排斥因素(Mattaini, et al., 2016)。更有学者提出了更具有深度的社会生态学视角,强调服务对象的社会价值、社会组织和文化的多样性为服务对象提供了解决问题的潜力。为了突出社区在解决服务对象问题中的作用,社会工作者应该负责任地督促社区为服务对象提供资源和帮助(Ungar,2002)。

在生态系统理论实务模式下,社会工作者扮演的专业角色大致如下:第一,参与者。社会工作者好像去参加一个问题解决会议,要扮演直接采取行动、解决案主问题的直接参与者。第二,使能者。社会工作者会积极采取各种行动,包括行动安排、事件改变、互动、环境评估,以促使案主所在系统发挥功能。第三,资源链接者。社会工作者会扮演系统联结、资源转介的角色,协助案主与社会支持、社会服务之间产生链接。第四,调解者。社会工作者为了达成目标,需要促使不同的参与助人者能够为案主采取共同联合的行动,因而需要在不同的个人、团体之间调解。第五,倡导者。为了获得发展不足或不存在的资源和服务,社会工作者需要采取倡导

行动。第六,监护者。为了保护无能力自保的案主,社会工作者需要在行动中扮演社会控制的功能性角色。(Pardeck,1988)

生态系统理论的有效应用成为社会工作实践研究的重要议题。社会工作者的干预过程应该包括两部分内容,即对服务对象的直接干预和通过社会政策及公共服务等形式进行的间接干预。布朗芬布伦纳认为,运用生态系统理论进行干预时,核心工作在于增强服务对象与环境之间的调和度。直接干预的方法要遵循以下几项原则:个人与环境不可分割;困难和问题来自个人和环境各方面的相互作用;应当注重个人层面的直接干预,提高服务对象的自信和潜能;注重在各个不同层面进行干预,提高个人与环境之间的调适度。(Hartman,1983)

在生态系统理论视角下,社会工作干预主要包括如下七个步骤。

第一步,进入系统。通过与服务对象及其相关他人进行会谈和收集相关资料,了解并评估服务对象的问题及其所处环境以及二者不适应之处。

第二步,绘制生态图。对服务对象所处的各个系统及系统内重要任务和事件等进行整合,绘制成生态图,明确服务对象与各个系统及重要他人关系的强弱、资源流动方向等。

第三步,评量生态。通过与服务对象的接触和了解,社会工作者应该找出服务对象的主要问题、拥有的优势和资源以及对于服务对象来说非常重要的相关事件(Pardeck,1988)。

第四步,提议改变。向服务对象提议需要改变的社会生态系统。

第五步,沟通与协调。社会工作者通过支持性工作,与服务对象所处社会生态系统中的重要他人进行沟通和协调,帮助服务对象解决不适应问题。

第六步,再次评量。服务若进行得不顺利,社会工作者应当再次进入服务对象所处系统进行二次评估,找到问题所在,并采取措施解决相关问题。

第七步,评估。在服务结束阶段,社会工作者应对服务对象问题的解决成效进行评估,总结并且指明未来干预方法改进的方向,以帮助更多的服务对象解决类似的问题(Pardeck,1988)。

社会工作实践过程中最常运用到的工具或者方法就是画生态图。生态图是基于生态系统理论视角的主要评估工具。基于生态图的评估工作包括:描述核心系统,找到影响案主效能的情境因素,检视案主关系的范围和质量,理解案主压力和应对能力的不平衡,洞察案主与社会工作者之间的关系,以及探索更大、更宏观的社会系统(Greene,1999)。这样可以使生态系统理论的概念、实践原则、评估工作变得更加清晰、明确和可操作化。

相比一般系统理论来说,生态系统理论更强调系统内部之间的关系和互动,有更加明确的操作层面。同时,随着若干概念的澄清和具体实践模式的提出,生态系统理论具有了清晰的架构和简单的方法,更适合社会工作实践者掌握和运用。生态系统理论是以一个整合的视角去评估服务对象的问题以及所处的环境。它认为,服务对象的问题是综合了多项个人和社会因素的结果,这改变了之前各个理论对服务对象行为或现象的直接的和决定主义的解释(Wakefield,1996)。然而,生态系统理论也不可避免地存在一些缺点。生态系统理论认为所有系统都是相互依赖的,难以对开放的系统边界进行清晰有效的界定(Evans,1976)。同时,也有学者指出,生态系统理论没有考虑到社会各个阶层的矛盾的不可调和性以及这些矛盾会通过各种方式来阻碍社会整合(Siporin,1980)。

第三节 生态系统理论在中国的应用

鉴于生态系统理论的优越性,越来越多的人将其运用于社会工作各个领域,例如社区矫正、流动人口适应、精神分裂症患者介入等。生态系统模式在我国社会工作实务中的应用已经十分广泛和普遍,几乎涵盖所有分支领域。从维度来看,有微观的个案应用(冯丽婕、时方,2010),也有中观层面的社区建设(付立华,2009),还有宏观层面的对制度的改革和创新等(姜华,2014);从涉及的对象和领域来看,包括流动儿童(张曼,2013)、失独家庭(陈梅、任多,2017)、残障人士、司法矫正(李柯,2011)、医务社会工作、学校社会工作(张燕婷,2015)等。在具体应用中,社会工作者大多采用一种混合的介入模式:通过绘制案主的生态图,分别从微观、中观、宏观三个维度对案主的问题成因进行分析,并针对这三个维度进行干预。

一、在社区矫正及社区戒毒中的应用

付立华(2009)基于生态系统理论视角,谈到了社区矫正与社区建设的议题。他将生态系统理论运用于社区矫正中,针对社区非监禁的服刑人员开展服务。他主张在尊重、接纳、自决、个别化等社会工作基本价值观的前提下,将生态系统理论运用于社区矫正的实践中。基于"人在情境中"的基本理念,他强调要将矫正对象放置在整个系统之中,将矫正对象与其所生活的环境作为一个整体来看待,意图通过改变系统来解决服务对象的问题以及满足其个人需求。与传统矫正方式相比,

该社区矫正模式更有效、更合理，可以帮助这一特殊群体重新融入"常态化"的社会生活，从而促进与矫正对象相关的家庭、社区、社会的和谐发展。这不仅可以促进社区整合，也为社区建设提供了借鉴模式。

艾丽娟（2023）以生态系统理论为基础，通过调研和走访相关单位、观察未成年人社区矫正案例的方式，分别从宏观、中观与微观层面了解当前的现状和社会工作的介入困境，认为社会工作介入未成年人社区矫正工作存在政策依赖强、社会认可度不高、社会力量参与不够、智慧矫正不足等外部限制问题，运行机制不畅，专业人才匮乏；同时认为其实践中缺乏理论指导和案主个性视角的介入设计，专业性不足。因此，她提出应当在宏观层面强化政府政策供给，通过多种形式为社会工作介入提供必要的条件，倡导社会支持，营造矫正服务的良好生态；在中观层面完善矫正服务标准，强化联动协同机制；在微观层面强化社会工作机构和社会工作者内驱力，创新运用艺术疗愈等方式，提升矫正服务效能（艾丽娟，2023）。

侯荣庭（2011）在生态系统理论视野下对社区戒毒工作进行了分析。在中国，无论是强制隔离戒毒还是自愿戒毒，都要么注重司法强制，要么强调医学介入；过于简单化的分析往往会忽视吸毒成瘾的复杂性，从而影响戒毒的效果。侯荣庭对社区戒毒个案进行了分析，并从微观系统、中观系统、宏观系统三方面对吸毒原因进行探索。在微观系统层面，案主吸毒且易反复，并非在于某一单一因素，而是案主心理、生理、社会等因素共同作用的结果。在中观系统层面，案主吸毒和戒毒不成功的原因有家庭对案主不正确的管教方式、不良同辈群体的影响以及学校对案主的负面评价标签等。在宏观系统层面，文化、社区、制度等也影响了案主的行为。例如，问题青少年深受越轨文化及群体亚文化的影响，娱乐场所的复杂环境为案主接触毒品提供了条件等。在干预措施方面，他认为生态系统理论改变了传统的"非个人即环境"的二元归因思想，转而注重二者之间的互动和联系。因此在进行干预时，需要分阶段促成改变。改变的第一个阶段主要针对微观系统；第二个阶段针对中观系统；第三个阶段则是针对宏观系统，即社会工作者需要关注与吸毒这一行为相关的更为广阔的社会和文化环境。

生态系统理论下的社区矫正及社区戒毒实践要从案主自身出发，同时要注意将焦点集中于个人与环境的联系上。在对社区矫正以及社区戒毒对象开展介入工作时，不仅要进行多角度思考，也要进行多层次介入，包括微观系统、中观系统、宏观系统，以帮助案主回归良性的社区生活，增强其融入社区的能力。

二、在医务社会工作中的应用

姜华(2014)分析了医务社会工作面临的三大系统障碍:宏观系统理论面临的发展障碍,包括本土医务社会工作政策不清晰及认同度低,以及医疗体制不均衡;中观系统理论面临的系统障碍,包括社会家庭关系可能存在变化、医患关系较为紧张以及与本土社区关联度不高;微观系统理论面临的障碍,包括医生以及部门领导具体任务有待明确、能力需要提升等。在分析存在的障碍后,姜华从微观、中观、宏观三方面提出改善意见,并且就建立健全医务社会工作相关制度框架的议题进行了探讨。

三、在学校社会工作中的应用

生态系统理论是学校社会工作的一种新取向。生态系统理论认为,仅对学生个体进行心理与行为干预难以达到预期效果。学生表现出来的问题与他们所处的环境息息相关,解决问题的内在动力蕴含于这些系统之中。基于生态系统理论的学校社会工作本土化实践思路,张燕婷(2015)对东莞的学校社会工作实践进行了探索。东莞学校社会工作者在具体的服务实践中较为自觉地运用了生态系统理论,即社会工作者作为学生与各系统中相关的个人、组织之间的联结者,在学生、家庭、学校三者之间努力构建平衡,针对外层系统和宏观系统,构建友善环境,发掘链接社区资源,进而取得积极的成效。作者在这一实践的过程中也进行了反思:首先,需要进一步强化微观实务部分和中观系统、宏观系统的联系;其次,校际系统间的合作有待加强;再次,学校与社会福利机构的合作模式值得更深入地讨论,建构两个系统间的伙伴关系将是一个很好的选择;最后,需要培养跨专业或系统的服务团队,以解决学生多元化的问题。

四、在青少年社会工作中的应用

李柯(2011)以某地人民检察院开展的社会工作实务研究为案例,阐述了社会生态系统理论在违法犯罪青少年矫正教育中的应用。他在生态系统理论视角下,分析了青少年违法犯罪的主要原因,包括自我系统分析,家庭、学校与朋辈群体系统分析,社会结构与文化分析,以及各个系统之间的互动分析;并且提出社会生态系统理论指导下的社会工作通用模式是司法矫正社会工作者对这些青少年进行矫正教育的主要工作方法。通过研究,李柯发现将社会生态系统理论运用于违法犯罪青少年矫正中有许多优势,例如在运用社会生态系统理论去关注违法犯罪青少年时,可以从全面的视角分析案主产生问题的原因,而不会局限于个体性因素,同时也避免了社会工作者介入时产生刻板印象。通用模式还可以整合多种方法,而不是将各种方法割裂开来,从而达到更好地为案主服务的目标。

范婷婷(2016)以社会生态系统理论为视角,对青少年网瘾问题的成因与应对进行了探析。同样的,范婷婷利用生态系统理论,从微观、中观和宏观三个基本系统及其相互耦合入手,对青少年网瘾的成因进行了新的讨论。她认为解决青少年网瘾问题不能单靠一个层次发挥作用,而是一个系统工程,需要各系统共同努力,才能从根本上解决青少年网瘾问题,帮助青少年重新回归健康的生活方式,促进青少年的健康发展。

姚进忠(2010)基于生态系统理论视角,对帮助农民工子女社会适应的社会工作介入进行了探讨。农民工子女作为社会转型期产生的新型群体,无法快速适应城市生活,较难融入城市,甚至要面对被歧视的状况。姚进忠认为这并不完全是个人的原因,即农民工子女的城市不适应问题不是单独的个体事件,而是受到多种系统的影响。小到家庭、学校、朋辈群体等微观、中观系统,大到社会宏观系统,都对农民工子女的认知与行为有着直接或间接的影响。根据生态系统理论,姚进忠从个案、小组、社区三个层面探讨了如何发掘和调动农民工子女及其家庭、学校、同伴、社区,以及社会的能力和资源,共同提高农民工子女的社会适应能力。在经过一年的实践后,他发现这样的服务模式确实能够帮助农民工子女与老师、家人进行更为有效的沟通,并且能够促进与农民工子女相关的各个系统如学校、家庭、同伴、社区等之间的联系,从而提升农民工子女对环境的适应程度。

五、在老年社会工作中的应用

李筱和万博翔(2016)基于生态系统理论的视角,对失智老人社会支持体系的构建进行了研究。从生态系统理论视角看,失智老人的社会支持中出现微观层面的资金缺乏、情感交流缺失,中观层面的社区照顾非专业化、医院支持难以为继,宏观层面的政策缺乏、舆论压迫等问题。鉴于上述问题,李筱和万博翔进行了失智老人社会支持体系的构建:在微观层面建立有效的经济支持网络,疏导情绪;在中观层面建立社区养老照顾模式、医院多向合作模式;在宏观层面建立健全法规,营造良好的舆论氛围。

范佩(2016)认为生态系统理论作为社会工作中的重要理论,虽然被运用到各个方面,但是对其的反思不足,尤其是缺乏在老年社会工作实践运用中的深层反思。她以武汉某社区老年社会工作服务项目为研究对象,对生态系统理论在老年社会工作服务过程中的作用进行探索,反思该理论在实际应用过程中的问题,并努力改善现状。通过分析与反思,生态系统理论下老年社会工作服务项目存在以下不足:对宏观方面介入不足;各个系统的横向联系不足,资源整合力度较低;介入微观系统的专业能力不足。范佩针对服务中的不足进行了反思,强调应注重对各个系统的介入以及专业能力的提升,同时应加强各个系统间的联系。

六、在其他社会工作领域的应用

布朗芬布伦纳提出的生态系统主要基于对儿童发展方面进行的研究,但是父亲同样也处于不同的系统,如家庭系统、职业系统、社区系统等。父亲是家庭系统中的核心成员,他们对孩子的成长和家庭自身有着重要的影响作用。随着时代的变迁、社会价值观和生活方式的变迁,父亲的角色也在变化,从以往的一家之主、经济的提供者转变为与妻子共同承担照顾孩子的任务并关注孩子成长过程的形象。伍新春等人(2012)学者便基于生态系统理论对父亲职能的凸显进行了分析。根据生态系统理论,伍新春等认为影响父亲职能凸显的因素主要存在于微观系统和宏观系统中。例如,宏观系统的妇女解放运动、工业化进程,使大量女性投入劳动力市场,也使父亲回归家庭;微观系统的家庭结构的变化、儿童的成长和发展对父亲的呼唤,使父亲的角色被重新定义,也使越来越多的研究者意识到了父亲角色的不可替代性,从而凸显了父亲对孩子的抚养教育职能。总而言之,父亲职能的改变是受社会、文化、历史背景等多重因素影响的,随着社会的不断发展与变迁,越来越多的父亲将更多的精力投入在孩子身上,关注着孩子的成长。这不仅对孩子的发展有着重要的作用,同时也促进了家庭的和睦。

王海英和唐佶(2011)运用生态系统理论对灾后心理救助方案进行了研究。他们通过分析发现,灾后心理救助主要存在如下问题:(1)灾后心理救助方案中的救助对象针对性不强;(2)灾后心理救助方案制订具有非系统性;(3)灾后心理救助方案实施具有单一性。因此,他们认为,应站在生态系统视角下,根据现有方案的不足重新考虑灾后心理救助方案,应通过微观、中观、宏观系统等多角度剖析,完善灾后心理救助措施。

赵金子和周振(2014)在社会生态系统理论的视角下探讨了农村女性文化贫困的原因和治理。社会生态系统理论认为,农村女性陷入文化贫困境地的原因既在于个体微观系统的主体意识缺失,也在于中观系统的婚姻家庭体制的负向影响,以及宏观系统的社会资源不足、文化消费有限、体制结构不合理等制约。因此,在探讨解决途径时,赵金子和周振分别从微观、中观、宏观三个层面提出了多元化的解决措施。

七、案例介绍与分析①

案主王平,男,1995 年 6 月出生,初中毕业,待业。平时经常"泡"网吧,玩网络游戏;家庭条件优越,父亲是一家装潢公司老板,在家时间少,对案主较为溺爱;母亲是一名家庭主妇,经常在家跳舞、打麻将;父母感情不和且其教育观念不一致。小学四年级时,王平家从外地迁至深圳,王平转到福田区某小学。在外地时,王平的学习成绩较好,但到深圳后,放学之余他经常去网吧,学习成绩渐渐下降。后来,王平进入一所普通初级中学学习,初二时由于成绩不好,被分到普通班,此后他时不时逃课去玩游戏,周末更是整天待在网吧,有时还因讲哥们儿义气而打群架,后来没有考上高中。王平的母亲不愿意让他上职业学校,因此他便在家里无所事事;其间,王平还经常出去"蹦迪"、下馆子,后来在迪厅认识了一个 14 岁的女孩并与之发生关系。女孩家人以强奸罪将王平告上法庭,后双方接受调解,案件以向女方进行赔偿而告终。

(一)预估与问题界定

第一,绘制案主的生态图,见图 8-3。从图 8-3 中可以看出,王平目前面临的问题主要与玩网络游戏相关;其父母之间关系不睦、转学来到新的城市与学习成绩下降等也是其问题来源。对王平的问题及其成因,具体阐述如下。

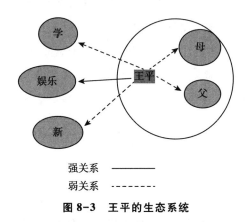

强关系 ————
弱关系 --------

图 8-3 王平的生态系统

---

① 本案例及基本分析参见刘辉,2014,《生态系统理论视角下的个案实践与反思》,《知识经济》,第 6 期。

第二，案主的问题表现如下：

（1）由案主经常玩网络游戏等行为可看出其主要问题为沉迷网络游戏；

（2）案主为"哥们儿"打群架，可见其易冲动；

（3）案主上学期间经常逃课，学习成绩差，未考上高中，父母未让其就读职业学校，辍学，缺少生活和学习目标。

第三，关于案主的问题成因，可以从微观、中观、宏观三个层面进行分析。

（1）微观层面，即案主的个人原因。案主的自控力较差，沉迷于网络游戏，经常逃课去网吧。同时，案主尚未形成积极向上且富有理性的人生观、价值观和世界观。

（2）中观层面，须从家庭及学校两方面来进行分析。

家庭原因：案主的父母对案主较为溺爱，缺乏良好的家庭教育与引导。父亲工作繁忙，经常不在家，母亲又经常跳舞、打麻将，案主与其父母缺乏交流，从而试图从虚拟的网络中获得心理寄托。同时，案主的母亲对教育的认识也有待改进，其母不愿意让案主上职业学校，这阻碍了案主继续接受教育。这些都造成了案主知识匮乏、能力不足，最终只能待业在家的情况。

学校原因：学校的教学和管理体制还不够完善，快班和普通班的划分，无形中给学生贴上了标签。这种标签带有的消极期待使得进入普通班的学生缺乏学习动力，而被贴上"差生"标签的学生也更加容易自暴自弃，不再关心自己的学习。

（3）宏观层面，即社会原因。首先是案主的社会生活环境发生了改变。案主原本是个成绩还不错的学生。但是他在小学四年级时从外地迁居深圳，可能遭遇了适应性问题，且与原来的同伴不再联络，人际关系网出现漏洞，优势缺失，只能从网络上寻求依赖。其次是社会监管不力。未成年不得进出网吧和营业性舞厅等政策执行中存在漏洞，这使得未成年人有机会流连于娱乐场所。最后是社会支持系统的不足。当未成年人遭遇挫折和障碍时，他们缺乏必要的社会支持渠道；同时网络的工具特性、媒体特性和虚拟世界特性，在良性社会支持不足的情况下，加剧了青少年社会化的复杂性。

（二）介入策略

1. 微观系统

社会工作者可采用倾听、同感等方式与案主建立良好的关系，赢得案主的信任，然后再对案主的不良行为进行必要的干预。

首先，针对案主沉迷网络游戏的问题，社会工作者在和案主的交谈中先要了解其原因，然后评估案主的沉迷程度，之后和案主的父母协商制订解决这一问题的具体方案，最后建立双方认可的监督评估机制体系，实施矫正网络游戏沉迷的计划。

其次，针对案主的学业问题，社会工作者需要了解案主对再教育的接受程度。如果案主愿意继续回归校园，则可劝导案主父母让其继续上学；如果案主对学习没有兴趣，社会工作者则可努力发掘案主真正感兴趣的内容和方向，并予以鼓励和帮助。

再次，针对案主易冲动的性格问题，以及为"哥们儿"打群架的事件，社会工作者可以促使案主思考什么是真正的朋友，然后鼓励案主多接触那些可以带给他正能量的人；同时也可介绍案主参与社会工作者开展的小组活动，让案主能够认识更多的伙伴，帮助其建立良好的人际关系网络。

最后，针对生活目标问题，社会工作者可以引导案主进行 SWOT 分析，找出自己擅长以及愿意为之努力的方向，从而厘清他未来的生活方向和发展路径。

2. 中观系统

社会工作者可走访案主家庭，和案主的父母沟通，让其父母意识到家庭系统在青少年成长中的指导作用，并引导他们培养正确的意识，树立正确的教育观和人才观，建立良好的家庭交往和沟通方式。社会工作者可建议案主的父母改变对案主的管教方式，由现今的溺爱型转变为民主型，既不溺爱案主也不忽视他的生理和心理变化，同时可鼓励其父母尝试改变教育观念，让案主去包括职业学校在内的教育机构学习，获得一技之长，实现其自身价值。

3. 宏观系统

社会工作者可开展社区活动，在社区内宣传如何成为一个优秀的青少年；开展如何避免沉迷网络游戏的讲座，在有相关活动时都可邀请案主参加。同时，社会工作者也可呼吁社会相关部门共同关爱青少年的健康成长，对非正常营业的网吧、迪厅等进行管制，以避免对青少年的不良影响。

（三）结案与评估

社会工作者按照上述的介入策略开展个案工作，在经过三个月的辅导后，案主家庭内部改变了沟通方式，家庭成员之间的交流增多，案主对网络游戏的沉迷程度大大下降。在介入前期，家长对案主的监督发挥了很重要的作用。同时，案主也会经常参加社区开展的活动，并且主动报名做了社区志愿者。在参加活动以及服务他人的过程中,案主也认识了一些新朋友。虽然目前他还没有找到自己真正要为之努力的方向,但至少逐渐摆脱了对网络游戏的依赖,也在重新构建社会支持网络,已经初步达到了之前所制定的介入目标。社会工作者也会在之后继续跟进案主,以确定案主可以保持较为良好的状态。

本章结语

本章主要介绍了社会工作实践中的重要视角——生态系统理论。生态系统理论强调服务对象与他们所处环境之间联系及相互作用,社会工作者须帮助服务对象辨识自身问题、需要及其与所处社会环境及社会资源的关系等,从而从微观、中观、外层和宏观系统中获得帮助和支持。本章也介绍了生态系统理论的起源和发展过程、主要代表人物,以及国内外社会工作实践中生态系统理论应用的相关区别和联系。本章还介绍了将生态系统理论运用于专业实践的相关案例,详细阐明了社会工作者在服务过程中应扮演的角色以及生态系统理论的实践作用。

思考题

1. 简述生态系统理论的产生和发展。
2. 简述生态系统理论的代表人物及其相关理论观点。
3. 简述生态系统理论的含义。
4. 分析国内外生态系统理论的具体应用及其区别。
5. 结合案例分析生态系统理论在国内社会工作实践过程中的作用。

参考文献

艾丽娟,2023,《社会工作介入未成年人社区矫正的困境与对策》,南昌大学硕士学位论文。

陈梅、任多,2017,《社会工作介入失独家庭的模式探究——基于生态系统理论视角》,《法制与社会》,第9期。

范佩,2016,《生态系统理论在社区老年人社工服务中的应用——以武汉市某社区社工服务项目为例》,《青少年研究与实践》,第2期。

范婷婷,2016,《青少年网瘾问题的成因与对治探析——以社会生态系统理论为视角》,《法治与社会》,第 23 期。

冯丽婕、时方,2010,《基于生态系统理论的儿童个案实践及反思》,《社会工作(下半月)》,第 9 期。

付立华,2009,《社会生态系统理论视角下的社区矫正与和谐社区建设》,《中国人口·资源与环境》,第 4 期。

何雪松,2007,《社会工作理论》,上海人民出版社。

侯荣庭,2011,《生态系统理论视野下的社区戒毒》,《山西师大学报(社会科学版)》,第 S4 期。

姜华,2014,《建立健全中国本土医务社会工作机制——基于社会生态系统理论视角》,《人民论坛》,第 19 期。

李柯,2011,《社会生态系统理论在违法犯罪青少年矫正教育中的应用——以在 HD 区人民检察院开展的社会工作实务研究为例》,首都师范大学硕士学位论文。

李筱、万博翔,2016,《失智老人社会支持体系构建研究——基于生态系统理论视角》,《理论观察》,第 4 期。

刘辉,2014,《生态系统理论视角下的个案实践与反思》,《知识经济》,第 6 期。

刘杰、孟会敏,2009,《关于布郎芬布伦纳发展心理学生态系统理论》,《中国健康心理学杂志》,第 2 期。

莫拉莱斯、谢弗(主编),2009,《社会工作:一体多面的专业》,顾东辉等译,上海社会科学院出版社。

派恩,2008,《现代社会工作理论(第三版)》,冯亚丽、叶鹏飞译,中国人民大学出版社。

师海玲、范燕宁,2005,《社会生态系统理论阐释下的人类行为与社会环境——2004 年查尔斯·扎斯特罗关于人类行为与社会环境的新探讨》,《首都师范大学学报(社会科学版)》,第 4 期。

王海英、唐佶,2011,《生态系统理论视野下的灾后心理救助方案》,《东北师大学报(哲学社会科学版)》,第 4 期。

伍新春、郭素然、刘畅、陈玲玲、郭幽圻,2012,《社会变迁中父亲职能的凸显:基于生态系统理论的分析》,《华南师范大学学报(社会科学版)》,第 6 期。

姚进忠,2010,《农民工子女社会适应的社会工作介入探讨——基于生态系统理论的分析》,《北京科技大学学报(社会科学版)》,第 1 期。

扎斯特罗、基斯特-阿什曼,2006,《人类行为与社会环境(第 6 版)》,师海玲等译,中国人民大学出版社。

张曼,2013,《社会生态系统理论在流动儿童社会融合中的应用》,《社会福利(理论版)》,第8期。

张燕婷,2015,《学校社会工作的本土化实践——基于生态系统理论的地方性探索》,《学海》,第3期。

赵金子、周振,2014,《农村女性文化贫困成因及其治理——以社会生态系统理论为视角》,《西北农林科技大学学报(社会科学版)》,第5期。

卓彩琴,2013,《生态系统理论在社会工作领域的发展脉络及展望》,《江海学刊》,第3期。

Bronfenbrenner, U., 1979, *The Ecology of Human Development: Experiments by Nature and Design*, Harvard University Press.

Devore, W., 1983, Ethnic reality: The life model and work with black families, *Social Casework*, Vol. 64, No. 9.

Evans, R., 1976, Some implications of an integrated model of social work for theory and practice, *British Journal of Social Work*, Vol. 6, No. 2.

Germain, C. & Gitterman, A., 1980, *The Life Model of Social Work Practice*, Columbia University Press.

Gilun, J., 1994, An ecosystemic approach to assessment, in Compton, B. R. & Galaway, B., *Social Work Process*, Brooks/Cole.

Greene, R., 1999, *Human Behavior Theory and Social Work Practice* (2nd ed.), Aldine de Gruyter.

Greif, G., 1986, The ecosystems perspective 'meets the press', *Social Work*, Vol. 31, No. 3.

Hartman, A., 1983, *Family-Centered Social Work Practice*, Free Press.

Kemp, S., Whitaker, J. & Tracy, E., 1997, *Person-Environment Practice: The Social Ecology of Interpersonal Helping*, Aldine de Gruyter.

Mattaini, M. A., Holtschneider, C. & Lowery, C. T.(eds.), 2016, *The Foundations of Social Work Practice: A Graduate Text* (5th ed.), NASW Press.

Matties, A. L., Närhi, K. & Ward, D., 2001, *The Eco-Social Approach in Social Work*, SoPhi.

Meyer, C., 1983, *Clinical Social Work in the Eco-Systems Perspective*, Columbia University Press.

Pardeck, J. T., 1988, An ecological approach for social work practice, *The Journal of Sociology & Social Welfare*, Vol. 15, No.2.

Siporin, M., 1980, Ecological systems theory in social work, *The Journal of Sociology & Social Welfare*, Vol. 7, No. 4.

Ungar, M., 2002, A deeper, more social ecological social work practice, *Social Service Review*, Vol. 76, No. 3.

Wakefield, J. C., 1996, Does social work need the eco-systems perspective?, *Social Service Review*, Vol. 70, No. 1-2.

Zastrow, C. H. & Kirst-Ashman, K. K., 2004, *Understanding Human Behavior and the Social Environment* (6th ed.), Thomson Brooks/Cole.

第九章 发展取向的社会工作理论

与传统补救型社会工作模式倡导的治疗型取向不同,发展型社会工作强调困弱群体回归社区生活的重要性,以宏观政策倡导、中观社区为本的资产建设与微观案主经济充权和能力建设等方式相结合,主张通过多样化的社会投资策略包括人力资本投资、促进案主积极就业、设立最低工资制度、促进小额信贷和微小型企业发展、进行资产为本的社区建设和社会资本干预等多种实践干预策略相结合,促进困弱群体改善经济状况,提高物质和经济福利水平,促进积极和正向的改变。这一理论模式倡导的干预策略能够为我国社会工作参与社区建设、社会治理等方面带来更多参考价值。接下来,本章将主要介绍和阐述发展型(取向)社会工作的发展脉络及主要代表人物、概念框架、实务框架,还将针对这一理论视角的局限、应用展开讨论。

第一节 发展取向社会工作的发展脉络及主要代表人物

"社会发展"与"发展型社会工作"的概念起源于20世纪70—80年代,对这一时期社会工作实务发挥了较大的推动性作用,社会发展理论和概念的构建得益于众多发展中国家有着丰富经验的社会工作学者,尽管他们的主要关注点在于社会发展而非社会工作,但是其研究成果也同样涉及发展型社会工作的基本概念,并使之独立于其他社会工作实务。

20世纪70—80年代,社会发展国际校际联合会(Inter-University Consortium for International Social Development)的成立对于社会发展理论的推进与完善起到了关键性作用。这一联合会(后已更名为社会发展国际联合会,即International Consortium for Social Development, ICSD)起初招募了大量在美国中西部大学任教的社会工作教师,并提出了一个重要的发展目标,即通过召开大型会议及出版《社会发展问题》(*Social Development Issues*)学术期刊等形式向美国的社会工作者们介绍和推广社会发展理论与发展型社会工作。在同一时期,明尼苏达大学还创办了致力于社会发展教学与研究的社会工作专业,在约翰·琼斯(John Jones)的领导下,对发展型社会工作的理论建构做出了重要贡献。然而这一试验型的专业在资格认证上却遇到了阻碍,并最终被迫撤销。不过,上述组织与活动的创办和开展有效促进了"社会发展"与"发展型社会工作"等概念学术领域的探索与深化(Midgley & Conley, 2010)。

第一本由社会工作者撰写的社会发展理论著作出版于1981年,作者为上述的约翰·琼斯与他的同事拉马·潘迪(Rama Pandey)。此后,1982年,夏威夷大学的丹·桑德斯(Dan Sanders)又出版了另一本相关书籍。这两本书都用一系列章节来探讨社会发展理论的不同问题,并取得了一定共识。与此同时,帕维亚(Pavia)也相继在社会工作顶级期刊中发表了多篇关于社会发展的论文,这些文章有效地向美国及其他国家的社会工作者们推广了社会发展理论与研究方法,具有广泛的影响力。已有的这些文献主要分为以下两种观点看待社会发展。第一类观点将社会发展视为一种微观个体自我成长与自我实现的过程,且这一过程具有广泛的社会影响力。例如,马斯(Maas, 1984:3)根据早期案例研究将社会发展定义为一种个体自我发展的过程,在这一过程中,"人们变得愈加有能力和责任感,并在这一相互交往的过程中构建相互关怀与共享的社会"。帕维亚(1977:332)也给出了相似的界定,并强调社会发展本质上是一种"人的工作能力的不断提高与发展,进而增进了自身与社会的福利"。

第二类观点则将社会发展与宏观的社会工作实务等同起来,代表人物有霍利斯特(Hollister)等学者,他们认为社会发展应结合社区治理、政策研究、行政规划和项目评估等相关实务。史比格(Spergel, 1978)也提出了相似的观点,并认为发展型社会工作和社区治理本质上并无二致。斯坦(Stein, 1975)也强调应将社会工作中的发展功能与社会规划及社会政策实施相结合。另外,桑德斯(1982)指出社会发展适用于各种形式的社会工作,不过他并没有提供具体的例证来阐释如何将发展理论应用于主流的社会工作专业实务中。这一理论空白被其后的社会工作学者比卢普斯(Billups, 1994)、埃利奥特和梅达司(Mayadas & Elliott, 2001; Elliott & Mayadas,1996)所填补,他们进一步揭示了如何将社会发展原理与不同形式的社会工作实务相融合。

尽管学术领域对于社会发展与发展型社会工作的探讨已经日渐深入,但以劳埃德(Lloyd, 1982:44-45)为代表的一批学者认为,社会发展理论的倡导者们并没有切实地界定清楚发展型社会工作的具体形态,相关文献也仅仅提供了一系列价值宣言和一些探索性的而非严格界定的概念。持有相同观点的学者认为,尽管学术领域针对发展型社会工作的探讨越来越多也逐步在完善,但是社会发展依然是一个模糊不清的概念(Khniduka, 1987)。

到了20世纪90年代,社会发展的理念逐渐被新兴的市场自由化理念所掩盖,这挑战了传统社会发展理念中的政府干预措施。发源于欧洲社会民主思想及凯恩斯主义经济学的社会发展理论曾普遍认同政府对于社会及经济事务的干预措施,然而新自由主义的倡导者们则驳斥了这一理念(Midgley & Conley, 2010)。在英美两国,撒切尔夫人和里根的执政方针有效地打击了福利制度,而在智利,皮诺切特将军执政的军政府则更为激进地消除了任何形式的国家干预行为。国际货币基金组织与世界银行也极力推行新自由主义的经济思想,并要求负债累累的发展中国家政府减少社会福利开支以获得进一步的资金援助。发展经济学与此同时也不断倡导市场自由化,加之世界各地的民粹主义思潮以及非政府部门的抗议示威,发展中国家政府的社会发展项目和政策措施陷于停滞。

尽管市场自由主义思想盛极一时,社会发展理念的倡导者们依旧相信国家干预对于发展中国家愈发严重的社会矛盾的缓解起着积极作用。尽管自第二次世界大战以来,全球的经济发展取得了巨大成就,诸多发展中国家和地区的经济却停滞不前,政府部门的社会服务及福利开支下降,进一步导致贫困发生率日渐增长,营养不良、疾病、文盲等问题仍旧得不到解决。总的来看,新自由主义思潮阻碍了社会发展,甚至在某些领域彻底推翻了之前取得的发展成果。这一现象在南亚、撒哈拉以南非洲及苏联更为明显,随着社会的转型,陡然上升的失业率和贫困问题也接踵而来,加之艾滋病的传播与长年的内战,社会问题在这些发展中国家逐渐被激化。到了20世纪90年代,联合国秘书处的官员倡导构建一种全新的社会发展责任体制,并直接促成了1995年哥本哈根举办的"社会发展世界峰会"。此次峰会具有里程碑式的意义,世界各国的领导人均受邀前往参加大会,共同起草并签订了《哥本哈根宣言》,共同努力与合作以实现各项长期而具体的社会发展目标。《哥本哈根宣言》通过拟定各项社会发展目标,又一次将社会发展这一议题提升为国际社会的关注热点(United Nations, 1996)。随后在2000年9月的一次联合国大会特别会议中,各国共同起草了"千年发展目标",这也是对《哥本哈根宣言》中所提及的各项长期社会发展目标的重新采纳与阐释,其中包括在2015年之前减少世界上一半的极端贫困和饥饿人口,疾病、文盲、环境恶化和对妇女的歧视等社会问题得到有效改善和解决。同时,频繁与深入的国际合作更加受到关注。

尽管哥本哈根峰会的举办与"千年发展目标"的提出将社会发展这一议题重新带回了人们的视野,但对于社会发展的本质及基于不同干预理念的社会发展形式的理解仍然存在显著分歧。诚然,计划经济体制下的社会发展形式已经不合时宜,但是其发展理念依然被世人所认可。同时,以社区为基础的干预模式正逐渐时兴起来。随着非政府部门在发展中国家众多领域的快速发展,社区发展工作越来越广泛地与当地民众及非政府部门组织的社区活动相结合。自20世纪70年代以来,诸多新兴的非政府组织致力于推广本地社区发展,其中甚至不少社区直接由妇女来管理,进而使女性福利得到了显著提升、性别平等得到了有效保障。另外一个显著的成就便是微小企业及小额信贷的发展,特别是随着孟加拉国的格莱珉银行采取向妇女合作组织提供贷款这一业务创新,微小企业及小额信贷在世界各国兴盛起来,并成为社会发展的一个重要手段。此外,全球范围内的环境保护运动促使世界各国采取可持续发展的社会政策,其可持续发展的理念也被广泛地接受,并进而推动了众多社会发展及社区发展项目。

上述这些事实进一步深化了社会发展的理论构建。例如梅志里(Midgley,1995,1993)指出社会发展理论采纳了多种不同的规范化理论架构,包括国家主义、民粹化的社群主义、市场化的个人主义等,尽管这些理论架构主张用不同的社会发展方式,但它们仍可以被有机组合成一个统一的模型,在这一模型中,国家、社区和市场都被囊括进来。然而,这一多元社会发展方略仍需要国家的监督与管理,并且在践行这一发展方略时,梅志里强调需要将经济与社会政策相结合,经济发展政策应侧重切实提高人民生活福利,而社会政策则应配合经济发展政策。

阿马蒂亚·森(Amartya Sen,1985,1999)也为社会发展的理论构建提供了有益的见解。他认为发展意味着人们能够自由地选择不同的"功能",而这些"功能"意指不同条件下的人们的"状态与行为",通过提高人们的行为能力可以最大化地扩展他们的选择。这一"功能"的见解和人们选择不同"功能"的能力的理念已经在社会发展研究领域里普及开来,并深刻地影响了发展经济学和其他主流经济学理论,与流行的新古典主义经济学和理性选择等思想相得益彰。森所提出的"能力"的概念在很大程度上类似于一种社会资本,尤其是在克雷茨曼和麦克奈特(Kretzman & McKnight,1993)研究的社区发展领域更为适用,他们认为社区之中存在诸多未被发掘的资本,而如何定位这些资本并教育社区居民有效地利用好这些资本成为社区工作者的重要任务。这一概念后来又进一步应用于国际发展领域,例如,莫泽和达尼(Moser & Dani,2008)将"能力"这一概念与各种形式的资本进行对接;马西和坎宁安(Mathie & Cunningham,2008)认为穷困的社区可以通过教育来明确及利用好它们的社会资本而无须外界过多干预;谢若登(Sherraden,1991)所理解的资本则主要集中在金融资本领域,并积极倡导建立适宜的储蓄账户及个人发展账户。

虽然这些概念和思想对发展型社会工作的理论建构有着重要帮助,但很少有学者尝试构建一个自洽的发展型社会工作的理论体系。其中,埃利奥特和梅达司(Mayadas & Elliott,2001;Elliott & Mayadas,1996)认为通过"增长""能力""充权"等概念就能够揭示不同形式的社会工作实务。他们强调无须严格区分临床社会工作与宏观社会工作实务,毕竟社会资本投资、经济活动参与、充权和人力资本投资等都与各种形式的社会工作紧密相关。此外,在南非大力发展社会工作和社会福利体系的时代背景下,南非的社会工作学者们也尝试构建一个完整的发展型社会工作的理论体系。在20世纪90年代末,曼德拉政府发布了关于全面重组国家社会福利体制的白皮书,南非的社会工作者们便开始投身于发展型社会工作实务而非传统的补救型社会工作实务。尽管国家启动了多项以社区为基础的社会工作项目,旨在将发展型理念应用于社会工作实务中,但是主流社会工作理念与发展型社会工作实务之间仍然存在理论架构上的含混不清。不过以帕特尔(Patel,2005)和隆巴德(Lombard,2008)为代表的南非社会工作学者对发展型社会工作的概念界定和理论建构已经做出了不小的贡献。此外,格雷(Gray,2005)作为一位居于澳大利亚的南非学者也曾为南非的发展型社会工作贡献了自己的学术力量,她作为白皮书的作者,充分汲取了帕特尔的政府行政管理经验,并针对发展理论与实务提出了自己的创造性见解。

第二节 发展取向社会工作的概念框架

尽管社会工作领域的学者和实务工作者多年来都试图清晰地阐述发展型社会工作的内涵,但是至今为止仍然没有一个标准的定义。考虑到专业社会工作构成要素的多样性,形成一个被广泛接受的概念的可能性较小,但是有些常用的概念能够帮助我们更好地理解发展型社会工作。这些概念包括促进改变的重要性、优势视角、充权、自主决断、案主参与、平等与社会正义。还有一些相关的概念,例如社会投资和社会权利。本节将进一步对这些概念和观点进行梳理与整合,对发展型社会工作做一些初步的阐述。

促进改变是发展型社会工作的关键,也是社会工作目标和功能的落脚点。发展视角下的改变是积极的、渐进的和线性发展的过程,是持续改善的过程。微观社会工作实务领域的改变强调的是个人发展;而宏观社会工作领域的改变则强调集体的发展。同样的,有许多个案和小组工作者都强调应以马斯洛提出的"自我实现"为促进个体改变的主要目标,将帮助服务对象自我实现作为改变的理想状态;而宏观社会工作者则认为改变的理想状态是实现社会融合、社区功能发挥、构建更加公平和正义的社会。另外,也有更多学者强调改变的目标是促进物质福利的实现,并认为改变的过程及目标应当切实促进改善生活水平,提高健康和教育水平,减少贫困、营养不良和文盲的比例。社会发展的不少相关文献都在强调物质福利改善的重要性,这对发展型社会工作概念框架的完善有着十分重要的意义。

关于发展型社会工作改变的本质和目标的讨论也涉及其他一些相关的内容和概念,特别是探讨哪些因素和干预策略会带来改变。其相关概念有优势视角、充权、意识形态、能力、资产。尽管这些概念比较相似,但是它们各有侧重并适用于特定的情形。这些概念与社会工作的实务有较为直接的关联,其目标都是促进改变与发展。

其一,优势为本的社会工作实践是比较有影响力的实务流派。正如塞勒伯(Saleebey,2002)所述,优势为本不同于以往的问题为本,其社会工作实践着重关注案主的优势,帮助服务对象认识和发现自身的资源、技术和能力。尽管案主可能会遇到严峻的挑战,但社会工作者在优势视角理论的指导下依然相信案主自身的韧性、抗压性、识别与协调解决方案的能力,并且认为逆境是社会工作者与案主共同合作的机会,可以促进案主能力的表达。这一过程能够有效帮助案主学习新的技能,以应对日常生活中出现的各种挑战。

其二,充权也是同样具有广泛影响力的概念和实践策略,充权的理念指导了很多社会工作实务领域。充权关注的是个体所面临的剥夺困境和被压迫的生活环境。这个概念常与种族和性别压迫有关。无助的人常常面临体制化的种族歧视、性别歧视等各种形式的歧视,而充权则为这些无助的受压迫群体提供了解决问题的有效途径。此外,充权也常用以解决人们的绝望和冷漠等问题,因而,充权的实践策略常强调意识的觉醒,即社会工作者应与案主建立对话式的关系,帮助服务对象认识到其所处的权力结构如何阻碍个体正常功能的发挥,并通过不同的策略模式帮助服务对象学习不同的技巧,并最终帮助服务对象跳脱出现有不平等权力结构的限制。

在宏观社会工作实践领域,社区建设也包含了优势为本和充权的理念,并被用来促进社区层面的改变。例如,针对一个贫穷社区,社区工作者应当更积极地强调社区所蕴含的资源优势,而不是像媒体所描绘的或者普通中产阶级人士所认为的那般消极地看待贫困社区的缺陷和不足(Kretzman & Mcknight, 1993)。社区层面的干预策略要避开病理学的消极视角,而寻求积极的方式,充分利用社区的资源和资产协助社区能力建设。在这个过程中,社区工作者常常需要以调动当地的资源、组织和培育社区领导力等方式促成积极的社会改变(Chaskin, et al., 2001)。

尽管以上概念主要在社会工作的领域使用,但是这些概念与森所提出的"可行能力"(capability)的概念颇具相似之处。森提出的"可行能力"概念在社会发展领域也常被提及,但是并未形成与之对应的具体可行的政策建议。基于"可行能力"概念,发展型社会工作者应当通过各种活动提高贫困家庭和社区的可行能力,但是已有文献并没有具体说明这种改变是如何实现的,特别是国家机构应当如何利用其资源来实现充权的目标。

基于以上探讨,我们不禁要批判性地思考发展型社会工作的几个核心概念及其对应的改变策略。其一,通过强调贫困家庭及社区的优势和可行能力并帮助其满足自我实现的需要,是否能够显著增加物质财富和增进社会福利?其二,帮助我们的服务对象认识到其在社会系统和权力结构中所处的被压迫和被剥削的地位,并帮助其摆脱目前的处境是否已经足够?强调优势、能力以及反抗被压迫的地位和处境固然很重要,但是以资金或服务的形式进行实际的社会投资也同样重要。一些社会发展派学者(Midgley & Sharraden, 2009;Midgley & Tang, 2001)强调,社会发展离不开社会投资,而社会投资则涉及一系列的干预措施,比如调动人力和社会资本、促进就业和自我创业、进行资产积累,以及其他能够促成个人、家庭或社区物质福利改善的各种措施。因此,社会投资也是发展视角下社会工作的关键。

此外,"社会融入"和"正常化"等概念对于发展型社会工作也十分重要。这些概念的主要目标是促进服务对象更好地融入社区并实现正常的社区生活。从病理学的角度来看,尽管社会工作服务对象需要常年治疗或者院内照顾,极端情况下还需要专门的医疗隔离,但是发展型社会工作却致力于恢复他们的独立社区生活。这种恢复性治疗方法不仅可以为那些有严重困境的案主提供直接且密集的服务,而且也适用于那些面临长期逆境的个体。面对这些困境,案主可能需要社会工作者长期的帮扶,但发展型社会工作者认为,这些支持和服务都应该在社区,而不是在专门的医疗机构实现。尽管今日的社会工作者们已经更偏向社区融入,而不愿再采用家庭护理方法,但是这一措施依然广泛应用在儿童照料、残疾人照料以及老年人照料等领域,特别是在最近几十年,随着老龄化的加剧,需要照顾的老年人数量呈直线上升。虽然去机构化的措施已经促使接受院内治疗的心理疾病患者数量显著下降,然而匮乏的社区服务却阻碍了病患正常社区生活的实现。因此,为了增进社区融入,依然需要大量的社会投资,以实现案主正常的社区生活,如获得住房、交通、教育、医疗保健服务以及娱乐和文化设施等,另外,社区居民也应该有机会参与社会生产活动和经济发展过程。

发展型社会工作还强调"自主决断"和"案主参与"等概念。自主决断力一直是早期社会工作领域重点培养的能力,然而现阶段的社会工作已经广泛依赖一个专业的"专家"模型,即社会工作者和其他专业人员一起制订解决方案。由于社会工作者需要获得专业证书(通常是在一些著名的高等教育机构),并在既定的知识体系之上设计他们的实践干预方案,因此他们广泛依赖专家的观点也就顺理成章了。这一"专家"模型不仅应用在临床实践中,还普遍应用于各种形式的社会工作实践中。正如西蒙(Simon, 1994)指出的,"专家"模型通常表现为一种微妙的形式,如社区从业人员时常充当"拯救者",即利用自己的优势地位和专业知识来"拯救"受压迫的穷人和困弱群体。同样的,愈发明显的家长制倾向将社会工作者视为"恩人"。这些趋势都应该受到抵制,相反,社会工作者应该促进案主自决,要培养与案主的对话与沟通关系,听取他们的声音并尊重他们的决定。

除此之外,在发展型社会工作领域,"社会权利"的概念使受益于社会工作者帮扶的对象不仅拥有做出决定的权利,同时享有内在的价值和尊严。《世界人权宣言》(1948)和随后有关社会和经济条件的公约都相继阐明了这一原则。这些条约和法案敦促世界各国政府采取政策,切实提高人民生活水平,创造就业机会,确保体面的工作条件,并提供社会保障、教育、医疗和其他相关社会服务。类似的国际文书力求消除对妇女的歧视,结束奴役和贩卖人口,并反对种族主义和其他形式的压迫。

基于权利的社会发展方式取向受到广泛关注,因为该取向关注人权与社会发展,有助于达成社会发展的目标,更好地落实社会发展的政策和实施方案(Midgley & Sherraden, 2009)。人权的理念也被社会福利政策制定者所采纳,特别是马歇尔(Marshall, 1950)在著作中指出,几个世纪以来争取公民权利和政治权利的斗争终于在20世纪内取得了胜利,实现了将社会权利作为公民身份的条件。时至今日,"权利"的概念通过政治和司法程序促进了社会发展。正如隆巴德(2008)所指出的,南非法院颁布了多项裁决,使得接受社会福利的人群从中受益。同时,世界其他地区的土著群体和社区活动家也越来越多地采用以权利为基础的社会发展方式(Grugel & Piper, 2009;Molyneaux & Lazar, 2003)。该领域的相关著作揭示了人权问题与社会工作实践的相关性。

发展型社会工作的理论争论常常还涉及一系列社会和政治议题,如和平、宽容、平等、社会公正和民主参与。这些争论并非仅停留在学术文献层面,也体现在实践过程中。例如,社会工作者积极参与宣传活动,并与政治领袖、工会和其他进步组织建立联盟。发展型社会工作者认为,有必要消除歧视、种族主义和其他阻碍进步的因素。社会发展的目标不仅是物质福利的改善,而且是和平、民主、平等和社会公正等一系列价值和目标的实现。

第三节 发展取向社会工作的实务框架

一、发展取向社会工作的实务模式及技巧

发展型社会工作不同于以往诊断治疗导向的社会工作模式,虽然发展视角的社会工作者也会帮助人们面对心理问题并使用咨询的技巧,但他们并不是心理治疗师。"成长""能力"和"充权"等这些发展型社会工作理论视角的概念虽然也经常出现在心理诊断或心理治疗中,但是诊断治疗导向的社会工作常常渗透着病理学和医疗诊断的理念。两者的不同主要体现在实务工作领域。例如,发展型社会工作者在实务中会尽量避免使用机构照顾服务,也尽量减少将案主放置在机构的环境中进行实务干预。发展型社会工作者认为将案主放置在社区中进行照顾和服务才能带来更加积极和正向的改变,能够真正帮助案主更好地适应并融入社区生活。因此,在实践方面,发展型社会工作者会协助案主积极参与社区活动,搭建社区网络,并组建以发展社区为本的各类项目(Midgley & Conley, 2010)。这一模式要求社会工作者积极拓展对外业务,与案主和社区成员协同合作共同应对各种问题。

发展型社会工作倡导以社区为本的实务模式,因此办公地点更多集中在社区中心,以便更好地与社区不同团体沟通和协作。同时,发展视角下以社区为本的干

预模式侧重将案主的问题放置在社区中来解决,以使案主融入正常的生产和生活。基于此,发展型社会工作者会优先考虑能够促进地方经济和社会可持续发展的项目,以协助改善案主及社区的经济发展,例如在社区层面开展小额信贷项目、支持和资助社区妇女团体的发展,支持和发展以社区为本的健康和营养项目、基础设施的发展和改善项目、社区日间照料中心项目、提高成人教育类项目或能够促进地区经济和社会发展的其他相关项目。发展型项目的基本特点是可以充分利用社会投资等相关项目,增强案主参与经济生产和社会发展的能力,最终帮助案主改善物质生活和福利水平(Midgley & Conley, 2010)。

发展型社会工作者同样需要恪守社会工作通用的价值观、知识经验以及道德准则。通用的价值观、知识经验和道德准则适用于任何形式或模式下的社会工作实务,不论是直接的诊断型社会工作、团体或小组社会工作实务还是以社区为本的社会工作实务。除了坚守社会工作通用的价值观和道德准则之外,发展型实务工作者还需要了解和学习所在机构相关领域的政策和机构的工作流程或机构的其他有关规定,需要与宏观或外部系统做好资源链接。发展型社会工作者需要有能力帮助社区和本地民众获取外部的资源、搭建互助的网络。要获得链接资源的能力和技巧,实务工作者需要熟悉和了解本地各类型服务的使用流程、宏观或中观领域的社会政策及各类发展型项目的运作模式。

除了熟练掌握政策、项目和服务的规定和流程以及有效地使用各种网络和资源之外,其他通用的社会工作技巧也同样适用于发展型社会工作实务领域(Patel, 2005),例如与案主直接接触时如何较好地使用咨询和服务的技巧。这类技巧能够帮助社会工作者与案主尽快有效地建立关系。发展型社会工作者需要具备良好的沟通技巧,以便与不同的个体、家庭以及社区团体建立有效的联系和沟通,并灵活运用各类人际关系开展工作。实务技巧还包括建立信任以及帮助案主培育自信和自决的能力等。当面对有情绪和精神困扰的案主时,发展型社会工作者需要运用各种服务技巧帮助案主渡过难关或者进行转介服务。

除了个案工作所应具备的咨询和服务技巧之外,发展型社会工作者还要经常与团体或小组一起工作,因此还需要具备小组或团体工作技巧,例如了解如何帮助小组成员更好地工作,如何确定小组目标以及如何发挥小组力量解决问题等技巧。在小组和团队工作中,发展型社会工作者需要扮演教育者和使能者的角色,帮助社区团体或小组制定决策、为组员提供培训,以更有效的方式参与决策制定过程、帮助小组或团体解决他们面临的挑战、困难和问题。尽管很多情况下发展型社会工作者并不能为小组提供直接的解决方案,但是作为小组或团体外部的重要支持者,可以为小组或团体目标的实现和问题的解决提供相应的知识和信息。发展型社会工作者还要发挥协调者的作用,当小组成员陷入冲突或者无法解决困难时,应当扮演好协调者的角色,帮助小组和团体渡过难关。

发展型社会工作者需要掌握社区工作的技巧,通过发挥社区领袖的领导作用获取社区成员的支持,以便在社区内开展工作;另外,需要发挥资源链接者或中介者角色的作用,帮助社区中不同组织或团体获取社区外部的支持和资源。例如,当社区中有妇女团体正在寻求帮助,希望建立微小型企业时,发展型社会工作者需要知道如何有效帮助她们获取相关的信贷知识和经验。在社区实践过程中,发展型社会工作者经常需要调动、协调、组织和规划各种活动,并同时运用各种技巧,协助社区内面临不同发展阶段的小组或团体顺利参与社区活动。发展型社会工作者在协助社区团体成立、发展及促进其能力建设的过程中也需要很多技巧。多数情况下动员社区全体成员参与社区活动很难实现,但是发展型社会工作者需要尽量激发人们参与社区活动的热情,并且确保社区中不同邻里社团最大限度代表社区内不同家庭和成员的利益。这就要求发展型社会工作者具备促进不同团体合作和为普通居民充权的技巧。为了促进社区参与和社区合作,发展型社会工作者需要了解社区或邻里活动的一般步骤和程序,并在社区活动中使用不同技巧促成社区活动目标的完成。表9-1归纳了社区活动开展的基本程序和实务方式。

表9-1 社区活动开展的基本程序及实务方式

阶段	实务目标	实务方式
进入社区	进入社区及建立联系	社区资料收集 明确社区与社会工作价值观和角色的关系 利用已有数据分析并规划社区情况 与社区团体建立联系 确定社会工作者及社会工作机构的角色并尝试建立关系
了解社区	数据收集来源及方式	社区历史、环境、居民、组织、社区领袖及现有权力结构数据等多重来源 通过走动和参观的方式广泛了解社区状况 使用问卷、非正式讨论、实地观察、书面材料包括当地或者社区报纸、当地历史资料和机构报告及记录等增加对社区的了解

（续表）

阶段	实务目标	实务方式
明确需求目标和角色	问题评估 确定目标 确定角色	描述、定义和确定社区问题，并围绕某个问题确定下一步的社区活动或行动 明确社区行动的目标和不同目标的优先次序 明确社区不同团体的角色，并同社区不同团体建立关系，进行有效的沟通
联络及聚合	联络程序	联络前：确定需要进行沟通和交谈的人选及交谈顺序，选择会议场地，决定如何表达 联络中：介绍社会工作者及社团角色，介绍社区活动目标或分阶段目标，形成联络目标 联络后：如有必要进行追访或再次联络沟通
动员及活动	社区动员及活动开展	社区动员：识别社区的资源、能力和阻碍及困难 激励社区领袖，给予社区团体帮助，激发团体动力 明确社区活动目标，举行社区会议，逐步达成目标

资料来源：参见 M. Payne, 2014, *Modern Social Work Theory*(4th ed.), Lyceum Books。

在社区层面，社区团体可能由不同年龄段的居民组成，如妇女、青少年团体等。在社区工作中，社会工作者应当使用协调及社交技巧促使不同团体进行有效的合作，这是发展型社会工作者需要思考的重要议题。不论发展型社会工作者是受雇于当地政府、非政府组织还是特定的项目或其他机构，都需要帮助社区更好地发挥既有人际关系和网络的作用，促进社区内不同群体和社团的合作，以保证社区内所有活动和行动协调有序推进。另外发展型社会工作者还需要具备倡导的技巧和能力。在很多情况下，如当社区成员面临资源分配不合理、遭受不公平待遇或者受到歧视的时候，发展型社会工作者需要具备足够的技巧和能力以在更大的范围内伸张和倡导社会正义，为遭受不公平待遇的人群充权，为他们提供相应的指导，帮助困弱人群发出声音并采取恰当的行动维护自身的合法权益。

帕特尔(2005)将发展型社会工作者在实务领域需要具备的服务技巧、能力和承担的角色划分为微观、中观和宏观三个层面，并将发展型社会工作者在实务领域承担的角色总结为使能者和充权者、动员者、协作者、教育者、辅导者、会议召集者、资源中介者、网络连接者、调解人、倡导者、社会保护者、创新者等。表9-2对发展型社会工作者的角色进行了进一步的解释。

表 9-2 发展视角下社会工作者的角色定位

角色	角色要求
使能者和充权者	为个人、小群体、社区、社群等充权,包括提供途径、机会、能力建设等,从而有效地带来改变
动员者	协助社区成员联动、联系资源或人员去满足需要或解决特定的问题,形成不同的合作伙伴关系去应对重大的区域或全球层面的问题
协作者	引导小群体、社区、社群进行经验交流,促进群体的互动、决策与行动
教育者	包括信息、技能的分享与交换,提高个人或群体的能力,改善生计或社会功能,建设在地制度与促进组织的效能;具体的技能包括辅导、训练、教育服务对象的亲子教养技巧和压力管理、申请工作、会议组织、获取资源的能力等
辅导者	协助个人、家庭或群体应对社会心理问题
会议召集者	召集特定群体对社会需求或社会问题进行会商
资源中介者	为服务对象的需求或社会问题链接财务、物质、教育、社会服务、技术与环境资源
网络连接者	包括建立正式或非正式的网络关系,比如建立组织间的合作伙伴关系以扩大组织间的协同效应
调解人	在出现家庭、受害者-加害者、社区建设过程、对资源争夺的矛盾时介入,以促进双方的和解、妥协、协商或理解
倡导者	在服务对象遭受不公平对待时为服务对象发声,争取公平的待遇或需要的资源,也包括协助服务对象参与维护自己的权益和公平待遇的活动
社会保护者	根据法律保护特定群体的权益,比如儿童、老人、残疾人等
创新者	构思、执行与评估创新的实务与服务,以确定能够应对环境改变,做出合适的和有效的社会工作策略

资料来源:参见陆德泉,2017,《社会发展视角探索社会工作的本土化策略——以南非建构发展性社会工作体系的路径为例》,《中国农业大学学报(社会科学版)》,第 1 期;L. Patel, 2005, *Social Welfare and Social Development in South Africa*, Oxford University Press。

二、发展取向社会工作的干预策略

发展视角下的社会工作实务有不同的策略,其中很重要的一个策略就是社会投资。虽然发展型社会工作与欠发达国家的发展进程有紧密的历史相关性,即主要关注提高个人、家庭和社区的物质福利,改善贫困和匮乏的现状,但是不可否认的是发达国家的很多案主也是贫困群体,也面临物质生活的困境,许多个人和家庭问题的出现也与贫穷有关(Lowe & Reid，1999)。为了帮助困弱群体解决生活困难和贫穷问题，发展型社会工作者需要充分使用和发展能够帮助案主改善生活水平的干预或介入策略。这些干预或介入策略主要以促进经济参与、提高收入和家庭资产为主要目标。发展型社会工作者相信经济参与是充权的重要渠道。除此之外，为改善困弱人群的生活条件，还需要结合社区层面的干预乃至国家层面的政策改革。国家层面社会发展政策的改革需要以人民的发展和福利为中心，以增进全体人民物质生活水平的发展为目标。除了以人民福利为中心及促进公平正义的社会原则之外，国家的社会发展政策需要具备可持续性，即能够保护环境和自然资源，防止资源枯竭(Midgley & Tang，2001)。

为了实现改善人民物质生活水平这一目标，社会发展领域的学者提出了许多发展干预或介入的具体策略(Midgley & Sherraden，2009；Midgley & Tang，2001；Midgley，1999)。这些干预或介入策略较为共同的特征是都注重以社区为中心，充分发掘社区资源和能力，并促进社区充权。发展型干预策略强调案主回归社区生活的重要性，主张为案主提供基本的住房保障、医疗服务、教育和娱乐休闲设施。同样，人力资本投资、促进就业和小额信贷、微型企业、资产建设项目以及社会资本干预也都是发展型社会工作常用的干预策略。这些策略的实施离不开资源、资金、技术、经验甚至是执政者的政治承诺和政策保障。但是，协助案主回归正常社区生活、促进社区融入需要大量的社会投资，并且伴随这一过程的往往是高昂的社会开支，比如要保障案主基本住房、帮助案主获得基本医疗服务、促进案主使用交通和其他各类服务等，这就需要发展型社会工作者设计多种社会投资策略并且找到足够的资金来源。

除了多样化的社会投资策略，发展型社会工作的实务干预策略还常常伴随着人力资本的投资策略。人力资本投资策略不仅包括对案主知识和技术的培训，以帮助其更好地适应正常的经济和社会生活，还包括对案主健康和营养状况的投资计划。在一些低收入的社区，发展型社会工作者常常需要结合多种人力资本投资的干预计划，例如提高成人识字率或受教育水平、为社区成员提供就业辅导和技术培训、培育学龄前儿童照料中心、发展妇女教育小组或者其他相关的干预策略等。对于发展型社会工作者来说，社区照料中心是发展型社会工作者特别注重的干预策略，因为社区照料中心不仅能够满足贫困儿童被照顾的基本需求，同时也可以通过社区这一平台重新配置儿童资源，是为贫困儿童提供基本公共服务的重要策略。

另外，发展型社会工作也着力于支持和发展与就业及自主就业有关的项目。通过就业获得工资收入维持基本生活水平是改善贫穷困境的有效途径，但是以激励就业为主要内容的干预计划或项目在传统的社会工作领域里并没有得到足够的重视。在发展型社会工作领域，就业激励政策和就业安置项目是十分重要的，近几年这类项目和干预策略在美国也逐渐得到重视，例如为有特殊需求的残疾人提供就业机会并实施相应的就业安置办法措施等。美国反歧视就业法案的出台也为保障残疾人正常工作的权利提供了政策和制度保障。同时，就业刺激计划也鼓励接受社会福利救助的贫困群体进入劳动力市场，发展型社会工作者则可以通过提供工作的转介、就业安置、就业培训和就业支持等多项服务鼓励贫困群体实现在劳动力市场中经济参与的权利。伴随着越来越多微型企业的发展和小额信贷项目的拓展，就业安置项目也在逐步增多（Quinonees & Remenyi, 2000）。许多非营利组织和政府机构通过提供技术援助、信贷补贴等多种方式支持这类项目。比如，菲律宾政府在推动微型企业的发展（Yunus, 1999），孟加拉国的格莱珉银行也强化通过信贷援助等方式刺激困弱群体就业。

　　另外一项重要的举措是通过工资补贴或设置最低工资等方式保证困弱群体的经济参与权利。如果工资太低或者雇主恣意剥削劳动者，那么尽管有了就业机会，贫困群体依然无法维持基本的生活水平，帮助穷人就业也很难使他们顺利脱贫。除了设定最低工资，工资补贴政策也为贫困群体提供了制度保障，例如美国的收入所得税抵免（earned income tax credit）、英国的工作家庭税收抵免（working families tax credit）都旨在通过补贴贫困家庭劳动就业所得收入的方式减少贫困。社会福利政策和项目主要关注如何帮助穷人达到最低收入，然而如何帮助穷人积累资产也逐步成为新的政策着力点。谢若登（1991）批评社会福利项目并没有帮助穷人积累资产，而是鼓励穷人进行消费。因此，他认为应当将社会政策扶贫的着力点放在帮助贫困家庭和个人更好地积累资产上，资产是个人和家庭获得经济安全和社会发展的重要基础。他提倡进行贫困家庭的资产建设，主张为所有生活在低收入家庭中的儿童提供储蓄和发展账户，鼓励低收入家庭定期向儿童账户储蓄并将储蓄金用于投资儿童未来的健康教育和发展。同时，增加社会资本及促进社区建设也逐渐得到重视。发展型社会工作者认为社区组织和社区建设能够促进当地经济发展，因此着眼于将社区能力建设与经济发展项目进行有机结合，例如推动社区建设以创造更多工作和就业机会、推动社区资产能力建设和社区微小型企业发展、帮助社区获取更多优惠补贴（Schreiner & Sherraden, 2007; Sherraden & Ninacs, 1998）。

帕特尔(2005)将发展型社会工作的干预模式实践策略划分为五种,分别为减贫与可持续生计策略、以家庭为中心和以社区为本的策略,社区层面的信息提供、教育与组织策略,社会政策与社会规划策略和政策倡导策略。这五种策略基本上涵盖了发展型社会工作实务操作模式的主要内容,见表9-3。

表9-3 发展型社会工作的多重干预模式及干预策略

减贫与可持续生计策略	以家庭为中心和以社区为本的策略	社区层面的信息提供、教育与组织策略	社会政策与社会规划策略	政策倡导策略
社会救助项目 小型或微型企业创业 商业发展 信贷与微型金融 储蓄项目 资产建设 创收 粮食保障 就业项目 社区为本的小公共工程 社会资本	辅导 朋辈或普通人陪伴辅导 自助小组 社区支持 社区照顾 居家照顾 志愿者组织 社区与青年服务 社工热线 社区矛盾调解 与家庭和社区网络的合作和增强策略 能力建设	社区教育 社区预防 社区咨询 固定咨询点 多目标社区中心 社区媒体 大众媒体 社区剧场与社区故事叙述 能力建设 公民教育 以充权为目标的社区教育	行动研究 快速评估 咨询、参与规划和决策 设计与执行发展性社会福利项目 早期预警系统 在服务不足地区拓展服务 社区监督 监测与评估	意识提升 以充权为目标的能力建设和教育 组织、动员与网络建设 社会公义的倡导项目 法律权益倡导 社会公义研究 保护与促进权益 权益教育 行动研究

资料来源:参见陆德泉,2017,《社会发展视角探索社会工作的本土化策略——以南非建构发展性社会工作体系的路径为例》,《中国农业大学学报(社会科学版)》,第1期;L. Patel, 2005, *Social Welfare and Social Development in South Africa*, Oxford University Press。

第四节 发展取向社会工作的局限、讨论及应用

本章的前几节已经详细阐述了发展型(取向)社会工作理论与方法的优势,本节将针对发展型社会工作的局限进行讨论。发展型社会工作的第一个局限在于,倡导这一方法的专业人员并没有清晰地阐述和解释发展视角下社会工作的干预策略和执行方法到底是怎样的。从操作层面上来说,其概念和理论较为空洞和含糊不清,以致实务工作者难以有效执行。例如,在南非,儿童忽视和虐待问题较为严重,发展视角下的社会工作如何回应和解决这一问题即成为大家关注和讨论的焦点。对此,勒费尔(Loffell, 2008)提到,发展视角下的社会工作实践具有模糊性和

不确定性,甚至被迫放弃了传统的干预措施。她认为南非的儿童忽视、遗弃和虐待问题主要源于该国的儿童保护系统不健全,而南非政府没有找到有效的干预措施,如果没有明确的替代方案或执行措施,贸然抛弃已有的儿童保护系统可能是雪上加霜。

发展型社会工作的第二个局限在于可持续资源的问题,即使是包括美国在内的发达国家目前也都面临人力、资金和投资的不足问题。发展视角的拥护者坚持认为,如果专业人员利用自己的优势,应对挑战,就可以有效分配资源。然而,面对诸多迫切的社会需求,仅仅依靠案主发挥其自身的优势或利用他们的社会资源是远远不够的,更不用说那些仅仅用以指导案主如何应对逆境却没有提供有效解决方案的社会工作服务了。同时,发展型项目(包括改善社区生活以及提供足够的服务和支持)大多都是比较昂贵的,例如,教育与职业培训、就业安置等一系列干预措施能够帮助人们解决切实的生活问题,但都需要财政分配制度的后盾。因此,要改善社会条件,不仅需要进行大量的实物投资,还需要完善国家层面的资源分配制度。

很多案例已经说明,政府在提供公共服务方面有待完善,资源不足的情况即使是在西方国家也频繁出现。财政资源的不足极大地限制了社区层面的发展型社会服务的有效运行。西方国家曾经出现的去机构化疗法就是一个典型的例子。在精神健康领域,政府将大量原先在机构内接受照顾的病人安置到社区中,但是社区却没有提供足够的配套服务以帮助精神病康复者实现正常的社区生活,这在西方国家造成了非常严重的社会后果。美国的"开端(Head Start)计划"早期也遭到大幅度的财政削减,后来尽管这个项目对于儿童福利的贡献被广泛认可,却因为资金限制,只有很少一部分贫困社区的孩子从这个项目中获得了资助。所以,资源的短缺阻碍了发展型社会工作的有效实施,这时就需要政党领袖和选举团体的支持。尽管意见调查显示,西方国家的选民还是支持政府的社会福利及社会保障开支,但是他们的意愿并不强烈,尤其是考虑到选民们要支付更多的个人所得税来填补财政开支的漏洞。

发展型社会工作的第三个局限在于专业服务人员的短缺。社会工作者在现代服务行业中仅仅占据一小部分比例,即使美国拥有世界上人数最多的专业社会工作者,其社会工作人员的短缺问题仍然严峻。此外,虽然美国社会工作学院的学生人数近几年一直在增加,很多须由社会工作人员来承担的社会服务型岗位也面临招聘不到合适人才的窘境。例如,家庭治疗行业曾经仅仅依靠专业的社会工作人员,但在被归入精神健康行业之后,负责家庭治疗的社会工作者们也只能受雇于精神健康机构了。同时,社会工作者在社区活动中也不再是主要负责人或参与者了,而是被政治活动家、社会学者、律师、城市规划师、经济学家和地方志愿者等取代。这也从侧面反映出目前社会工作者在这个领域的专业知识和经验不足。

发展型社会工作的第四个局限在于缺乏对于发展型社会工作的有效性较为系统的研究。发展型社会工作致力于提高效率、减少成本,在收集了大量的结果数据的基础上,便可以合理预期,确定干预措施是否有效,以及是否高效。然而在很多社会工作领域里,基于执行效果的研究还没有受到发展型社会工作者的高度重视,而实践决策也很少是基于严谨的研究。尽管一些社会工作领域的学者多年来一直致力于采用系统、严格的循证和成果研究方法,但实务社会工作者们对于结果的有效性却并不重视。其中一个重要原因是,循证研究方法通常被认为是临床医学界常用的分析方法,并不适用于发展型社会工作。另外,循证研究方法还受到相关指责,批评者认为该方法试图推翻社会工作的人文主义基础,从而影响社会工作的专业判断与管理。尽管存在这些批评和争议,基于成本收益分析的循证方法还是可以有效减少成本,是检验社会工作实践成效的最佳办法。

有学者批判发展型社会工作过于强调通过经济手段解决问题,他们认为社会工作的职责不是帮案主找工作或者获得某种工作技能,也不是要促使服务对象成立微小型企业,社会工作的使命和责任是帮助人们尽量减少痛苦,所以发展型社会工作过于强调用经济手段解决问题的理念与社会工作自身的价值观、信念和追求并不一致。另外,发展视角下的社会工作模式也被认为是一种保守的改良主义的工作模式,这一理论视角并不能倡导真正意义上的或者激进的社会变革,也不能挑战已有的社会结构和社会秩序(何雪松,2007)。有学者认为,社会不公平的主要原因是习惯性容忍不公平和非正义行为、广泛存在歧视以及种族主义的伤害,因此社会工作和社会工作者的首要使命及责任是寻求真正意义上的解决社会不公平问题的办法。比如,佩恩(2014)指出,虽然发展型社会工作倡导为实现社会正义努力,但是这一理论视角下的工作模式认可并接受现有的不公平社会结构和秩序的存在,并没有挑战现有的秩序。与之相反,马克思主义的社会工作、反压迫的社会工作实践模式以及充权模式则在真正意义上挑战了现有的社会秩序。

意识到上述几个发展型社会工作的局限后,发展领域的拥护者们开始致力于寻求有效的解决方案,但应当承认的是,没有任何社会工作方案是完美无缺的。发展型社会工作的干预措施为许多国家的社区带来了很大改善。发展型社会工作倡导的社区经济发展项目不仅关注社区内经济活动的开展,同时还带动了社区能力建设、社区居民的广泛参与和社区动员。许多国家的案例都表明,在发展视角理念影响下,居民对社区活动的参与更加积极,特别是有很多女性通过社区的经济发展项目提高了自己的地位,增强了自身权能感和自我价值感。比如,印度的自助妇女协会(self-employed women's association, SEWA)积极推动了非正式部门和自主择业的女性积极参与经济活动,借助社团平台的力量更好地实现自我价值。

当然,批评的声音也能够帮助发展型社会工作者进一步思考如何更好地为实现人权和社会的公平正义做出持续不懈的努力。很多情况下,社会工作者接触的案主确实要面对许多来自社会制度和结构化的问题,比如有精神健康问题和需要矫正的群体,面临社会污名等许多结构化的障碍,少数族群和移民的生存和发展机会相比其他群体更少,这也是这类群体弱势地位出现的很大一部分原因。尽管存在这些制度化和结构化的障碍,发展型社会工作并不是束手无策。正如本章开头所谈到的,促进积极和正向的改变是发展型社会工作努力的目标和方向。发展型社会工作者依然可以通过各种方式逐步克服制度和结构障碍,促进社会公平和正义目标的实现。例如,梅志里和康利(Midgley & Conley, 2010)指出,发展型社会工作者可以联合其他社团,动员地方政府、商业组织、非营利组织或者部门协商如何为困弱人群和处境不利的群体提供更多参与社会的机会,通过广泛倡议活动减少歧视,保障其基本权利得以实现。因此,梅志里认为,通过社会倡导、跨部门协同合作以及政策和立法倡导等相结合的方式是可以逐步改善现有的社会不公平的制度、结构和秩序的。

如何避免发展型社会工作理念的误用也是实践应用中特别需要注意的议题。发展型社会工作虽然倡导用经济参与给案主带来好处,通过帮助案主就业和自我创业等方式解决生活困难,但这并不等于说,只要帮助案主找到了工作就可以取消案主获得社会救助或社会福利支持的权利。实践过程中依然存在对发展型社会工作的误解(Midgley & Conley, 2010)。例如,20世纪90年代美国右翼党派人士认为,当贫困家庭有家庭成员获得了工作时,就应当取消政府给予贫困家庭的救助金。这一政策建议使得90年代中期领取政府救助金的贫困家庭和人数大幅度下降,但是当时美国的贫困率却没有下降。许多有需要的困弱人群,例如有孩子的贫困妇女、残疾人、有精神疾病的人以及其他有特殊需要的群体依然生活在贫困中,参与劳动力市场获得的一份工作只能够提供较低水平的工资收入,并不能为困弱群体的生活水平带来实质的改善,因此政府依然需要为这些群体提供社会救助和社会保障。由此可见,发展型社会工作一方面鼓励困弱群体进入劳动力市场获得工作报酬以解决其生活困境,另一方面认为只有政府和国家为困弱群体提供持续保障和兜底,才能更好地保障其基本权利。

第五节 中国学者对发展取向社会工作的介绍和讨论

在我国,部分学者对发展型社会工作这一理论视角进行了介绍和阐述。如马凤芝(2014)介绍了发展型社会工作这一理论视角的缘起、区别于传统的治疗导向实务模式的特点以及这一理论视角下具体的实践策略。陆德泉、向荣(2017)则系统介绍了发展型社会工作在南非本土化过程中的社会脉络、实务模式、干预策略及南非发展型社会工作本土化的挑战和机遇等核心议题。吴骏(2016)将发展型社会工作的实务模式划分为个人层次、经济层次、社区层次和社会层次,并从这四个层次出发探讨了该理论实务模式的分析框架,同时将其与我国本土化的实践活动与实务模式的四个层次进行了比较,以深化对这一理论模式的认识。例如,在个人层次强调的能力建设、知识普及及意识提升方面,吴骏(2016)认为新中国成立初期梁漱溟、晏阳初和李景汉等组织的开发民力运动、平民教育运动和乡村改造运动,以及我国现代社区开展的成人培训班、知识普及讲座等都是这一层次的实务模式在我国本土化实践过程中的具体应用。社区公共基础设施建设如水利设施建设、垃圾处理、供电设施建设、房屋道路修建、公共设施修缮等实践活动则反映了发展型社会工作模式在社区层面的应用。另外还有学者通过行动研究,对发展型社会工作的理论模式和以社区为本的实践干预策略在我国的应用进行了探索。例如,古学斌(2013)在云南平寨通过推动当地妇女刺绣手工艺项目的建设增加了当地妇女收入,提高了妇女能力,推动了社区资产建设,实现了对当地农村社区的充权。这一社区项目以推动居民参与、提高居民能力、进行社区资产建设和对居民的经济充权为主要干预目标,是发展型社会工作在我国本土化社区中的具体应用。总体来看,我国学者认为,发展型社会工作体现了社会工作由过去传统补救型的实践干预策略转向了积极干预型、促进型和投资型的实践取向。这一理论模式对我国的社区发展、社会建设、社会福利等具有重要的参考价值(陆德泉,2017;吴骏,2016;马凤芝,2014;古学斌,2013)。

本章结语

本章主要阐述了发展型社会工作理论与实务的优势与不足，具体介绍了发展型社会工作这一理论的发展脉络、基本框架、实务框架和局限、应用及讨论等。本章强调积极的社会变革、改善物质福利、促进案主参与社区生活、经济充权、多样化的社会投资等策略对改善服务对象福利水平、促进社区发展以及实现公平正义等目标的重要意义。希望发展型社会工作这一理论视角及其对应的实践干预策略能够为我国社会工作本土化的实践活动带来更多启示意义，为提高我国居民福利水平，推动社区参与、社区发展和社会福利建设等提供更多有价值的参考。

思考题

1. 发展型社会工作的基本概念有哪些？
2. 发展视角下的社会工作者有哪些角色定位？
3. 为什么发展视角强调案主的经济参与？
4. 发展视角下的干预策略主要有哪些？
5. 阐述发展型社会工作的优缺点。

参考文献

古学斌，2013，《文化、妇女与发展：中国云南省少数民族乡村发展的一个实践案例》，社会科学文献出版社。

何雪松，2007，《社会工作理论》，上海人民出版社。

陆德泉，2017，《社会发展视角探索社会工作的本土化策略——以南非建构发展性社会工作体系的路径为例》，《中国农业大学学报（社会科学版）》，第3期。

马凤芝，2014，《社会发展视野下的社会工作》，《广东社会科学》，第1期。

吴骏，2016，《发展性社区社会工作实务模式探析》，《社会工作与管理》，第1期。

Billups, J., 1994, The social development model as an organizing framework for social work practice, in Meinert, R. G., Pardeck, J. T. & Sullivan, W. P. (eds.), *Issues in Social Work: A Critical Analysis*, Auburn House.

Chaskin, R., et al., 2001, *Building Community Capacity*, Aldine de Gruyter.

Elliott, D. & Mayadas, N., 1996, Social development and clinical practice in social work, *Journal of Applied Social Science*, Vol. 21, No. 1.

Gray, M., 2005, Dilemmas of international social work: Paradoxical processes in indigenisation, universalism and imperialism, *International Journal of Social Welfare*, Vol. 14, No. 3.

Grugel, J. & Piper, N., 2009, Do rights promote development? *Global Social Policy*, Vol. 9, No. 1.

Hollister, D. C., 1977, Social work skills for social development, *Social Development Issues*, Vol. 1, No. 1.

Jones, J. & Pandey, R. (eds.), 1981, *Social Development: Conceptual, Methodological, and Policy Issues*, St. Martins' Press.

Khniduka, S., 1987, Development and peace: The complex nexus, *Social Development Issues*, Vol. 10, No. 3.

Kretzman, J. & McKnight, J., 1993, *Building Communities from the Inside Out: A Path Toward Finding and Mobilizing a Community's Assets*, Institute for Policy Research.

Lloyd, G. A., 1982, Social development as a political philosophy, in Sanders, D. S. (ed.), *The Development Perspectives in Social Work*, University of Hawaii Press.

Loffell, J., 2008, Developmental social welfare and the child protection challenge in south Africa, *Practice: Social Work in Action*, Vol. 20, No. 2.

Lombard, A., 2008, The implementation of the white paper for social welfare: A ten-year review, *The Social Work Practitioner-Researcher*, Vol. 20, No. 2.

Lowe, G. R. & Reid, P. N., 1999, *The Professionalization of Poverty: Social Work and the Poor in the Twentieth Century*, Aldine de Gruyter.

Maas, H., 1984, *People and Contexts: Social Development from Birth to Old Age*, Prentice Hall.

Marshall, T. H., 1950, *Citizenship and Social Class: And Other Essays*, Cambridge University Press.

Mathie, A. & Cunningham, G. (eds.), 2008, *From Clients to Citizens: Communities Changing the Course of Their Own Development*, Intermediate Technology Publications.

Mayadas, N. & Elliott, D., 2001, Psychosocial approaches, social work and social development, *Social Development Issues*, Vol. 23, No. 1.

Midgley, J. & Conley, A. (eds.), 2010, *Social Work and Social Development: Theories and Skills for Developmental Social Work*, Oxford University Press.

Midgley, J., 1999, Growth, redistribution, and welfare: Towards social investment, *Social Service Review*, Vol. 77, No. 1.

Midgley, J., 1995, *Social Development: The Development Perspective in Social Welfare*, Sage Publications.

Midgley, J., 1993, Ideological roots of social development strategies, *Social Development Issues*, Vol. 15, No. 1.

Midgley, J. & Sherraden, M., 2009, The social development perspective in social policy, in Midgley, J. & Livermore, M. (eds.), *The Handbook of Social Policy*, Sage Publications.

Midgley, J. & Tang, K., 2001, Social policy, economic growth and developmental welfare, *International Journal of Social Welfare*, Vol. 10, No. 4.

Molyneux, M. & Lazar, S., 2003, *Doing the Rights Thing: Rights-Based Development and Latin American NGOs*, ITDC Publishing.

Moser, C. & Dani, A. A. (eds.), 2008, *Assets, Livelihoods, and Social Policy*, The World Bank.

Patel, L., 2005, *Social Welfare & Social Development in South Africa*, Oxford University Press.

Pavia, J. F. X., 1977, A conception of social development, *Social Service Review*, Vol. 51, No. 2.

Payne, M., 2014, *Modern Social Work Theory* (4th ed.), Lyceum Books.

Quinones, B. & Remenyi, J. (eds.), 2000, *Microfinance and Poverty Alleviation: Case Studies from Asia and the Pacific*, Routledge.

Saleebey, D., 2002, *The Strengths Perspective in Social Work Practice* (3rd ed.), Allyn & Bacon.

Sanders, D. S., 1982, *The Development Perspective in Social Work*, University of Hawaii Press.

Schreiner, M. & Sherraden, M., 2007, *Can the Poor Save? Saving and Asset Building in Individual Development Accounts*, Transaction.

Sen, A., 1985, *Commodities and Capabilities*, North-Holland.

Sen, A., 1999, *Development as Freedom*, Alfred Knopf.

Sherraden, M., 1991, *Assets and the Poor: A New American Welfare Policy*, M. E. Sharpe.

Sherraden, M. S. & Ninacs, W. (eds.), 1998, *Community Economic Development and Social Work*, Haworth.

Simon, B. L., 1994, *The Empowerment Tradition in American Social Work: A History*, Columbia University Press.

Spergel, I., 1978, Social development and social work, *Administration in Social Work*, Vol. 1, No. 3.

Stein, H. D., 1975, Social work's developmental and change functions: Their roots in practice, *Social Service Review*, Vol. 50, No. 1.

United Nations, 6-12 March 1996, *Report of the World Summit for Social Development*, United Nations.

Yunus, M., 1999, *Banker to the Poor: Micro-Lending and the Battle Against World Poverty*, Public Affairs Press.

第十章 充权取向的社会工作理论

充权理论(empowerment theory)是社会工作学理论体系中的重要理论之一,又称增能理论或者赋权理论,最早出现在西方政治学中,我国台湾地区常同时使用"赋权增能",香港则多用"赋权"与"充权"。本章作者认为"赋权"和"增能"都有给予权能的含义,"充权"则具有过程和结果的意味,有互动的含义,更能体现充权对象的主体性,故在本书中统一使用"充权"的说法。

社会工作学的充权理论产生于20世纪70年代,具体来说,1976年芭芭拉·所罗门(Barbara Solomon)出版《黑人的充权:受压迫社区中的社会工作》一书,标志着充权理论的诞生。20世纪80年代该理论繁荣发展,被广泛采纳和应用到各种实践和研究中,尤其是在社会工作实务和行动研究中非常流行,"充权"一词成为社会工作专业和众多学科的热门术语。

社会工作领域中,关于"充权"概念的著述颇丰,而且新的提法不断出现,但究其本质,充权主要指的是运用专业的工作方法和技巧来增加案主获得资源和改变现状的能力,目的是减少或消除案主的消极无能力感。遵循充权理论的指引,社会工作者的实践主要回应以下几个问题:(1)充权的对象,即为谁充权;(2)需要充何权,可以充何权;(3)权能不足的主客观原因;(4)个人、家庭、组织的资源状况;(5)环境与社会结构问题。而作为激进社会工作和反歧视社会工作理念的一个方面,充权理论已然成为一个极具吸引力且适合操作的工作方法,并且由于充权理论的价值取向与社会工作一贯追求的公平正义的目标基本吻合,因此它成为社会工作实践中重要的参考理论体系,延续至今。在早期社会工作实践中,充权工作涉及的对象主要集中在困弱群体社区或贫困社区,之后随着经济的发展和社会环境的变迁,越来越多的个人或群体作为被"去权"或权能不足的对象,进入社会工作者的视野,而且具有时代性、地域性的特征。概括来说,在某个空间、地域内的当时当地在生理、心理、政治、经济等方面权能短缺的个人或群体都可能属于充权的对象。

充权取向的社会工作认为,个人和家庭所拥有的权力是不断变化的,无权者通过自己的努力可以改变现状、获得权力。在社会工作者看来,基于充权理论,要相信每个案主都具备独立解决问题和控制环境的能力,激发他们自身的潜能,使其获得新的自我认知和能力,主动地改变现状,案主和社会工作者在这个动态发展过程中应当是平等的伙伴关系(何楠,2010)。

第一节 充权理论的发展脉络和核心概念

一、充权理论的发展脉络

充权理论及其实践的源流可以追溯到 19 世纪后期,但其兴盛和发展在 20 世纪 80 年代、90 年代(宋丽玉等,2002)。充权取向的社会工作实践在发达国家,尤其是在美国经历了由自发到自觉的过程,最终发展出得以广泛应用的成熟框架。

被公认为充权理论的重要先驱性著作的是芭芭拉·所罗门于 1976 年出版的《黑人的充权:受压迫社区中的社会工作》,标志着充权理论的诞生。所罗门的研究关注了黑人少数族裔群体,她认为这个群体缺乏必要的个体性资源与经济资源以完成自己的角色,这就是所谓的个体或社会群体的无力感(powerlessness)。而这样的无力感也会导致该个体或群体对自己的负面评价(negative evaluation),从而直接或间接降低其有效回应问题的能力。

所罗门(1976)认为,每个人都可以在家庭、重要他人和环境之中建立个人资源,例如健康、自信、认知,并在此基础上形成用以谋生的技巧和能力,扮演一定的社会角色。但对于无力感较强的人群而言,他们可能会面临一系列的权力障碍,包括间接性和直接性的。社会工作介入的主要思路是消除案主身上起源于负面评价的各种消极反应,通过各种专业方法和技巧,让案主看到自己能够在解决自身面临的问题的过程中发挥一定作用,社会工作者需要协助案主一起消除影响案主的障碍,并致力于促进体制的改变(转引自何雪松,2017)。

在充权理论的指导下,所罗门(1976)在将理论运用于实践过程中,鼓励个人将遭受污名或制度性歧视的负面经验转化为主动采取社会行动以夺取权力(转引自 Adams,2008)。后来关于实务的论述进一步推进了充权理论的发展。保罗·弗莱雷(Paulo Freire)倡导老师与学生的互惠关系,对社会工作的政策与实践具有启示意义,他提出了著名的"觉悟启蒙"(conscientization),即意识提升,这一概念架设了连接个人和集体充权的桥梁。他的著作特别倡导在社区工作中通过参与达至充权的起点(Adams, 2008)。李(Lee, 2001)在《社会工作实践中的充权方法》(*The Empowerment Approach to Social Work Practice*)一书中提出了充权的概念框架、理论基础,以及具体的小组、社区工作方法。他认为充权包括三个连锁的方面:发展更积极、强有力的自我感;建构知识和能力,以批判性地理解个人环境的社会与政治现实网络;培育资源和策略,以实现个人和集体的目标。亚当斯(Adams, 2008)强调案主的参与和自助,对自我充权、个人、团体、组织、社区、政治系统充权进行了具体论述,并探讨了充权研究的方法和过程。古铁雷斯等人(Gutierrez, et al., 1998)阐述了充权视角在宏观、中观和微观(社会的、地方的、人际的)层面的多样性,检视了实务、研究、评估、政策和执行等方面。拉帕波特(Rappaport, 1995)、珀金斯和齐默尔曼(Perkins & Zimmerman, 1995)分别基于社会政策领域讨论了充权的实践与研究。至今,充权的观点被社会工作实务者、研究者,包括项目执行者、政策制定者广泛运用。

二、充权理论的核心概念

(一) 权能

"权能"(power)是充权视角的核心概念之一,其本质是多重面向的(Adams, 2008)。根据亚当斯的观点,"power"这个词表示力量(strength)或武力(force),它既可以是正面的,又可以是负面的,其内涵包括以下几个方面:

(1) 可以为拥有某种能力或激发因素的个人所享有,包括我们使用自己的智力和技巧,它表示一种个人的储备和资源资本。

(2) 可以由一个人施加给另一个人,积极方面体现为支持或保护,消极方面体现为强制或虐待。这可能是生理、情感或心理的。

(3) 可能不等地分配给不同的人,故一个人或一个群体比其他人或群体拥有更多权力。因此一个群体内的个人可能通过共同行动来积累或展现集体权力。

(4) 可能是一种预防的形式,即防止某事发生。(Adams, 2008: 60)

从社会经济的角度来看,权能在广义上是指做出改变的潜力,在狭义上是指个别地或集体地获取想要之物的能力(转引自 Lee, 2001: 181)。

从权能如何影响个人看待自己的角度来看,权能是自尊和人类有机体的核心组成部分,一个精神健康的人至少必须有能力将自己看作是有力量,能够影响环境使之对己有利的,这种力量感必须基于实际的经验和权力的实践。

以女性主义的观点来看,"权能来自实现潜能和实现抱负的能力",它是"无限的,根植于能量、优势和沟通"。(Lee,2001:180)权能不仅可以理解为压迫性的,它也可能是潜在解放性的(potentially liberating)。因此,充权理论与批判理论不同,前者认为可以用积极的方式运用权能,而后者认为权能总是压迫性的(Rees,1991)。

除此之外,权能是集体性的(collective)和全面的(inclusive),而不是个人化的(individualistic)和排他性的(exclusive)(Bricker-Jenkins & Hooyman,1986)。

(二) 无力

根据所罗门的观点,"无力感"指的是,无力获取和利用资源以实现个人或集体目标。具体而言,它是指在有效承担重要社会角色(valued social roles)而实现个人满足感(personal gratification)方面,无力掌控(manage)其所需的情感、技能、知识和/或物质资源(Solomon,1976:28)。如果是由在更大社会中的受歧视经验导致欠发达的(underdeveloped)个人资源和群体成员的人际技巧,则属于间接的权力障碍;如果群体因受到阻碍而不能获得完成任务的特定资源,则属于直接的权力障碍(Solomon,1976)。考克斯和帕森斯(Cox & Parsons,1996:21)将无力感界定为,缺乏取得解决个人问题的资源、知识与技巧途径,包括有效参与社会改变的能力。可见,"无力感"的核心内涵在于缺乏各种形式的资源。

所罗门(1976)关于无力感的部分观点得到了习得性无助理论(learned helplessness theory)的支持(Payne,1991)。塞利格曼(Seligman,1975)基于对动物和人类的实验来阐释"习得性无助"的发展。该理论的主要观点是,如果人们的重要经验显示,他们不论做什么都不影响随后发生的事,便抱有自己的行为一般不会产生任何有用的结果这样的预期;于是人们在其他情境下学习有益行为的能力逐渐受损;人们可能因此失去动力,变得焦虑、抑郁,缺乏思考和学习的能力(Payne,1991)。当只出现与过往情境相似之处时,也会发生习得性无助(Adams,2008)。巴伯(Barber & Winefield,1986)识别出无力感发展过程(或无力感的心理状态)中有两个关键时刻:置身于难以控制的状态,抱持"响应无用"的态度。他提出应以扩展环境(environment enrichment)进行响应,在此环境中人们可以控制并实现成功的结果。由此,习得性无助理论与充权观点的联系更为密切。

当人们觉得自己的行动不能获得想要的结果,或者他过的不是自己想要过的生活,但不能改变现状时,则产生无力感。无力感是个体与其环境之间持续互动的结果(Cox & Parsons,1996;Solomon,1976)。无力感的产生至少有三个来源:(1)受压迫者自身的心态;(2)受压迫者与加害他们的大环境系统之间的互动;(3)更大环境的结构,也就是社会结构系统的安排没有响应受压迫的被害人,反而延续了压迫性的社会系统结构(Solomon,1976)。这些因素不仅彼此相关而且彼此助长。"无力感的内在心态,会因尝试解决问题,却无法达成的经验而得到强化;而社会大众对团体的外在观点,也会因团体成员内在无力心态的强化而得到增强。"(Cox & Parsons,1996:21)

具体而言,无力感或"缺乏个人的充权"以这些因素为基础:经济无保障、没有政治舞台上的经验、缺乏信息渠道、缺乏批判性和抽象思维的训练、生理和情感的压力、习得性无助、情感和智力中阻碍个人实现某些可能性的方面(Cox,1988)。另外,负面的自我印象(negative self-image)、有限的自我认知(limited self-knowledge)、负面的评价(negative valuation)也会使无力感持续存在(Solomon,1976)。

根据考克斯和帕森斯(1996)的观点,大多数老年人都会面临一些重要的失落(loss)。这些失落在个人方面,包括生理与心理健康的改变,以及支持系统的丧失;在社会方面,包括退休——这意味着财务收入的减少、失去独立性与某些角色,以及丧失其他有意义的生活角色。"那些一辈子生活在贫穷或有限财务资源之中的老人,以及那些因为少数民族的身份、女性的身份或阶级相关的因素而承受歧视的老人,更容易受到晚年生活挑战的威胁。"(Cox & Parsons,1996:23)倘若社会对老年人抱持"依赖"的负面印象,而老年人自己将此负面形象内化,可能导致低自尊、失落感、沮丧,然后发展出一种习得的无力感(Cox & Parsons,1996)。

(三)充权

所罗门(1976)将充权定义为一个过程,在此过程中社会工作者(或其他专业助人者)和案主(或案主系统)参与一系列活动,针对被污名群体成员的由其成员身份引致的负面评价,致力于减少由此负面评价所带来的无力感。这些活动包括识别造成问题的权能障碍,发展和执行特殊策略以减轻间接权能障碍的影响和直接权能障碍的效力。"充权"强调无力的来源是污名群体遭受的负面评价,充权的重心在于减少这种无力。此概念得到李(2001)的认可,并继续运用在其《社会工作实务的充权取向:建设心爱的社区》一书中。李(2001:178)明确提出,充权策略致力于减少间接权能障碍的后果,以及弱化直接权能障碍的运行。

亚当斯(2008:17)将充权定义为:个人、群体和/或社区控制其环境、施行权能、实现其目标的能力,以及他们能够帮助自己和他人,以个人或集体的形式,将其生活质量最大化的过程。此概念将充权的主体至少分为个人与集体两个层次,强调充权是一种能力,也是一种过程,并突出了自助与互助的内涵。

迈尔斯(Myers,1995:111)则将充权界定为帮助人们获取、重获、保持个人权能或对生活的控制,由此人们感到能够对那些影响他们的人和组织施加影响。埃金斯(Akins,1985:10)指出,权能可以激发协助人们确保或收回对自己命运的掌控——它强调人们自我运作的能力。西蒙(1994)则认为,在决定生命历程和社区过程时,具有实际的和感觉到的权能,便是充权。虽然界定充权的具体表述不尽相同,但总体而言,充权既包含主观的控制感,又涵盖实际的外在影响力。具体而言,根据帕森斯等人(1993)的观点,充权是一个内在和外在的过程:内在组成部分指的是,认为自己有能力做决定、解决问题和困境的心理态度、信念或感受;外在组成部分是指,让一个人采取行动的有形的(tangible)知识、信息、能力、技巧和资源。

关于充权的内涵,需要特别澄清的是充权的主体。李(2001:33)指出,虽然《韦氏词典》中关于充权的定义是给予权力或权威,给予能力以使能(enable)或允许(permit)——暗指权力可以由一个人给予另一个人,但现实情况很少是这样。充权不应被误解成使能(enablement),因为"使能"仅限于允许或协助人们采取行动,而"充权"不仅限于此,"充权"在于放弃和转移权能使之永远可以控制自己的生活(Payne,1991)。换句话说,充权是一项自体反身性活动(reflexive activity)①,这一过程只有由那些寻求力量和自决的人才能发起和维持,其他人只能够协助和支持充权的过程(Simon,1994:32)。故充权的过程属于(reside)当事人,而非助人者(Lee,2001)。

---

① 自体反身指的是,运用情境或经验对个人自身的影响,来帮助理解和促进将来的行动(Adams,2008:19)。

第二节 充权理论在西方社会工作中的应用及讨论

一、充权:实务取向? 理论? 范式?

充权究竟是一种实务取向,或是一种理论,还是一种范式? 目前的文献对这三种定位分别有所论述。

(一) 充权作为一种实务取向

根据李(2001:31-32)的观点,取向(approach)是指实务的视角(perspective)——思考和实践的方式。一种取向是一个灵活而开放的系统,它与用户的特有方式(style)、判断(judgment)和自我运用(use of self)相匹配,它基于专业的目的、价值观、意识形态、概念、知识、特定的方法(Lee, 2001)。将充权视为一种取向的学者以李(2001)为代表,他认为充权取向在学术上既不是一种正式的理论,也不是一种实务的模型。因为理论是一种思想的系统,是一系列由经验验证的相互关联的假设;理论可以解释和预测现象。而模型可以帮助我们理解是什么、可能是什么,以及如何实现这种可能性(转引自 Lee, 2001)。理论和模型都是可预测的(predictive)和指令性的(prescriptive)。因此,充权取向只能说是"一种整合性的社会工作实务方法,它受到'个人的-政治的'这一统一构念的驱策,致力于人类潜能的解放,以建立心爱的(beloved)社区为目标,此社区以正义(justice)为准则"(Lee, 2001:30)。

由此,李(2001)进一步提出了充权取向社会工作实务的概念框架,包括专业目的、价值基础、知识基础和理论基础、方法等四个方面,见表 10-1。

表 10-1 充权取向社会工作实务的概念框架

概念	具体内容
专业目的	协助经历贫穷和压迫的人们为自己充权,以增强他们适应的能力,改变压迫性的环境和结构性安排
价值基础	与受压迫者、被污名者一道工作,即通过个人和集体行动,增强个人的适应能力、改变环境/结构;助人概念应全面包含关于被压迫群体的知识;社会政策应有助于创造平等机会、获取资源

（续表）

概念	具体内容
知识基础和理论基础	在压迫的情境中处理个人与环境的知识与概念,包括:多重视角即压迫的历史、生态、种族阶层、文化、女性主义、全球的视角,批判理论视角;关于个人适应潜能的知识,独特的个性,应对自我功能的方式,社会和认知行为学习,面对压迫的解决问题的办法;增强个人、家庭、群体、社区的权能;更大的系统和结构性变迁的过程,以协助人们在个人、人际和政治的层面充权
方法(原则、过程与技巧)	充权的方法基于充权的价值和目的,以及支持该取向的八个原则。*充权方法可用于一对一、群体、社区关系系统中。它依赖一种包含相互依存、互惠、共享权利、共同斗争的合作关系;运用充权的小组工作能够处理直接和间接的权力障碍,实现个人、人际和政治的权力目标;反映了意识提升后的集体行动

* 充权取向的八个原则是:(1)所有压迫都是对生活的破坏,社会工作者和案主应当挑战这些压迫;(2)社会工作者对压迫的情形必须抱持全面的观点,既要看见树木,也要看见森林,要与案主同时关注广阔的背景和个人的局面;(3)社会工作者必须协助人们增强自己的潜能,自我充权的原则强调案主在充权过程中的权利和原则;(4)具有共同点的人需要共同实现充权,这一原则集中体现为充权过程中的集体力量;(5)社会工作者必须与案主建立起互惠的关系,要肯定每个行动者的独特个性,肯定人们互相帮助的方式,有尊严和价值感的人联合起来反抗压迫;(6)社会工作者应当鼓励案主说自己的话,被压迫者要学会用压迫者的语言来思考和交谈,案主可能需要为自己的现实重新命名和重新创造现实;(7)工作者应将案主视为一个胜利者,而不是一个受害者,为了抛弃受害人的角色,应帮助案主获取所需的资源,并采取行动;(8)社会工作者必须持续关注社会变迁,应将案主与更广阔的社会议题相联结,采取联合行动,促成社会变迁。

资料来源:参见 J. A. Lee, 2001, The Empowerment Approach to Social Work Practice, Columbia University Press, p. 60。

针对充权取向的实务,考克斯和帕森斯(1996)还提出,它有两个相关的基本假设:(1)每个人都有潜能,即使处于艰苦的环境中;(2)每个人都有可能身处不同程度的无力状态。佩恩(1991)等人也对充权取向实务原则做过相关论述。

倘若将充权取向运用于老年人社会工作,则权能激发取向实务的任务是,"要确保老人在影响他们生活的社会政策之形成与执行过程中,能扮演他们自己想要担任的角色"(Cox & Parsons, 1996:9)。

(二) 充权作为一种理论

将充权作为一种理论的观点主要见于佩恩、齐默尔曼、福西特(Fawcett)等的论述中。

佩恩(1991)从充权理论的缘起出发,认为充权理论起源于经济自由社会开展激进实践中的困难。在理论主张上,应"既反对激进和批判性理论的改革性目标(transformational aims),也反对女性主义和反歧视理论的解放性传统",故充权实务致力于"帮助个体和群体在现有社会结构中克服自我实现的障碍"(Payne, 1991:297)。

斯皮尔和休伊(Speer & Hughey, 1995)则对充权理论的层次进行了区分,认为在充权理论中有两个概念:以充权为心灵内部的现象;以充权为特定组织培育的过程(Zimmerman, 1995)。

齐默尔曼(1995)关注以充权为心灵内部的现象,对心理充权理论(psychological empowerment theory)进行了论述。他提出,心理充权的特性分为个人内部的成分、互动的成分、行为的成分三个方面。其中,个人内部的(intrapersonal)成分指的是人们如何看待自己,包括特定领域的控制感(domain-specific control)[①]、自我效能、控制的动机、胜任感(perceived competence)、掌握度(mastery)。互动的(interactive)成分指的是,人们对于社区和相关社会政治议题的理解。他认为,人们能够意识到选择合适的行为,以达至自己设定的目标。充权的互动的成分也包括做决定的技巧、问题解决技巧、领导技能,这些能力可以帮助个人变得独立并控制生活中的事件,且引导他们成为自己的倡导者。因此,互动的成分是控制感和采取行动施加控制的桥梁。行为的(behavioral)成分是指直接影响结果的行动。齐默尔曼(1995)认为,心理充权的三个成分合起来可以形成一幅图景:相信自己有能力影响特定环境中的个人(个人内部的成分),理解系统在环境中(互动的成分)如何运行,并采取行动对环境施加影响(行动的成分)。此外,充权理论的进一步发展在于考察个人内部的、互动的、行为的成分这三者如何相互作用而形成心理充权,例如这三个成分互相之间有何关系。

福西特等人(Fawcett, et al., 1995)提出了实用性很强的社区充权理论(community empowerment theory),他们建构了"环境-行为的充权模式和方法论"(contextual-behavioral empowerment model and methodology),识别了四个主要策略,包括强化经验和能力、强化团体结构和能力、清除社会和环境障碍、增强环境支持和资源。

---

① 特定领域的控制感指的是,相信自己有能力对不同的生活领域施加影响,如家庭、工作、社会政治环境,转引自 M. A. Zimmerman, 1995, Psychological empowerment: Issues and illustrations, *American Journal of Community Psychology*, Vol. 23, No. 5.。

(三) 充权作为一种范式

充权作为一种范式的观点主要见于亚当斯的著作中。库恩(Kuhn, 1970)使用范式(paradigm)来描述这样一种创举,这成为后代实务者界定研究领域的新的法定问题和方法(转引自 Adams, 2008:66)。

亚当斯(2008)将充权视为一种新的范式,是相对于其之前的治疗范式(treatment paradigm)而言的。她认为,治疗范式(treatment paradigm)在 20 世纪 60—70 年代主导社会工作。当时的社会工作者更关注对案主的"治疗",广泛使用"诊断"和"处方"这些医学术语。除了治疗范式的特定版本,还广泛存在这样的假设,即专业者最清楚什么对人们有利。而 80 年代晚期后,服务使用者的充权则受到关注。到了 90 年代中期,充权范式(empowerment paradigm)取得进展,人们达成共识:有效的社会工作是与人们一起工作的产物,而不是把人们当作工作对象的产物。

充权范式主要以社会建构主义为哲学基础(Adams, 2008)。根据社会建构主义的视角,社会概念和社会构念基于我们之间建构(推断和理解)的方式,使我们成为真实(Berger & Luckmann, 1966)。建构主义视角强调优势(strength),力求建设人们的能力以使之获得权力(take power),因为它认为周遭的世界是由人们挑战的能力(ability to challenge)所决定的,强调后现代主义的批判性特点,鼓励解构那些我们以为理所当然的观念、信念和社会建构,这些观点都有利于开展充权实务(Adams, 2008)。

(四) 对充权的定位的总结

通过以上对充权的定位的讨论可见,作为一种实务取向,作为一种理论,甚至一种范式,充权的各种定位都存在一定程度的合理性。严格来讲,充权作为一种实务取向,已经发展出一套较为完整的概念框架,它含有鲜明的专业目的和价值基础,以及丰富的知识基础和干预方法。

由于理论是用来解释社会生活特定方面的系统化的关联性陈述(Babbie, 2004:43),因此它是一系列经过经验验证的相互关联的假设,可用以理解和预测现象。虽然目前关于各种因素与无力感之间的相互关系,关于诸多方法与充权之间的相互关系,已有大量论述(如 Adams, 2008; Lee, 2001; Gutierrez, et al., 1995; Rees, 1991; Solomon, 1976 等),但总体而言,尚未发展出一套完整的达成共识的理论或模型。尽管有些学者,如齐默尔曼、福西特等人致力于充权理论的发展,但他们也承认要完善各自的充权理论仍需努力。因此本章作者认为,在目前这个阶段,与其将充权视为一种理论,不如将其称作一个视角,以表明充权有发展成为理论的潜力和优势,但研究者需要通过更多的实证研究来丰富充权的理论内涵。

另外,虽然亚当斯(2008)将充权视作一种范式,但他所谈的"治疗范式"到"充权范式"的转变,更多地聚焦在实务理念和取向的转移上。范式是一组关于社会世界的假定,是一种思考的完整体系,指明了科学应该如何进行,包括基本的认识论、理论、哲学、方法等(Neuman, 2000;Punch, 1998)。"每一种范式都能敞开新的理解,带来不同类型的理论,并且激发不同类型的研究",而在充权尚未发展成为一套普遍共识的理论之前,要讨论充权的科学范式,似乎还有很长的路要走。

综上,本书认为充权既是一种实务取向,又是一种理论视角。作为一种实务取向,它具有很强的实践操作性,能够将充权观念直接转化为激发权能的行动。作为一种视角,它需要更多的实证研究,以丰富充权的理论内涵,尤其是要注意在华人社会的背景下充权视角研究的独特性。

二、充权:既是过程,又是结果

如篇首所说,充权理论既包含过程,又包含结果(Perkins & Zimmerman, 1995)。

(一)充权作为一个过程

在所罗门论述中,充权的过程最初指的是"为那些受阻于严重、复杂的歧视而不能实现个人或集体目标的人们发展有效的支持系统"(Solomon, 1976:22)。考克斯与帕森斯(1996)也认为充权是一个过程,但此过程的内涵更为丰富;通过充权过程,个人和群体可以变得足够强大,来参与影响其生活的事件和制度设计,并共同控制和影响它们;充权也是这样一个过程:个人可以获取更多控制力和能力,在他们生活的个人、人际和政治方面,做出积极的改变。简言之,用齐默尔曼(1995)的观点概括,充权过程为掌控控制权、获取资源、批判性地理解社会政治背景。本书以考克斯和帕森斯(1996)的观点为基础,结合其他学者的论述(Adams, 2008;Lee, 2001;Zimmerman, 1995),将充权过程的基本要素概括如下。

1. 态度、价值观与信念

通过充权过程发展出来的心理态度,是由自我效能、提升自我行动的自我知觉、自我价值的信念、个人内在自我控制等组成的(Cox & Parsons, 1996:45)。李

(2001)则将其概括为,发展更积极、强有力的自我意识(sense of self)。实现这些态度的组合是社会服务的主要干预目标,通过与充权过程中的其他构成要素相互作用,目标则更易达成(Cox & Parsons, 1996)。

2. 共同经验的确认

通过充权过程,个人可以了解到自己的经验不是独特的,而是具有共同性的,从而减少自我谴责,寻找自我以外的其他失败原因,并产生一种命运共同体的感受与意识的提升(Cox & Parsons, 1996)。谢夫(Schaef, 1981)主张,协助受压迫及遭贬抑团体的第一步,便是提供机会,让他们把自己的故事讲给那些处于类似情境的人听,以及让其他人听到并确认这些故事。共同的感受和团体意识便会从彼此的确认中发展出来(转引自 Cox & Parsons, 1996)。

3. 批判性的思考

根据考克斯和帕森斯(1996)的观点,借由权能激发的过程,个人变得能够仔细思考问题的内在与外在层面。他们开始能够辨识宏观层次的结构及其影响,并且能够探索他们获得价值观、信念与态度的方式及其如何影响问题。把问题放置在社会政治环境的过程中,会减少自我谴责,以及在某种程度上,可协助个人看出他们的问题根源是大社会环境。通过意识的提升,个人会慢慢了解,他们的问题与许多其他人的很相似,然后开始去认同共同的经验。这种认同的感受,可以协助他们了解彼此是一体的,并且采取行动。

李(2001)也认为,充权实务需要批判性思考,以应对个人、家庭和组织的资源问题(贫穷的多重面向)、无力感的问题、阻碍性或隐蔽的权力结构、限制性的权力结构、与任意的社会标准或价值有关的问题。为了实现充权,我们必须与案主开放性地讨论权力,考察来自个人资源(心理社会优势和社会经济力量)的权力基础,考察外显的权力(articulation power)、象征性权力(symbolic power)、地位的权力(positional power)或权威、正式和非正式组织的权力。古铁雷斯等人(1998)也承认,发展批判性意识[①]、减少自我谴责、承担个人改变的责任、增强自我效能,这些

[①] 批判性意识(critical consciousness)借用了巴西的教育学者保罗·弗莱雷(Paolo Freire)的观点,他在《被压迫者教育学》(*The Pedagogy of the Oprressed*)(1973)一书中,教授贫困成年人掌握读写能力,目标是使他们不仅能够识字(name the word),而且能命名世界(name the world)。为了思考、阅读、书写关于世界的一切,必须学习读写,如此,学习者可以将自己视为文化的制造者——认为阶级地位不是命运,而是用来维持经济—政治—意识形态环境的手段。参见 J. A. Lee, 2001, *The Empowerment Approach to Social Work Practice*, Columbia University Press。

对于充权来说是很关键的。批判性意识甚至贯穿于整个充权实务的过程——批判性的反思与充权性实务之间不断互动,即不断在"反思—行动—评估"这一循环内外,以及在思考和行动之间互相作用(Adams, 2008)。

4. 培育知识、技巧、资源、策略

在充权过程中,必须发展知识、技巧和与他人互相支持的网络,培养教育和问题解决的技巧(Cox & Parsons, 1996),同时应培育资源和策略,或培养更具功能性的能力,以实现个人和集体的目标(Lee, 2001)。比如,发展时间技巧、学习资源和管理、为了共同目标与他人一起工作、拓展个人的社会支持网络、发展领导技巧(Zimmerman, 1995)。事实上,培育知识、技巧、资源与策略,已经成为行动的一部分。

5. 行动

意识提升的产物是行动(Lee, 2001:35)。通过充权过程,个人能够发展行动策略,培育必要的资源、知识与技巧,影响内外的结构。在心理层面,他们学习承担行为的责任;在行为层面,他们愿意而且能够和其他人一起行动,以达成共同的目标与社会变迁(Cox & Parsons, 1996:46)。梅顿和塞勒姆(Maton & Salem, 1995)也强调充权过程中的行动要素,他们将充权视为一个过程,这个过程促使个人通过与他人一道参与,来实现他们首要的个人目标。这一界定强调个人的动机,同时也强调集体行动。

(二)充权作为一个结果

充权结果是充权过程的一种结果。充权结果指的是,用于研究充权干预效果的特定测量手段,调查充权过程和机制产生一系列有助于发展充权理论的实证文献(Zimmerman, 1995)。换句话说,充权的结果指的是充权的操作化,它令我们能够研究充权的过程(Perkins & Zimmerman, 1995)。根据珀金斯与齐默尔曼(1995)的观点,针对个人的充权结果可能包括特定情境中的控制感、调动资源的技巧;倘若我们研究的是组织,充权结果则包括组织网络的发展、组织的成长、政策的影响力;社区层面的充权结果可能包含多元的证据、组织联盟的存在、可获得的社区资源。

三、充权取向的理论基础

(一) 生态视角

对于人与环境这个整体,倘若不探讨二者之间的关系,就不可能透彻理解其中一方,为了将人和环境作为一个整体全面看待,生态学提供了一个合适的隐喻(Lee,2001:139)。根据李(2001)的观点,一些充权视角的概念来自生态学,包括:适应(adaptedness),压力(stress)和应对(coping),抑制权力形成压迫(withholding of power as oppression)或存有偏见的歧视(prejudicial discrimination),作为社会和技术污染的权力滥用(power abuse),人类的关联性(human relatedness),能力(direction),自我方向(self-direction),自尊(self-esteem)/自我概念(self-concept)。

其中,根据李(2001:155)的观点,认知重构包括识别新的思考方式、修正错误信念、学习处理现实情况的更具适应性的方法。认知重构直接关系到充权实务中的意识提升技巧:意识提升技巧假设受压迫的人们内化了错误的自我信念,这些信念需要重新被建构,以减少对自我和社区的责备,提升自尊和社区尊严,采取积极的行动。

应对反应(coping responses)是我们在压力下所经历的特殊适应;"应对需要主动地解决问题(以减少、消除或管理压力)并调节紧张性刺激引起的负面感受"(Lee,2001:141)。而在生态架构下的应对技巧是"帮助个人处理问题情境的策略,它包括认知重构、放松、模仿、训练社会技巧/想象、演练以及其他行为程序"(Lee,2001:155)。贫穷不断带来紧张性刺激,这时创造性的应对反应很有必要。在压迫的情境下,语言和幽默是有益的防御(转引自Lee,2001:141;Draper,1979)。而集体行动是应对压迫性的生活压力的手段(Lee,2001:142)。

(二) 建构主义

建构主义思想的本质在于,个人的意义建构就是个人如何理解世界。建构主义关键是案主对于现象赋予的意义(Carpenter,2003;Lee,2001:40;Dean,1993)。在建构主义的基础上,充权取向强调优势,力求建设人们的能力以获得权力;它强调后现代主义的批判性特点,鼓励人们解构那些原以为理所当然的观念、信念和社会建构(Adams,2008)。

尽管如此,李(2001)认为,不论个人承认与否,确实存在不平等的资源分配和歧视;个人可以为这些影响其生活的现象赋予独特的意义。基于此,他认为有一种建构主义思想更符合充权实务,即批判建构主义(critical constructivism)。在这一思想系统中,"个人随同物理和社会环境,成为个人现实(personal reality)的共同创造者(co-creator)和共同建构者(co-constructor)"(Lee, 2001:40)。这一思想系统虽然不同等地强调社会变迁,但也认识到了外在的不平等。其基本的假设是:我们通过自己的认识、知觉、情感和信念系统,来了解客观的外在世界(Carpenter, 2003)。批判建构主义谈得更多的是内化的压迫(internalized oppression)或所罗门提出的间接的权力障碍(Lee, 2001:40)。

(三) 批判视角

充权取向具有鲜明的批判色彩。考克斯与帕森斯(1996)认为,充权取向的实务有一部分根植在政治经济的观点里。充权取向的基础是,人们可以联合起来伸张自己的生活权益,推动社会正义和机会平等(Lee, 2001)。充权实务者主张,在临床或人际方面"治疗"被害者,却不提升他们的意识——挑战压迫者、成为胜利者,是不合伦理的(Lee, 2001)。"分析权力和无力感的动力,能够为影响社会系统中不平等和压迫性的权力分配,提供可能性。"(Solomon, 1976:16)因此,政治上的回应需要被传导到实务操作的终端,同时既要厘清其限制,也要清楚其机会(Rees, 1991)。

然而,充权取向的社会工作又不完全等同于批判或激进取向的社会工作。充权理论起源于经济自由社会开展激进实践遇到的困难。充权实务旨在帮助个体和群体在现有社会结构中克服自我实现的障碍,故反对激进和批判性理论的改革性目标,也反对女性主义和反歧视理论的解放性传统(Payne, 1991)。充权取向主张通过个人和群体的学习,实现某些社会进步,并鼓励参与更广阔的社会运动(Payne, 1991)。

(四) 其他理论

除了生态视角、建构主义和批判视角外,社会工作的优势视角也与充权取向密切相关。西蒙(1994)认为,充权的概念基于五个理念:(1)与案主和社会工作者的合作伙伴关系;(2)强调扩大案主的能力和优势;(3)关注个人或家庭与环境;(4)将案主视为积极的能动主体;(5)关注持续受到剥夺和压制的人群。其中,案主的优势是充权的燃料和能源,促进案主充权意味着相信人们有能力自己做出决策

(Cowger & Snively，2002)。这意味着人们不仅具有优势与潜能去解决生活中的困难，而且也有能力增强自身优势，并为社会整体利益做贡献。社会工作者应当培育、鼓励、协助、支持、激发、释放人们内在的优势，帮助案主明确其处境，发现他们想要的东西，探索可以满足其期望的替代方法。

优势视角的实践要求我们从一个完全不同的角度来看待案主及其环境和现状，将目光投向可能性，而不再仅仅锁定于问题(Saleebey，2002a)。塞勒伯(2002b)认为，几乎所有事情在某种特定条件下都可以被视为一种优势，比如人们的资源、能力和资产，人们在与损伤和灾难的抗争中积累的经验和个人特质，如幽默感、关怀心、创造力、洞察力、独立性、精神信仰、想象力等，以及人们所在社区蕴含的人际、制度与自然的资源。

科萨德特(Kisthardt，2002)认为以优势为本的助人实践应坚持以下六项原则：(1)助人过程应摒弃诊断、缺陷和症状的思维，首要关注的是个人所具有的优势、兴趣、能力、知识和才华；(2)助人关系是合作的、伙伴性质的，不是一方凌驾于另一方之上；(3)每个人都应为自我恢复负责，案主是助人工作的指引者；(4)所有人都具有内在的学习、成长和改变的能力；(5)助人活动应在社区环境中开展；(6)提供正式的社会服务前，应优先考虑社区的原生资源。

以优势视角提供老年人服务的重点在于探究、发展和立足个人内在及外在的资源，但这并不能掩盖老年人确实遭受的痛苦、焦虑、排斥、轻视和边缘化(Chapin & Cox，2002)。正如塞勒伯(2004)所言:"我们不可能绕开疾病的痛苦这一现实而去谈论案主。否定问题的存在就像否定事实成功的可能性那样，两者都是错误的。但是我们要做的只有一件事情，那就是重新建构——重新形成一种态度、一种表述、一个关于前景和期望的故事，以及隐藏在案主标签之下的案主真实的五颜六色的画面。"

换言之，优势视角认为，我们固然要理解实现希望、梦想和期望的障碍，但也要重视人们的能力和优势，因为"一个更为公正和平等的分配体系的核心在于个人或集体优势与能力的发展和表达"(Saleebey，2004:264)。

除了优势视角外，根据李的论述，另有一些不特别聚焦于临床实务的思想体系和取向与充权取向高度兼容(Lee，2001)，如女性主义理论、符号互动主义(Schwartz，1994)、种族阶级的视角、文化的视角。其他兼容的取向强调对人们及其环境层面的干预，如结构性取向(structural approach)(Wood & Middleman，1989)、整合性取向(integrated approach)(Parsons，Hernandez & Jorgensen，1993)。

与小组发展和小组工作有关的理论形成了充权取向小组的基础;关于社区发展、政治干预的理论也是发展社区的必要理论(Lee, 2001)。自助者(self-helper)、社会支持运动、批判性意识的教育工作(Freiere, 1975)等,也成为充权取向实务的理论基础(Cox, 1988)。

四、充权的各层次

充权取向既是临床导向的(clinical-oriented),又是社区导向的(community-oriented),它涵盖个人、家庭、群体、社区和政治系统的全方位工作(Lee, 2001)。说它是临床导向的是因为,因贫穷、边缘化、生理和情感暴力、压迫而伤亡的人,可能变成"受伤但还能活动的人"。我们应当关注困弱群体和高危人群的生理心理社会需要,并促进他们的康复,这种康复不应当谴责受害者。此种康复也并不掌握在专家的手里,而在于自我康复、自我充权的过程中人们与朋辈、助人者的合作。充权取向又是以社区为导向的,因为活生生的、成长着的、被充权的人们,不能适应死气沉沉的社区。在积极适应的过程中,他们会改变社区或离开社区。这一取向包含小组工作的传统目标,即积极的小组凝聚力会推动个人为社会目标而成长。我们都是生活背景下的一员,前景(人)和背景(情境)合起来形成一幅统一的图景。充权是使社区活跃起来的过程和结果。获取资源、知识和办法的力量建立了个人的生活和心爱的社区。(Lee, 2001:31)

李(2001)认为,充权取向可以在个人的、人际的和政治的这三个连锁的层面协助人们增强自己的权能。而齐默尔曼(1995)则将充权的层面分为心理的、组织的和社区三个方面。他认为组织的充权包括增强成员技巧,为他们提供影响社区变迁所需的互相支持、过程和结构,还包括通过有效地竞争资源、与其他组织建立网络、扩展组织的影响,提高组织的效能(Zimmerman, 1995);在社区层面,充权指的是,人们被组织起来一起工作,改善集体生活,增强与社区组织、机构的联结——这些组织与机构有助于维持人们生活的质量(Zimmerman, 1995)。

综合李(2001)、亚当斯(2008)、齐默尔曼(1995)、梅顿与塞勒姆(1995)等人的观点,本书进一步地分别从个人层面、人际或组织层面、社区与政策层面来探讨充权。

(一)个人层面的充权

亚当斯(2008)认为,要优先处理充权过程的心理学方面,她将个人层面的充权称为"自我充权"。"自我充权意味着人们有权掌握自己的生活"(Adams, 2008: 83),它是充权的核心领域,也是我们开始控制自己生活的起点。她认为,自我充权在理论和实务上有两个根源:一是自助的观念,二是人们之前的传记——经验、知识、技巧、感觉和看法——形塑了现今的与将来的生活。自我充权的过程强调能力建设,包括人们获得新的技巧,或更加注意使用新的技巧,提升人们肩负起责任的自信心与能力,使他们更多地参与社区和社会。能力建设与激发人们的权能以应对贫穷、压迫、歧视和排斥相联系(Adams, 2008:85)。

珀金斯等人将个人层面的充权称为心理充权,但充权不只是传统上的心理学构念(如自尊、自我效能、能力、控制感)(Perkins & Zimmerman, 1995)。他们提出心理充权的特性包含个人内部的、互动的、行为的成分三个方面。

基于心理充权,根据齐默尔曼的观点,充权不一定要取得实际的权力或控制,因为在一些背景下、对某些群体来说,真正的控制或权力可能并非其期望的目标。相反,诸如有更多的知情权和技巧、更健康、更多参与决定这些目标可能是某些群体期望的目标。因此在特定领域中,实际的权力或控制可能是心理充权的充分条件,但不是必要条件(Zimmerman, 1995)。

亚当斯(2008)与齐默尔曼(1995)都肯定个人层面的充权是充权的起点与核心。因为,只有感到权能激发的人们,才更可能具有激发他人权能的动机和能力,也更有动机和能力被他人充权(Adams, 2008)。个人层面的充权关注人们的内在经验、感觉和看法,但它又不仅停留于心理学的构念,还联结了社会变迁、能力建设、集体行动。

(二)人际或组织层面的充权

在人际层面,权能被界定为影响他人以取得想要之资源或实现期望目标的能力(Lee, 2001:51)。在所有层面的充权中,小组几乎是最受欢迎的工作媒介。充权取向的小组工作理论来源于施瓦茨对互助的强调(Lee, 2001)。20世纪80年代晚期到90年代早期,有不少人尝试在社会工作中运用充权概念开展小组工作(Lee, 2001; Gutierrez, et al., 1998, 1995; Perkins & Zimmerman, 1995)。

根据李(2001)的观点,充权小组运用充权取向的原则、知识基础和技巧,并以充权为小组工作的目的、内容、过程和结果。它基于许多共同点,包括小组成员共同的受压迫经验。这些共同点中通常存在各种优势和丰富的差异。它并非一个支持小组或互助小组,不是"治疗性小组",也不是一个意识提升或批判性教育的小组,或一个政治行动小组,它是所有这些的结合,甚至更多(Lee, 2001:307)。李认为,充权小组适合于那些在生活中面临普遍外在和内化的受压迫者,儿童、青少年和老年人等都可以从充权小组中受益。

相较于李(2001)对小组成员受压迫经验和政治充权的强调,珀金斯与齐默尔曼(1995)对自助小组的描述不带有过多的政治色彩。他们认为,充权取向的社会干预的共同形式是自助运动或互助运动。自助团体致力于改进个人的心理和生理功能,这些人共享一些具体的生活经验或问题。自助团体中的帮助来源于团体成员自身的努力、知识,以及他们给予的同辈情感支持。这类群体的主要目的是,为团体成员充权,使他们对自己的生活施加控制,对影响自己生活的制度施加控制。

除了充权取向的团体工作之外,对团体或组织的充权研究也提供了更多的实践证据。例如,一些研究者发现,志愿组织对于心理充权是很重要的(Zimmerman & Warschausky, 1998; Rich, et al., 1995; Rappaport, 1995)。又如,梅顿和塞勒姆(1995)通过深度的、多层次的、纵向的研究,发现充权性质的组织具有某些特征。①

(三) 社区与政策层面的充权

伯格和诺伊豪斯(Berger & Neuhaus, 1977)是首批在社区背景下使用"充权"一词的学者(转引自 Perkins & Zimmerman, 1995)。他们关注中介主体的重要性,如邻里、家庭、教会、志愿组织和文化认同。在理论方面,福西特等人(1995)提出了实用性很强的社区充权理论,建立了"环境-行为的充权模式和方法论"。

在实务方面,充权取向的社区工作重视运用多重视角,坚持充权实务的价值观和原则、技巧;实务者要掌握社区成员的受压迫情况、哪些政策维持了这种情况;了解社区的优势也有助于与社会居民建立互惠关系(Lee, 2001:379)。社区层面的充权过程也可能包含集体行动以取得政府和其他的社区资源,如大众传媒(Perkins & Zimmerman, 1995)。

另外,在政策层面,珀金斯等人(1995)建议政策制定者、项目计划者尤其是充权研究者:更多地关注充权的不同层面如个人、组织、社区,重视当地基层的努力;更熟悉政策制定的过程及其复杂性和关键角色,更自如地传播、运用他们的研究;

---

① 梅顿和塞勒姆在三个充权的社区环境中开展了深度的、多层次的、纵贯性的研究:一个宗教团契(a regional fellowship)、一个由严重精神疾病患者组成的互助组织、一个非洲裔美国学生的教育项目。研究发现,三个组织都具有的特征包括:(1)激励成长的信念系统,基于优势,关注点超出个人的范围;(2)普遍的、容易获取的、多重功能的、充满机会的角色结构;(3)全面的、由同伴组成的支持系统,可以提供社区感;(4)激励人的、有才干的、共享的领袖角色,为组织及其成员服务。

更具前瞻性,不仅在计划和评估的阶段,而且在从制定日程表、政策采纳到政策执行和反思的整个过程中。

(四) 对困弱人群充权逻辑的剖析——以贫困老人为例

充权取向的研究与实务在老年人群体,尤其是困弱老年人群体中运用广泛。研究是充权实务的工具,它有助于发现未知的人类需要的性质和范围,它能够让那些弱势处境的人发出声音、识别自己的需要,它能够支持和记录社会工作者的倡导,支持和记录他们使系统更具回应性的努力,它能够以研究资料为具有共同利益的困弱者充权(Lee, 2001)。一般来说,充权研究具有生态敏感性——对社会、政治、环境背景,灵活使用多种量化和质性方法,与充权的价值观相一致(在研究过程的任何阶段,信息提供者都是受到肯定的共同参与者)(Perkins & Zimmerman, 1995)。

充权理念在老年社会学领域也日益受到重视。尤其在批判性老年学中,埃斯蒂斯等人(Estes, et al., 2001)提出一种干预的方法,即纳入充权的责任,设计并评估社会干预,这种干预能增强长期患病老年人的自尊、自我控制、个人和社会参与、社会行动。充权致力于干预的发展与执行,以改变造成老年人依赖问题的结构性条件(Estes, et al., 2001:294)。埃斯蒂斯等人提出三个干预层次:第一个层次聚焦于日常生活方面,这种干预应增强老年人在日常生活中的个人控制;第二个层次由社区中的制度设计者和专业者发起,也须聚焦于改善个人控制,改善老人服务或社区服务的途径;第三个层次挑战根深蒂固的社会结构,这种社会结构歧视老年人,扩大了性别、年龄、种族不平等(转引自 Richardson & Barusch, 2006)。

考克斯与帕森斯(1996)指出,当老年人没有足够的资源来满足其需求时,会有以下的行为与感受:否认收入所得状况的改变,并且通过缩减某方面的花费,来努力掩盖在环境中可见的改变征兆;因无力为子女或重要他人提供金钱方面的支助而引发无用与沮丧的感觉;对当下所得的不足感到丢脸,因为这种情况本应通过提供生存保障的终身工作与储蓄方式来预防;拒绝申请资助,因为认为接受福利是不好的。而西方老年人的"充权"概念正是基于这样的信念:需要有其他的力量来对抗老年人依赖的迷思(Thursz, 1995)。它并非假设权力可由服务提供商或家人赋予老人,恰恰相反,它力求自我充权。然而,服务提供商和政策制定者,必须培养对这种需要的敏感性,必须为个人创造自决的机会,并创造老人集体行动的机会(Thursz, 1995)。以下我们简要回顾充权的信念在贫困老年人研究与实务中的应用。

1. 贫困老年人群的充权研究

对于老年人来说,他们中的大多数都会面临一些重要的失落(Cox & Parsons, 1996)。"那些一辈子生活在贫穷或有限财务资源之中的老人,以及那些因为少数民族的身份、女性的身份或阶级相关的因素而承受歧视的老人,更容易受到晚年生活挑战的威胁。"(Cox & Parsons, 1996:23)老化的个人与社会动力之间的互动造成了老人的无力感。个人的失落包括生理与心理的衰退,以及支持系统的丧失;社会因素则包括退休、角色丧失、年龄歧视和依赖;社会政策以及社会服务设计,也易给老年人加上污名,使老年人变得无力(Cox & Parsons, 1996)。充权取向的研究者致力于通过研究,寻求策略,来对抗老年人已被内化的无力感。

瑟斯(Thursz, 1995)将老年人的充权分为个人的充权和社会的充权或集体性充权。前者聚焦于个人及其自决的权利,后者指的是有着相似目标和利益的群体被组织起来,采取共同行动,以争取社会资源和机会。

在个人的充权层面,一些充权取向的研究显示,老年人对自身经验的看法是很重要的。有些老年人并不满意或满足,他们的内在情感反应与客观的生活环境无关,而他们对生活情境的态度受到与充权有关的因素影响,如控制点①、自我效能、自我概念(Myers, 1995:112)。对此,迈尔斯(1995)提出,帮助老年人体验掌控生活的控制感,提升老年人的能力和自决,可以培育老年人的充权意识。这可能要求环境和个人认知的重要修正,可以用包括社会、环境、心理干预的社会重构综合征,来补偿社会崩溃②的负面影响(Myers, 1995)。

团体支持与社会网络,也有助于为困弱老年人的充权。西克史密斯等人(Six-smith, et al., 2003)探索了那些因健康状况恶化而影响工作参与的老年人,如何通过非正式的社区活动、发展能力以建设社会网络,获得补偿性充权。考克斯与帕森斯(1996)对参与小组的老年人及组织小组的社会工作者进行了质性访谈。结果显示,女性老年人相互间发展起持久性的关系——这些关系涵盖安全的环境、互动的机会、共性、互相依靠、支持和接纳、表达感受、互相教育、互相支持、树立榜样、集体

---

① "控制点"(locus of control)是一个心理学概念,指的是一个人如何以生活事件评估自己的性格。有着内在控制点的人将自己视为对生活事件负责,或控制生活事件;有着外在控制点的人认为自己对于看起来决定他们生活事件的外在环境或力量,有很少或没有控制力。参见 J. Myers, 1995, The psychological basis for empowerment: Introduction, in D. Thursz, C. Nusberg & J. Prather (eds.), *Empowering Older People: An International Approach*, Auburn House, p. 112.

② 社会崩溃描述的是老年人经历负面调适的过程。参见 J. Myers, 1995, The psychological basis for empowerment: Introduction, in D. Thursz, C. Nusberg & J. Prather (eds.), *Empowering Older People: An International Approach*, Auburn House, p. 114.

决策、问题解决、采取集体行动。因此,充权导向的干预可以发展和支持有意义的人际关系,从而提升老年女性的生活质量。

倘若说老年人的社会充权与社会资源、机会有关,那么不可避免地需要对社会政策角度的充权进行研究。伯格和诺伊豪斯使用"充权"一词作为改革社会政策的指导,拉帕波特呼吁采纳充权的社会政策来取代保护性的社会政策。但围绕贫困老年人充权的社会政策研究,似乎尚不多见。

2. 贫困老年人的充权实务

充权对于成年人尤其是老年人特别适合(Thursz,1995;Stevenson,1996,转引自 Payne,1991)。瑟斯等人(1995)引入老年人充权的国际视角进行研究发现,循证为本的实务须根源于充权的过程:

(1)直接让老年人参与分析自身的境况。

(2)识别和使用老年人关于倡导方面的知识,以做出决定。

(3)让老年人参与收集信息的过程。

(4)将贫穷和边缘化的人群纳入政策和服务的范畴。

(5)促使老年人参与计划、执行、传播研究的过程,促使他们与政策决策者、实务者直接就其境况进行沟通。

(6)将老年人表达的议题与更广阔的政策发展相联结。

(7)纳入需要干预的证据,以及以经济和社会发展目标为依据。

在老年人的个人层面,充权取向的干预策略致力于增强案主的批判意识(Cox,1988)。权能激发取向的社会工作者必须协助个别老年人,清楚地辨识他们自己的价值观、态度、信念与需求层次,并且去挑战那些阻碍生理/心理健康的价值观、态度、信念;同时,需要发展技巧,鼓励老年人面对他们的两难与对改变的挣扎,而不是去忽略他们生活中正在改变的环境与无助的感受(Cox & Parsons,1996:191)。

老年人因丧失工作而缺乏生活来源,可能引发无力感。考克斯和帕森斯(1996)批评社会工作服务者很少辨识正承受工作丧失压力的老年人,并且提供权能激发取向的教育、相互支持、意识提升,以及其他有用的情境。他们认为,充权取向的工作者可以发展外展服务,找出目前正受工作歧视与免职影响的个人,并且提供服务,将老年求职者联结起来,以便他们能分享彼此的经验。这类型的干预可以减少个人失败、自责与孤立的感受,并且鼓励共同探索选择。支持团体可以辨识与分享训练和工作的机会,并且整体地收集有关就业问题的知识。另外,还可以组织老年人主动开发工作机会。

在人际层面，小组是实务工作者青睐的工作方法。这是因为，运用小组参与是意识提升过程的关键；在小组背景下，案主与类似处境的其他人一起，能够澄清议题、抽取共同的问题、识别个人问题的成因，增强对环境的批判性探索；小组有潜力提供一种中介，老年人因此获得自我接纳和联结的必要支持，并获得采取必要行动的力量；最终，他们消除无力感，变得互相充权。小组干预策略适用于老年人收入维持和其他生存资源、住房和健康照顾等范围（Cox, 1988）。

针对贫困老年人，小组工作有三个核心特征：（1）小组针对老年人的直接需要和问题，是自助任务导向的，或教育性的小组；（2）小组的主要目标既包含导致无力感的外在环境，又包括导致无力感的内化价值观；（3）这些小组活动用于处理无力感的一个或多个因素（Cox, 1988）。而收入维持和其他生存资源的充权小组的工作策略包括：聚焦于社会保障或其他收入项目的教育性小组；组织合作社；发展公共花园；鼓励老年人参与争取公共支持的资源保障线，争取就业机会（Cox, 1988）。小组工作除了可以帮助贫困老年人发展生存资源外，还可以针对由丧失和正常老化过程导致的依赖，将半社会疏离状态的老年人（semi-isolated elder）纳入增强理解和知识的过程，识别和增强应对挑战的技巧，为老年人参与互助、社会行动和其他促进充权的活动，提供便利（Cox & Parsons, 1996）。

除了个人与小组/团体的工作方法外，社区工作也是一种有用的方法，它能够有效地加强老年人与社区的联系，把我们的注意力从老年人个体身上转向令老年人处于弱势的社会系统的动力或限制；它也能够帮助我们以"谴责系统"的视角来看待老化，消除老年人负面的自我印象，保护老年人的权利，增强老年人影响决策的能力（Kam, 1996）。针对贫困老年人的社区工作方法包括帮助老年人理解他们的生活环境；帮助他们发展关于社区设施、社区新发展、政府相关部门运作的更多知识；成立居民组织，以此为平台来联合居民、识别社区问题、表达居民意见、阐明要求、组织集体活动，并形成一条联合阵线来影响有关社会利益和福利措施的政策（Kam, 1996）。

在实践中，旨在为贫困老年人充权的社会计划或项目在英美等国得到推广。如美国国际老年人与协助老年人协会（American Association of International Aging and Help-Age）开创了"创造补充性的收入计划"（转引自 Cox & Parsons, 1996）。这些计划包括公共菜园、小孩照顾方案、住家修缮方案、技巧银行、艺术与手工艺合作社，它们能替老年案主创造珍贵的补充性收入，鼓励老年志愿者发起并参与许多这类的方案，以提供食物给他们自己及其他人。

此外,在争取资源和机会的政策层面,一个有魅力的、善于表达的代言人对于贫困老年人也是很重要的。长久以来,残疾和困弱群体不得不依赖善意的、富裕的或身体健全的发言人为他们说话。尽管这些个人和组织发言人真心诚意,大多数从来没有接触过他们为之发言的那些人,而且没有人为他们负责。

需要强调的是,不论是在个人、人际还是在社区或政策层面,权能激发取向的实务都不是由一位"被权能激发的社会工作者"赋予或给予"无力的老年人"权力的过程。没有人能够赋予他人权能;工作者是与老年案主建立伙伴关系,参与过程,一起界定问题及解决问题的(Cox & Parsons, 1996)。

第三节 充权视角在中国的应用和发展

一、充权取向在中国的运用综述

充权的概念和实践并不仅仅是发达国家的创造发明,它超越了地区和国家的界限,提供策略以处理由全球性不平等引发的问题(Adams, 2008)。在我国,一些学者也将充权取向引入社会工作领域,探讨了充权作为一种社会工作的概念(Parsloe, 1995),探索了不同社会困弱群体的理论与实践,如贫困人士、老年人及长期患病者的充权工作(唐咏,2009),同时反思了充权观念在中国的运用(Tu, Wang & Yeh, 2006)。

首先,充权取向的文化敏感性逐渐得到重视。叶锦成(Yip, 2004)针对充权模式分享了中国香港地区的社会工作实务经验,认为充权模式在华人社区中的运用需要调整。在受传统文化影响的中国社区中运用充权取向时,可能导致以下的虚假充权:实用主义的充权、独裁的充权、隐蔽的充权、孤独理想化充权、时尚的充权。叶锦成提出,社会工作者执行充权项目时,应仔细考虑中国文化背景和案主接受充权的意愿。譬如,中国人的自我身份受到重要他人的深刻影响,对中国的案主的充权必须包括对案主家人的充权;儒家思想鼓励在面对压迫和艰难困苦时,要自我克制和自我修养,因此中国人或许更倾向于渐进式而非激进的充权。在这些初步探讨的基础上,我们仍需要进一步研究和实践,来探索在我国如何修正西方的充权模式。

其次,在实证研究的基础上,产生了关于我国社会充权的理论洞见。例如,有学者通过问卷调查,考察了中国台湾地区养老院老年人感知到的充权照护与生活质量的关系(Tu,Wang & Yeh,2006)。研究发现,感知到的充权照护是老年人生活质量的最重要因素。因此,研究者提倡将充权性质的照护作为养老院的策略。有学者认为个人的充权包括个人内部的充权、人际的充权和个人外部的充权,并将他们视为个人的社会资本;他们考察了中国香港地区参与自助团体的充权效果,结果显示,个人的充权和在团体中的得益程度呈现高度相关,但也提醒研究者和实务者应考察团体成员额外互动的作用(Mok, et al.,2006)。有学者考察了香港地区自助团体成员的个人充权与生活满意度,发现二者之间呈现显著正相关,从而进一步补充了香港自助团体效果的文献(Mok,Cheung & Cheung,2006)。

最后,除了以上的理论争论之外,特定领域的实务也将充权向前推进。如香港地区的离婚妇女充权小组(Chan, et al.,2002)、癌症病人充权小组(Mok, et al.,2002)等,探讨的重点从困弱社会群体的自助互助,延伸到社区工作及居民权益运动。在台湾地区,充权实践主要源于20世纪80年代以后的社会抗争运动与社区总体营造运动,包括残障福利运动、弱势社区争取生存空间运动、消费者保护运动和劳工、农民、原住民的争权运动等各种声势浩大的社会运动,以帮助特定群体争取各种福利权利。

总体而言,在中国,2002年以后,关于充权理论的相关文献数量呈大幅度增加趋势。学者对于充权理论的认识与应用都有所提升,其实践多见于老年社会工作、青少年社会工作、女性社会工作、医务社会工作、儿童社会工作、矫正社会工作、农村社会工作等领域。虽然以上的理论争论和特定领域的实务将中国的充权研究与实务不断向前推进,但对于华人社会尤其是中国本土的充权研究文献仍相对有限(Mok, et al.,2006)。

二、充权视角在我国实务领域的具体应用

充权取向的社会工作有两个相关的基本假设(Cox & Parsons,1996:20):一是每个人都有潜能,即使处于艰困的环境中;二是每个人都有可能身处于不同程度的无力状态。充权视角可以既看到贫困老年人可能存在的无力感,又肯定贫困老年人的潜能。充权研究聚焦于识别能力,而不是记录风险因素,着力探索环境对社会问题的影响,而不是谴责受害者。该视角将个人的优势和能力、自然的助人系统、前瞻性的行为与社会政策、社会变迁联结起来(Rappaport,1995),显得较为全面。同时相较于传统的激进或反压迫取向——认为受压迫群体面对结构性压迫时完全无能为力,充权取向的社会工作更为积极(Pease,2002)。

付再学(2008)探讨了充权的新理念,他认为充权理念可以用于为养老机构建构新的老年人服务模式,主张要认识老年人的潜能,即老年人的经验能够帮助他们解决自己的问题,老年人是自己的问题的专家,老年人有能力掌控环境和自己的生活。因此,我们要尊重老年人,与老年人建立平等的关系。养老机构人员在提供服务时,应当把满足老年人的需要放在第一位,并要充分调动老年人的积极性和参与性,在服务中发展老年人的能力;在设计服务时,要让老年人参与进来,听取老年人的意见;在服务实施时,要让老年人发挥主动性,服务提供者在服务中的角色应是协作者和引导者。

在儿童及青少年社会工作领域,关于运用充权理论进行实践的探讨相对较早。陆玉林与张羽(2007)认为城市困弱青少年客观上都处于无权状态,实现城市困弱青少年群体的充权途径主要为家庭互动等,以使其提升能力并获取资源。黄肖静(2007)就充权理论的核心概念和青少年充权的基本内涵、必要性和实践途径四个方面加以梳理和分析,并提出了需要加强和深入研究的问题。关于青少年充权的目标,可以理解为进一步增加、强化青少年权力、权利和权益,从而减少社会不平等,实现社会正义。他们还将青少年的充权分为个人充权和集体充权两个层次:个人充权是指个人为自我再定义及能有效地履行自己的社会角色。个体充权又可以从个人内部、人际和个人外部三个方面来看。集体充权是指通过社会行动去改变权力结构,从而达到权力关系的转移,达至一种对话各方权力的平衡,从而促使各方实现真正沟通。学者们普遍认为,青少年充权是新的研究视野、研究角度、工作理念和工作方式。

在医务社会工作领域,我国学者对健康充权领域进行了积极的探索,张时飞(2005)将充权理念应用于癌症自助小组,从个人充权和集体充权两个层面来测量充权效果。杨阳、曾铁英、赵梅珍(2017)将充权理论应用于老年慢性病患者的健康管理当中,旨在通过开发患者的知识与能力,培养其信心,使之获得自我发展与自我满足,提升自我意识感和自我效能感,从而控制疾病、管理生活和促进健康。例如,张国芹等人(2015)采用充权模式,对脑卒中患者及其照护者进行了为期一年的康复技术指导,干预组患者的康复痊愈、康复显著及进步例数均明显高于对照组患者。另有研究者对脑卒中患者及其照护者进行与照护者充权相关的健康教育,结果显示,照护者充权模式对患者的康复具有积极的促进作用。在老年人慢性病管理方面,充权的主要策略包括制定目标、增进老年人参与和自我意识以及自我管理技巧、营养教育、行为干预、认知教育、压力应对、社会支持等各方面,其开展形式包括小组研讨、同伴支持、工作坊、俱乐部、电话邮件随访、家庭访视等。

在妇女社会工作领域,张银等人(2006)对女性社区就业展开研究,引入充权概念,探讨了如何帮助失业女性通过社区再就业实现从无权状态向充权状态的转变。岳天明、孙祥(2017)针对受家暴女性群体的充权理论应用进行了探讨,认为对受暴女性的充权可以实现其"人在场景"的适应性平衡或助推案主生存境况达至预期的状态;要通过个体层面、社区层面和社会层面实现受暴女性的个体主动弃权和外力助推弃权;要加强受暴女性自我保护意识,引进专业社会工作人才和知识技能,建立妇女社会工作救助网点,构建相关的社会支持系统;要加强教育、宣传和培训力度,进一步完善社会政策,加强社会工作救助的管理和立法体系建设。

在农村社会工作领域,聂玉梅和顾东辉(2011)认为,我国部分农村居民处于能力和资源缺乏的状态,因而须将充权理论应用于农村社会工作中。根据农村社会工作的发展状况及农村居民的情况,农村社会工作人员需要进行自我充权,推动农村社区教育,开展村民调查,从个体层面进行充权,利用项目带动进行小组充权,改善农民的参与和表达意识,优化农民的社会资源结构,最终引导农民走向充权之路。张云昊(2005)探讨了在我国转型社会背景下,对困弱群体进行增权的必要性。

在矫正社会工作领域,充权取向的社会工作模式将焦点集中在未成年人罪犯的能力和优势上,体现了社会工作相信个人具有自我发展潜力的信念,认为要从人与环境相结合的角度去发掘资源和个人的潜力。社会工作者要从个体、人际关系、社会参与层面对未成年人矫正对象予以帮助,使其建立积极的自我认知,学会必要的能力和技能,帮助他们尽快回归社会,实现充权(张炼,2010)。

充权理论除了应用在困弱群体中,还在其他领域有所应用,例如情感充权、环境保护意识充权、消费者充权等,以上对各类困弱群体的服务也有交叉,并没有绝对的边界。

三、充权理论的本土化反思

尽管充权视角有其独特的优点,我们在研究中仍要注意到它本身的局限性,即该视角在中国的本土化问题。

(一) 充权视角本身的缺陷

首先,通过前文的探讨可知,关于充权的恰当概念、模式、特定背景下的方法,及其本身的学术定位,目前尚未有一般性的共识。不断发展的理论多样性和充权模型,反映了充权理论视角仍然不够成熟和完善。

其次,虽然充权对于成功的社会工作来说是极其重要的,但它的定位仍不确定,或说有问题。尽管它呼吁为那些在社会中权力最少、受到不公正对待的人充权,以反对这种不公正和压迫性结构。但它也可能被专业者或其他处于权力高位的人削弱或取代,因此恰好迎合专业架构,而并不能改变服务接受者被控制、管理、评估和对待的方式(Adams, 2008)。

再次,充权不能总是社会工作行动的首要目标(Parsloe, 1995)。有时,儿童、老年人、体弱多病者和精神障碍者是需要保护的。实务者应当处理好风险最小化与为人们充权之间的紧张关系,因为风险管理可能是去权(dispower)的,这取决于风险管理是否符合服务使用者的利益,或由服务使用者一起来计划和执行(Adams, 2008)。佩恩(1997)也指出,工作者可能面临这样的风险,即以为所有案主都能实现高度充权。他引用贝姆和斯特普尔斯(Boehm & Staples, 2002)针对案主焦点小组的研究结果,认为不同类型的案主期望不同的充权形式,针对所有案主的单一的概化理论是行不通的。

最后,充权聚焦于发展人们的能力,并不寻求直接改变压迫性的社会结构(Payne, 1991)。佩恩(1991)认为,尽管李(2001)试图在她的实务模型中引入压迫的解释和活动,但这种改变的努力仅仅针对案主及其周围的环境。而且,由于个人充权可能不会扩展到更大的社区或网络,故在社会和政治资源有限的地方,充权可能会使受压迫和被剥夺的群体互相竞争,而不是联合在一起(Payne, 1991)。

(二) 充权视角的本土化问题

当人们谈到西方的专业实践在非西方的文化环境中的适切度时,会广泛地讨论本土化的问题(Yip, 2004)。本土化可以被界定为一个过程,在此过程中,当地的政治和社会文化背景影响着专业实践的执行(Walton & Nasr, 1988),同时针对西方专业实践模式的知识、意识形态和技术对于非西方社会的影响,也要进行地方性的本土化批判(Yip, 2004)。在探讨充权视角与中国社会的关系时,势必要就该取向的本土化问题做以下澄清。

其一,如亚当斯所言,充权的概念和实践并不仅仅是发达世界的创造发明。它超越地区和国家的界限提供策略,以处理由全球性不平等引发的问题(Adams, 2008)。充权视角所倡导的增强个人控制感、重视个人的潜能、自助与互助、提升意识、共同行动以争取资源和机会等理念与实务方法,在东西方社会具有共通性。

其二,在运用充权取向来理解中国城市低收入老年人时,不能忽视中国传统文化的深刻影响,需要对西方的理论与实践做适当的修正与调整。叶锦成(2004)指出,中国传统文化对中国人社群的价值行动仍有着强烈的影响。比如,中国人倾向于使用诸如责任、社会规范、关系、稳定性等概念。如何找到两种文化体系的共同点需要深入地研究,并批判性地实践。在肯定中国传统文化的深刻影响与重要作用的同时,研究者应保持敏锐的文化意识和反思。

总之,在中国的本土化社会工作研究与实践中,我们毫无疑问地要肯定充权取向所坚持的核心价值,同时在运用于实践时,应当保持敏感和批判性,要考虑到当代中国社会独特的社会、政治、文化特点。

本章结语

在本章中,首先对充权概念及充权理论进行了系统性概述,包含充权理论的发展脉络、概念框架、思想基础等。充权是一种理论和实践、一个目标或心理状态、一个发展过程、一种介入方式。充权最早由所罗门在对美国黑人少数民族的研究中提出,之后学术界又对其进行了广泛而深入的讨论。充权理论指导下的实践强调从微观的互助与知识共享、自助群体中的细小改变,去争取宏观层面的社会正义,并试图实现人们更广泛的安全、政治、经济和社会的平等。这一目标是符合社会工作价值观的,因此充权已经成为社会工作的基础性概念,充权理论成为社会工作的基础理论。其次,对充权取向的社会工作实践模型进行了介绍,详细阐述了该理论的理论基础、有关案主和工作者相互关系的指引,以及把助人活动组织起来的充权取向的社会工作模型。再次,展示了西方社会工作者对充权理论的研究与应用。充权已经广泛应用于精神健康领域、无家可归者、儿童和家庭、少数群体、老年人和同性恋等社会工作领域(Yip, 2004; Kruger, 2000)。最后,探讨了充权理论的本土化研究与应用。在中国,对于充权的理性探讨及其在特定领域的实践研究都已取得一些进展,特别是在老年社会工作、青少年社会工作、女性社会工作、医务社会工作、儿童社会工作、戒毒社会工作、农村社会工作等领域,强调同时要对充权理论的不足与局限进行反思。

思 考 题

1. 充权理论在社会工作领域产生的标志是什么?
2. 充权理论包含几个层次?
3. 简述本土化应用中充权理论的优缺点。
4. 请设计一个充权理论指导下的社会工作社区服务项目。

参考文献

艾尔·巴比,2005,邱泽奇译,《社会研究方法(第 10 版)》,华夏出版社。

Dennis Saleeby(编著),2004,《优势视角——社会工作实践的新模式》,李亚文、杜立婕译,华东理工大学出版社。

付再学,2008,《增权:老年服务工作新理念》,《黑龙江社会科学》,第 2 期。

郭爱妹、石盈,2006,《"积极老龄化":一种社会建构论观点》,《江海学刊》,第 5 期。

何楠,2010,《增权理论与老年社会工作实务》,《法制与社会》,第 2 期。

何雪松,2007,《社会工作理论》,上海人民出版社。

黄肖静,2007,《青少年增权研究述评》,《中国青年政治学院学报》,第 3 期。

陆玉林、张羽,2007,《我国城市弱势青少年群体增权问题探析》,《中国青年政治学院学报》,第 3 期。

聂玉梅、顾东辉,2011,《增权理论在农村社会工作中的应用》,《理论探索》,第 3 期。

宋丽玉、曾华源、施教裕、郑丽珍,2002,《社会工作理论——处遇模式与案例分析》,洪叶文化。

唐咏,2009,《中国增权理论研究述评》,《社会科学家》,第 1 期。

杨阳、曾铁英、赵梅珍,2017,《老年慢性病患者健康赋权量表的研制及信效度检验》,《护理学杂志》,第 17 期。

岳天明、孙祥,2017,《我国受暴女性的赋权增能与社会工作救助》,《学习与实践》,第 1 期。

张国芹、颜爱英、刘喜梅,2015,《赋能模式在脑卒中患者家庭康复中的可行性研究》,《泰山医学院学报》,第 7 期。

张炼,2010,《增权:未成年人罪犯社区矫正的社会工作介入》,《管理观察》,第 10 期。

张时飞,2005,《组员参与、社会支持和社会学习的增权效果——以上海癌症自助组织为例》,载王思斌主编:《中国社会工作研究(第三辑)》,社会科学文献出版社。

张银、唐斌尧、宋月萍,2006,《社区就业女性的增权问题研究:社会性别视角的分析》,《妇女研究论丛》,第5期。

张云昊,2005,《增权:"农民工讨薪"案例的分析及其启示》,《青年研究》,第9期。

Adams, R., 2008, *Empowerment, Participation and Social Work*, Palgrave Macmillan.

Akins, T. E., 1985, Empowerment: Fostering independence of the older adult, *Aging Network News*, Vol. 12, No. 5.

Babbie, E., 2004, *The Practice of Social Research* (10th ed.), Thomson/Wadsworth.

Barber, J. G. & Winefield, A. H., 1986, Learned helplessness as conditioned inattention to the target stimulus, *Journal of Experimental Psychology: General*, Vol. 115, No. 3.

Berger, P. & Luckmann, T., 1966, *The Social Construction of Reality: A Treatise in the Sociology of Knowledge*, Anchor Books.

Boehm, A. & Staples, L. H., 2002, The functions of the social worker in empowering: The voices of consumers and professionals, *Social Work*, Vol. 47, No. 4.

Bricker-Jenkins, M. & Hooyman, N. R. (eds.), 1986, *Not for Women Only: Social Work Practice for a Feminist Future*, National Association of Social Workers.

Carpenter, S., 2003, Constructivism: A prospective teacher's perspective, *Australian Primary Mathematics Classroom*, Vol. 8, No. 1.

Chan, C. L., Chan, Y. & Lou, V. W., 2002, Evaluating an empowerment group for divorced Chinese women in Hong Kong, *Research on Social Work Practice*, Vol. 12, No. 4.

Chapin, R. & Cox, E. O., 2002, Changing the paradigm: Strengths-based and empowerment-oriented social work with frail elders, *Journal of Gerontological Social Work*, Vol. 36, No. 3-4.

Cowger, C. D. & Snively, C. A., 2002, Assessing client strength: Individual, family and community empowerment, in Saleebey, D. (ed.), *The Strength Perspective in Social Work Practice* (3th ed.), Allyn & Bacon.

Cox, E. O., 1988, Empowerment of the low income elderly through group work, *Social Work with Groups*, Vol. 11, No. 4.

Cox, E. O. & Parsons, R. R., 1996, Empowerment-oriented social work practice: Impact on late life relationships of women, *Journal of Women & Aging*, Vol. 8, No. 3-4.

Dean, R. G., 1993, Constructivism: An approach to clinical practice, *Smith College Studies in Social Work*, Vol. 63, No. 2.

Draper, G. I., 1979, *Humanitarian Law and Human Rights*, Acta Juridica.

Estes, L., Linkins, K. W. & Binney. E. A., 2001, Critical perspective on aging, in Estes, L. (ed.), *Social Policy and Aging: A Critical Perspective*, Sage.

Fawcett, S. B., et al., 1995, Using empowerment theory in collaborative partnerships for community health and development, *American Journal of Community Psychology*, Vol. 23, No. 5.

Freiere, P., 2017, *Pedagogy of the Oppressed* (13th ed.), Penguin Classics.

Gutierrez, L., GlenMaye, L. & DeLois, K., 1995, The organizational context of empowerment practice-Implications for social work administration, *Social Work*, Vol. 40, No. 2.

Gutierrez, L. M., Parsons, R. J. & Cox, E. O. (ed.), 1998, *Empowerment in Social Work Practice-A Sourcebook*, Brooks/Cole Publishing Co.

Kam, P., 1996, Empowering elderly people: A community work approach, *Community Development Journal*, Vol. 31, No. 3.

Kisthardt, W. E., 2002, The Strengths Perspective in interpersonal helping: Purpose, principles, and functions, in Saleebey, D. (ed.), *The Strengths Perspective in Social Work Practice* (3rd ed.), Allyn and Bacon.

Kruger, A., 2000, Empowerment in social work practice with the psychiatrically disabled: Model and method, *Smith College Studies in Social Work*, Vol. 70, No. 3.

Lee, J. A., 2011, *The Empowerment Approach to Social Work Practice: Building the Beloved Community* (3rd ed.), Columbia University Press.

Lee, J. A., 2001, *The Empowerment Approach to Social Work Practice* (2nd ed.), Columbia University Press.

Maton, K. I. & Salem, D. A., 1995, Organizational characteristics of empowering community settings: A multiple case study approach, *American Journal of Community Psychology*, Vol. 23, No. 5.

Mok, B. H., Cheung, Y. W. & Cheung, T. S., 2006, Empowerment effect of self-help group participation in a Chinese context, *Journal of Social Service Research*, Vol. 32, No. 3.

Mok, E., Chan, F., Chan, V. & Yeung, E., 2002, Perception of empowerment by family caregivers of patients with a terminal illness in Hong Kong, *International Journal of Palliative Nursing*, Vol. 8, No. 3.

Myers, J., 1995, The psychological basis for empowerment. Introduction, in Thursz, D., Nusberg, C. & Prather, J. (eds.), *Empowering Older People: An International Approach*, Auburn House.

Neuman, W. L., 2000, *Social Research Methods: Qualitative and Quantitative Approaches* (4 th ed.), Allyn & Bacon.

Parsloe, P., 1995, The concept of empowerment in social work practice, *Hong Kong Journal of Social Work*, Vol. 29, No. 1.

Parsons, R. J., Hernandez, S. H. & Jorgensen, J. D., 1993, *The Integration of Social Work Practice*, Brooks/Cole Pub Co.

Payne, M., 1991, Empowerment and advocacy, in Payne, M., *Modern Social Work Theory*, Macmillan Education UK.

Pease, B., 2002, Rethinking empowerment: A postmodern reappraisal for emancipatory practice, *British Journal of Social Work*, Vol. 32, No. 2.

Perkins, D. D. & Zimmerman, M. A., 1995, Empowerment theory, research, and application, *American Journal of Community Psychology*, Vol. 23, No. 5.

Punch. K. F., 1998, *Introduction to Social Research: Qualitative and Quantitative Approaches*, Sage.

Rappaport, J., 1995, Empowerment meets narrative: Listening to stories and creating settings, *American Journal of Community Psychology*, Vol. 23, No. 5.

Rees, S., 1991, *Achieving Power: Practice and Policy in Social Welfare*, Allen & Unwin.

Richardson, V. E. & Barusch, A. S., 2006, *Gerontological Practice for the Twenty-First Century: A Social Work Perspective*, Columbia University Press.

Rich, R. C., Edelstein, M., Hallman, W. K. & Wandersman, A. H., 1995, Citizen participation and empowerment: The case of local environmental hazards, *American*

Journal of Community Psychology, Vol. 23, No. 5.

Saleebey, D., 2002a, Introduction: Power in the people, in Saleebey, D. (ed.), *The Strength Perspective in Social Work Practice* (3rd ed.), Allyn & Bacon.

Saleebey, D., 2002b, The strength approach to practice, in Saleebey, D. (ed.), *The Strength Perspective in Social Work Practice* (3rd ed.), Allyn & Bacon.

Saleebey, D., 2002c, The strengths perspective: Possibilities and problems, in Saleebey, D. (ed.), *The Strength Perspective in Social Work Practice* (3rd ed.), Allyn & Bacon.

Schwartz, S. H., 1994, Are there universal aspects in the structure and contents of human values?, *Journal of Social Issues*, Vol. 50, No. 4.

Seligman, M. E., 1975, *Helplessness on Depression, Development and Death*, W. H. Freeman and Company.

Simon, B. L., 1994, *The Empowerment Tradition in American Social Work: A History*, Columbia University Press.

Sixsmith, J., Boneham, M. & Goldring, J. E., 2003, Accessing the community: Gaining insider perspectives from the outside, *Qualitative Health Research*, Vol. 13, No. 4.

Solomon, B. B., 1976, *Black Empowerment: Social Work in Oppressed Communities*, Columbia University Press.

Thursz, D., 1995, Introduction, in Thursz, D., et al. (eds.), *Empowering Older People: An International Approach*, Auburn House.

Tu, Y. C., Wang, R. H. & Yeh, S. H., 2006, Relationship between perceived empowerment care and quality of life among elderly residents within nursing homes in Taiwan: A questionnaire survey, *International Journal of Nursing Studies*, Vol. 43, No. 6.

Walton, R. G. & Abo El Nasr, M. M., 1988, The indigenization and authentization in terms of social work in Egypt, *International Social Work*, Vol. 31, No. 2.

Wood, G. G.& Middleman, R. R., (1989), *The Structural Approach to Direct Social Work Practice*, Columbia University Press.

Yip, K. S., 2004, The empowerment model: A critical reflection of empowerment in Chinese culture, *Journal of Social Work*, Vol. 49, No. 3.

Zimmerman, M. A., 1995, Psychological empowerment: Issues and illustrations, *American Journal of Community Psychology*, Vol. 23, No. 5.

Zimmerman, M. A. & Warschausky, S., 1998, Empowerment theory for rehabilitation research: Conceptual and methodological issues, *Rehabilitation Psychology*, Vol. 43, No. 1.

第十一章 叙事治疗取向的社会工作理论

后现代思潮对科学主义在社会科学研究中主导地位的质疑和否定,引发了"叙事革命"。20世纪60年代后期开始,"叙事"(narrative)这一概念几乎影响了人文社科的各个行业和学科,它不再仅仅是文学研究领域的概念,而是呈现跨学科的发展趋势(Riessman & Quinney, 2005)。20世纪80年代,哲学社会科学研究出现了一场"叙事转向"(narrative turn),哲学、人类学、社会学、心理学以及社会工作等学科领域都受到叙事理论的影响。本章将简要介绍叙事理论发展的基本脉络、主要代表人物与文献,叙事理论的特征和要点,叙事治疗的实务框架,如叙事治疗的目标、条件、原则和一般过程,还将结合具体的例子,介绍叙事治疗的实务方法与技术(如外化、改写、重塑对话、界定仪式、支撑性对话和治疗书信),并简要回顾西方学者对叙事理论的讨论以及叙事理论在中国社会工作实务中的应用和讨论。

第一节 叙事理论概述

一、叙事理论的发展脉络

(一)叙事理论发展的基本脉络

叙事理论是兴起于西方的一种文学理论,最早提出比较完整叙事理论的是古希腊时期的哲学家柏拉图。纵观西方叙事理论的发展,从功能性和描述性的角度,一般分为经典叙事和后经典(或者后现代)叙事两大流派。经典叙事流派以索绪尔语言学和费尔迪南·德·索绪尔(Ferdinand de Saussure)提出的符号学(semiology)为模型,由三部分构成。一是结构主义之前的叙事理论,包括:传统小说叙事理论,代表人物如塞缪尔·理查森(Samuel Richardson)、亨利·菲尔丁

(Henry Fielding);现代小说叙事理论,代表人物如亨利·詹姆斯(Henry James)、爱德华·福斯特(Edward Forster);20世纪初的俄国形式主义,代表人物如维克·什克洛夫斯基(Viktor Shklovsky)、鲍里斯·艾亨鲍姆(Boris Eichenbaum);英美新批评派,代表人物如克林斯·布鲁克斯(Cleanth Brooks)、罗伯特·沃伦(Robert Penn Warren);等等。在一定程度上,这些理论都为叙事学的发展奠定了基础(尚必武、胡全生,2007)。二是结构主义叙事理论,主要包括20世纪60年代法国结构主义符号学家阿尔吉尔达斯·格雷马斯(Algirdas Greimas)的叙事理论、法国文论家及美学家兹维坦·托多洛夫(Tzvetan Todorov)的"平衡-不平衡-新平衡"叙事模式、法国学者罗兰·巴特(Roland Barthes)关于叙事理论基本要素的理论(尚必武、胡全生,2007)。三是与结构主义叙事理论同期的其他叙事理论,主要包括德国的贝哈德·莱默特(Eberhand Lammert)、弗朗茨·斯坦泽尔(Franz Stanzel)两位叙事学家的叙事理论传统和俄国形式主义者弗拉基米尔·普洛普(Vladimir Propp)的"功能-行动"模式,后者的《民间故事形态学》称得上是叙事理论发展史上的一个里程碑,并演绎出经典叙事学三种研究类型中的一种,聚焦于被叙述的故事,着力建构故事语法,探讨事件的功能、结构规律、发展逻辑等(尚必武、胡全生,2007)。经典叙事理论是由科学促生、结构主义启发形成,以形式主义为特征。它考察各种叙事所共同具有的特征,也考察是什么使它们彼此在叙事的意义上区分开来。它通过其对叙事语言(langue)而非叙事言语(parole)之兴趣,对"何物使得某叙事有意义"而非对"该叙事的意义何在"之兴趣回指向索绪尔语言学(普林斯,2020)。

伴随着经典叙事理论的多维发展,20世纪80年代中期,在美国诞生了"女性主义叙事学",它将结构主义的形式研究与蓬勃发展的女性主义文评相结合,这在当时的学术环境中为叙事学提供了一种"曲线生存"的可能性。在法国,基于后结构主义的女性主义叙事理论,由于结构主义与后结构主义在基本立场上的对立以及叙事理论重文本结构、法国女性主义重哲学思考等差异,未能产生影响。

20世纪90年代以来,美国取代法国逐渐成为国际叙事理论研究的中心,并陆续诞生了修辞性叙事理论、认知叙事理论等后经典叙事理论(申丹,2006)。与此同时在西方出现了一种将各种活动、各种领域均视为叙事的"泛叙事",如文学叙事、心理分析叙事、历史叙事、法律叙事、电影叙事、歌剧叙事、音乐叙事、表演艺术叙事以及图画叙事等(尚必武、胡全生,2007)。后经典叙事理论以寻求新的学科范式为特征,反映了新兴技术和方法论,跨越了文学叙事的局限,表现出对新兴媒体与叙事逻辑的兴趣,由此开创了跨学科叙事研究的新纪元。具有"历史性事后觉悟"的两位学者莫妮卡·弗鲁德尼克和扬·阿尔贝在其合编的《后经典叙事学:方法与分析》(2010)一书的"引言"中指出:当下,后经典叙事学分为两个阶段。第一阶段具有三大特点,即多样性(女性主义叙事学、后殖民主义叙事学等)、跨学科性(尤其是受到认知科学的影响)和跨媒介性(在很大程度上受到新媒介的影响)以及跨文类性(譬如,对诗歌和戏剧的叙事性研究)。第二阶段是一个巩固和持续多元的时期,即通过完善经典叙事学的概念或挑战经典叙事学模式的原理,弥合两者之间的差距,实现一定的融合,同时继续沿着多元化的态势发展。

(二)社会工作领域中叙事理论的发展

叙事理论与社会工作渊源深厚。20世纪90年代以来,社会工作领域也出现了叙事转向,表明叙事也开始成为社会工作专业话语体系的重要组成部分(何雪松,2017:199)。在社会工作研究领域,叙事理论作为一种后实证主义和建构主义的研究新范式被关注并应用。在社会工作实践领域,20世纪80年代,叙事治疗的创始人澳大利亚的迈克尔·怀特(Michael White)和新西兰的戴维·艾普斯顿(David Epston)把贝特森(Bateson)的诠释论、福柯(Foucault)的权力分析和社会建构主义的思想综合应用于家庭治疗,开创了一种社会建构主义的叙事治疗。他们指出,叙事治疗的基础是在社会、文化和政治环境中制造问题,为了加深理解,必须从它们所处的背景来看待问题。观察背景包括探索整个社会,探索各种有助于创建或维护问题的文化方面(White,1990:18-19)。这种叙事治疗不同于基于现象学的叙事治疗,强调意义和行为的社会语境,认为自我和同一性是由社会群体的话语实践塑造而成的社会建构(赵梅,2005)。在社会工作领域特别是家庭社会工作领域,社会工作者深受迈克尔·怀特和戴维·艾普斯顿的影响,多采用社会建构主义的叙事治疗。在理论探索上,一些叙事治疗实践者一方面继续探索迈克尔·怀特的一些概念,包括"看不见但隐含存在"等;另一方面还在吸收治疗之外的思想和启示,包括关注德勒兹(Deleuze)的作品,维果茨基(Vygotsky)和艾普斯顿等人继续把一些新的作者和思想家介绍到这个领域,包括希尔德·纳尔逊(Hilde Nelson)(李明,2016:36)。近年来,随着叙事治疗在不同文化背景的群体、国家和地区的广泛运用,西方学界关于叙事治疗的研究由对该疗法在家庭、儿童等领域的应用及具体方法和技术的探索,转向对叙事治疗本土化的探究。

二、叙事理论的主要代表人物与文献

(一) 叙事理论

从古希腊哲学家柏拉图最早提出比较完整的叙事理论开始,西方叙事理论经历了经典叙事和后经典叙事阶段的发展,21世纪开始呈现出更加旺盛的发展势头。2005年夏,英国布莱克韦尔出版社邀请美国学者詹姆斯·费伦(以美国为主体的国际叙事文学研究协会主席)和彼得·拉比诺维茨担任主编,组织该领域很有影响力的三十五位专家,推出了国际上首部《当代叙事理论指南》(以下简称《指南》),该书被称为目前国际上"能够得到的最好的"叙事理论导论(申丹,2006)。《指南》分为四个部分,第一部分为"顽题新解",共六篇文章;第二部分为"修正与创新",共八篇文章;第三部分为"叙事形式与历史、政治、伦理的关系",共九篇文章;第四部分为"超越文学叙事",共七篇文章,从文字叙事向非文字叙事拓展。这部力作很好地体现了当前西方叙事理论的基本特点和发展趋势,对叙事理论在社会工作领域的应用具有一定的启发意义。

(二) 叙事治疗理论

1. 迈克尔·怀特的代表著作

《故事、知识、权力:叙事治疗的力量》作为怀特的首部代表作,是在与新西兰心理及家庭治疗师戴维·艾普斯顿的共同努力下完成的。该著作被誉为叙事治疗进入人性探索的开山之作,为日后叙事治疗研究者提供了相关理论及技术参考,具有划时代的意义。在该著作中,怀特与艾普斯顿列举了多年来以他们工作方法开展的部分案例,对理论探讨进行了补充与伸张。该书中提出的"问题外化""文本类比""口说传统与文字传统"及"主流知识与权力单位"是较为精彩的内容,起到了重要作用(马涛,2016)。

《故事、知识、权力:叙事治疗的力量》的贡献主要体现在以下五个方面:一是打破了问题出现后与人对等的标签化效应,相信个人是独立的生命体,更关注处理人和问题的关系。二是将人从问题中分离,运用方法和技巧去掌控问题的发展方向,体现了社会工作倡导的人具有主观能动性且有自我潜能的价值理念。三是放弃传统的专业治疗,不再完全按照原有的模式对待案主,善于发现案主与问题所述有关但却拥有的未曾被问题束缚的独特经历或优势。四是注重工作者与案主关系的对等性和互动作用，不再将工作者视作专业权威，提倡合作化专业导向。五是善于通过各类形式的支撑，来巩固个案效果，并将叙事治疗应用于非专业个案过程中，如利用各类文件帮助案主形成新的自我认同（马涛，2016）。

《叙事疗法实践地图》出版于 2007 年。该著作是怀特倾尽毕生所学的封笔之作，他将自己 20 年左右的咨询经验撰写成理论和案例。对社会工作专业发展而言，该书促使叙事治疗成为学术研究的一种新型科学范式。作为叙事治疗实践操作的指导书籍，该书涵盖了六大核心技术：外化对话、改写对话、重塑对话、界定仪式、突显特殊事件的对话、支撑性对话（迈克尔·怀特，2011：194）。每一段核心技术中，怀特都对部分案例以图示脉络进行归纳，将这种图示命名为地图，从而以一种精确的具有组织性的结构脉络，提供解决问题的思路（马涛，2016）。基于此，社会工作者或者心理咨询师可以在辅导过程中，为案主配备清晰的视图来有效地寻找更广泛的叙述范围。

《叙事疗法实践地图》的贡献主要体现在以下三个方面：一是帮助当事人（案主）寻觅那些不曾了解或者未曾体察过的生命历程中具有意义的故事，运用生命过程中对他人所做的贡献和自己对问题所做的努力，来找到生命中的闪光点。二是提供修改个人在"生活协会"里的会员资格，重塑当事人（案主）的身份认同。三是通过讲述外部界定仪式的程序，即从当事人的故事讲述到外部见证人对当事人讲述内容的回应，再到当事人对外部见证人对自己回应进行反思澄清，产生社会工作所说的同理效应。（马涛，2016）

2. 其他学者的代表著作

弗里德曼（Freedman）和库姆斯（Combs）的《叙事治疗：解构并重写生命的故事》（2000）包括十个章节，涵盖叙事隐喻与社会建构论、叙事治疗及其具体的技术、关系与伦理等主题，是认识和传播叙事治疗的重要文本。

三、叙事理论的特征和要点

（一）后经典叙事理论的主要特征和发展走向

1. 关注不同媒介和非文学领域

20 世纪 80 年代以来出现的"泛叙事观"与文化研究密切相关。学者们的视野从文学向各种其他文化领域和文化媒介拓展。进入 21 世纪以来，电影、音乐、歌剧、法律、绘画、古典器乐、数字化叙事等研究视野，大大拓展了研究范畴，提供了不少创新的可能性。

2. 关注文学叙事中的新结构和新文类

就文学叙事而言,近年来西方学者较为关注偏离规约的叙事现象、新的叙事(次)文类以及以往被忽略的叙事现象和叙事文类(关注对象的"新")。面对现有的结构模式无法涵盖的叙事现象,学者们会提出新的概念或建构新的模式来予以描述和分析,这是对叙事诗学的发展和补充。

3. 从新的角度切入

不少叙事理论家从新的角度切入一些叙事现象,拓展了对叙事运作方式和功能的认识。这些学者往往较为注重跨学科研究,有意识地借鉴其他学科的理论概念、批评视角和分析模式,以求更新和扩展研究范畴。即便不涉及别的学科,有的学者也会从一个新的角度来看问题。梅尔·斯滕伯格(Meir Sternberg)从叙述者和人物的"自我意识"这一与众不同的角度切入对叙事表达的探讨,得出了富有新意的研究结果。

4. 从作品本身转向读者/观众接受

越来越多的学者开始注意研究读者、观众对各种叙事文本的阐释或接受。有的叙事理论家从这一角度来挑战经典概念的定义。雅克比对"不可靠的叙述者"的探讨就是典型例子:她聚焦于读者对这种叙事现象的解读,并对读者从不同角度出发的各种不同阐释进行了系统分类。她强调应将"叙述者的(不)可靠性"视为一种"阅读假设"(仅从读者的角度出发)。

5. 从理论到批评,从批评到理论

经典叙事学以建构叙事诗学(语法)为主体,只有少量的叙事批评。20世纪80年代以来,由于学术大环境越来越强调语境,众多叙事学家将注意力转向了作品阐释。构成后经典叙事学之主体的是"理论+批评",即借鉴、改造或新建叙事结构模式,将之用于叙事批评。同时,也有不少学者仅仅进行叙事批评,旨在阐释作品的各种语境意义。值得注意的是,有的论著表面上是叙事批评,实际上旨在通过对具体作品的分析,来说明带有普遍意义的理论问题。(申丹,2006)

(二)叙事治疗理论的要点

1. 叙事治疗的核心概念

(1)叙事的含义

"叙事"的拉丁语本义是指行为和具有连续性的体验(李明、杨广学,2005:36)。

国外文献中尚没有统一的界定,国内学者大都沿用迈克尔·怀特的"STORY"和"DISCOURSE",取其表意"讲故事""言说"。其实这还不能完全涵盖"叙事"的含义。从深层意义上分析:"叙"是指叙述、言说、阐释,主要是指个体的主观层面,近似于怀特所说的"意义图景",由认知、愿望、意图和信念等构成;"事"是指事情、经验、经历,主要是指外在于个体的客观事物层面,如同怀特提到的"行动图景",由时间次序、事件、人物和情节等构成。二者结合意在动态地说明,自我的形成和发展实际上是个体对"事""叙"的过程,即赋予意义的过程。个体常常以第一人称的称谓有选择性地讲述他们自己的历史、当下的生活、扮演的角色以及与他人的关系和未来的情景等。这种对他人和自身以及二者关系的认识,对过去经验的总结,对当前周遭的理解,以及对未来发展的预期等都是在建构生活的意义。一个人本身就是意义,如何选择意义,或者说用怎样的话语解读这些意义,决定着个体的生活态度(李维,2006:75-76)。由此可知,叙事是一种采择意义的动态过程和一种表明生命存在的行为(卫小将、何芸,2008)。

(2) 叙事治疗

叙事治疗(narrative therapy)又译为叙事疗法、叙事心理治疗,有广义和狭义之分。广义的叙事治疗是指以后现代叙事思想为理论指导的心理治疗理论与实践;狭义的叙事治疗是特指由迈克尔·怀特和戴维·艾普斯顿提出的叙事治疗理论和模式(李明,2016:2)。

广义的叙事治疗可以包括转化叙事治疗、叙事评估、叙事艺术治疗等,同时斯彭斯·唐纳德(Spence Donald)认为广义叙事治疗可以包括精神分析,他将弗洛伊德称为叙事传统的"大师",因为弗洛伊德善于将当事人"支离破碎的联想、梦和回忆的片段"编织成连贯完整的故事,然后用来理解"本来毫不相关的经历"和记忆。弗洛伊德的一个基本假设是:"症状是有意义的,它与病人的体验有关。"(Freud,1921:221)广义的叙事治疗虽然从思想根基上始于后现代思潮,但其涵盖内容相对广泛,本书主要介绍迈克尔·怀特和戴维·艾普斯顿的叙事治疗理论。

什么是叙事治疗?迈克尔·怀特这样表述叙事治疗:"将这种学说(叙事治疗)定义成一种世界观是不是更好呢?也许吧,可是即便如此,还是不够。也许可以视其为一种认识论、一种哲学、一种承诺、一种策略、一种伦理、一种践行、一种生活诸如此类。"(White,1995:37)

2. 叙事治疗的核心观点

(1) 当事人的"问题存在于叙事",即当事人深陷其中的那些由语言建构的故事本身就是问题,当事人与主流叙事之间的冲突是问题产生的根源。

(2)"人不是问题,问题才是问题,人与问题的关系也是问题。"问题是在社会、文化、历史政治的文本中被制造出来的,每个人都是根据这些文本中的故事赋予自己生活意义的。

(3)在叙事治疗中,需要关注问题叙事产生的过程,即人和问题之间的关系,通过问题外化,将问题与人分开,关注当事人与他人、与社会文化以及问题叙事之间的互动及其方式。

(4)语言是建构现实的核心力量,当事人通过语言、叙事和故事的作用来建构和创造自身生活的意义。叙事治疗的核心机制是话语的转变(尤娜、叶浩生,2005),主要通过会谈、描述、提问等语言的方式。

(5)相信人的生命由众多故事组成,当事人是自己故事的主人。对问题及其影响的叙述,是形成新故事的重要题材。应协助当事人发现被其忽略的例外或者特殊事件、独特结果,聚焦于重塑当事人的生活叙事。

第二节 叙事(治疗)理论在西方社会工作实务领域的运用和讨论

一、叙事治疗的实务框架及其内容

(一)叙事治疗的目标

简言之,叙事治疗的目标是将当事人从一个有问题的生活模式中唤起,将其从外在的限制中解放出来,重新发现问题以外的故事,重新书写具有尊严和价值的、体现能力和智慧的生活故事(何雪松,2006)。具体而言,叙事治疗的目标包括以下内容:

(1)帮助当事人将自身(身份)和所经历的问题区分开来。

(2)帮助当事人审视那些已经带给其挫败感的他人的期待或者要遵守的规范,让当事人有机会重新考虑或者拒绝用这些期待及规范衡量自己和他人。

(3)帮助当事人认识到其所经历的困境可能是其忽视、放弃或者违反其强烈坚持的价值观的结果。

(4)帮助当事人注意并清晰表达对创伤情境做出的反应,并创造出一种较强的个人能动性来应对创伤。

(5)帮助当事人清晰地表达知识、技能、希望、梦想、价值观和生活原则,朝着自我希望的方向前行。

（6）帮助当事人辨别和发展出一些关于这些知识、技能、价值观等运用的方式和方法，以解决他们正在经历的问题。

（7）帮助当事人与支持其喜欢的身份认同和生活方向的他人建立密切关系。

（8）帮助当事人通过文档记录、重塑对话和界定仪式等，保持其喜欢的身份认同。

（二）叙事治疗的条件

1. 共情

共情由人本主义心理学家卡尔·罗杰斯提出，他认为这是心理（咨询）治疗的重要条件之一。从社会建构论的角度来看，叙事治疗中的共情具有不同含义，可以从两个层面来理解：第一，"共情"是双方共同建构的一种关系和感觉。双方积极参与的每个阶段，都有助于形成一种两个人共同投入其中的共情感觉。第二，运用"共情"一词来表达这一系列的体验可能产生隐含意义，社会工作者需要保持开放的心态且进行必要的检视。叙事治疗强调在意义产生过程中，双方都是积极参与的主体；特别是在此过程中，当事人会描述自己生活中很重要的一些内容，社会工作者应与其合作，重新架构或者编排这些描述，从而形成一个令当事人满意的故事版本（李明、杨广学，2005:246）。

2. 真诚

迈克尔·怀特将叙事治疗定义成一种世界观、一种认识论、一种个人的承诺和一种践行，这表明"真诚"在叙事治疗中非常重要，重要到能够决定治疗最终是否成功。在叙事治疗中，真诚主要表现为社会工作者能够在信念、观念和行为层面表里如一，即站在"去中心而有影响力"的立场，视当事人为其生活故事的主人和创作者，以真诚求知和表里如一的态度，更多了解当事人的生活，发现被当事人忽略的生活故事，陪伴其观察、发掘新的或者替代性故事。

3. 好奇

迈克尔·怀特认为，"好奇出自当事人对自己生活的极端化的故事之外"（李明、杨广学，2005:250）。好奇对叙事治疗能否生效极为重要，对于"好奇"可以从以下三个方面理解：第一，好奇是一种态度、一种哲学、一种信念、一种生活方式，也是直接摆脱文化纠缠，直抵人心的践行方式或者风格（李明、杨广学，2005:249）。

这种态度、信念和方式可以给社会工作者提供很多生活智慧。第二，好奇是社会工作者对当事人及其精神世界的尊重，也是希望进一步了解当事人的渴望，同时也承认了社会工作者对当事人的无知（not knowing），真诚持续的好奇可为当事人和社会工作者提供一个充满可能性的叙事空间。第三，好奇是一种防备措施（李明、杨广学，2005：249）。社会工作者如果能够做到好奇，就可以了解当事人自己对问题的诸多思考和理解、认识和倾向。反之，社会工作者就容易将自己视为当事人问题和生活的专家，按照自己认为合适的方式影响甚至操控当事人。需要注意的是，好奇不是猎奇，猎奇是个人为了满足自己窥探别人隐私的一种态度和方式（李明、杨广学，2005：130）。

（三）叙事治疗的原则

温瑟德和芒克（1998）认为不要把叙事治疗的一些做法当作技巧来使用，而是要把它看成一个方向的指引，并通过咨询师（社会工作者）真正了解叙事治疗的叙事观，将叙事的精神表现出来（转引自李明、杨广学，2005：254）。关于叙事治疗的主要原则，我们归纳整理出以下四点供参考。

1. 与当事人真诚协作

在叙事治疗中，与当事人真诚协作至关重要。只有当社会工作者真正放下专家身份（姿态）以及权威之心，对当事人高度关注、真诚尊重并充满好奇，才能聆听当事人的生活故事，与其一起发现生命中的另类故事，并协助当事人通过重塑对话、界定仪式等增强转变的力量。

2. 对生命充满好奇

在叙事治疗中，要对当事人的生命故事持续地充满好奇。通过真诚、尊重的好奇，社会工作者能够更多地了解当事人的生活，能够发掘问题对当事人的影响以及其可采取何种行动降低这些影响，能够发现那些不曾被当事人注意到的生活片段或者独特结果，陪伴其发展并丰富这些片段或者结果，让故事朝向当事人真切希望的方向发展，最终实现其关注的生活意义和价值。

3. 将人与问题分离

将人与问题分离，即人是人、问题是问题。语言的变化可以让当事人体验到问题来自外在。问题外化之后，当事人可以脱离问题的压制，尤其可以减少自我污名和责难，并反思自己的生活，从而拓展叙事空间、寻找例外故事，这为当事人的自我成长提供了动力。

4. 聚焦于重塑当事人的生活叙事

叙事治疗相信人的生命由众多故事组成,绝不能以一个故事涵盖。当事人对问题所造成影响的叙述,是形成新故事(取代问题故事)的重要题材。社会工作者要通过倾听和持续的、不同方式的对话,协助当事人发现那些被其忽略的例外事件或者独特结果,然后将这些细节丰厚地描绘出来,发现并赋予新的意义和价值。最重要的是,要让当事人觉得自己具有判断和选择的权利,自己能够做决定,以新故事来取代问题故事。

(四)叙事治疗的一般过程

关于叙事治疗的过程,因为叙事治疗本身的风格和故事叙述的多样化,并未形成统一而详细的指引。迈克尔·怀特很喜欢以"旅程"比喻叙事治疗的过程:站在旅程的起点,可能对将要开展的旅程充满不可知,但同时亦充满期盼;而在旅程中,若能对自己、对身边的人和事有新的发现及体会,兴奋之情可以想象;至于旅程的终点是怎样的,可能没有人能预先知晓,不过这就是旅程有趣及好玩的地方(列小慧,2008:38)。

卡尔(Carr,1998)提出,叙事治疗的整个过程包括:(1)采取一个合作性的、共同书写故事的立场;(2)经由故事的外在化而实现个人与问题的分离;(3)经由发现独特结果而帮助当事人辨识生活中没有遭受压制的时期;(4)以行动图景和意识图景技术深化当事人对独特结果的叙事;(5)将独特结果与过去和现在的其他事件联系一起,从而形成一个关于自我的新的叙事;(6)邀请重要他人进入,见证新的自我叙事;(7)用文字的形式记录下那些支持新的叙事的知识和实践;(8)以回响的方式与他人分享,促使他人摆脱同样的压制性叙事。

弗里曼和卡切诺尔(Freeman & Couchonnal,2005)认为,叙事治疗的整个过程包括:(1)倾听和了解当事人的故事;(2)以叙事的方式协助当事人定义他们的挑战;(3)共同致力于寻求意义;(4)提升当事人对权力和宰制关系的认知程度;(5)帮助当事人外在化他们的挑战和议题;(6)帮助当事人重构具有能力和优势的个人故事;(7)确认当事人具有重构其生活故事和建构替代性叙事的特权;(8)分享社会工作者的故事。

综上所述,相对于现代派的治疗模式,叙事治疗的过程更强调无结构性和灵活性。为了协助学习者更好地认识和理解叙事治疗的过程,我们将此过程大致分为三个主要阶段:实现人与问题分离、发掘例外故事(独特结果)并改写故事、丰厚和巩固新故事。

1. 实现人与问题分离

在这一阶段,双方要采取合作、共同书写故事的立场(贯穿于叙事治疗始终)。社会工作者要真诚以待、保持尊重的好奇,倾听当事人描绘问题的历史和影响;通过外化对话,实现当事人与问题的分离,使当事人有可能重新定义自己与问题的关系,重新定位自己与别人的关系,以为当事人重新定义自我认同、开始新的生活提供更多可能性。

2. 发掘例外故事(独特结果)并改写故事

在这一阶段,社会工作者要协助当事人发现问题例外或者独特结果的情况,通过凸显例外事件的对话,帮助其重视并反思那些被忽视的生活体验,以及内在的资源和力量,从而发现改写的起点。此后可以运用行为蓝图和认同蓝图,深化当事人对例外事件或者独特结果的叙事,并将这些例外与过去和现在的其他事件相联系,引出当事人优选的自我及故事,开启关于自我的新叙事。

3. 丰厚和巩固新故事

在这一阶段,社会工作者要协助当事人发展、丰富并巩固有意义的新故事。通过重塑对话,唤起当事人的主观能动性,促进其有意识地重建与生活史中重要他人的关系,重建其与当前身份认同的关系。通过界定仪式和支撑性对话,唤起当事人的高度共鸣,促使其清晰自己所看重的价值观和意义,获得掌握自己命运、规划自己人生的主控感,从而丰富新的故事。另外,社会工作者要通过协助当事人识别并运用支持新故事的仪式(例如庆祝仪式)、习惯或者传统(例如书信或者证书)等方式,丰富和巩固新故事。

总之,在叙事治疗的整个过程中,当事人是其生活的主人、其故事的讲述者和编创者。社会工作者要始终保持好奇心,跟随并倾听当事人的故事,灵活运用叙事治疗的各种方式方法,协助其建构出具有积极意义的新故事。

(五)叙事治疗的实务方法与技术

1. 外化:面对问题本身

(1)外化的含义

外化(externalization)是叙事治疗对待问题的立场和策略,即认为当事人的问题是他们内化了的自我。当事人往往认为问题就是自己的一部分,但实际上问题是内化的结果。很多从文化以及制度化了的对话中延伸出来的一些预设,会让当事人把问题归咎于自身的身份、人格或者不可避免的条件限制(李明,2016:54)。比如,神经性厌食症可以被视为对流行文化中以瘦为美、自律及竞争等观念内化的结果(汪新建、吕小康,2005:277)。迈克尔·怀特把外化过程称为"外化具有内化作用的话语"。外化就是指让当事人与问题、症状分离,帮助其体验并领悟到人和问题的不同(李明,2016:54)。

(2)外化的对象

外化的对象包括当事人所有的经历、描述、想象、力量和资源等,它适合特定人的体验;外化可以发生在专业服务之外,在团体、工作场所甚至社区都可以使用外化。外化应用于社区的典型案例之一是非洲南部的马拉维应对艾滋病危机。艾滋病造成的社会影响和自闭等问题导致当地的社区分裂,应用外化即把艾滋病称为"艾滋病先生"或者"艾滋病女士",这样社区居民就能够和扮演艾滋病先生或者女士角色的人进行对话,因此他们能够表达出应对艾滋病的策略、希望和梦想,整个社区便逐渐开始团结起来(李明,2016:59)。

(3)外化的作用

外化既是叙事治疗的重要方法,又是其重要特征。迈克尔·怀特和戴维·艾普斯顿在工作中发现,外化有助于个人问题的解决,并且可以达到以下一系列功效:第一,减少人际无益的、非建设性的责任归属的冲突。第二,降低当事人面对问题的失败感和挫败感。因为个人容易在努力解决问题却仍然失败之时感到无力、无助、懊悔和消沉。第三,提供方向,让人们可以相互合作、共同努力来面对和对抗"问题",避免问题对生活和家庭关系的负面影响。第四,开启新的可能性,使当事人能够采取具体行动,以摆脱问题的困扰,恢复正常的生活和家庭关系。第五,面对"严重得要命"的问题,外化可以让当事人轻松下来,从而能够采取更为有效的措施来减轻精神压力。第六,提供"对话"的可能,使当事人避免仅仅通过"独白"来面对问题的困扰(李明,2016:63)。总而言之,外化不仅可以使当事人有可能重新定义自己与问题的关系,还可以通过尊重双方话语权的对话,在协助当事人培养自我认同的过程中,重新定位其与他人的关系。这种重新界定的过程,能够让当事人从人际关系中理解自我认同(迈克尔·怀特,2011:35)。

(4)外化的实践操作

为了更好地运用外化技术,迈克尔·怀特在实践中总结出了一套行之有效的应用过程,他用"外化地图"来做比喻,将外化分为四个步骤:命名问题、询问影响、评估影响、论证评估(李明,2016:56)。

第一步:命名问题。

命名问题是指社会工作者和当事人一起商讨一个独特的、符合当事人经验问题的名称或者定义的过程。首先,请当事人详细描述其遇到的问题或者难题;其次,了解这个问题在当事人生活中的发展过程;最后,和当事人商量一个贴近其体验的名称。在没有找到合适的名称之前,可以将问题称为"这个问题"或者"它"(李明,2016:58)。

第二步:询问影响。

如果命名问题的过程比较顺利,当事人往往可以不再使用第一人称,而开始说问题的名称或者这件事情等。此时进入询问影响阶段,即社会工作者询问问题对当事人的相对影响,主要包括三个方面:第一,问题对当事人的哪些方面有影响?例如个人(自我认同、希望、梦想、愿望、价值、未来的可能性以及人生的限度等)、家庭(家庭关系、沟通方式等)、同辈关系、学校、单位等。有什么样的影响?哪些影响大一些,哪些影响小一些? 第二,如果把问题再比作一个有自己想法的人,他们要把当事人的生活引导向何处? 第三,当事人生活中的哪些人、事、物对问题有利,或者说哪些因素会增强问题的力量、哪些因素会削弱问题的力量?(李明,2016:58)

第三步:评估影响。

当事人了解到问题对自己产生的影响之后,社会工作者可以邀请其做一个评估或者判断:这些影响是不是自己想要的? 这些影响是好的、坏的还是不好不坏的? 这些询问和其他类似的询问,能够让当事人停下来审视自己生活的独特发展。对很多人来说,这也是较新奇的经历,因为在生活中,这些评估通常是别人来做的。这个阶段可以帮助当事人做一个选择——通常在外化之前,当事人会感到自己受限于问题,几乎没有别的选择(李明,2016:58)。

第四步:论证评估。

这个阶段,重点是询问当事人为什么做出如上评估,即邀请当事人说明影响是好或者是坏的理由。一般可以运用这样的询问:如果问题对当事人的生活等的影响是好的,那么为什么? 反之,为什么是不好的? 如果好坏参半,为什么? 这个阶段能够让当事人更加清楚自己的意向、自己喜欢及所选择的生活方式,并发觉那些看似不存在但潜藏着的价值观及原则,为其发展新的可能性做铺垫。

(5) 外化的难点

外化不仅是一种治疗技术,而且是一种生活态度。在理念和角色上,社会工作者有责任帮助当事人以多元化和去中心的视角,看待自己及其生活。而在日常生活中,内化的做法已经根深蒂固,外化是对内化的一种挑战,社会工作者需要秉持这种态度并花一些时间帮助当事人适应。在实践运用上,社会工作者经常遇到的一个难点是,在外化对话中,对问题的命名或者比喻如何更为恰当。外化的重点是详细挖掘外化出来的问题及其对当事人或者有关他人造成的各种影响;通过评估问题的影响,帮助当事人对问题的影响采取一个立场,然后和其他有关人员一起面对问题的影响并减少这些影响。

(6) 外化的注意事项

在运用外化时,社会工作者还需要注意以下四点:第一,如果不在后结构主义的理念和框架下运用,外化的价值就会非常有限。第二,使用外化不一定总是恰当的。第三,通过命名来外化问题,有时候会显得过于简单化,很难给当事人提供具体的帮助。第四,外化不适用于界定具有强迫特征的行为(李明,2016:64)。

2. 改写:寻找问题之外的生活

(1) 改写的含义

改写(re-authoring)就是指社会工作者以积极的好奇心和耐心,从当事人的例外事件、那些不被问题控制的生活空间出发,运用行为蓝图和认同蓝图等,帮助当事人重新建构自己的生活故事。换句话说,改写是指从当事人例外生活的片段出发,将其单薄的故事讲成丰富故事或者演绎成新生活的过程。长时间的曲折过程是改写对话的特点(李明,2016:60)。

(2) 改写的作用

迈克尔·怀特将改写比作"改写地图",他认为改写对话的地图,可以指导咨询师展开治疗性对话,重塑人们生活中的潜在故事情节。正是由于潜在故事情节的发展,当事人可以采取与他们生活主题和谐一致的方式来描述困境和问题。他们在改写对话中会充分理解这些珍贵的主题(迈克尔·怀特,2011:81)。同时,改写对话地图在迈克尔·怀特多年的治疗实践中起着支柱作用。创造故事中的叙事分析,使得怀特的好奇心更加强烈,他发现自己对生活和治疗性活动也更加好奇。另外,改写生活故事的过程,能够促使当事人重新描述自我。通过这个过程,一个人、一个家庭、甚至一个社区的新故事可能会产生而且丰富起来。

(3) 改写的实践操作

运用改写时,先要发现改写的起点,然后再灵活运用行为蓝图和认同蓝图。具体而言,可以参考以下两个步骤。

第一步,发现改写的起点。

要在对话中寻找和发现例外或者特殊事件。当事人的生活往往被一些固定化的模式控制,所有符合这些模式的经验才能被意识到,而被忽视却颇具意义的事件或者经历,则被看作是例外或者特殊事件,这些事件就是改写对话的起点。

发现改写的起点之后,社会工作者可以使用凸显例外或者特殊事件的对话,帮助当事人重视并反思那些被忽视的生活经验,从而可能发展出丰富的生活故事。在实践步骤上,该对话如同外化技术一样,主要包括命名例外或者特殊事件、询问(描述)这些事件的影响、评估影响、论证评估四个部分,具体可以参照之前介绍的"外化的实践操作",此处不再赘述。

第二步,运用行为蓝图和认同蓝图。

行为蓝图和认同蓝图是迈克尔·怀特受到杰鲁姆·布鲁纳(Jerome Bruner)关于叙事比喻的启发提出的。布鲁纳深受文学理论家格雷马斯的影响,认为故事大致由两幅蓝图组成——"行为蓝图和意识蓝图"。行为蓝图是故事的"材料",由组成情节和主题的一系列事件构成。意识蓝图是由行为相关人等的所知、所思、所感或者所未知、所未思、所未感组成,这个维度形成了故事主角的意识,也包括他们对行为蓝图事件的反应——他们对故事的解读,他们对形成事件的意图和目的的推理,以及他们对其他角色性格和自我认同的结论(迈克尔·怀特,2011:47)。怀特认为,行为蓝图包括事件、环境、结果、时间和情节,认同蓝图包括意向性理解、对赋值对象的理解、内在性理解、认识、学习和知识。其中,意向性理解以主观能动性为特点,关注当事人可以根据自己的价值观赋予生活意义,按照喜好推动生活的改变,通过努力实现追求的目标。内在性理解则是将当事人的行为描述为自我(处于认同的核心位置)中特定的要素或者自我要素的外在表征。例如,在内在性理解的情境下,人类的情感建立在无意识动机、本能需要、欲望、驱动力、性格、个人特质和能力的基础上。一般而言,社会工作者要促进当事人优先发展意向性理解,但也不排除对生活和认同的内在性理解。

在实践中,一般穿插使用行为蓝图和认同蓝图的相关提问。行为蓝图的提问是指关于事件、环境、结果、时间和情节等方面的提问。认同蓝图的提问则是指使用"可能""大概""也许""或许"等词语的虚拟问句,例如:这个问题你可能会怎么理解？这对你来说重要,可能意味着什么？这种立场和方式的提问可以让当事人更加轻松地表达自己的想法,避免一种确切而必然的氛围。认同蓝图的提问旨在鼓励当事人:第一,展现主体性(如何看待特定事件等)、态度(对特定事件的感受)、知识(反思中的所学)以及表现(特定事件怎样反映生活),还有预见(对未来的期待)的反思活动。第二,产生意向性理解(包括目的、目标、计划、愿望和希望等)以及对价值观的理解(包括信仰、准则、主张和信念等)。第三,叙述自己的主观理解和价值观是怎样参与其中的。在当事人对认同蓝图提问的所有反馈中,意向性的理解和对价值的理解,对于丰富其故事发展最为重要(迈克尔·怀特,2011:61)。

总的来说,行为蓝图和认同蓝图能够创建一个语境,该语境有助于当事人对生活意义的建构,当事人可以为生活中许多被忽视但很重要的事情赋予意义,并在其中重建自我认同。相对于行动蓝图,认同蓝图更强调当事人对生活故事重建的过程也是在重建对自我的认同(迈克尔·怀特,2011:49)。

(4)改写的注意事项

首先不要有成见。社会工作者需要时刻提醒自己,不要对当事人和自己的身份有某种固定不变的认识或者期待。另外,不要推进太快。如果社会工作者推进太快,很可能出现相反的效果,所谓欲速则不达。

3. 重塑对话

(1)重塑对话的含义

重塑对话(re-membering conversation)的提出根据这样一个观念:当事人的身份认同奠基于"生活协会",而非核心自我。这个"生活协会"的会员可以是当事人在生活中遇到过的很多认识或者不认识的人,例如家人、朋友、同事、陌生人等,或者是传说中的人物及文学作品中的虚构人物,也可以是拟人化了的玩具或者宠物。这些会员的话语对当事人身份认同的形成具有影响(迈克尔·怀特,2011:82)。重塑对话为当事人提供了一个修改"生活协会"中成员资格的机会(提高或者是降低某些成员的级别,尊重某些成员或者取消一些成员的资格),为当事人重构身份认同提供了一个契机。重塑对话不是让当事人被动地回忆过去,而是有目的地重塑当事人与生活中重要人物关系的历史,重塑其对当前和未来生活的投射性认识。

(2)重塑对话的作用

重塑对话主要有以下六方面的作用:

① 唤起一种感觉。人生如同各种"会员"组成的俱乐部,身份认同就像生活的

"协会",与身份认同是封闭的自我这样的观念形成鲜明对比。重塑对话鼓励当事人形成一种身份认同的观念,重视他人对当事人生活和自我理解的影响。

② 有助于形成一种多声音的身份认同感,取代由孤立的自我构成的单一声音的身份认同感。基于这种多声音的身份认同感,当事人可以发现他/她的生活围绕共享的重要主题与他人的生活联系在一起。这种身份认同感倾向于对当事人在生活中的行为以及对人对己的定位形成积极的结论,但不鼓励做个人英雄主义的结论。

③ 让当事人有机会修改自己生活俱乐部的会员资格。通过升级或者调整,某些声音对当事人身份认同的重要性被提高,某些声音会被降低,某些成员的资格可能被重新激活。

④ 能够充分描述当事人偏好的身份认同,以及伴随其重要人际关系而生的生活知识和技能。在回顾这些成员资格的过程中,这些对身份认同的描述和生活知识与技能将被详细挖掘,这会让当事人感到对自己的生活十分了解,在此基础上可以提出继续生活的方案。

⑤ 能够为当事人提供一种对其与生活中重要人物关系的双向理解。这种双向理解替代了对当事人身份认同的"被动接受",强调双向贡献,因而当事人的主观能动性被重新唤起。

⑥ 鼓励当事人不要只是被动地回忆过去,而要有意识地重建自己与生活史中重要他人的关系,与当前身份认同的关系。(迈克尔·怀特,2011:88-89)

(3) 重塑对话的实践操作

重塑对话一般通过两部分提问来实现。

① 第一部分提问。这部分提问包括:首先,邀请当事人重新描述生活中的重要他人对自己生活的贡献,例如:"现在你生活的状况,有哪些人知道?他们知道你是如何走过来的吗?谁对你这样的改变最不会感到意外?"然后,请当事人通过生活中重要他人的眼睛来看自己,启动并丰描(rich description)这种关系如何塑造或者有可能会塑造当事人对自己是什么样的人以及为什么活着的理解,例如:"你对他们知道你所发生的改变如何看待?""你对好朋友眼中'坚韧的你'如何理解?"

② 第二部分提问。这部分提问包括:鼓励当事人重述其对这个重要他人的生活做了什么贡献;鼓励当事人丰描这种关系如何塑造或者可能会塑造这个重要他人对自己是什么样的人以及为什么活着的理解。这部分提问的方式如同第一部分那样。(迈克尔·怀特,2011:89)

（4）重塑对话的注意事项

在重塑对话中，社会工作者要倾向于影响当事人建构"主动进取的自我"，提问可以从故事中支持"个人力量"的观点切入，以引导当事人说出具有个人力量的故事，但不鼓励做出个人英雄主义的结论。另外，在运用第一部分提问时，要警觉问题故事对当事人当下描述的影响，要协助当事人在多声音中倾向于对人对己定位的积极态度。

4. 界定仪式

（1）界定仪式的含义

仪式是当事人在叙事治疗过程中形成的一种信念的外显（李明、杨广学，2005：145）。界定仪式（definitional ceremonies）可以让当事人获得一个新的选择机会，在通过精心选择形成的各位外部见证人（outsider witness）面前讲述或者展开自己的生活故事，这些见证人会根据某种特定的方式，通过重述对当事人的故事做出回应（迈克尔·怀特，2011：106）。

（2）界定仪式的作用

界定仪式主要有以下四方面的作用：

① 界定仪式为丰富当事人的故事提供了语境。界定仪式可以接纳当事人的生活故事，对故事进行重新分类。这一点与现代文化中的仪式形成鲜明对比，因为后者通常会对当事人的生活进行评判，甚至认为当事人的生活是有问题的。

② 外部见证人的重述可以对当事人所重视的生活方式等进行有效的重现，并且可以通过见证人的眼光进行确认。

③ 当事人通过重新讲述自己的生活故事，可以得到在自己的生活和别人共同重视的观念等之间建立关联的体验。因此，当事人可以更有力地面对生活的困境。

④ 界定仪式能够让问题清晰化，促进当事人家庭力量的团结和合作式治疗关系的形成。

（3）界定仪式的实践操作

在叙事治疗中，界定仪式被分为三个独立的阶段：当事人讲述重要的生活故事、应邀参加界定仪式的外部见证人复述、当事人对见证人的复述进行复述。为了有效地开展界定仪式，社会工作者可以在这三个阶段开始之前，先帮助外部见证人做一些准备（迈克尔·怀特，2011：120）。

① 帮助外部见证人做准备

第一，对外部见证人提出几点希望。一是扮演一个有利于丰富当事人故事发展的角色。二是复述的内容应当是仔细倾听的结果,是外部见证人所听到的特别吸引他们的部分。三是复述的时候不能有强加的语气。四是要以一种个人的语气,说明对所听到的一些内容感兴趣的原因,或者说明一些内容对自己有什么影响。五是不要以大多数人习惯的方式对当事人的故事做出反应,包括表达观点、建议、评判等。

第二,向外部见证人说明。社会工作者要向外部见证人说明以下几点:一是如果感到有助于当事人丰富故事,会礼貌地打断他们的表述来提问。二是如果感到他们的复述与希望他们扮演的角色相矛盾,也会打断并提问。三是清楚地说明这些打断是因为社会工作者要对外部见证人的复述负责任。

第三,介绍与外部见证者对话的四种提问方式。社会工作者要根据外部见证人的文化、年龄等因素,采用他们熟悉的语言和方式介绍四种提问方式;必要时可以提供有关四种提问方式的文字资料。以下是四种提问方式的具体内容。

第一种提问方式:把焦点放在表达上。社会工作者要让外部见证人认定和说出他们听到的最吸引他们的内容,例如:"是什么唤起了你的注意?""是什么引发了你的兴趣或者想象力?"这些提问可以是具体的词、短语,或者是特定的心境和情感表达,同时要具体而独特。这种对当事人特定表达的聚焦,可以提高外部见证人复述的准确性。

第二种提问方式:把焦点放在意象上。社会工作者要让外部见证人描述其在倾听的时候,脑海里浮现出什么意象。这些意象可能是当事人生活的某种比喻,或者是当事人身份认同以及对人际关系认同的心理映象,或者是从当事人的生活中推导出来的一种感觉。外部见证人描述这些之后,社会工作者要鼓励其思考这些比喻、心理映象和感觉可能反映了当事人什么样的目的、价值、信念、希望、梦想和承诺——思考当事人生活的方向是什么,重视什么。此时,社会工作者还要问一些问题,强调外部见证人通过这些意象,可以看到当事人生活和身份认同的一些内容,但不要请外部见证人提出关于当事人生活和身份认同的定论。

第三种提问方式:把焦点放在个人共鸣上。此处的共鸣用于描述两种现象。第一,描述界定仪式上的复述,这些复述和当事人在生活中重视什么东西产生了强烈的共鸣。第二,描述外部见证人体验到的个人的共鸣。这些回应都是在对当事人的表达做反应的过程中体验到的(迈克尔·怀特,2011:124)。社会工作者要鼓励外部见证人对为什么那么关注这些表达做一个说明,特别是这些表达如何触动了自己的过去。此时最有用的是,外部见证人说明自己的经历中有哪些事情是因为当事人的表达被激活,而让自己回忆起来了。

第四种提问方式:把焦点放在触动(transport)上。社会工作者要请外部见证人指出并说明,如何被见证的这些故事所感动(moved)。这里的"感动"是广义的用法,包括触动的,因为感动联想/体验到自己的心灵感应,对自己存在的反思、对生活的理解、对所面对的生活困境和人际关系等不一样的认识理解或者行为选择等。

第四,进行建议。社会工作者要以外部见证人能够清楚理解的方式,描述上述四种提问方式,之后可以建议外部见证人:在倾听当事人的故事时,只关注吸引他们的内容就好,并注意唤起了心中的什么景象、反思或者思考。

② 当事人讲述重要的生活故事

社会工作者提前帮助外部见证人做好准备之后,就到了界定仪式的第一个阶段:请当事人讲述重要的生活故事。这一阶段,社会工作者要面谈当事人,鼓励当事人讲述与其个人身份认同相关的重要故事。外部见证人作为听众,需要仔细倾听这些故事,并根据社会工作者提前建议的,做好进行复述的准备。

③ 应邀参加界定仪式的外部见证人复述

当事人讲述重要的生活故事之后,社会工作者要选择合适的时机,请当事人和外部见证人交换角色:当事人做外部见证人的听众,外部见证人做复述,社会工作者通过提问(包括四种提问)来组织复述过程。复述并非对整个故事的内容进行重述,而是要关注对当事人故事中吸引外部见证人的部分。外部见证人的任务不是正向反馈(肯定、指出正面的内容、祝贺等)、建议、做出结论、给予判断或者讲道德故事。他们的任务是"四个聚焦"(在四种提问方式中已提到):聚焦于表达,即讲述当事人的哪些故事对自己有吸引力、哪些最被自己关注或者重视;聚焦于意象,即这些故事让自己联想到什么、有什么样的感觉等;聚焦于共鸣,即说明为什么那么关注当事人的这些表达或者故事,特别是这些表达或者故事如何触动到了自己;聚焦于触动,即因为触动联想或者体验到什么、对自己的存在有怎样的反思、对生活有什么样的理解、对所面对的生活困境和人际关系等有什么不一样的认识或者行为选择等。

外部见证人的如上复述有可能唤起当事人的高度共鸣。这种共鸣对当事人十分有帮助:一是有益于其故事的丰富发展,二是使其更清楚地看到自己生活中究竟重视什么,三是有助于其各种关于生活和身份认同的消极定位慢慢消解。

④ 当事人对见证人的复述进行复述

外部见证人复述之后,要再回到听众的位置。社会工作者要询问当事人在见证者复述的时候听到了什么。这个阶段，谈话依然根据四种提问方式（表达、意象、共鸣、触动）进行，当事人要回应的问题包括：见证人的表达中有哪些内容特别吸引当事人？哪些表达唤起了当事人的什么意象或者心理图景？这些意象或者图景反映了当事人什么样的生活目标和核心价值观？这些表述触动了当事人的哪些经历？这些表达把当事人的思绪带到了何处？当事人对自己的生命有没有新的理解和感受？对未来的行动有没有产生新的、深入的思考？

(4) 界定仪式的注意事项

① 尊重地告知。社会工作者在邀请外部见证人参加之前，需要清楚地告诉当事人该方法的整个过程和结构，以征得其同意。同时需要向当事人确认有没有哪些人，是其不希望在这个过程中询问的。

② 对当事人和外部见证人负责。在界定仪式的整个过程中，社会工作者需要对当事人和外部见证人负主要责任。例如向双方说明界定仪式的结构、过程和方法，帮助当事人和有分歧的家人（外部见证人）等调整关系和定位，对外部见证人在复述过程中可能出现的过度赞美、自传倾向、表达苦难等情况进行应对等。

③ 选择外部见证人。在当事人同意选择外部见证人之后，双方要一起商讨如何选择。一般而言，外部见证人主要来自当事人的家庭成员、同学、同事以及邻居等熟人。有时候也可能是社会工作者服务过的一些案主，这些案主虽然对当事人是陌生的，但他们愿意为当事人提供帮助，当然他们也了解自己是临时参与治疗过程，在界定仪式中不需要为当事人的问题负责。

④ 强调保密原则。社会工作者需要向参与界定仪式的所有人，清楚说明保密原则并要求其遵守。

⑤ 逐渐适应。社会工作者在刚开始使用界定仪式的时候，可能会感到有点不自然、不舒服，这种感受可能是因为多人参与对话，或与个案工作通常使用的会谈方式很不同。等到对话效果逐渐显现出来的时候，这些不自然、不舒服的感受会慢慢消失，这需要社会工作者逐渐适应这个过程。

5. 支撑性对话

(1) 支撑性对话（scaffolding conversation）的含义

"支撑性对话"的概念源于发展心理学中的"搭脚手架"（scaffolding），由维果斯基提出，用以描述儿童在成长过程中所依赖的支持系统。在叙事治疗中，支撑性对话类似于为当事人（案主）提供一个临时的支持结构，帮助他们达到新的认知和行为水平,这一过程被称为"最近发展区"(zone of proximal development)(迈克尔·怀特,2011:171)。社会工作者要与当事人进行合作对话。迈克尔·怀特认为,个人自主性的经历以及自我负责的能力建立在一种特殊的社会合作基础之上。这样的合作有助于人们超越最近发展区(迈克尔·怀特,2011:188),如同建构阶梯那样,给当事人提供必要的支撑,以帮助其跨越这个最近发展区。

(2)支撑性对话的作用

支撑性对话有助于当事人逐渐远离自己熟悉的状态,向其可能实现的思维和行为状态转变,找到可行的问题解决办法,跨越最近发展区。在跨越最近发展区的过程中,当事人会获得全新的主控感:感到能够掌握自己的命运,能够根据自己的意愿、知识和技能设计并左右自己的人生。

(3)支撑性对话的实践操作

迈克尔·怀特提出了支撑性对话地图——实践和理念之间的中介,包括五种抽离提问方法来组织。尽管这些抽离的类型受维果斯基的影响,但实际上他们是相对主观的。这种地图的其他版本中另有一些层面,比如有一些包括"非常底层的抽离任务",鼓励人们从他们的环境中发现那些与已知和熟悉的内容相矛盾的事件(迈克尔·怀特,2011:179)。这一地图可以看作是叙事治疗实践的向导,支持启发当事人超越最近发展区。这五个层次的咨询中分别给当事人提出了一个学习任务。

① 最初级抽离任务。使当事人从自己所熟悉的事物及环境中抽离出来,与直接经验保持一定距离。这要求当事人注意自己生活中那些不熟悉,甚至不被注意的事情,鼓励当事人总结这些事情的特点,并赋予它们意义。

② 中级抽离任务。支持当事人从自己熟悉的环境、事物中抽离,同时开始理性地看待自己所经历的事情。这要求当事人讲述自己在建立人际关系、进入社会合作关系时曾经历的特殊事件,也要求当事人对这些事情进行比较、归纳,找出其相似和不同之处。

③ 中高级抽离任务。支持当事人达到在个人环境中熟知的和直接经验的实践之间中高层面的距离。这鼓励人们对这些联想链条进行反思、评价、总结学习。

④ 高级抽离任务。支持当事人达到与自己环境中事件的直接经验之间高水平的距离。这鼓励当事人通过从其具体和特定情境中抽象这些经验和学习,形成对生活和自我的概念。

⑤ 最高级抽离任务。支持当事人达到与其对环境中事件最高层面的抽离。

这鼓励当事人提出与新形成的生活概念和自我概念相融洽的生活规划，形成对这些假定行动的结果预期，提出执行这些行动的计划。（迈克尔·怀特，2011:179）

(4) 支撑性对话的注意事项

社会工作者需要意识到，自己的角色是为当事人搭建超越"最近发展区"的阶梯，因此要承担起相应的职责：第一，当当事人对社会工作者的提问表达出"不知道或者我不知道怎么回答"时，社会工作者要为当事人进一步"搭建阶梯"，即可以将提问的难度和当事人的任务，在纵向上降低一个层次，以便其更好地理解这一层级的提问和任务，为下一层级的任务做好准备；或者向当事人介绍，和其有类似困难的他人如何回答这一提问；或者对于某一层级的提问和任务，社会工作者邀请其他人参与并表达出他们的想法。第二，社会工作者要避免消极地评价当事人，例如，认为当事人是一个"没有动力的人"，"不可能承担责任"，"有阻抗"，"不能预见自己的行为后果"，"只能具体思考"，"没有抽象思维能力"。这些消极评价就像一个唤起装置，这个装置反映了当事人对所熟悉的环境、事件的依赖，以及不了解帮助其建构超越"最近发展区"的社会合作关系。因此，社会工作者需要时刻保持警惕，注意在足够的尊重中与当事人建构合作关系。

6. 治疗书信

(1) 治疗书信的含义

在叙事治疗中，社会工作者并不回避与当事人的信件往来。这种独特的以文本或者信件为媒介的交流，成为叙事治疗的一种辅助方法，即治疗书信（therapeutic letter）。迈克尔·怀特说：对于那些努力要使自己逃离生活现实的人，即便只是一封简短的信，都可能价值非凡。戴维·艾普斯顿规定每次会谈后都要写信给当事人或者其家人。有人甚至将通过电子邮件进行的叙事治疗发展成一种新的心理治疗模式，称之为"e 疗"（therap-e-mail）（李明，2016:122）。

(2) 治疗书信的作用

信件是社会工作者与当事人及其家人平等交流、持续沟通的一个重要平台。社会工作者和当事人可以相处得像朋友一样交流，这样可以激发当事人的参与感和想象力，有时候可以直抵其内心。

(3) 治疗书信的实践操作

迈克尔·怀特和戴维·艾普斯顿在治疗结束之后，会给当事人写书信，这可以作为治疗书信实践的参考。

迈克尔·怀特有时候在生活中会突然想起以前的来访者，就可能写一封邮件进行问候。比如：

亲爱的弗瑞德：

收到这封信是不是很惊讶？我自己也很惊讶会写这封信给你。这完全是因为昨天我在公园里为了看一个人做俯卧撑，一不小心，在水沟边扭了脚趾。但是你可能会想：这跟你有什么关系？我还记得上次我们见面的时候，你的脚也扭了。我自己扭了脚，让我想起你的脚，想到你，不知道你近况如何。就是这样。下次见。

迈克尔·怀特（李明，2016：121）

以下是迈克尔·怀特和戴维·艾普斯顿在其1990年的经典著作中的一位来访者的例子。一个当事人写信告诉他们在一年之前的治疗中进行通信的体验。她写道：

有一次我坐在沙滩上，拿出了信。只是读了读信，我就止住了哭泣。我发现汤姆又失业了……在读这封信之前我从来没有意识到我觉得那是我的责任……所以我看这封信的内容——它说了些什么？我不能对汤姆负责。它曾经起到了期望的效果，于是我就把它放到一边，还觉得它已经用过了，可以被忘记了。（李明，2016：122）

二、叙事理论在社会工作领域的应用

（一）叙事治疗在青少年社会工作实务中的应用

在了解、认识叙事治疗理论要点和方法技巧的基础上，我们通过以下实例进一步学习。

以迈克尔·怀特的个案为例（迈克尔·怀特，2011：73-80）。

（1）案例简介

11岁的大卫，是波林和弗瑞德的儿子。在父母的眼里，大卫在日常生活和学习中制造了太多麻烦，他们几乎快要下定论：无论做什么，都无法解决大卫制造麻烦的问题。经过认真考虑，大卫的父母想出来一个"下策"：让大卫远离家庭，到其他的环境去生活。

（2）叙事治疗的过程——改写对话

在个案之初，迈克尔·怀特有机会对问题及其对他们生活和家庭成员关系的影响做了外化对话。在对话中,波林、弗瑞德和大卫详细地描述了他们遇到的麻烦。当外化对话完善地建立起来——大卫并没有处于"麻烦"的困扰中时,正是辨认与麻烦相矛盾的生活事件的好时机。为了回答这些问题,弗瑞德讲述了最近一次全家一起去海边的事情。弗瑞德在那儿见了一个老朋友。他们沉浸在回忆中。在交流结束时,弗瑞德突然意识到这次谈话很顺利——他并没有像往常一样被叫去处理大卫制造的麻烦。以下是迈克尔·怀特和大卫一家一次个案会谈的具体细节和随后的个案进程。本节在迈克尔的回应后面标写了注解,以辅助读者理解叙事治疗的原则、"改写对话"的过程和技术。见表 11-1、表 11-2、表 11-3 和图 11-1。

表 11-1 个案会谈 1

对话原文	本章作者注释
迈克尔:请说说为什么你告诉我这件事呢?	以"not knowing"的状态,对大卫"制造麻烦"之外的"例外事件"充满好奇
弗瑞德:好,我几乎 20 多年没见到我的老朋友——吉欧弗,他是我小时候最好的朋友。我们能如此快乐地畅谈过去的唯一原因是大卫那时并没有制造麻烦。在我们谈话结束前并没有出现任何麻烦。	
迈克尔:大卫,你记得这件事吗,在沙滩的那天?	好奇大卫对"例外事件"的关注情况,开始发掘例外故事
大卫:记得。	
迈克尔:所以,你感受怎么样?	好奇,通过询问"感受"发掘例外故事
大卫:不知道。	
迈克尔:你认为呢,弗瑞德?你觉得大卫怎么样?	运用支撑性对话中的中高级抽离任务,邀请大卫的父亲参与,让对话顺利进行
弗瑞德:嗯,可能只是偶发事件之一。不知道什么原因,大卫和每一个人都相处得很好,好像从忧郁中走了出来,但确实感觉很好。	
迈克尔:波林,你觉得呢?	运用支撑性对话中的中高级抽离任务,邀请大卫的母亲参与
波林:我不知道,那时我不在那儿。	
迈克尔:大卫,在沙滩上的那天,你待在那儿是因为遇到麻烦了,还是因为其他什么事情?	好奇,了解"例外事件"发生的原因
大卫耸耸肩。	

(续表)

对话原文	本章作者注释
迈克尔:(转向弗瑞德)你认为大卫在那里是因为遇到了困难呢,还是因为其他什么事情?	在大卫以"耸耸肩"回应后,依然好奇,通过大卫的父亲了解"例外事件"发生的原因
弗瑞德:我猜是因为别的事情吧。	
迈克尔:波林?	保持好奇,通过大卫的母亲了解"例外事件"发生的原因
波林:是的,我想是因为其他什么事情。	
迈克尔:(提到早期外化对话中所获得的理解)让我们回过头来想想我们是怎样描述这个麻烦的,它为什么出现。是为了破坏和其他孩子的关系,为了使大卫在别人眼中留下不好的印象,给他建立不好的名声,让所有人都远离他,为了影响大卫和父母的关系,为了使大卫的爸爸受挫,为了……	复述之前外化对话中大卫及家人认为的"制造麻烦"带来的各种影响
弗瑞德:好,显然这次它没有成功,所以这是不行的。但是,这仅仅是一天,还不是一整天,而仅仅是一两个小时。	大卫的父亲认可了这次"例外事件",但仍关注"制造麻烦"事件
迈克尔:不管时间有多长,如果大卫没有制造麻烦,那他在干吗?	保持好奇,关注"没有制造麻烦"的例外,发现改写的起点
弗瑞德:嗯,我想大卫抵抗麻烦有一段时间了。他应该在抵抗麻烦。	
迈克尔:这是你的猜想,是在抵抗?	澄清大卫父亲的想法
弗瑞德:在这个情况下我会这样说。是的,我想是这样。但是我希望这种情况多发生。	
迈克尔:大卫,你认为是这样的吗?你在海滩那天是在抵抗麻烦吗?	了解大卫的想法
大卫点头称是。	
迈克尔:你知道你爸爸使用"抵抗"这个词是什么意思吗?	澄清大卫和他父亲想法的一致性
大卫摇摇头。	
迈克尔:你能向大卫阐释一下吗?你能为他把这个词拼出来吗?	
弗瑞德:嗯,大卫,是这样写的……	

资料来源:参见迈克尔·怀特,2011,《叙事疗法实践地图》,李明等译,重庆大学出版社,第74—75页。

弗瑞德通过许多典型的实例为大卫详细地解释了他所提到的"抵抗"的意思。大卫显然很快地接受了这样的描述。接着我问他是否认为"抵抗麻烦"可以合理地定义他在沙滩上的行为,他毫不犹豫地进行了肯定。这个回答使我们开始讨论抵抗的表述在大卫的生活中,以及在他与其父母和其他人的关系中产生的实际和潜在的影响。

随着去沙滩的事件有了新的意义,我开始进一步询问以协助大卫和他父母把这些事件纳入一条故事线。

表 11-2　个案会谈 2

对话原文	本章作者注释
迈克尔:我很好奇,大卫。那天你在沙滩上是怎样抵抗麻烦的?	行为蓝图提问——关注大卫是如何行动的
大卫耸耸肩。	
迈克尔:你能想想之前是否发生过什么事情让你准备好了来抵抗麻烦吗?你能想到什么事情可能有助于你抵抗麻烦吗?	行为蓝图提问——邀请大卫寻找其"如何行动"的信息
大卫摇摇头说没有。	
迈克尔:(转向波林和弗瑞德)你有没有发现大卫生活中是否发生了什么事情,有助于他在沙滩那天抵抗麻烦?回忆一下什么事情为他这样做打下了基础,是什么让他准备这样做的?	行为蓝图提问——邀请大卫父母一起寻找大卫"如何行动"的信息
波林:我想不起任何事情。我们一直和大卫都处于非常糟糕的状况中,去年一年情况更加严重。我们没有看到任何好转的迹象。	大卫的母亲此时依然在"制造麻烦"的问题故事中,因为问题故事由来已久,她受到较大的影响,所以有这样的回应
迈克尔:弗瑞德?	
弗瑞德:我也想不起任何事情。就像我刚刚说的,那只不过是偶发事件。	
迈克尔:所以你们两个都没有发觉任何事情为大卫在海滩上的所作所为做了准备?	澄清大卫父母的想法
波林:没有,我没有。	
弗瑞德:没有。	

(续表)

对话原文	本章作者注释
迈克尔:大卫,既然没有人看到任何迹象,你是悄悄地准备抵抗麻烦,然后给大家一个惊喜吗?	认同蓝图提问——鼓励大卫产生意向性理解,即请他想想是否在"悄悄地准备抵抗麻烦"及其目的,此时这样的提问对于逐渐丰富"例外故事"非常重要
大卫耸耸肩。	
迈克尔:你是否因为想给大家一个惊喜,而悄悄地准备,对吗?	基于大卫"耸耸肩"的反应,再次用认同蓝图提问进行澄清和确认
大卫现在微笑着点头说是。	
迈克尔:你点头代表什么,大卫?	以"not knowing"的状态,了解大卫"点头"的意思
大卫:这是个秘密。	
迈克尔:谁能猜到这是什么意思?!	认同蓝图提问——邀请并询问大卫的父母
弗瑞德:我们应该能猜到的!(波林笑了)	
迈克尔:好的,大卫,让我们开始猜这个秘密吧。你是怎样做好准备的?你做了什么?	行为蓝图提问——让例外故事逐渐变得丰富起来
大卫:嗯,我……嗯……我……实际上是周日之前。我在周六陷入了最糟糕的境地,我起晚了。	
波林:是的,是这样的。警察在我们周围,每件事情都很糟糕!	
迈克尔:听起来是不太好,继续说,大卫。	共情大卫,鼓励其继续说
大卫:那是周日,我起晚了。我在洗手间照镜子,看着镜子里的自己,我确定自己的样子很颓废。所以,我低着头看着水槽,再抬头看看镜子,然后对自己说:"孩子,你得做点什么了,你的生活一团糟。"	
波林和弗瑞德疑惑地看着对方。	
迈克尔:这就是开始!	以肯定和赞叹的语气,与大卫确认"例外故事"的开始
大卫:是的。	
迈克尔:这个值得重视!你是怎么准备好在沙滩上抵抗麻烦的?	表达了"开始"的重要意义之后,运用行为蓝图提问,让"例外故事"逐渐变得丰富起来
大卫:不知道,但这肯定起了作用。	

（续表）

对话原文	本章作者注释
迈克尔：(转向波林和弗瑞德)你们觉得大卫在周日早上的所作所为和之后在沙滩上抵抗麻烦有什么联系？	当大卫不太能够说出自己所做的准备时，迈克尔保持尊重，之后运用支撑性对话中的中级抽离任务，邀请其父母表达出想法

资料来源：参见迈克尔·怀特，2011，《叙事疗法实践地图》，李明等译，重庆大学出版社，第75—77页。

为了回答上述问题，波林和弗瑞德开始猜测这两者之间的联系。大卫最后承认了其中部分猜想。在思考与证实中，大卫在海滩抵抗麻烦的事件被纳入了这整个星期的事件序列。海滩上的事件变得不再神奇，而是融入了一条新的故事线。随着这件事的发展，我想，让大卫为主题和情节命名的时机到了。

表11-3　个案会谈3

对话原文	本章作者注释
迈克尔：好了，我们现在对大卫生活中的一些事件有了进一步的了解。大卫，我知道在你看来，抵抗能够很好地描述你在沙滩上的所作所为。但是是否有其他词能够更概括地来形容你在周日早上做的事情，以及后来在海滩上抵抗麻烦的事情？可能还有其他的词能形容你生活中所做的这些事情。	小结大卫在沙滩上对"麻烦"的抵抗，邀请他为新故事的主题和情节命名
大卫耸耸肩。	
迈克尔：这件事情和麻烦是不一致的。和麻烦的方向是不一致的，不是吗？	基于大卫"耸耸肩"的反应，迈克尔暂时用"这件事"来命名，通过询问澄清"这件事"和"制造麻烦"的差异
大卫：不一致。	
迈克尔：好，如果有另外的方向，对这个方向怎么描述比较好？只是猜一猜？	邀请大卫以好奇的心态，描述"这件事"的方向，对"这件事"命名
大卫：嗯……嗯……是关于，我想用"应对"来形容。我会想这样形容。	
迈克尔：应对麻烦。所以这就是一切！	明确了大卫对"这件事"的命名，"应对麻烦"成为大卫改写旧故事、展开新故事的主题
大卫：是的。	

(续表)

对话原文	本章作者注释
迈克尔:(转向弗瑞德和波林)你们知道这些吗?	询问大卫父母对新故事主题的了解情况
弗瑞德:当然不知道。	
波林:我也不知道。这是我从来没有听说过的事情。	
迈克尔:所以,真令人吃惊,正因为如此,我的下个问题可能会有点难回答。	表达对新发现的感受,邀请大卫父母准备进入新的思考
弗瑞德:没关系,是什么问题呢?	
迈克尔:当大卫决定应对的时候,你们对他怎么看?这影响了他在你们心中的形象,或者让你们知道了什么对他来说很重要吗?	运用支撑性对话中的中高级以及高级抽离任务,让对话顺利进行
波林:我可以看到他的决心,其实我知道他一直都有。他真的是一个坚韧不拔的孩子。但不同的是他有效地利用了这股力量,没有用它对抗自己,也没有对抗我们。	
迈克尔:你对此是怎么想的,弗瑞德?	
弗瑞德:嗯,我不知道……但是我可以猜一猜。这是大卫在尝试着做某件事。我猜他在尝试着做一些更有意义的事,从而使自己能有一定成就,使自己获得朋友,让生活中发生不一样的事情。	
迈克尔:大卫,你觉得怎样?你觉得妈妈爸爸关于你决心的理解正确吗?你对你爸爸所说的使生活变得有意义,有什么看法?他们的理解都对吗?	了解大卫对其父母反馈内容的想法,让支撑性对话继续
大卫:对的,就是这样的。	
迈克尔:这对你来说怎样?我的意思是说,你父母这样评价你,你怎么想?	了解大卫对其父母"这样评价"的想法,继续通过支撑性对话,让大卫获得主控感,逐渐跨越"最近发展区"
大卫微笑了。	
迈克尔:(对着波林和弗瑞德)你们发现了大卫的优点,你们俩感觉怎样?	让支撑性对话继续
波林:我们也很吃惊。我们花了很长时间才习惯这个。但是这很好,非常好。如果能再多一点就更好。	
弗瑞德:是的,我也是这个意思。	
迈克尔:我只是想知道我们谈到的大卫生活中的进步,在大卫生活中是首次发生,还是在他过去的事件中已有体现?	邀请大卫的父母一起寻找新故事的素材,使之变得丰富起来

(续表)

对话原文	本章作者注释
弗瑞德:你说的是?	
迈克尔:嗯,我想你是否能告诉我大卫年幼时生活中发生了什么事情,能体现出他的决心以及对有所成就的渴望,或者是否有其他一些关于悄悄准备或提早应对的故事可以体现这些?	基于大卫父亲的疑问,再次详细说明询问的内容
弗瑞德:听你这样问,我想到当他是一个小孩子的时候,可能5岁吧,或是6岁。你记得吗,波林?那是一个周日的中午,我正在做饭,忽然从大街上传来大卫的呼叫声。他叫喊着,我担心他陷入什么麻烦,于是跑了出去,我们看到了什么?大卫在街上骑着一个高大的两轮自行车,挥舞着手,看起来非常危险。然后他做了什么?他松开两只手:"看,不用手!"我们都惊呆了。	
波林:我们都非常吃惊,因为我们并不知道他能骑两轮自行车。	
迈克尔:自己悄悄学的?	确认这是丰富新故事的素材,发现大卫的主动性
波林:是的,又是自己悄悄学的。对学东西充满了信心。	
大卫笑了,显然很乐意重提此事。	
弗瑞德:还有些别的事情,但是我现在不打算说。	
迈克尔:是什么事情?	想继续丰富新故事
弗瑞德:(很礼貌地)我们不想说这自行车是从哪儿来的。并不是大卫的,他朋友也没有这样的自行车。	
大卫有点害羞,但明显还是对重提这件事很高兴。	
迈克尔:大卫,是你有意令你父母吃惊吗?	认同蓝图提问——澄清大卫的意图和主动性
大卫:我想是的。	
迈克尔:他们认为这件事情体现了你使"决心"服务于自己,证明了你能有所成就,你认为是这样吗?	保持好奇,澄清大卫对其父母想法的理解
大卫微笑着点点头。	
迈克尔:好的,我再多问问你:这对你意味着什么?你希望你的人生是怎样的呢?随着我们谈话的进行,我会让你的爸爸妈妈协助你。	认同蓝图提问——请大卫思考自己对人生的期许,并邀请其父母协助

资料来源:参见迈克尔·怀特,2011,《叙事疗法实践地图》,李明等译,重庆大学出版社,第77—79页。

这些问题促成了一段对话,从而得出了几种关于大卫个性的结论,而这些结论与那些由问题组成、对大卫生活紧追不舍的结论完全相反。它们为提出更多有关大卫生活故事的问题提供了基础。大卫也开始参与对这些故事情节的改写。不久后,我让大卫和他父母都来设想在不久的将来可能取得的进展:"大卫,如果你想从麻烦中脱身,在离开这儿之后继续有所进展,你觉得你下一步会做什么?如果你觉得可以的话,我会让你父母帮助我们想一想。但最终还是由你自己决定。"

在他父母的协助下,大卫想出了许多继续摆脱麻烦的方法,但这些都是秘密。我问了波林和弗瑞德他们会为大卫提供什么样的环境,来协助大卫摆脱麻烦,然后这些在大卫那里得到了证实。我要明确的是,我并没有对大卫实践这些想法的行为有任何预设立场。

在一系列的个案咨询中,大卫想出了更多摆脱麻烦的方法,并确实取得了成功。在这个过程中,弗瑞德和波林不断地给他惊喜——他们采取了意想不到的积极措施来保证为大卫摆脱麻烦提供有利的环境。我了解到,在接下来的6—18个月中,除了有一些间断外,对大卫和他父母来说,一切进展顺利。

图11-1是我和大卫及其父母的改写对话图式。向上的箭头表示认同蓝图的问题,向下和水平的箭头表示行为蓝图的问题。

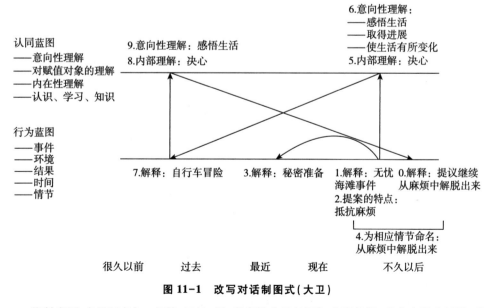

图11-1　改写对话制图式(大卫)

资料来源:参见迈克尔·怀特,2011,《叙事疗法实践地图》,李明等译,重庆大学出版社,第80页。

(二)叙事理论在社会工作研究中的应用

社会工作是一门"用生命影响生命"的科学,也是一门帮助当事人找寻生命价值和意义的艺术,其实质是处理人的行为与社会环境的关系。社会工作实践和社会工作研究主要是基于社会工作者与当事人的对话和互动展开的(Larsson & Sjöblom, 2010)。由此,聆听并深切体悟当事人的生命故事成为社会工作者的必修课。而叙事是一种能够深入了解个体生命的最佳方法,可以作为一种研究工具用于社会工作实务过程来呈现当事人鲜为人知的故事,以便引起社会对他们的关注;也可以作为一种治疗方法帮助当事人重塑生命故事,以便他们更好地适应社会。

社会工作关注的困弱群体,例如艾滋病与"失足妇女"群体等,由于他们游离于主流社会之外,其处境与行为或多或少与社会禁忌纠缠不清,因此很容易被社会大众用一种"道德"的评判标准来审视和考量,由此被主流话语建构为一种"危险与不洁净"的群体而遭遇疏离与排斥(何芸、卫小将,2014)。对此,叙事作为一种呈现弱者声音的研究工具,可以用于呈现他们的生命故事,展示他们的内心世界,使大众更多体会他们日常生活中的酸甜苦辣,这样大众才有可能用一种"常人视角"来审视这些"非常"群体,进而他们可以与主流社会连接,逐步摆脱污名的境地而开始自我接纳和被社会接纳,见图 11-2。随着社会的纵深发展,面对社会困弱群体,社会工作者有很大的实践研究探索空间。

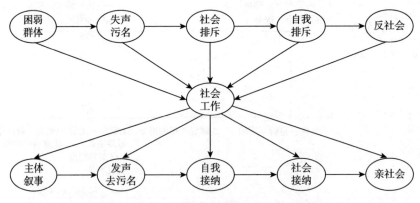

图 11-2 叙事研究呈现"困弱群体声音"模式图

资料来源:参见何芸、卫小将,2014,《后现代主义与社会工作研究——基于三种另类研究方法的叙述分析》,《华东理工大学学报(社会科学版)》,第 4 期。

三、西方学者对叙事理论的讨论

社会工作是一门助人的专业,很多的服务,尤其是微观或个人层面的服务,是基于交谈和互动。因此,基于叙事的方法和治疗能很好地应用在社会工作实务当中。然而,有关叙事的社会工作学术研究,常见于介绍性的相关书籍或章节(Hall, 2019; Shaw & Gould, 2001)中,但是学术性的实证研究相对较少(Riessman & Quinney, 2005)。学者对叙事理论的讨论主要可以概括为以下几点。

(一) 对叙事定义的讨论

"叙事"这一概念经常跟"故事"(story)或讲故事、以故事为本的术语相关联,然而这一概念常常被泛化使用。不管说点什么或写点什么,每个人都有自己的故事,都可以称为"叙事"。此外,在泛化使用叙事概念的过程中,"故事"就是叙述内容本身所直接和直观表达的意思,不需要叙述者去对故事进行阐释和解读。叙事的泛化、自由化和简单化是学术界讨论的焦点之一。

也有叙事研究学者认为,不是所有的讲述或文本都是叙事,讲故事只是我们众多表达方式中的一种。真正的"叙事"不应该只是局限在"讲"或"写"的概念或隐喻之中,而应该更多地关注具体的叙述背后的信息。例如,所讲的事实是如何被组织起来的?这些故事是为谁构建、怎么构建的?叙述的目的是什么?故事来自或借鉴了哪些文化资源?通过叙述获得了什么?有没有遗漏的或前后不一致的地方?针对现有的叙事,是否存在另一种反叙述的版本的可能?(Riessman & Quinney, 2005)

总之,对叙事的定义的讨论由来已久,并且至今没有统一的定论。有的强调叙事"讲故事"的"讲"和"故事"本身,有的则强调故事结构的重要性,有的还强调叙述的作用,以及重视叙述者和听众之间的关系。

(二) 对叙事结构的讨论

学者们对叙事结构也进行了讨论。在叙事理论中,不同学科的学者对叙事结构的讨论也存在差异。例如,人类学的学者认为叙事可以指一个完整的由访谈、观察或档案文件共同编织而成的生命故事(Myerhoff, et al., 1992)。然而社会语言学(sociolinguistics)的学者则更倾向于一个结构化的故事。他们认为故事是由一个个基于不同问题的答案,围绕一定的主题和结构组成的(Labov, 1982)。心理学和社会学的学者则认为个人的叙事或故事,是由多次深入的访谈发展出来的。通过研究人员跟叙述者的互动,可以得到一个基于一定社会、文化背景的个人故事(Mishler, 1999)。作为社会工作的叙事研究者,我们强调所有的发声都应该是平等的,也都应该被听见。社会工作研究者除了关注故事的本身,还会把这些故事放在一个特定的情境或背景下来理解。此外,社会工作研究者也强调对叙述的反思,认为社会工作中的叙事方法不仅要体现故事"真实"的方面,还应该挑战实践过程中很多"理所应当"的假设(Tang, et al., 2022; Roscoe, Carson & Madoc-Jones, 2011)。

(三) 对叙事内容分析的讨论

在社会工作领域,叙事理论和方法多被运用于反思性的社会工作实践和教学之中,但是基于这个理论开展的实证性叙事研究相对较少,且多采取定性研究方法。好的叙事研究应该详细汇报:(1)研究小组会议讨论的纪要;(2)语言的分析;(3)叙述的形式;(4)注意专业的叙事结构特征——通过精准恰当的用词来达到说服叙述者(或服务对象)的目的。然而,由于期刊发文的篇幅、喜好等限制,很多叙事研究文章不能详细地汇报很多必要的细节,相关研究的方法和质量显得参差不齐。例如,很多叙事研究者更倾向在发表的文章中,只简要总结叙述者的主要观点,有的则通过对叙事文本中特定词语频次的统计来提炼和总结研究主题。研究者采用简化技术(reductionistic technique)后,文本中就缺少对叙述故事本身的原始故事情节、对话或文本的呈现,进而总体影响叙事相关的实证研究的质量(Riessman & Quinney, 2005)。

(四) 对叙事与新技术的讨论

一方面,社会的不断发展与变化,新技术的不断出现,对传统叙事理论如何更好地应用于实践也带来一定的冲击和挑战(Chan & Au-Yueng, 2021; Chan & Sage, 2021)。例如互联网时代,很多治疗和服务都转到线上,再加上很多社交媒体、虚拟现实等更多交互性非线性的叙事元素的出现和普及,这为叙事提供了新的形式和方式,也在某种程度上改变了传统的线性或单一的叙事模式。另一方面,人工智能、AI技术的发展可以帮助人们更加快速、有效地"建构"故事,但同时也会对故事内容和信息的真实性,以及专业伦理等方面带来一定的挑战,这些都是需要一线人员和研究者在未来的实践和研究过程中加以考虑和重视的。

第三节 叙事理论在中国社会工作领域的应用和讨论

一、叙事理论在中国社会工作实务中的应用

(一) 叙事治疗理论及方法的应用

叙事治疗理论及方法进入我国实践领域始于20世纪90年代初。当时迈克尔·怀特应邀到香港举行讲座,2000年后,叙事治疗在香港开始流行。同时期,弗里德曼和库姆斯的《叙事治疗:解构并重写生命的故事》中文版在台湾出版。2006年,作为一种社会工作实践的新范式,叙事治疗被引入内地,经历初期关于叙事治疗的哲学基础、理论来源和基本方法的介绍、梳理及研究,中期关于叙事治疗的方法论、具体方法和技术的分析以及进展的介绍,2014年前后开始应用于社会工作实务领域,在实践反思中进行本土化。总体而言,我国社会工作界主要采用迈克尔·怀特和戴维·艾普斯顿的叙事治疗理论及方法,结合本土文化、现实情境和服务对象的特点,将其应用在直接实务,如个案工作和小组工作中;间接实务中也有所涉及,如社会工作督导等。通过期刊文献的检索和研读,我们概括并梳理出该理论和方法在中国社会工作实践应用中的一些特点。

1. 对象趋于多样广泛

叙事治疗理论及方法应用的服务对象覆盖从儿童到老人,多样而广泛。具体而言,叙事治疗理论及方法应用群体包括:儿童群体,如农村留守儿童(李丹、林贻亮,2019)、血液肿瘤患儿(张晓静、梅竹,2020)、遭受家庭暴力的儿童(姚明月、林移刚,2021);青少年群体,如高危青少年(迈克·安戈尔,2006)、未婚先孕青少女(黄丹,2015)、闲散青少年(权福军,2017)、艾滋病患者家庭中的青少年(张敏、张欢,2020);患病者群体,如青年精神疾病患者(祝平燕、万莉莉,2013)、乳腺癌患者(彭雁楠、孟馥、吴晓慧,2017)、癌症患者(李晓芳,2021;加莉娟,2019)、戒毒康复人员(黄锦纯、韦月美,2022);老年人群体,如老年慢性病患者(刘瑾瑾,2020;周爱华、廖绪,2019)、空巢综合征老人(罗勤,2020)、独居老人(李晓凤、龙嘉慧、潘昱君,2021)、双心病患老人(金妍艳、孙美洁、杜丽娜,2022)。另外,该理论和方法还应用在社会工作关于实习生(余瑞萍,2015:53)和基层社区干部(芦恒,2021)的实务中。

2. 主题趋于多元丰富

基于上述多样而广泛的服务对象,叙事治疗理论及方法应用涵盖多元丰富的主题。具体而言,儿童领域,包括农村留守儿童的生命故事和抗逆力养成(李丹、林贻亮,2019)、血液肿瘤患儿的生命实践(张晓静、梅竹,2020)、遭受家庭暴力儿童代际关系修复和认知偏差纠正(姚明月、林移刚,2021);青少年领域,包括高危青少年生命意义重建(迈克·安戈尔,2006)、未婚先孕青少女个人充权(黄丹,2015)、闲散青少年充权(权福军,2017)、青少年亲子关系重构(张敏、张欢,2020);青年领域,包括精神疾病患者的自我重构和效能感提升(祝平燕、万莉莉,2013)、癌症患者的认知偏差(李晓芳,2021)和焦虑抑郁等情绪改善(加莉娟,2019)、患者与疾病的关系修复(彭雁楠、孟馥、吴晓慧,2017)、戒毒康复人员戒毒过程中的有效因子(黄锦纯、韦月美,2022);老年人领域,包括失独老人集体参与感、慢性病患老年人心理健康(周爱华、廖绪,2019)和情绪障碍(金妍艳、孙美洁、杜丽娜,2022)以及生命质量提升(刘瑾瑾,2020)、空巢老人自我价值重塑(罗勤,2020)、独居老人积极角色建构(李晓凤、龙嘉慧、潘昱君,2021)等。另外,该理论及方法的应用主题还涉及社会工作督导中实习生的专业成长(余瑞萍,2015)、基层社区干部责任意识的重构(芦恒,2021)等。

3. 方式相对微观直接

叙事治疗理论及方法主要以个案工作、小组工作方式应用于直接实务中。相对而言,个案工作方式较多,同时这两种方式关注的服务领域和议题相似:一是关注医务社会工作中的服务对象,如儿童、青少年、老年人的自我认识、情绪障碍、生命质量等心理健康议题,二是关注社会中的弱势儿童、青少年及老年人等服务对象的心理创伤、自我重构、关系修复和充权等议题。上述两种直接实务方式均涉及叙事治疗过程的三个阶段——实现服务对象与问题的分离、发掘例外故事或者独特结果并改写故事、丰厚和巩固新故事,以及其中的方法和技术。在间接实务方面,该理论及方法应用主要在于社会工作督导实务。另外,该理论及方法还与其他理论相结合,如与抗逆力理论结合使用。

4. 成效较为明显持久

总体而言,在服务对象自我改变和问题解决方面,叙事治疗理论及方法应用的成效较为明显持久。叙事治疗强调尊重当事人的价值观及其自我改变、自我发展的潜能。依此,我国社会工作者在尝试本土化运用的过程中,关注协助服务对象看到问题对自己的影响,帮助其发现自身的优势和积极经验,从而促使服务对象调整情绪、恢复自信,进而能够改写问题故事、发展出新的生命故事。因为这样的关注触及服务对象深层次的自我建构,积极的视角和话语不仅对问题叙事有消解作用,还有助于服务对象正向的自我建构,所以运用得当的话,就会在服务对象自我改变和问题解决方面,产生较为明显且持久的效果。另外,这一实践过程能够促进社会工作者自身对自我角色的新的反思与整合,有益于专业成长。

(二)叙事治疗在社会工作研究和实务中的应用

叙事研究是认识、理解人类经验的一种方法。波尔金霍恩(Polkinghorne)认为,叙事研究乃是应用故事以描述人类经验和行动的探究方式(权福军,2017)。我国社会工作学界对叙事研究的应用尚在初步探讨和摸索阶段,如权福军认为叙事研究是青少年社会工作理论本土化建构的有效途径,叙事研究与青少年社会工作研究方法和技巧高度契合,有利于积累本土化青少年社会工作实务知识。权福军(2017)认为,将叙事研究应用于青少年社会工作实务中,能够有效评估服务对象的真实需求,开发青少年困弱群体的能力,厘清影响青少年成长的社会性因素,丰富青少年社会工作实习教学的理论。张燕婷、王海洋(2021)关注到经验和自我叙事的关系,指出社会工作研究长期以来注重理性,常忽略经验,特别是书写"我"的经验,这导致以经验为本的叙事研究方法的式微。自我叙事中行动的引入将推进叙事更贴近主体经验,这也是自我叙事发展的新趋向。从社会工作教育者的角度来看,朝向行动的自我叙事是社会工作教育者经验转化与实践知识累积的有效方法。芦恒(2021)通过对社区干部"诉苦"的叙事实践研究,促使社区干部总结经验,通过重新找回自身所忽略的对于社区治理的责任感,重新塑造基层社区干部的人生态度、职业观、基层管理经验等关于社区治理的正向叙事,并将地方性知识和规范性知识相结合,从叙事的角度提升基层干部的治理水平,助力中国特色的基层社区治理体系创新。上述关于叙事研究应用的探索,为社会工作实务研究打开了新的空间。

在叙事治疗理论的实务应用方面,基于本节所概括的"对象趋于多样广泛"等四个特点,下面将以香港老年慢性病患者为例,介绍叙事治疗在老年社会工作中的应用(周爱华、廖绪,2019)。

(1) 案例介绍

阿顾,男性,60岁,已婚,育有两子。中风之前,他的职业是出租车司机,有40年烟龄。脑卒中(中风)后,他用四个月的时间恢复了步行能力,并承担起了家庭照顾者的角色。在叙事治疗小组过程中,阿顾表示他对中风的态度经历了一个从最初拒绝到逐渐接受的变化过程。他对中风知之甚少,以至于刚刚得知自己患上中风的时候,对自己的身体状况并不理解。当医生向他解释病情时,阿顾表示:"他(医生)说的那些话我从来没有听说过。"之后,受到行动不便的影响,他对自身状况的困惑逐渐转变为担忧。阿顾说:"我以后会怎样呢?是不是只能整天睡在床上……完全没有希望?……"随后,职业治疗师和物理治疗师的帮助让阿顾认识到,像自己这样的中风患者仍有康复的可能。于是他积极配合治疗,并逐渐恢复了基本的行走能力,对中风的态度也转向接受,觉得自己是"与中风同眠"。对此,阿顾说:"没办法呀……这个病……无论你想不想啦……病要来的时候你逃避不了……也没有悔不当初的。"

(2) 叙事治疗的过程

第一步:外化对话。

外化对话是指让阿顾用比喻来描述中风,外化中风,让阿顾和工作人员有机会从观察一个客体的角度,观察阿顾眼中中风的形象和特征,解构和剖析阿顾认知中中风对于他的意义以及他与中风的关系。这个过程也能让阿顾意识到与中风相伴随的很多消极负面印象和标签来自社会的建构,而非他自身的问题,从而帮助他获得走出困局的信心。

阿顾为中风选择的意象有"敌人""魔鬼"。他认为死亡是人生的"最后一站",中风距离死亡很近,所以是人生旅程的"尾二站"。尽管现实如此,但是阿顾认为他不应该有等死的想法,而是要寻求认真且正确对待中风的态度。

为了帮助阿顾进一步外化中风的形象,工作人员邀请一名医务人员扮演"风小姐",使阿顾能够直接同"中风"对话。这次交谈使阿顾对于在"风小姐"面前如何保护自己有了更多感悟,也让他感悟到家人与他共同团结面对"风小姐"的重要性。见图11-3。

第二步:重写对话。

在外化对话、解构故事的基础上,工作人员进一步引导阿顾发掘自身的能量,以及故事中的积极元素,将阿顾与中风的故事重新书写为更有信念和希望的版本。

阿顾说:"它(中风)来了,那既然来了……就要面对它。"这样的说法表现出阿

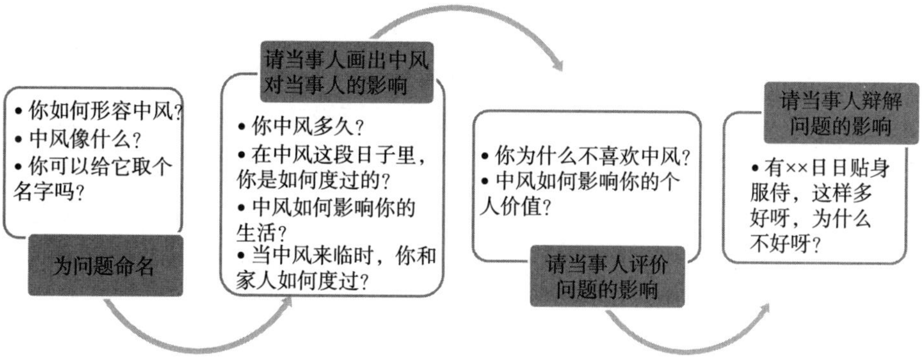

图 11-3 外化对话的基本步骤和参考问题——以中风为例

为问题命名
- 你如何形容中风?
- 中风像什么?
- 你可以给它取个名字吗?

请当事人画出中风对当事人的影响
- 你中风多久?
- 在中风这段日子里,你是如何度过的?
- 中风如何影响你的生活?
- 当中风来临时,你和家人如何度过?

请当事人评价问题的影响
- 你为什么不喜欢中风?
- 中风如何影响你的个人价值?

请当事人辩解问题的影响
- 有××日日贴身服侍,这样多好呀,为什么不好呀?

资料来源:转引自周爱华、廖绪,2019,《叙事疗法在老年社会工作的应用——以香港慢性病患老年人为例》,《社会工作》,第 3 期,第 45 页。

顾面对中风顺其自然和积极的态度。在这种态度的作用下,他肯定了看医生和做运动在他恢复过程和今后生活中的重要地位。

在叙事治疗过程中,阿顾发现家人的支持是他生命过程中的积极因素,也是帮助他从"尾二站"走向"向前站"的关键。妻子和两个儿子对他的陪伴和无微不至的照顾——带他寻医问药,帮他打点生活,都令阿顾非常感动,也激励他下定决心努力康复。

这样一来,阿顾的故事开始着重描写他随顺坚强的品质,以及亲情的力量,而不是中风带来的压抑和绝望。见图 11-4。

独特结果:
1. 在与中风共处的经历中,你有没有一种独特的生活片段不被中风/问题所影响?
2. 与刚开始时相比,现在你与中风的距离是远了还是近了?原因是什么?
3. 你的"车厢"有什么特色/力量能帮助你减低前行的阻力?

行为前景:
1. 当中风带来的问题发生时,你是怎样处理/凭借什么来应付/如何面对的?
2. 什么信念/价值观帮助你得到你想要的生活?
3. 请述说与这个信念价值相关的一个故事。

身份全景:
1. 通过这个经历,你觉得自己是一个怎样的人?
2. 现在的生活与刚中风时相比有什么不同?
3. 有没有信心把这种状况带入未来的生活?

为中风重新命名:
1. 你现在对中风有什么看法?
2. 你认为现在中风像什么,是否与以往一样?

为与中风共处的新经验命名:
1. 以往你称与中风共处的经验为××,那现在你怎样重新为这种人生经历命名?
2. 新的经历里有什么?

图 11-4 重写对话的参考问题——以中风为例

资料来源:转引自周爱华、廖绪,2019,《叙事疗法在老年社会工作的应用——以香港慢性病患老年人为例》,《社会工作》,第 3 期,第 45 页。

第三步：治疗档案。

为了帮助参与者回顾参加叙事治疗小组的经历，巩固新的人生故事，包括阿顾在内的所有参与者，都会在小组开始之前和结束之后分别收到一封欢迎信和一封感谢信。欢迎信向参与者介绍叙事小组治疗的目的和意义，将大家凝聚在小组中，可以提升大家参加小组的热情。感谢信总结了参与者在叙事小组中的经历和收获，他们可以在未来的人生中常常回顾，提醒自己在小组治疗过程中所获得的力量。见图11-5。

> **感谢信**
>
> 各位亲爱的组员：
>
> 　　衷心感谢大家来跟我们一同回顾××路上的点点滴滴。在这七次聚会中，我认识到，面对××困难，感受到大家的成长。
>
> 　　时光飞逝，今天要话别，依依不舍之际我们却很安心，因为我们相信大家拥有力量及一切，能够继续享受未来的生活。
>
> 　　希望大家为自己的希望及梦想努力。珍重！最后，请为彼此鼓掌，为美好的明天祝福。
>
> ××小组
日期

> **欢迎信**
>
> 各位亲爱的组员：
>
> 　　衷心感谢各位组员出席××小组的第一次聚会。这次聚会让我们互相认识，一起在逆境中寻找出路，互相扶持，共同寻找属于大家的生活故事，以及挖掘跟××困难相处的生活哲学……
>
> 　　在往后的日子里，我们还有××次的相聚，希望我们能参与其中，一起挑战困难，令大家的生命故事变得更加丰富。最后衷心说一声："谢谢大家！"
>
> ××小组
日期

图11-5　叙事治疗小组治疗档案示例——感谢信、欢迎信节选

资料来源：转引自周爱华、廖绪，2019，《叙事疗法在老年社会工作的应用——以香港慢性病患老年人为例》，《社会工作》，第3期，第49页。

二、叙事治疗理论在中国应用的讨论和争议

（一）叙事治疗理论对我国社会工作实践的借鉴性和局限性

关于叙事治疗理论的优势及借鉴性，国内社会工作学界已经展开了一些讨论。大多数学者认为，叙事治疗理论为社会工作实践提供了一种新的思路和选择。

首先，无论是"语言建构了现实"（黄锐，2009），"问题只是人们在特定历史文化条件下、在人际互动中共同建构起来的一种叙事"，"治疗是解构和重构叙事的对话过程"等这些观念，还是叙事治疗的核心思想"使当事人改变自己原来的叙事风格或角度，把目前'成问题'的话语转换为另一种更为流动的话语"（尤娜、叶浩生，2005），抑或"拒绝将人视为问题，帮助人们将自己与问题分开，通过工作者和案

主建立联盟,以获得、增强其与自己和他人关系的能力"(Monk, et al., 1997:7)等治疗目标,这些新的阐述都拓展了我们对以实证主义为方法论基础的治疗理论中对"人与问题及其关系"等核心议题的认识。

其次,在服务过程和专业关系上,叙事治疗是使"问题故事"转为"较期待故事"的过程,强调过程的流动趋向,而不是按照某个预先规定的具体目标来进行干预(尤娜、叶浩生,2005);"关系"、问题的"建构过程"及案主的特殊经验是过程中的重点;案主的生活经验优先,而不是去寻找其身上共同的、与症状诊断标准相一致的表现。在这个过程中,社会工作者(治疗师)的任务是与案主共同创作一个新的文本或者故事,而不是把另一个故事强加给案主。社会工作者(治疗师)不再被看成是一个具备特权故事或者观点的专家,而是一个会谈的推进者、会谈艺术的高手(尤娜、叶浩生,2005)。社会工作者可以与案主一起共同建构新的生活,给案主新的希望,而不是削弱其能量(Semmler & Williams, 2000)。

最后,叙事治疗在青少年、家庭治疗等领域的应用可圈可点:叙事治疗是实现未婚怀孕少女等被污名化群体(张敏、张欢,2020)充权的一条可行路径(黄丹,2015),有助于留守儿童的抗逆力提升(李丹、林贻亮,2019);叙事治疗与系统改变相结合,能够减少青少年生活中危险因素的影响,促进其心理健康的潜能(迈克·安戈尔,2006)。叙事治疗对家庭组织多种形式的尊重、提倡非等级制方式和反对强加于人的影响,使得家庭治疗拥抱了后现代主义的两个伟大价值:多样性和民主(尹新瑞,2019)。叙事治疗所重视的语言技巧等也是系统家庭治疗常用的,它以另一种独特的方式促进了系统家庭治疗的推广(刘亮、赵旭东、缪绍疆,2007)。在医务社会工作中引入叙事治疗,既创新又实用,且效果显著(加莉娟,2019;祝平燕、万莉莉,2013)。在社会工作个案实习督导中应用叙事治疗,有利于实习社会工作者在专业机构和专业身份欠缺的本土处境中寻找自己的辅导方式,与服务对象建立专业关系,更好地实现自我成长,同时也为社会工作实务的发展开拓了更多的资源。另外,叙事治疗非常适用于在社会心理层面问题明显、个人过往积极体验较多的个人和群体(金妍艳、孙美洁、杜丽娜,2022)。

关于叙事治疗理论的局限,从我国社会工作学界现有的讨论来看,主要有以下几点:第一,叙事治疗专注于纯粹主观维度的叙事,具有一定局限性(王杰,2022);可能存在忽视案主问题的物质基础缺失,难以回应现实生存议题的问题(何雪松,2006);对于社会工作中的困弱群体,如失独者最核心的诸如经济援助、医疗救助和养老体系建构等问题依然无力涉及(黄耀明,2015)。第二,叙事治疗似乎停留在个体或家庭层面的心理治疗,对于宏观实践关注甚少(何雪松,2017:213)。第三,在叙事治疗的适用人群上,一些学者认为,那些遭遇严重精神疾病困扰的人(何雪松,2017:213)和没有接受过教育或者有视听障碍的老年人,不太适宜叙事治疗。第四,关于叙事治疗的研究大多停留在对该方法的运用及验证层面,尚缺乏深入的研究和反思,尤其在本土概念提炼、系统的叙事治疗的本土介入、实践策略的反思与概括等本土化研究方面仍有诸多不足。此外,我国学者往往将本土化割裂开来,即将叙事治疗的具体技术与中国文化中的某个方面相对照,以此说明叙事治疗在中国的适用性(尹新瑞,2019)。第五,叙事治疗应用相对无结构化,以及服务对象的差异性,给学习者的运用带来较大的挑战,需要更深的领悟力和灵活的实践。

(二)对于我国叙事治疗理论应用评述的思考

关于叙事治疗理论在我国社会工作中的经验和局限,可以归纳为以下三点思考:第一,在收获借鉴性经验的同时,要对真正本土化的探索保持好奇和敏感。例如,在价值观方面,植根于西方个人主义哲学的叙事治疗与东方的集体主义、关系取向等价值观是否相容?我们该如何面对其不协调和冲突之处,并进行本土化尝试?西方叙事治疗的语言及方法逻辑与中国的文化语境之相容与相异性如何?如何发展出与西方叙事治疗连接的、符合中国文化的叙事治疗方法甚至模式?以上种种议题,需要我们在深入、持续的实践—反思循环中探索出可能的答案。

第二,对于目前讨论中所提及的一些局限性,需要从叙事治疗的理论基础和逻辑起点加以厘清。迈克尔·怀特的叙事治疗借用了布鲁纳对两种不同思维模式的区分:传统的倚重逻辑-科学的"范式性认知"和通过故事来认识的"叙事性认知"。迈克尔·怀特把叙事性认知的思维模式运用到治疗中,不再用传统的评判标准衡量叙事治疗的科学性和价值,认为这根本是两种不同的模式,彼此之间无法比较和评价。因此,对于诸如叙事治疗专注于纯粹主观维度叙事等这类评述,我们可能需要重新审视。对于可能存在忽视案主问题的物质基础缺失,难以回应现实的生存议题这样的评述,库珀和莱塞的表述相对中肯:同样重要的是我们不能否认案主生活的严酷现实,我们必须帮助他们在充满问题的故事线索中,找到他们所忽视的应对难题的力量和能力,以及与存在的严酷现实抗争的能力(Cooper、Lesser,2005:200)。

第三,对于非统一、相对无结构的叙事治疗过程,要进行从理念到知识再到方法的深入的系统性学习和大量的实践性演练,以实现叙事治疗中的即兴发挥。迈克尔·怀特喜欢以"旅程"比喻叙事治疗的过程,旅程中的指引——"地图"即各种实践方法。对于当事人而言,这些"地图"一方面有助于当事人理解条条大路通罗马,熟悉各种线路,另一方面这些"地图"并不会约束当事人的探索旅程,也不是叙事治疗唯一的地图。叙事治疗的运用者要通过不断地训练,熟练掌握这些地图。正如迈克尔·怀特所言,就像习惯即兴演奏的音乐家,只有对治疗技术足够深入,才能在治疗性对话中实现更好的即兴表现,而且我们技术发展的可能性永无止境(迈克尔·怀特,2011:3)。

本章结语

本章简要介绍了西方叙事理论,重点介绍了社会工作实务中的叙事治疗理论,并总结归纳了该理论在中西方社会工作中的实务框架、讨论、争论及实践。叙事治疗是基于社会建构论发展起来的一种社会工作实践的新模式,为社会工作实践及其研究提供了一种新的思路和选择。通过探索语言如何用于构建和维护问题来实现改变,经验被折叠成叙事结构或故事,为理解和使经验可理解提供参考框架,解读人们在世界上的经历,这是叙事治疗的本质。关于叙事治疗的研究,探索不同治疗方法的综合运用以及将叙事治疗与实证研究相结合,已经成为当前研究的热点。在我国,对该方法的运用及验证研究较多,对叙事治疗本身的深入研究和反思,特别是本土化探索领域的研究还需要不断加强。

思考题

1. 后经典叙事理论对叙事治疗理论有哪些影响?
2. 试论中西方学者对社会工作中叙事理论的讨论和争议。
3. 如何看待叙事治疗实践的非结构性?

参考文献

何雪松,2017,《社会工作理论(第2版)》,上海人民出版社。

何雪松,2006,《叙事治疗:社会工作实践的新范式》,《华东理工大学学报(社会科学版)》,第3期。

何芸、卫小将,2014,《后现代主义与社会工作研究——基于三种另类研究方法的叙述分析》,《华东理工大学学报(社会科学版)》,第4期。

黄锦纯、韦月美,2022,《叙事疗法视角下口述史方法在禁毒社会工作中的应用》,《中国社会工作》,第30期。

黄锐,2009,《论叙事治疗模式的形成及其运用》,《社会工作》,第8期。

黄耀明,2015,《社会工作叙事治疗模式介入失独家庭重建的哲学渊源、方法和个案实践》,《社会工作与管理》,第2期。

黄丹,2015,《重写故事:叙事治疗在未婚先孕青少女个人充权中的运用》,《华东理工大学学报(社会科学版)》,第5期。

加莉娟,2019,《叙事治疗视角下医务社会工作介入腹膜癌患者的个案研究——以北京S医院一例腹膜癌患者服务为例》,《中国社会工作》,第36期。

杰拉尔德·普林斯,2020,《"经典叙事学"和"后经典叙事学"》,徐强、徐月译,《艺术广角》,第1期。

金妍艳、孙美洁、杜丽娜,2022,《叙事治疗在老年双心病患者中的实践》,《医学与哲学》,第2期。

李丹、林贻亮,2019,《农村留守儿童抗逆力养成机制的解构及启示——基于CHKS理论的个案叙事分析》,《武汉理工大学学报(社会科学版)》,第4期。

李明,2016,《叙事心理治疗》,商务印书馆。

李明、杨广学,2005,《叙事心理治疗导论》,山东人民出版社。

李维,2006,《社会心理学新发展》,上海教育出版社。

李晓芳,2021,《叙事治疗在医务社会工作中的应用——以北京市S医院一例癌症患者为例》,《中国社会工作》,第18期。

李晓凤、龙嘉慧、潘昱君,2021,《塑造积极角色 促进"成功老化"——叙事治疗在独居老人积极角色建构中的应用研究》,《中国社会工作》,第30期。

列小慧(编),2008,《21吋是一个合适的size——叙事治疗于精神康复的应用》,香港神托会。

刘瑾瑾,2020,《叙事治疗在军休慢性病患老年人中的应用——以潍坊市第一干休所慢性病患离休干部为例》,《社会与公益》,第9期。

刘亮、赵旭东、缪绍疆,2007,《后现代主义下的叙事治疗及其临床应用》,《上海精神医学》,第4期。

芦恒,2021,《找回责任:社区干部"诉苦"的叙事实践研究》,《社会工作》,第2期。

罗勤,2020,《对话与回归:叙事治疗在老年空巢综合征个案服务中的运用》,《社会福利(理论版)》,第 3 期。

马涛,2016,《迈克尔·怀特代表著述及对我国社会工作发展的启示》,《文化学刊》,第 8 期。

迈克·安戈尔,2006,《建构高危青少年的抗逆力叙事》,《首都师范大学学报(社会科学版)》,田国秀、朱笋、杨莉锋编译,第 6 期。

迈克尔·怀特,2011,《叙事疗法实践地图》,李明等译,重庆大学出版社。

M. G. Cooper、J. G. Lesser,2005,《临床社会工作实务:一种整合的方法》,库少雄译,华东理工大学出版社。

彭雁楠、孟馥、吴晓慧,2017,《从残缺到重塑:社会工作介入乳腺癌患者的研究——叙事治疗的视角》,《中国社会工作》,第 9 期。

权福军,2017,《叙事研究与青少年社会工作理论本土化建构》,《中国青年社会科学》,第 5 期。

尚必武、胡全生,2007,《经典、后经典、后经典之后——试论叙事学的范畴与走向》,《当代外国文学》,第 3 期。

申丹,2006,《关于西方叙事理论新进展的思考——评国际上首部〈叙事理论指南〉》,《外国文学》,第 1 期。

汪新建、吕小康,2005,《叙事家庭疗法:以治疗解构文化》,《社会科学战线》,第 5 期。

王杰,2022,《美好生活的叙事解读与社会工作的实践路向》,《社会工作》,第 5 期。

卫小将、何芸,2008,《"叙事治疗"在青少年社会工作中的应用》,《华东理工大学学报(社会科学版)》,第 2 期。

姚明月、林移刚,2021,《与原生家庭和解:叙事疗法在儿童家庭暴力治疗小组中的应用》,《山东女子学院学报》,第 5 期。

尹新瑞,2019,《社会工作叙事治疗的研究现状及本土化转向——基于哲学文化视角》,《理论建设》,第 5 期。

尤娜、叶浩生,2005,《叙事心理治疗的后现代视角》,《心理学探新》,第 3 期。

余瑞萍,2015,《叙事治疗方法在社会工作实习督导过程中的运用》,《社会福利(理论版)》,第 4 期。

张敏、张欢,2020,《艾滋病患者家庭中的青少年亲子关系重构——叙事治疗模式下的社会工作个案介入》,《山东青年政治学院学报》,第 3 期。

张晓静、梅竹,2020,《社会工作介入血液肿瘤患儿生命的实践:叙事治疗视角》,

《中国医学伦理学》,第 1 期。

张燕婷、王海洋,2021,《社会工作研究中的自我叙事与经验转化》,《福建论坛(人文社会科学版)》,第 7 期。

赵梅,2005,《后现代心理学与心理咨询流派》,《理论学刊》,第 6 期。

周爱华、廖绪,2019,《叙事疗法在老年社会工作的应用——以香港慢性病患老年人为例》,《社会工作》,第 3 期。

祝平燕、万莉莉,2013,《叙事疗法在医务社工介入精神疾患中的应用初探——以武汉市某三甲医院为例》,《社会工作》,第 1 期。

Carr, A., 1998, Michael White's narrative therapy, *Contemporary Family Therapy*, Vol. 20, No. 4.

Chan, C. & Au-Yueng, H., 2021, When narrative practice suddenly goes online due to COVID-19, *Qualitative Social Work*, Vol. 20, No. 1-2.

Chan, C. & Sage, M., 2021, A narrative review of digital storytelling for social work practice, *Journal of Social Work Practice*, Vol. 35, No. 1.

Freeman, E. & Couchonnal, G., 2005, Narrative and culturally based approaches in practices with families, *Families in Society*, Vol. 87, No. 2.

Freud, S., 1921, *A General Introduction to Psychoanalysis*, Boni and Liverinight.

Hall, C., 2019, *Social Work as Narrative: Storytelling and Persuasion in Professional Texts*, Routledge.

Labov, W., 1982, Speech actions and reactions in personal narrative, in Tannen, D. (ed.), *Analyzing Discourse: Text and Talk*, Georgetown University Press.

Larsson, S. & Sjöblom, Y., 2010, Perspectives on narrative methods in social work research, *International Journal of Social Welfare*, No. 19.

Mishler, E. G., 1999, *Storylines: Craftartists' Narratives of Identity*, Harvard University Press.

Monk, G. E., Winslade, J. E., Crocket, K. E. & Epston, D. E., 1997, *Narrative Therapy in Practice: The Archaeology of Hope*, Jossey Bass.

Myerhoff, B., Metzger, D., Ruby, J. & Tufte, V. (eds.), 1992, *Remembered Lives*, University of Michigan Press.

Riessman, C. K. & Quinney, L., 2005, Narrative in social work: A critical review, *Qualitative Social Work*, Vol. 4, No. 4.

Roscoe, K. D., Carson, A. M. & Madoc-Jones, L., 2011, Narrative social work: Conversations between theory and practice, *Journal of Social Work Practice*, Vol. 25, No. 1.

Semmler, P. L. & Williams, C. B., 2000, Narrative therapy: A storied context for multicultural counseling, *Journal of Multi-Cultural Counseling & Development*, Vol. 28, No. 1.

Shaw, I. & Gould, N. (eds.), 2001, *Qualitative Research in Social Work: Method and Context*, Sage Publications.

Tang, Y. C., Orlandimeje, R., Drucker, R. & Lang, A. J., 2022, Unsettling reflexivity and critical race pedagogy in social work education: Narratives from social work students, *Social Work Education*, Vol. 41, No. 8.

White, M., 1990, *Narrative Means to Therapeutic Ends*, W. W. Norton & Company.

White, M., 1995, *Re-Authoring Lives: Interviews and Essays: Adelaide, South Australia*, Dulwich Centre Publications.

第十二章 寻解治疗取向的社会工作理论

与以往的社会工作理论不同,寻解治疗(solution-focused therapy)并不注重对服务对象的问题及其成因的详尽分析,而是以寻求解决办法为导向。寻解治疗强调,服务对象的问题成因与解决方案之间并不存在必然的联系,解决问题的方案必定存在且不止一个。具体而言,社会工作者要通过与服务对象建立良好的专业关系,辅之以寻解问句和语言技巧,双方共同构想服务目标和寻找解决方案。寻解治疗以建立良好的专业关系为基础,善于运用服务对象的优势与资源,聚焦"奇迹"问题,是一种积极取向的、务实的社会工作实践理论。

第一节 寻解治疗的发展脉络与理论基础

一、寻解治疗的发展脉络

寻解治疗是史蒂夫·德·沙泽(Steve de Shazer)、茵素·金·伯格(Insoo Kim Berg)和一群家庭社会工作者受到策略家庭治疗、精神研究所(Mental Research Institute)以及埃里克森的心理治疗和催眠治疗(Ericksonian Psychotherapy and Hypno Therapy)等影响,结合长期精要家庭治疗实践而提出的。策略家庭治疗来自杰伊·黑利(Jay Haley, 1986)和克洛·马达内斯(Cloe Madanes, 1981)的构想。他们认为,每一个个案、家庭都是独一无二的,在回应其需求或帮助其解决问题时,不应当拘泥于特定的方法、技巧,而是需要针对不同个案、家庭制订个性化的服务计划和开展服务。并且,一旦遭遇不适宜的情况,社会工作者需要及时调整服务计划、方法、技巧,直到服务对象的需求得到回应或问题被成功解决为止。因此,寻解治疗强调,服务对象在接受服务过程中所表现出来的"潜在抗拒"不是真实的,它只是服务对象试图寻求与社会工作者以不同的形式合作并解决问题的一种表征。

沙泽(1984)甚至提出"抗拒已死"(the death of resistance)的口号。然而,也有其他学者指出,无论社会工作者通过何种服务计划、方法、技巧开展服务,服务对象的"潜在抗拒"皆有可能持续存在(Anderson,1984)。对于社会工作者来说,他们需要密切关注服务对象的"提示",针对服务对象的实际情况设计服务计划,采取灵活多样的服务方法和技巧,与服务对象合作,协力回应其需求或解决其问题。因此,寻解治疗承袭了策略家庭治疗的原则、策略,即以主动、积极的态度回应服务对象的需求或问题,而不是一成不变地依靠单一的方法。

精神研究所由美国知名精神病学家、家庭社会工作者、沟通理论学家唐·杰克逊(Don Jackson)1958年在加利福尼亚州创立。精神研究所的基本假设也称为"三条黄金定律",分别是:第一,如无破损,且由得他;第二,知其可行,宜乎多做;第三,知其不可行,切莫再做,宜弃旧立新。具体来说,第一假设要求社会工作者专注于服务对象所认为的存在问题的情况,而非漫无目的地寻找服务对象的"其他问题"。第二、三假设强调,社会工作者要以服务对象的反馈为下一步开展服务的指引,如可行则继续进行,如不可行则另寻他法。因此,精神研究所坚持以非病态、非常规的原则看待服务对象的需求或问题。就寻解治疗和精神研究所的关系而言,寻解治疗直接挪用了精神研究所的"三条黄金定律",并发展出"唯简是尚"和对服务对象的需求或问题的非病态、非常规假设(Walsh,2006)。[①]

埃里克森是美国著名的催眠师、精神科医生,被誉为家庭治疗的两大开山祖师之一。杰伊·黑利曾追随埃里克森学习,且受其影响极深。沙泽和伯格虽未正式跟随埃里克森学习,但深入研究了埃里克森的心理治疗方法,并尝试将其融入寻解治疗。据悉,沙泽在研究埃里克森的心理治疗方法时,曾将埃里克森的所有个案做成记事卡,对比不同个案的治疗手法,并将其应用于性质相同或类似的个案。有研究指出,寻解治疗中的奇迹问句其实是从埃里克森的"水晶球"技巧演化而来的(Shazer,1979)。

1976年,沙泽和伯格等人将精要治疗和家庭治疗结合起来,在美国威斯康星州密尔沃基市成立精要家庭治疗中心(Brief Family Therapy Centre),同时开展实务研究。基于十余年的实践及研究,沙泽等人于1986年在《家庭历程》期刊上发表题为《精要治疗:专注于解决方案的发展》一文。该标题既指出了其理论根源——精神研究所的精要治疗,又提出了有别于精神研究所的工作方法——致力于发展解

---

① 有学者提出,沙泽曾为精神研究所成员,其亲口否认此说,但精神研究所对寻解治疗的影响不容忽视,参见 M. Nichols & R.Schwartz, 1991, *Family Therapy: Concepts and Methods*, Allyn & Bacon。

决服务对象问题的方案(Shazer, et al., 1986)。寻解治疗的独特之处在于它对问题及其解决办法的理解。早期的心理治疗以分析服务对象的问题成因为主,认为问题源于服务对象个人的内心,并归咎于服务对象以往的不良经验,其着眼点在于过去。精神研究所的精要治疗不再分析问题的成因,而是注重探究问题得以延续的原因,聚焦于对问题的反应尤其是尝试解决问题的办法。因此,精神研究所的精要治疗的着眼点是现在,并且在归因时也从服务对象个人、内心转移到人与人之间的相互关系上。寻解治疗则在此基础上再往前推进了一步,即不再纠结于问题的成因或使问题得以延续的原因,认为对问题的理解无助于问题的解决,或者说解决问题也不必要求对问题有所理解——正如要开门进屋,我们不需要理解门锁的结构(问题),而只是找到开门的钥匙(解决办法)即可。因此,寻解治疗真正关心的是,如何发掘、发展服务对象对问题的解决方案。在此意义上,寻解治疗的着眼点不是过去,因为过去已无法追寻、无从改变,也不止于现在、限于眼前,而是聚焦现在、面向未来(何会成、朱志强,1996:6)。

值得指出的是,虽然沙泽等人在1986年的论文中已提出寻解治疗的构想,但未正式为其命名,而多以精要治疗为名。甚至,在1991年出版的著述中也以"精要治疗"为副标题,直到同年该书在美国重印时才将副标题改为"寻解治疗"。1991年《家庭治疗:概念与方法》再版时,"寻解治疗"被收录其中(Nichols & Schwartz, 1991)。至此,寻解治疗正式成为家庭治疗的新兴学派之一,并逐渐获得青睐。与此同时,除沙泽、伯格外,精要家庭治疗中心的大部分成员自立门户、各成一派。①

精要家庭治疗中心成员迈克尔斯·魏纳-戴维斯(Michaels Weinner-Davis)和曾跟随埃里克森学习心理治疗的威廉·奥哈兰(William O'Halan)创立了寻解为本模式(solution-oriented model),并合著《寻求解决方案:心理治疗新进路》一书(O'Halan & Weinner-Davis, 1989)。其实,寻解治疗和寻解为本模式大同小异,只不过沙泽等在哲理基础、工作方法、案例、研究等方面的内容较为翔实,且更注重理论脉络的梳理;而威廉·奥哈兰等人对此的论述较为简略,且缺少干预研究的支持。此外,约翰·沃尔特(John Walter)和简·佩勒(Jane Peller)也于20世纪80年代中期在芝加哥单独成立寻解治疗中心。1993年,斯科特·米勒(Scott Miller)和拉里·霍普伍德(Larry Hopwood)离开密尔沃基的精要家庭治疗中心,另行组建了密尔沃基研究小组,后来在芝加哥建立了新的治疗中心。

---

① 由于他们与精要家庭治疗中心的渊源,其基本原则、工作方法等依旧以寻解治疗为主。

二、寻解治疗的理论基础

社会建构主义是寻解治疗最为重要的理论视角之一。[①]"建构"(construction)一词在直观上通常表示"由……建造、制作、构成"等含义,其思想源于科学家对人的大脑神经功能研究中的一个论述,即人类根本无法知道所谓的外在客观世界。但是,社会建构主义具有特定的学术内涵。一般来说,零散的、不系统的建构主义思想和实践古已有之,苏格拉底著名的"助产术"和柏拉图的"理念论"中包含知识来自人类思维建构的观念,而近代西方哲学中的认识论转向和启蒙运动更促发了建构主义思想在哲学中的萌芽。伴随19世纪末的学科分化,不同形式的建构主义纷纷出现。根据个体与社会的关系,可以划分为"个体认知建构主义"(主要是心理认知层面)与"社会建构主义"或称"社会建构论"(强调社会因素或文化研究领域);根据其发展进程,可以划分为经典建构主义、现代建构主义、当代建构主义,或传统建构主义、批判建构主义和后现代建构主义。

其实,形形色色的社会建构主义体现了对世界的社会建构这一议题,具体涉及符号互动论学派的托马斯(Thomas)、布鲁默(Blumer)、戈夫曼(Goffman)以及伯格(Berger)和卢克曼(Luckmann)对于社会秩序的解释。符号互动论关注个人之间的互动以及由此形成的社会关系与互动模式:托马斯的那句名言"如果你将情境定义为真的,它就是真的",具有浓厚的社会建构主义色彩;布鲁默的符号互动论更加凸显了意义的重要性,即人类的行为要根据其赋予的意义进行,意义来自社会互动,也可以在互动过程中发生改变和得到修订。戈夫曼在其名著《日常生活中的自我呈现》中使用拟剧论展现人们的日常互动过程,进而揭示社会秩序的形成,即社会秩序是在社会行动者的日常生活实践之中巧妙地进行建构的。这些分析不仅展现出人类社会互动过程的复杂性,也在一定程度上凸显了现实的社会建构特征。伯格和卢克曼则重在分析信仰、习俗、制度和法律等建构起来的社会事实是如何经过长时间社会互动形成的。并且,在他们看来,"人们通过互动不仅构建起一个制度化的世界,而且生活在其中,并把它当作'客观的事实'来看待"(Berger、Luckmann,1991:120)。必须指出的是,社会建构主义虽然批评实在论过度强调客观实在,但

[①] 在沃尔什看来,寻解治疗的理论视角主要来自系统理论、认知理论、沟通理论、精要治疗和社会建构主义等,参见 J. Walsh, 2006, *Theories for Direct Social Work Practice*, Brooks/Cole。限于篇幅,在此仅对影响最深的社会建构主义展开论述。

并不否认问题的存在,甚至客观的社会建构主义承认,建构以实在为基础,体现为对实在的不同解读与定义(Best,2003)。

当然,随着解构主义或后结构主义社会思潮的兴起,社会建构主义呈现为另一副面孔。比如,福柯的全部著作——从 1961 年出版的《疯癫与文明——理性时代的疯狂史》到 1984 年他去世前后出版的多卷英译本论述《性史》中,充满了有关知识与权力的论述。他的著作主要可以启发我们要洞察话语背后隐藏的权力运作过程,并在解构(deconstruction)或重构(reconstruction)疯癫、监狱、医疗和性的文本过程中全面展现知识与权力的活生生的关系,即以积极、建构的方式凸显现代权力对人的日常生活方式的宰制。正如家庭社会工作者 I. 戈登堡(I. Goldenberg)和 H. 戈登堡(H. Goldenberg)所言,我们应该寻求的叙事不是人为强加的"空洞的"描述(诸如对内部状态正常/异常或者功能良好/功能失调的肤浅的不实描述),而是"丰富的"(丰富的、具有意向性的和多故事性的)描述。这一描述不仅是个人的,而且是历史的、政治的以及文化的力量共同塑造的(Goldenberg、Goldenberg,2005:257)。

此外,语言是建构社会现实不可或缺的工具。语言哲学中存在一种基本的观点,即在现实社会的形成过程中,语言告诉我们世界呈现出一幅怎么样的景象,也同时规定着我们以何种方式认识、理解社会世界。此外,在人类长期的社会互动中,语言使得人类日常交流和生活经验的故事化成为可能。后结构主义的语言观强调,语言所表述的社会现实并不必然地存在,而在文化和历史中沉淀下来的生活世界和意义世界通过使用者得以创造。

服务对象之所以为问题所困扰,乃是因为他们对问题情境的主观理解与其希望之间存在一定的距离,当设法追求未果时,产生无助、无望之感。因此,核心问题在于他们如何建构这一社会世界以及当遭遇问题时如何寻求解决之道。社会工作者在聆听服务对象诉说其问题时,不应抱"客观求真"的执念,而应以中立的态度耐心接纳他们的故事。并且,通过社会工作者与服务对象的沟通、互动,原先陈述的问题便有可能消解,而得以重塑意义。这虽有简化之嫌,但强调了社会工作者对服务对象的重视,尤其是关注其故事发展背后的生活世界和意义世界,从而与服务对象发展出一段相互理解、支持和信任的关系,共同探索解决之道。

第二节 寻解治疗的概念框架与实务框架

一、寻解治疗的概念框架

（一）七个核心假设

寻解治疗认为没有必要在问题与解决方法之间建立联系，而是聚焦于"此时此刻"，共同寻找问题的解决方法。正是基于上述理念，沃尔特和佩勒凝练出寻解治疗的七个核心假设（Walter & Peller, 1992）。第一，要确立正面的、朝向未来的、解决问题的目标，以促进改变。一般的治疗模式多认为服务对象的问题源于个人的心理病态或家庭的动力、资源不足等。寻解治疗则认为，服务对象基本上是有能力的，能够自觉其问题，社会工作者应多捕捉服务对象正常的一面，并多鼓励其积极寻求解决问题的办法。值得提及的是，服务对象往往在社会工作者面前展示其困难、存在问题的一面。因此，社会工作者需要使用积极的或解决导向的谈话，将谈话集中于服务对象的成功之处或者为达成期望而正在进行的事件，而不是谈论其问题的严重性，尤其要留意服务对象积极、健康的行为并加以鼓励。

第二，社会工作者要协助服务对象寻找其身上的"例外情形"，并以此为解决问题的指引。服务对象往往关注的是他们的问题和试图解决问题的失败经验，而对顺利开展之事无感。但是，这些问题对服务对象来说并不总是"问题"，因为它们有时并不发生，这就是所谓的"例外情形"。社会工作者需要帮助服务对象多关注这些"例外情形"，鼓励参与，并放大其重要性。

第三，改变随时随地会发生。问题并不总是出现，且往往存在"例外情形"，只是社会工作者对此经常忽视，让大好时机悄悄逝去。因此，社会工作者应当时刻留意服务对象的变化及其问题得以纾解的时刻，进而让服务对象逐渐察觉其改变。此外，服务对象面临的问题往往是十分主观的，依情境、个人的观感而变，这要求社会工作者不以某一理论、某一规范来衡量服务对象的问题并以此评定服务对象行为的对错。

第四，小的改变能够带来大的改变。许多时候，寻解治疗只不过在于捕捉瞬间的变化，然后加以善用、扩大，最终实现圆满解决服务对象的问题的目的。并且，服务对象在解决一个问题时做出的一点改变，将影响其解决其他问题的方式，从而可以解决更为复杂的问题，最终获得成功。考虑到服务对象的问题的复杂性，社会工作者需要引导服务对象先从小的改变和容易开展的工作入手,然后再一步一步地达到服务目标。

第五,社会工作者和服务对象之间存在合作关系。与服务对象合作、共同解决问题是寻解治疗的基础。合作是真心诚意的、平等的,而非社会工作者高高在上、拥有绝对权威。合作要求社会工作者面对服务对象的实际情况,做出相应的行动,以配合其解决问题。合作就像和谐的舞步,社会工作者要与服务对象一进一退,互相配合,也只有这样才能将服务对象对改变的抗拒降至最低程度。寻解治疗要求社会工作者不给那些不采纳其意见与建议的服务对象贴上"抵抗"或"不合作"的标签,当社会工作者的意见与建议不起作用时,社会工作者需要对此进行反思。

第六,每个人都拥有解决自身问题的能力。寻解治疗认为,服务对象拥有解决问题的所有资源和优势,社会工作者则是帮助服务对象找到并使用自身优势来解决问题。正是因为相信服务对象具有优势和资源,社会工作者才尊重服务对象表达的意义和愿景。并且,服务对象对自己生活的改变负有责任,他们自己可以决定如何开展工作以及设定目标。

第七,服务对象是自己问题的专家,寻解治疗专注于问题解决或目标达成。只有服务对象的主观感受才是理解问题、明白其特殊情境的开始,社会工作者不能妄以某一理论、观点为评定问题的基准。为此,服务对象是其问题、其特殊情境的专家,社会工作者应对此予以特别尊重(Zeig, 1983)。从服务对象是自己问题的专家的观点出发,社会工作者才有可能放弃专家的身份,不落入为服务对象分析问题、提供答案的陷阱。同时,这也要求社会工作者不限于已有的见解,能够灵活转化,接受服务对象所呈现的问题。正如埃里克森所指出的,每个人都是独特的,心理治疗应设法满足不同人的特定需要,而非削足适履,要求服务对象迎合其理论假设。

(二)三条"黄金定律"

第一,如无破损,且由得他。这提醒社会工作者应当专注于服务对象认为有问题的情况提供治疗,而不得在没有得到服务对象允许的情况下开展服务。这意味着,社会工作者应当相信服务对象有自行解决问题的能力,即使服务对象在生活中面临困扰,有时亦可自行解决。当然,对服务对象的问题的判断是十分主观的,既不存在一定的准则,也没有一个绝对的尺度,主要取决于服务对象自身。社会工作者应以服务对象的意愿为准,决定是否介入(Anderson & Goolishian, 1992),而不应以一己的理论取向、经验,甚至以兴趣为依归,将"问题"强加在服务对象身上。并且,如果能够以一种非全知、非专家的心态对服务对象表示关心,服务对象自然愿意提出自己面对的问题并邀请社会工作者合作解决问题。

第二,知其可行,宜乎多做。这提醒社会工作者需要关注服务对象解决问题的办法及其结果,并鼓励、推动其采取积极有效的行动。如果社会工作者能够与服务对象共同寻找解决问题的办法,往往能够得到一种成功、有效的办法;当某办法可行时,需要鼓励服务对象多尝试。因为解决方案由服务对象的经验而来,服务对象可以优先选择;如果成功经验越来越多,服务对象的信心也自然增强,而问题也更容易得到解决。

第三,知其不可行,切莫再做,宜弃旧立新。第二条定律建基于成功行为,而第三条定律则需要社会工作者对失败(无效)的行为进行反省,并以其不可为而弃之,改用其他方法解决问题。在解决问题时,人们往往采取的是过往行之有效的方法,但是当眼前面对的问题与过往问题不同时,过往的解决办法可能无效。对此,如果服务对象继续以往办法的话,失败自不可言。因此,社会工作者应当以成效为下一步工作的指引。同理,社会工作者与服务对象互动时,需要时刻检讨介入成效:若可行宜乎多做,若不可行则切莫再试。

(三)善用服务对象资源

"善用"一词最先由埃里克森提出,指涉社会工作者能够充分运用服务对象本身的资源、技巧、知识、信念、动机、行为、社交网络、情境及个人特性等,以达到服务对象预期的目标(Haley,1973)。有效的寻解治疗以服务对象的资源为基础,依其情境加以善用,使其问题得以解决。其中,社会工作者不直接提供解决办法,而是从服务对象身上寻找可资运用的个人资源,以解决其问题。寻解治疗确信,服务对象的过往经验总是存在可资善用的部分。资深的社会工作者更能意识到,服务对象往往对其自身的问题早有答案,需要的更多是社会工作者的倾听以及对其解决问题方法的支持和肯定而已。并且,许多问题、缺陷等其实是奇偶相生、祸福相依的,困境往往能通往幸福之径。

(四)唯简是尚

寻解治疗向来唯简是尚,擅长以最经济、最简单的方法解决问题,而沙泽更被称为最简约的简约者。寻解治疗坚持以最简单的理论为服务指引,并从最简单的假设开始,待需要时才加入其他较复杂的假设,避免过度理论化。这意味着,社会工作者要时刻以服务对象是否已解决问题为结案的准则,并将每一次面谈视为最后一次面谈(因服务对象已可以自行解决其问题)。这要求社会工作者"由尾做起",先确立结案目标,并时刻检视其是否已经达成。

(五)现在及未来取向

寻解治疗专注于现在,着眼于未来。寻解治疗认为,留恋过去于事无补、于己无益,服务对象应努力把握现在,并为将来努力。需要指出的是,寻解治疗不注重过去并不是忽视服务对象在面谈中提及的过往经验,而是将重心放在如何协助服务对象善用过往经验以利于现在、将来上。这要求社会工作者细心聆听服务对象诉说往事,及时给予感情上的支持,但不迷恋于过去。换言之,社会工作者要协助服务对象吸取过往的教训,为现在及将来的问题解决奠立基础。

二、寻解治疗的实务框架

(一)建立合作关系

寻解治疗要求社会工作者与服务对象基于良好的专业关系共同解决问题,这意味着寻解治疗的关键并非服务对象或社会工作者,而是二者的合作。社会工作者并不是手握智慧的钥匙,能够发现真正问题所在并且予以解决的人;没有服务对象的参与,寻解治疗不可能成功。一般可将寻解治疗中社会工作者与服务对象的关系分为三种类型:顾客-工作者(customer-worker)、倾诉对象-倾听者(compainant-listener)、访问者-东道主(visitor-host)(Berg,1989)。

在顾客-工作者的关系中,作为顾客的服务对象深感问题的困扰,能够清楚描述其求助目标,并愿意为解决问题而有所行动;社会工作者需要相应地为服务对象分析解决问题的方案,鼓励服务对象尝试,与服务对象共同检视寻解行为的效果,并且进一步支持服务对象的寻解行为或改变其工作策略。这一关系不仅能够确保治疗工作顺利进行,也能够让社会工作者更有成就感。但是,这一关系是可遇不可求的,并且社会工作者可能罔顾现实,把所有服务对象视为顾客,强行开展"治疗工作",一旦发现服务对象并不如想象中主动、合作,社会工作者易生怨怼,并对服务对象表示失望,或认为服务对象抗拒治疗服务。因此,社会工作者需要时刻小心留意这一互动关系,以适当的期望和相应的行动与服务对象进行合作。

在倾诉对象-倾听者的关系中,作为倾诉对象的服务对象也深感问题的困扰且具有较为明确的服务目标,但认为有问题的是他人而非自己,需要改变的也是其他人而自己不必改变。由于服务对象自行解决问题的意愿不强,社会工作者也不应勉强合作,而要细心倾听,并引导服务对象从不同角度观察问题以及对情境和自己的责任予以回顾和反思。

在访问者-东道主的关系中,作为访问者的服务对象并不倾诉,也无任何服务目标,既不受问题的困扰,也自然对解决问题没有兴趣,甚至认为没有问题,不必有所行动来解决问题。由于服务对象的面谈只不过是在找人聊天,且无特别要求,因此社会工作者也不应强求服务对象,而应留心倾听,观察服务对象是否存在难言之隐、弦外之意。如有,社会工作者要提出担忧,请服务对象有问题随时联系社会工作者;如无,社会工作者要接受服务对象目前的情况,不强其所难、勉强开展服务。

在不同关系中,服务对象对其问题、服务目标、解决问题的动机不同,这意味着社会工作者需要清楚了解服务对象的心态及其与服务对象的关系,采取相应的介入行动。需要提及的是,社会工作者与服务对象的关系是动态的,社会工作者需要捕捉瞬间的改变。

(二) 适宜的服务目标

适宜的服务目标是寻解治疗的基础,并且作为结案的指引,可以使社会工作者与服务对象清楚知晓服务是否成功。如果缺乏清晰的指引,评估将变得十分困难,有时甚至达到目标而不自知,导致个案不必要地被延长。如此,不但虚耗社会工作者的时间、精力,而且可能让服务对象对服务失去信心。沙泽和伯格等曾经花了大量的时间研究寻解治疗的服务目标,以至于寻解治疗被称为"目标驱动"的治疗(Berg & Miller,1992),即以目标为中心,以目标指引服务并确定服务进度和结案时机。寻解治疗认为,适宜的服务目标具有七个要素(Walter & Peller,1992)。

第一,对服务对象重要。寻解治疗应当以服务对象为中心,而服务对象对服务目标的看法极其重要。适宜的服务目标在服务对象看来应当是重要的、有益的。如此,服务对象对于服务过程自然更加愿意投入时间和精力,以达到服务目标。不过,困难之处在于,服务对象有时难以清楚明白地提出自己的意愿,而服务对象身边的人又可能存在不同的意见,或者转介机构对治疗服务有所期待等。对此,社会工作者应当与服务对象等进行多方面沟通,以确立一个服务对象认为重要且各重要成员也能接受的服务目标。

第二,细小。一个适宜的服务目标以细小、可行为标准。服务目标过于宏大的话,往往较为空洞,实施起来也困难重重,进而让人产生挫败感。细小、可行的服务目标则较容易达成,容易让服务对象产生希望。比如,细小的服务目标可以是能够在晚上 11 点前上床睡觉、多 15 分钟陪伴子女等。这些细小的目标简单易行,却是达成长远目标的起点。寻解治疗工作需要引导这些细微的行动,并相信这些细微改变是重大改变的引子。

第三,具体、实在,以行动为主。一个具体而实在的服务目标可以使社会工作者易于专注及评估服务的进度,也可以让服务更加精简、有效。例如,周末去旅行一次、放学后下午 5 点前到家等比开心地玩、早点回家等更为具体,其他如改善关系、加强沟通等也可以进一步落实。社会工作者需要协助服务对象,将目标以具体、实在的形式描述出来。必须提及的是,许多服务对象不能及时提出具体的目标,这并不表示不合作或抗拒,而是服务对象对此不太习惯,甚至对自己的目标也不太清楚。社会工作者应当给予足够的时间和指引,使服务对象能够更具体、实在地描述其目标。

第四,以正面的描述而非问题的减少为宜。正面的描述包括上课时认真听讲、准时起床等,问题的减少包括不再逃学、不再说谎等。服务对象喜欢以问题的减少为目标,主要是因为他们长期受到问题的困扰,无时无刻不以解决问题为念。然而,消极目标有诸多问题。其一,以问题的"不再出现"为目标容易使服务对象养成被动、依赖的习性,而坐待问题的消失;其二,问题的减少在许多时候会让服务对象感到空虚而不自在(Shazer,1989)。因此,社会工作者在与服务对象探讨服务目标时,需要尽量以积极、正面的语句进行描述。一个有效的办法是,当社会工作者察觉服务对象使用否定、消极的语句描述服务目标时,鼓励其提出问题减少后的替代行为,对此做出正面、具体的描述,并估计正面行为可能带来的效果。

第五,是解决问题的开始,不是问题的终结。无论情况如何困难、复杂,要解决问题,都需要踏出第一步,之后就按部就班、循序渐进。然而,服务对象对目标的描述,仍多以问题的终结为主,例如找到理想的伴侣、有自信心等,往往忽略了达到目标需要经过许多阶段。例如,找到理想伴侣的初始条件可能是在衣着、行为、自信心等方面改善自己,学习与他人相处等。其中,自信心的初始条件可能是了解自己、培养多方面的兴趣、累积经验等。

第六,现实可行。正如前述,目标细小、现实、可行极其重要。如果社会工作者能够仔细观察服务对象的实际情况以及环境、自身的资源及限制,自然能够确立实际可行的服务目标。许多时候,服务对象会坚持某些特定情境,以之为解决问题的先决条件,而往往这些特定情境是遥不可及的,服务目标也由此变得难以实现。社会工作者可以假设该特定条件已经出现,并与服务对象探讨其余服务目标,这可以使服务对象从不可能实现的情境中解脱出来,并切实讨论可行的目标。

第七,服务对象认为需要努力之处。服务目标最好是服务对象认为需要努力才能达到的。太容易的服务目标往往会被服务对象忽视,或掉以轻心。社会工作者需要时刻提醒服务对象,许多目标看似容易,其实并不易实现,需要一定的努力。社会工作者要强调需要努力,以便服务对象胜利时不骄傲,失败时不气馁;这可使服务对象处于一个长期努力的状态,即目标尚未达成,仍需努力。

三、寻解治疗的实务工作技巧

为了引导服务对象以寻解为导向,寻解治疗发展出诸多技巧,其中最重要的是一系列询问方法,简称为"六组有用的问句"(six useful questions)。每组问句都旨在激发服务对象解决问题的潜能[①],使其能够运用自己既有的潜能、经验等解决当前的问题。

(一)例外情境问句

例外情境是指问题不出现的时刻或困难稍减的时刻(Berg & Miller, 1992)。例外情境问句(exception-finding question)用以勾画服务对象的问题不出现或严重程度稍减的时刻,引导出现例外情境的行为并予以复制,使问题出现的时间减少、例外的情况增多。在此消彼长的情况下,问题得以解决——问题出现的时间减至最少,或到了可以容忍的地步。

社会工作者一般可以直接询问服务对象例外情况,也需要留心服务对象的谈话及其可能涉及的例外情境。例如,当服务对象提及一周有四天闷闷不乐时,其实也是指有三天是正常的,此时社会工作者需要询问服务对象另外三天的情况。又如,当服务对象提出某一问题,如酗酒时,社会工作者可以直接询问其不喝酒时一般会做些什么,对比二者情况有何不同,服务对象又有何不同行为、感受等,以寻找出现不同情况的差异之处。

---

① 长期以来,对于社会工作者能否在会谈中引导服务对象,一直存在争论。早期的精神治疗学派认为社会工作者应该保持中立态度,尽量让服务对象自我流露。之后,越来越多的学者认为社会工作者也是社会工作干预系统的一部分,无法不对服务对象产生影响,但应留意的是如何为服务对象带来积极的影响。参见 H.Anderson & H. Goolishian, 1988, A view of human systems as linguistic systems: Preliminary and evolving ideas about the implications for clinical theory, *Family Process*, Vol. 23, No. 4。

许多时候,服务对象经过社会工作者一步一步的引导,可以提出例外情境,并清楚描述例外情境中个人行为的改变。但是,也有部分服务对象对例外情境的引发条件懵然不觉,即仅仅知道存在例外情境,至于何时出现一概不知。遇到此类服务对象时,社会工作者可以鼓励其预测例外情境出现的时刻,并进行比较,以备下次面谈时讨论。当服务对象能够说出例外情境时,社会工作者需进一步深化它,并鼓励服务对象详细描述例外情境、事情的转变以及其他人的反应等。并且,社会工作者在提问时,需要时刻留意服务对象的反应,而非按照既定计划一句接一句地提问。

(二) 奇迹问句

奇迹问句(miracle question)是一种假设性问句(hypothetical question),是寻解治疗中最为重要的问句,旨在把服务对象引导到将来问题已解决的时刻。奇迹问句的好处在于,能够协助服务对象描述问题不再是困扰时的处境,为进一步开展服务乃至最终达到此处境提供更多资料。此外,它要求社会工作者对服务对象抱以信心,使其知晓"奇迹"情境,因而更加愿意通过努力达到目标。

奇迹问句从埃里克森的催眠治疗中发展而来(Erickson, 1954)。早期,它主要是让服务对象回想问题尚未发生时的情境及生活状况,想象将来问题解决之后的生活状况,并详细描述达成此一理想情境的步骤(Shazer, 1985)。随着面谈的发展,服务对象回想过去的部分逐渐被弃用,留下来的只是未来取向的、想象的做法,即奇迹问句。问法一般如下:想象今天面谈之后,你晚上回家睡觉。当你入睡的时候,发生了一个奇迹,让你面临的问题都解决了。你将如何得知奇迹已经发生了呢?情况有什么不同?如你不告诉其他人,他们会知道你已经不同了吗?(Shazer, 1989)

奇迹问句的问法因人、因事而异,其重心在于引导服务对象对未来情境的想象性描述。因此,社会工作者应尽量引导服务对象,使其描述包括对某些行为、事物的一些新看法,或服务对象对自己或其他人的谈话。当然,在使用奇迹问句前,社会工作者需要对服务对象的世界观、对事物的看法具有一定的了解,并以服务对象常用的语言、信念发问。此外,应用奇迹问句时,社会工作者需要特别留意遣词用字。奇迹问句虽是假设性的语句,但如果试图发挥它应有的功效,在用语中宜使用"当"某某情况出现,而较少或不使用"假如"某某情况出现。一般来说,"当"字的使用,可以让服务对象相信奇迹已经出现;而假设性过强的话,难以产生奇迹问句的应有效果。

许多时候,服务对象并不能立即领会奇迹问句,或服务对象根本没有想象过"奇迹"的可能性,对奇迹问句一片茫然,甚至回答"从未想过""绝无可能"等。对此,社会工作者可以简单、缓慢地重复奇迹问句,然后静待服务对象的深思、回应;或耐心倾听其认为"从未想过""绝无可能"的原因,强调奇迹之所以为奇迹,就是因为会在绝无可能的情况下发生,然后再给服务对象足够的时间来细心思考,同时耐心等待服务对象的回应。

(三) 刻度问句

刻度问句(scaling question)是指社会工作者通过简单的数字,了解服务对象对其面临问题的具体看法,以便能够确切地评估服务对象的问题严重程度。它一般以 1 到 10 为基准,1 为最困难、最严重的情况,10 是服务对象不再困扰的情况。当然,刻度问句也可以用来衡量服务对象的动机、自信心、合作意愿等。通常,服务对象以较为抽象的词来描述其问题,如"不关心""很烦"等,而社会工作者往往不了解服务对象所谓的"不关心""很烦"的程度,刻度问句的应用可以帮助社会工作者将服务对象的抽象形容具体化。当然,这仍然要以服务对象的主观感受为基准。

(四) 应对问句

应对问句(coping question)的主要目标是寻找服务对象面对困难时的应对方法。社会工作者在开展服务中常常会遇到一些消极、对前途悲观的服务对象,此时需要意识到服务对象虽遭遇困难却未完全被压倒,只不过由于过于关注当前的困难、痛苦而暂时忽视了其自身的应对策略。其实,这些应对方法对于协助服务对象解决问题是十分有益的,至少可以让其问题不再严重。社会工作者对这些应对方法的了解及重视,既可为将来的解决方案提供线索,也可以舒缓服务对象目前所处的问题情境带来的压力,让服务对象察觉到自己并非想象中那么无助。因此,社会工作者需要让服务对象回溯其过往应对问题的方法,鼓励其持续应对。

(五) 还有呢?

无论是例外情境、奇迹情况及应对方法等皆不是单独出现的。因此,社会工作者不能满足于服务对象提及的例外情境、"奇迹"及应对方法等,而需要多以"还有呢?"(What else?)发问,帮助服务对象尽可能穷尽过往的例外情况。这不但能够开阔服务对象的视野,也对其寻找适合的解决方案十分有帮助。此外,社会工作者还可以鼓励服务对象尽量详细描述其改变情况,多询问有关"何"的问题,比如何时、何地、何人、结果如何等。

(六)关系问句

在与服务对象会谈的过程中,社会工作者需要谨记眼前的服务对象并不是一个绝缘的个体,而是存在于人际关系网络之中。服务对象的思想、行为,固然决定于其观念、看法,但也同时受到其人际关系网络中其他人的影响。因此,社会工作者需要以一种整体的、系统的观点看待服务对象,服务目标、解决方案也不能仅限于服务对象,而需要顾及系统中的其他人。关系问句(relational question)可以帮助社会工作者留意服务对象身边的人,并把服务对象置于其人际关系网络之中,重新规划其服务。

需要说明的是,上述六组问句能够帮助服务对象专注于问题的解决办法,但是社会工作者在使用时需要相互配合,并同时考虑服务对象的接受程度。由于部分服务对象并不习惯这些问句,因此社会工作者可以在发问前使用一些暗语,比如"我今天的问题听起来会有些奇怪,可能需要你思考一下再回答,不要着急,慢慢地想,如果觉得太难回答,请告诉我"。当然,社会工作者不应机械式地发问,而是要在与服务对象建立关系之后,在服务对象的自然情境下发问,毕竟社会工作者的真诚、对于服务对象寻解历程的兴趣以及对服务对象的尊重,也是服务成功的必要条件。

第三节 寻解治疗在国外的应用及相关讨论

一、寻解治疗取向在国外社会工作实务中的应用

寻解治疗最初主要集中用于沙泽和伯格的精要家庭治疗中心,涉及精神健康、药物滥用、家庭暴力、夫妻关系、亲子沟通等领域。除美国外,寻解治疗的影响也随着沙泽和伯格广至欧亚各国讲学及培训而遍及欧亚。20世纪90年代,沙泽和伯格每年约有半年时间在欧洲不同地区开展训练,也曾于日本、韩国、澳大利亚等地提供培训和督导服务。在此过程中,寻解治疗的应用逐渐扩展到医院、家庭、学校、社区等交叉场域。一项针对轻度和中度抑郁症患者进行的干预研究表明,寻解治疗能够有效缓解服务对象的抑郁状况(Reddy, et al., 2015)。有学者进一步指出,寻解治疗目前只涉及轻度和中度抑郁症患者,几乎没有应用于患严重精神健

康问题(如精神分裂症、双相情感障碍)、有自我虐待或伤害他人倾向等的人群(Carrick & Randle-Phillips, 2018)。

部分专业照护人士将寻解治疗应用于临床环境,以监测可观察到的与健康有关的行为。许多自闭症患者的治疗和照护需要花费大量的时间、精力和费用,其所在社区往往难以提供相关的医疗保健服务,这对承担其主要照护责任的家庭成员的身心健康产生了不利影响。专业照护人士作为治疗专家和家庭照顾者之间的桥梁,能够通过寻解治疗,在较短时间内鼓励家庭成员参与讨论,澄清其对治疗和照护的期望,提高自闭症患者的照护质量(Parker, et al., 2020)。针对一些自闭症患者的家属所遭遇的各种积极、消极经历,寻解治疗也可以专注于自闭症患者对其家属的积极影响,以家庭优势和资源为基础,促进自闭症患者与其家庭成员之间的互动(Turns, et al., 2016)。芬利森等人(Finlayson, et al., 2020)在儿科重症监护室开展了一项针对儿科创伤后压力的系统性预防研究,借鉴生物—心理—社会视角,将寻解治疗应用于儿科重症监护室的病人及其家属,以预防或减轻其创伤后应激障碍,这使寻解治疗的应用具有超越家庭系统的临床意义。此外,有研究还展示了寻解治疗在获得性脑损伤患者及其家属服务中的策略、技术及临床应用(Gan, 2020)。

在家庭环境中,寻解治疗能够与游戏治疗相结合,通过创造性的游戏活动,成功实现学龄儿童和他们的父母以及临床医生之间的有效对话,进而共同确立解决方案(King, 2017)。也有研究表明,寻解治疗通过视觉交流辅助工具和角色扮演,能够针对家庭暴力的施暴者开展小组服务,提高小组成员的自我效能感、自尊、对问题行为的洞察力、对他人的影响、情绪调节技能、解决社会问题的技能,进而降低家庭暴力和虐待的风险(Banting, et al., 2017)。

寻解治疗在特殊人群及场景服务方面也得以应用且具有成效。比如,有研究表明,寻解治疗在减少反社会倾向方面是有效的,一年后犯罪者的应对能力增强,再犯率降低(Gingerich & Peterson, 2013)。通过寻解治疗,已婚犯罪者与其妻子在婚姻满意度、沟通、冲突解决等方面具有显著的改善(Jalali, et al., 2017)。有学者使用寻解治疗将性少数群体的现况与他们理想化的"奇迹"生活经历结合起来,鼓励性少数群体按照个人的喜好憧憬未来,以克服日常生活中的各种障碍(Ouer, 2015)。此外,新冠病毒肆虐期间,原本针对困弱群体的心理卫生服务受到严重干扰,芬利森等人(Finlayson, et al., 2023)倡议精神卫生服务从面对面服务转向在线服务,而寻解治疗能够独特地捕捉处于危机中的服务对象的资源和优势,为远程服务提供基础。

二、对寻解治疗取向在国外社会工作中应用的系统综述与荟萃分析

沙泽对精要家庭治疗中心自20世纪70年代末至80年代初的1600多个个案进行总结发现,72%的个案具有明显的改变,平均面谈次数为6次。成功的案例中,尤以倾诉或目标不清晰的更为有效(Waltzlawick, et al., 1974)。1990年,精要家庭治疗中心又再次以同样的问题访问服务对象,成功率高达80%;其中65%达成目标,55%有明显改变,平均面谈次数为4.6次。18个月后的跟进结果显示,成功率上升到86%;其中77%无新问题出现,67%表示其他方面也有改变。1997年,精要家庭治疗中心的另一项研究也显示出相同的效果,该报告总结了1992年10月至1993年8月在该中心接受服务的275个个案的情况,并在结案后7—9月联络到136个个案,其服务成功率为77%,平均面谈次数减少为3次(Berg & Jong, 1997)。不过,这些研究大多由寻解治疗的创立者或推动者实施,样本较少,且多为单组、后测,无控制组及服务前资料可供对比,因此相关结论还需要更多的研究证据予以证实。

金格里奇和艾森加特(Gingerich & Eisengart, 2000)对15项寻解治疗的结果研究进行系统综述后发现,许多研究设计是十分有限的,没有建立在系统干预研究的基础之上,其有效性也还有待进一步的研究。第一项荟萃分析出自施塔姆斯等人(Stams, et al., 2006),涉及21项研究,共1421名参与者。该研究发现,寻解治疗的效果与其他治疗方式相比并无明显的差异,但花费时间更短,见效更快。金(Kim, 2008)进行的第二项荟萃分析涉及22项研究,共1349名参与者。该研究发现,寻解治疗对内化行为问题的治疗效果才具有统计意义。由于不同综述的选择标准存在差异,因此结论难免难以证实寻解治疗的有效性。为了确保研究结果的普遍性,金格里奇等人(Gingerich, et al., 2011)回顾了相关的寻解治疗的对照结果研究(包括已发表的和未发表的),采取基于随机效应建模的荟萃分析,系统检验了寻解治疗的整体有效性。该研究发现,寻解治疗对内化行为问题(如抑郁、焦虑、自我概念和自尊)有效,但对外化行为问题(如多动症、行为问题、攻击性或家庭和关系问题)没有明显效果;在临床环境中进行的研究比在现实世界的实践环境中进行的研究更有效;用时更少,成本更低。

与此同时,寻解治疗在医疗环境中被证明是一种有效的社会心理干预方法(Zhang, et al., 2018),对儿童和青少年的行为问题解决具有显著效果(Hsu, et al., 2021)。富兰克林等人(2022)对50项中英文的研究文献进行系统回顾和荟萃分析

后发现,寻解治疗作为一种心理健康干预手段,能够帮助学校社会工作者回应学生的心理健康问题。此外,一些系统综述表明,寻解治疗对于青少年在学校中的情绪、行为和学业问题等来说是一种十分有效的治疗方法,同时也能够用于对这些问题的早期干预(Choi & Hwan, 2017; Bond, et al., 2013; Kim & Franklin, 2009)。

三、国外社会工作界围绕寻解治疗取向的若干争论

寻解治疗的有效性已经被证实,但也面临一些持续的争论。首先,寻解治疗的提出者认为,寻解治疗的重点是寻找解决方案,而不是分析问题。但是,寻解治疗不能忽视问题,只有先存在问题,才会有解决方案(Jong, et al., 2013)。因此,社会工作者如何在问题澄清的对话和解决方案的对话中取得平衡、如何在有限的时间内确立解决方案还有待进一步探究。从社会工作实务的角度来看,社会工作者将服务对象主导的问题谈话转变为解决方案谈话是十分重要的(Choi, 2020)。社会工作者需要认识和承认服务对象的问题,这既有助于澄清问题,又能使服务对象感受到被倾听。

其次,寻解治疗由于在治疗过程中缺乏对情绪、情感等的关注而一再受到批评(Dermer, et al., 1998; Kiser, et al., 1993)。有学者指出,社会工作者在和服务对象进行语言交流(如提问)和非语言互动过程中,应该多关注服务对象的情绪和感受,以提升服务对象的治疗体验(Walker, et al., 2021)。

最后,寻解治疗是一种建构主义或话语治疗方法(Prochaska & Norcross, 2018),十分强调语言的使用。埃利奥特(Elliott, 2010)和麦克劳德(McLeod, 2011)提出,话语分析在心理治疗中的潜力没有得到充分发挥。社会工作研究应当进一步增强聚焦寻解治疗的话语分析的研究,提高社会工作者对治疗性谈话中细微差别的敏感度,反思并改进治疗性谈话(Zatloukal & Wiesner, 2021)。

第四节 寻解治疗在中国社会工作领域的应用与反思

一、寻解治疗取向在中国社会工作实务中的应用

何会成和朱志强描述了寻解治疗进入香港的详细过程。20世纪80年代初期,伯格曾受邀在香港讲授精要治疗及其在家庭、婚姻辅导中的应用。1986年起,沙泽和伯格多次到香港开展培训,与学界、社会服务机构合作,成立训练中心,合办寻

解治疗训练课程班。必须提及的是,香港理工大学应用社会科学系于1991年成立精要治疗小组,专攻寻解治疗的研究、教学与实务,也曾邀请沙泽和伯格讲学,并指导精要治疗小组成员,先后出版《家庭为本服务:寻解治疗》《寻解治疗:学习及应用》《焦点解决短期心理咨商》等(何会成、朱志强,1999:10-12)。与此同时,寻解治疗开始应用于抑郁症、青少年自杀和边缘化青少年等社会工作服务之中(He, 1999;Wong, 1994:438-473)。

在中国其他地区,寻解治疗一开始主要集中用在心理学领域,比如学生的心理健康与咨询(Liu, et al., 2015:84-90)。社会工作服务领域的应用涉及临床环境、禁毒、老年人服务等。一项在中国三甲医院进行的随机对照试验发现,在临床环境内使用寻解治疗,能够有效地减少先天性心脏病患儿父母的心理困扰(Li, et al., 2018)。不过,在医院场域内,医务社会工作者运用寻解治疗开展服务的案例仍然较少,针对抑郁、焦虑、烦躁等情绪的社会工作服务研究也较少。

在老年人的个案辅导方面,寻解治疗可以缓解老年人心理不适症状,提升老年群体的生活质量(钟莲香、欧幼冰、韩欧,2018)。在禁毒服务领域,社会工作者运用寻解治疗,能够帮助解决戒毒人员的毒品成瘾、社会融入、家庭关系修复等一系列问题(吴巧敏、罗芷慧,2022)。虽然寻解治疗的介入时间短,但是注重使用解决问题的策略、提升服务对象解决问题的能力,符合个案工作的服务目标。并且,应用寻解治疗的个案工作可以在一定程度上节省社会服务机构的单例成本和社会工作者的精力,便于社会工作者为更多的服务对象提供服务。

在一篇对在中国开展的24项寻解治疗研究的回顾文献中,15项来自台湾,9项来自大陆(Gong & Hsu, 2017)。该研究结果表明,在小组服务中进行寻解治疗具有显著的即时性和持续性效果。并且,寻解治疗面向未来和以优势为本,与其他可能迫使服务对象谈论过去的创伤或个人缺点的疗法形成鲜明对比,更能够吸引中国社会工作从业者的目光。

二、中国社会工作界对寻解治疗取向的若干反思

寻解治疗致力于引导服务对象看见自身的能力与优势,花费时间较短,在多个服务领域中已取得积极的效果。不过,关于寻解治疗在中国社会工作实务领域的研究很少关注治疗过程和对专业关系的反思,比较常见的情况是将寻解治疗套用在不同领域,创新较少。为此,中国的社会工作从业者还需要更多尝试和研究。

同时,还必须考虑寻解治疗在中国社会工作实务应用中的适应性问题。早在

20世纪90年代,有学者根据临床资料开展经验总结,检讨了寻解治疗的跨文化适应性(Yang, You & Liang, 2001; Yeung, 1999:477-489; He, Zhu & Yang, 1996)。也有文献表明,寻解治疗可能是一种适合亚洲人群的有效干预措施,不仅在处理问题方面十分实用,而且关注优势、保持乐观的态度等这些特质也较为符合中国社会的语境和文化(Mishima, 2011:390-404; Miller, Yang & Chen, 1997:22-34)。然而,一些研究者也指出,汉语和英语之间存在一定的语言差异,可能会影响寻解治疗技术的应用。例如,中国的服务对象面对奇迹问题时不知道该说什么(Tetsuro, 2002:35-47)。治疗师伯格(1994)的治疗风格以过多的赞美为特征,应用于中国时需要加以修改以更好地适应中国人对谦逊的偏好(转引自 Lee & Mjelde-Mossey, 2004:497-513)。

本章结语

关于寻解治疗取向的贡献

寻解治疗与社会工作的价值观、假设及实务方法相吻合,强调服务对象积极、优势的一面,尊重并善用服务对象自行解决问题的能力,依照服务对象所处独特情境提出个性化的服务策略,与服务对象合作以寻求问题解决。创新之处在于,放弃了传统的以分析问题为主的取径,而以引导服务对象对问题解决的尝试为方向;放弃了社会工作者的专家身份,而以平等、合作的态度与服务对象共同面对问题。这既可避免对问题进行不必要的、过分复杂的分析,也能够让服务对象感受到仅仅诉说困难是无益的,而需要积极地采取行动,着眼于现在及未来寻求解决之道。从而,当服务对象日后再遭遇类似问题时,便可自行解决。当然,这并不是一蹴而就的,原因在于让社会工作者放弃自己所学的问题评估、分析等而使用寻解治疗是十分不易的。[①]

寻解治疗强调社会工作者与服务对象之间的平等合作关系,这有助于社会工作者重新思考当前过度专业化的倾向,尤其是警醒自身的偏见和专业盲点。不过,这有可能会在无意中或多或少忽视服务对象自身的需要。并且,社会工作者在剖析服务对象的问题和理解其需要时,往往会疏漏服务对象如何理解其问题、如何看

---

① 何会成、朱志强等以其亲身经历说明了接受过程,参见何会成、朱志强,1999,《寻解导向治疗:于社会工作的应用》,八方文化,第120页。

待社会工作者对服务对象的理解和判断。这要求社会工作者深入服务对象的生活世界乃至意义世界,以理解其问题与解决方法(何会成、朱志强,1999:164)。

寻解治疗提醒我们要重视语言。语言是承载现实的最重要的符号,也是开启服务对象生活世界和意义世界的钥匙。这意味着,社会工作者不仅应当在理解服务对象问题和开展服务时随时留意服务对象的语言,而且应当思考如何使用语言持续推进服务,寻求问题解决之道。

寻解治疗重视对服务对象的正面肯定,坚信服务对象具有足够的潜能与资源解决其困境和改善其状况,这提示社会工作者需要随时调整对服务对象及其解决问题能力的认识。在开展服务过程中,社会工作者需要不断反思是否疏忽了服务对象的能力,或疏漏了服务对象的创新性应对方法。可以说,相比于其他社会工作理论/模式,寻解治疗在相信服务对象及其有能力、资源解决自身问题等方面更为注重在实践中如何落地。

此外,寻解治疗的一些技巧也有助于推进社会工作实务。例如,不同形式的问句可以协助服务对象澄清和确立服务目标;服务对象被划分为访问者、倾诉对象和顾客,可以避免社会工作者随意给服务对象贴上"缺乏动力""不合作""抵抗"等标签;社会工作者要结合服务对象的意图开展服务。

关于寻解治疗取向的局限

寻解治疗是介于心理治疗与家庭治疗之间的一种心理治疗模式。许多学者,比如温迪·德雷顿(Windy Dryden)、科林·费尔森(Colin Feltham)、德博拉·卢尼茨(Deborah Luepnitz)、杰弗里·马森(Jeffery Masson)等人,对心理治疗、家庭治疗提出批评,对寻解治疗也不例外。寻解治疗最为人诟病的是,其对问题的理解过于个体化,忽视了社会面向。一般而言,心理治疗在理解服务对象的问题时有意无意地回避了性别不平等、社会歧视、文化排斥等宏观的结构性问题。相较而言,家庭治疗只是把个人的问题扩展至家庭。沙泽(1982)在反驳中提出,我们需要区分专业心理治疗工具与社会改革工具。不过,除非社会工作者只需要面向服务对象,以及社会工作不再认为社会正义是其专业的核心价值,否则,将个人或家庭问题延展至社会面向的检讨是十分必要的。

寻解治疗提出分析问题与寻求解决之道之间不一定存在必然的对应关系,因此鼓励社会工作者多探讨解决之道、少讨论服务对象自身的问题,不鼓励服务对象只谈问题不谈解决之道,这是颇具洞见的。但必须注意的是,即使社会工作者不运用理论来分析服务对象的问题,难道就真的对"问题"采取了非理论、非规范性的立场了吗?即使能够绕过服务对象自身的问题,社会工作者对服务对象问题的理解及其价值观和在实务中的实践智慧,难道就真的可以不介入服务过程吗?其实,服务对象在很多时候是通过与社会工作者的交谈,重新确立并理解其问题,再采取社会工作者所建议的方法来寻求问题解决的。反之,社会工作者对问题的理解也是在与服务对象共同寻找目标与解决方案中形成的。一方面,社会工作者应积极寻求服务对象可能接受的服务目标,并随时发掘服务对象意识中的潜在解决方案;另一方面,社会工作者也不可能全然不顾社会现实和规范,而以服务对象所选择的目标为准。毕竟,设定目标和寻找服务方案是一个富有探索性且相互影响的过程。

此外,如何引导服务对象以寻解为导向也是一个值得讨论的问题。服务对象的主导思维是向社会工作者诉说问题,这与寻解治疗致力于问题解决是相反的。在一般情况下,社会工作者不应勉强服务对象,而应顺着服务对象,在适当的时候提出寻解导向的问句。例如,当服务对象涉及例外时,社会工作者可以鼓励其说出例外情境;当服务对象提及梦想时,社会工作者可以提出奇迹问句;当服务对象诉说困难时,社会工作者可以就应对方法进行提问。

寻解治疗提倡不以社会规范为衡量服务对象问题的标准,而聚焦服务对象的独特情境及其对问题的看法,这容易导致"道德相对主义"的误解——以为寻解治疗主张凡是服务对象认为对的就是对的,而不在乎外在的社会环境。其实,服务对象的独特情境及其对问题的看法只是社会工作者衡量问题和工作的起点。若以社会规范为准而不顾服务对象的感受,有可能让服务对象产生不必要的抵抗;若以服务对象的主观世界为准设置服务目标,则较容易与服务对象建立合作关系。当然,前提条件是服务对象有能力寻求一个利人利己、多方可以接受的服务方案。

思考题

1. 请比较问题治疗与寻解治疗的差异。
2. 如何理解寻解治疗的理论基础?
3. 如何理解寻解治疗的三条黄金定律?
4. 如何理解寻解治疗的现在及未来导向?
5. 试反思寻解治疗在中国社会和文化语境中的适用性。

参考文献

Berger、Luckmann,1991,《知识社会学:社会实体的建构》,邹理民译,巨流图书。

何会成、朱志强,1999,《寻解导向治疗:于社会工作的应用》,八方文化。

何兴鑫、宋丽萍,2017,《焦点解决短期治疗模式的发展及应用》,《中国健康心理学杂志》,第4期。

Irene Goldenberg、Herbert Goldenberg,2005,《家庭治疗概论(第六版)》,李正云等译,陕西师范大学出版社。

吴巧敏、罗芷慧,2022,《焦点解决短期治疗在禁毒社工服务中的应用》,《中国社会工作》,第12期。

钟莲香、欧幼冰、韩欧,2018,《焦点解决短期治疗模式下的老年个案工作》,《劳动保障世界》,第11期。

Anderson, C., 1984, Commentary on the death of resistance, *Family Process*, Vol. 23, No. 1.

Anderson, H. & Goolishian, H., 1988, Human systems as linguistic systems: Preliminary and evolving ideas about the implications for clinical theory, *Family Process*, Vol. 27, No. 4.

Anderson, H. & Goolishian, H., 1992, The client is the expert: A not-knowing approach to therapy, in McNamee, S. & Gergen, K., *Therapy as Social Construction*, Sage.

Banting, R., Butler, C. & Swift, C., 2017, The adaptation of a solution focused brief therapy domestic violence perpetrator programme: A case study with a client with a learning disability, *Journal of Family Therapy*, Vol. 40, No. 4.

Berg, I. K. & de Jong, P., 1997, *Interviewing for Solution*, Brooks/Cole.

Berg, I. K., 1994, *Family-Based Service: A Solution-Focused Approach*, W. W. Norton.

Berg, I. K., 1991, *Family Preservation: A Brief Therapy Workbook*, BT Press.

Berg, I. K., 1989, Visitors, complainants and customers: Is there really such thing as resistance? *Family Therapy Networker*, Vol. 13, No. 1.

Berg, I. & Miller, S., 1992, *Working with the Problem Drinker: A Solution-Focused Approach*, Norton.

Best, J., 2003, Constructionist social problems theory, *Annals of the International Communication Association*, Vol. 36, No. 1.

Bond, C., et al., 2013, Practitioner review: The effectiveness of solution focused brief therapy with children and families: A systematic and critical evaluation of the literature from 1990–2010, *Journal of Child Psychology and Psychiatry*, Vol. 54, No. 7.

Carrick, H. & Randle-Phillips, C., 2018, Solution-focused approaches in the context of people with intellectual disabilities: A critical review, *Journal of Mental Health Research in Intellectual Disabilities*, Vol. 11, No. 1.

Choi, J. J., 2019, A case study of solution-focused brief family therapy, *The American Journal of Family Therapy*, Vol. 48, No. 2.

Choi, J. J. & Hwan, B., 2017, Microanalysis of a solution-focused brief therapy case by Insoo Kim Berg, *Family and Family Therapy*, Vol. 25, No. 3.

Choi, J. J., 2020, The role of the solution-focused brief therapist in client-led problem talks, *The American Journal of Family Therapy*, Vol. 49, No. 4.

de Jong, P., Bavelas, J. B. & Korman, H., 2013, An introduction to using microanalysis to observe co-construction in psychotherapy, *Journal of Systemic Therapies*, Vol. 32, No. 3.

Dermer, S. B., Hemesath, C. W. & Russell, C. S., 1998, A feminist critique of solution-focused therapy, *The American Journal of Family Therapy*, Vol. 26, No. 3.

de Shazer, S., et al., 1986, Brief therapy: Focused solution development, *Family Process*, Vol. 25, No. 1.

de Shazer, S., 1989, *Clues: Investigating Solution in Brief Therapy*, Norton.

de Shazer, S., 1985, *Keys to Solution of Brief Therapy*, Norton.

de Shazer, S., 1979, On transforming symptoms: An approach to an Erickson procedure, *American Journal of Clinical Hypnosis*, Vol. 22, No. 1.

de Shazer, S., 1982, *Patterns of Brief Family Therapy: An Ecosystemic Approach*, Guilford Press.

de Shazer, S., 1984, The death of resistance, *Family Process*, Vol. 23, No. 1.

Elliott, R., 2010, Psychotherapy change process research: Realizing the promise, *Psychotherapy Research*, Vol. 20, No. 2.

Erickson, M. H., 1954, Pseudo-orientation in time as an hypnotherapeutic procedure, *Journal of Clinical and Experimental Hypnosis*, Vol. 2, No. 4.

Finlayson, B. T., Hall, G. N. & Jordan, S. S., 2020, Integrating solution-focused brief therapy for systemic posttraumatic stress prevention in paediatrics, *Australian and New Zealand Journal of Family Therapy*, Vol. 41, No. 2.

Finlayson, B. T., Jones, E. & Pickens, J. C., 2023, Solution focused brief therapy telemental health suicide intervention, *Contemporary Family Therapy*, Vol. 45, No. 1.

Franklin, C., et al., 2022, Solution-focused brief therapy for students in schools: A comparative meta-analysis of the U.S. and Chinese literature, *Journal of the Society for Social Work & Research*, Vol.13, No. 2.

Franklin, C., 2015, An update on strengths-based, solution-focused brief therapy, *Health & Social Work*, Vol. 40, No. 2.

Franklin, C., Kim, J., Beretvas, T., Zhang, A., Guz, S., Park, S., Montgomery, K., Chung, S. & Maynard, B., 2017, The effectiveness of psychosocial interventions delivered by teachers in schools: A systematic review and meta-analysis, *Clinical Child and Family Psychology Review*, Vol. 20, No. 3.

Gan, C., 2020, Solution-Focused brief therapy (SFBT) with individuals with brain injury and their families, *Neurorehabilitation*, Vol. 46, No. 2.

Gingerich, W., et al., 2011, Solution-focused brief therapy outcome research, in Franklin, C., et al. (eds.), *Solution-Focused Brief Therapy: A Handbook of Evidence-Based Practice*, Oxford University Press.

Gingerich, W. & Eisengart, S., 2000, Solution-focused brief therapy: A review of the outcome research, *Family Process*, Vol. 39, No. 4.

Gingerich, W. J. & Peterson, L. T., 2013, Effectiveness of solution-focused brief therapy: A systematic qualitative review of controlled outcome studies, *Research on Social Work Practice*, Vol. 23, No. 3.

Gong, H. & Hsu, W., 2017, The effectiveness of solution-focused group therapy in ethnic Chinese school settings: A meta-analysis, *International Journal of Group Psychotherapy*, Vol. 67, No. 3.

Gong, H. & Xu, W., 2015, A meta-analysis on the effectiveness of solution-focused brief therapy, *Studies of Psychology and Behavior*, Vol. 13. No. 6.

Haley J., 1986, *Problem-Solving Therapy* (2nd ed.), Jossey-Bass.

Haley J., 1973, *Uncommon Therapy: The Psychiatric Technigues of Milton H. E. Erickson*, Norton.

He, H., 1999, *Solution-Focused Counseling*, in Spitzer, A. & Leeming, D.(eds.), *Encyclopedia of Psychology and Religion*, Springer.

He, H., Zhu, Z. & Yang, J., 1996, *Solution Focused Model: Application and Reflection*, Global Publishing.

Hsu, K-S., et al., 2021, Solution-focused brief therapy for behavior problems in children and adolescents: A meta-analysis of treatment effectiveness and family involvement, *Children and Youth Services Review*, Vol. 120.

Hsu, W. S. & Chen, H. J., 2019, The cultural adaptation of solution-focused brief therapy in Taiwan, Research Poster, Solution focused Brief Therapy Association Annual meeting, Montreal, Canada.

Jalali, F., Hashemi, S., Kimiaei, S., Hasani, A. & Jalali, M., 2017, The effectiveness of solution-focused brief couple therapy on marital satisfaction among married prisoners and their wives, *International Journal of Offender Therapy and Comparative Criminology*, Vol. 62, No. 10.

Kim, J. S., 2008, Examining the effectiveness of solution-focused brief therapy: A meta-analysis, *Research on Social Work Practice*, Vol. 18, No. 2.

Kim, J. S. & Franklin, C., 2009, Solution-focused brief therapy in schools: A review of the outcome literature, *Children and Youth Services Review*, Vol. 31, No. 4.

Kim, J. S., Franklin, C., Zhang, Y., Liu, X., Qu, Y. & Chen, H., 2015, Solution-focused brief therapy in China: A meta-analysis, *Journal of Ethnic & Cultural Diversity in Social Work*, Vol. 24, No. 3.

King, P. K., 2017, *Tools for Effective Therapy with Children and Families: A Solution-Focused Approach*, Routledge.

Kiser, D. J., Piercy, F. P. & Lipchik, E., 1993, The integration of emotion in solution-focused therapy, *Journal of Marital and Family Therapy*, Vol. 19, No. 3.

Lee, M. Y. & Mjelde-Mossey, L., 2004, Cultural dissonance among generations: A solution-focused approach with east asian elders and their families, *Journal of Marital and Family Therapy*, Vol. 30, No. 4.

Leong, F., 1986, Counseling and psychotherapy with Asian-Americans: Review of the literature, *Journal of Counseling Psychology*, Vol. 33, No. 2.

Liu, X., Zhang, Y. P., Franklin, C., Qu, Y., Chen, H. & Kim, J. S., 2015, The practice of solution-focused brief therapy in mainland China, *Health & Social Work*,

Vol. 40, No. 2.

Li, Y. X., Solomon, P., Zhang, A. A., Franklin, C., Ji, Q. Y. & Chen, Y. T., 2018, Efficacy of solution-focused brief therapy for distress among parents of children with congenital heart disease in China, *Health & Social Work*, Vol. 43, No. 1.

Madanes, C., 1981, Strategic Family Therapy, in Lebow, J., et al.(eds.), *Encyclopedia of Couple and Family Therapy*, Springer.

McLeod, J., 2011, *Qualitative Research in Counselling and Psychotherapy* (2nd ed.), Sage.

Miller, G., Yang, J. & Chen, M., 1997, Counseling Taiwan Chinese in America: Training issues for counselors, *Counselor Education and Supervision*, Vol. 37, No. 1.

Mishima, N., 2011, Applying solution-Focused brief therapy to health interviews in Japan, in Franklin, C., et al.(eds.), *Solution-Focused Brief Therapy: A Handbook of Evidence-Based Practice*, Oxford University Press.

Nichols, M. & Schwartz, R., 1991, *Family Therapy: Concepts and Methods* (2nd ed.), Allyn & Bacon.

O'Hanlon, W. H. & Weinner-Davis, M., 1989, *In Search of Solution: A New Direction in Psychotherapy*, Norton.

Ouer, R., 2015, *Solution-Focused Brief Therapy with the LGBT Community: Creating Futures Through Hope and Resilience*, *Routledge*.

Parker, M. L., Diamond, R. M. & Del Guercio, A., 2020, Care coordination of autism spectrum disorder: A solution-focused approach, *Issues in Mental Health Nursing*, Vol. 41, No. 2.

Prochaska, J. O. & Norcross, J. C., 2018, *Systems of Psychotherapy: A Transtheoretical Analysis* (9th ed.), Wadsworth.

Reddy, P. D., Thirumoorthy, A., Vijayalakshmi, P. & Hamza, M. A., 2015, Effectiveness of solution-focused brief therapy for an adolescent girl with moderate depression, *Indian Journal of Psychological Medicine*, Vol. 37, No. 1.

Selekman, M., 1991, The solution-oriented parenting group: A treatment alternative that works, *Journal of Strategic & Systemic Therapies*, Vol. 10, No. 1.

Stams, G. J., et al., 2006, Effectiviteit van oplossingsgerichte korte therapie: Een meta-analyse, *Tijdschrift voor gedragstherapie*, Vol. 39, No. 1.

Stewart, S. & Anderson, C., 1984, Resistanc revisited: Tales of my death have been greatly exaggerated(Mark Twain), *Family Process*, Vol. 23, No.1.

Tetsuro, O., 2002, "Problems" as resources: A practical guide to addressing clients' description of their problems in solution-focused therapy, *Journal of Systemic Therapies*, Vol. 21, No. 4.

Turns, B., Eddy, B. P. & Jordan, S. S., 2016, Working with siblings of children with autism: A solution-focused approach, *Australian & New Zealand Journal of Family Therapy*, Vol. 37, No. 4.

Walker, C. R., Froerer, A. S. & Gourlay-Ernandez, N., 2021, The value of using emotions in solution focused brief therapy, *Journal of Marital and Family Therapy*, Vol. 48, No. 3.

Walsh, J., 2006, *Theories for Direct Social Work Practice*, Brooks/Cole.

Walter, J. L. & Peller, J. E., 1992, *Becoming Solution-Focused in Brief Therapy*, Routledge.

Waltzlawick, P., et al., 1974, Brief therapy: Focused problem resolution, *Family Process*, Vol. 13, No. 2.

Wong, O. K., 1994, I don't want to be crazy: Use of solution-focused therapy in working with a woman with depression, in Rhind, N. (ed.), *Empowering Families: A Collection of Concepts and Methods*, Hong Kong Families Welfare Society.

Yang, J., You, D. & Liang, Y., 2001, *Seeking for Solutions: A Manual and Casebook for Solution Focused Interview*, Hong Kong University Press.

Yeung, K. C., 1999, The adaptation of solution-focused therapy in Chinese culture: A linguistic perspective, *Transcultural Psychiatry*, Vol. 36, No. 4.

Zatloukal, L. & Wiesner, A., 2021, Solution-focused therapy through the lens of discourse analysis, *Journal of Constructivist Psychology*, Vol. 35, No. 4.

Zeig, J. (ed.), 1983, *Ericksonian Psychotherapy: Vol. 1: Structure*, Norton.

Zhang, A., Franklin, C., Currin-McCulloch, J., Park, S. & Kim, J., 2018, The effectiveness of strength-based, solution-focused brief therapy in medical settings: A systematic review and meta-analysis of randomized controlled trials, *Journal of Behavioral Medicine*, Vol. 41, No. 2.

第十三章 优势取向的社会工作理论

社会工作理论中优势视角（strengths perspective）的产生和发展离不开社会建构主义传统的兴盛。社会建构传统是与实证传统、人本传统和激进传统并列的另一个社会工作哲理传统，与后现代主义有着密切的关联，它认为没有任何一种理论可以包含社会工作人员应该知晓的全部，强调知识的政治、历史、文化的特殊性而非普遍性、核心性，这为社会工作尊重多元知识提供了认识论基础，在方法论上对实证主义进行了一系列质疑（何雪松，2007）。得益于社会科学中的社会建构理论传统，优势视角起源于塞利格曼（Seligman）的积极心理学，受益于20世纪70年代以来的抗逆力研究，形成于20世纪八九十年代的学院派讨论。人本主义心理学、现象学与符号互动理论构成了优势视角的理论基础。

优势视角的基本假设为：人可以通过努力改变现状，每个人的价值和尊严都应该受到尊重；每个人都有其未被发掘的潜在优势，可以凭借自身的优势和资源解决问题；应聚焦于服务对象个人及其环境中的优势与资源，而非依循传统思路仅仅关注其问题和缺陷，应承认个人、团体、家庭、社区都有其独特的优势；每个人都拥有抗逆力（resilience，也译为复原力），要认识到创伤、困难、疾病或抗争虽然带有一定的伤害性，但同时也可成为新的发展机遇（潘泽泉、黄业茂，2013）。"优势""充权""成员资格""抗逆力"等共同构成了优势视角的核心概念体系。美国堪萨斯大学社会福利学院教授丹尼斯·塞勒伯（Dennis Saleebey）称，优势视角是一种范式的转变，代表一种概念框架和一套语言游戏（Saleebey，2015：50），是对传统社会工作实践的一次飞跃（Saleebey，2015：3）。

优势视角以其对传统病理学视角的绝对"反叛"，与社会建构传统下的社会工作理念不谋而合，迅速被应用到妇女、儿童、青少年、灾害管理、社区发展等多个社会工作服务领域中，实证研究也对其进行了效果检验与模式反思。受西方影响，世纪初,优势视角在我国社会工作界一度成为理论研究与实务介入的"热点",被应用于儿童保护、残障福利、民族社会工作等服务领域中,也引起了一系列本土性的相关思考。

本章将对优势视角理论的发展脉络、主要内容与实务框架及其在中西方社会工作语境下的应用与反思等主要内容加以介绍,以期帮助读者形成对优势视角的整体认识。

第一节 优势取向社会工作的发展脉络

一、优势视角的缘起

实践性是社会工作的重要特质。为了更有效地回应现实生活中出现的问题,满足服务对象的需求,社会工作者需要对个体、社会及两者关系给出合理化的解释,因而采借其他相关学科的理论方案成为社会工作理论的特征之一。社会工作发展过程要面对形形色色的服务对象,服务对象的异质性与同质性、特殊性与普遍性使得社会工作研究者和实践者必须处于不断的反思过程中。正是在对其他理论的选择性采借与对自身实践过程的反思中,社会工作的理论、视角、方法、技术得以不断更新。

(一) 社会科学理论借鉴

人本主义心理学、现象学和符号互动理论构成了优势视角的理论基础。人本主义心理学兴起于20世纪五六十年代的美国,由马斯洛创立、以罗杰斯为代表,人本主义强调人的正面本质和价值,并非仅仅关注人的问题行为,而是强调人的成长和发展。人本主义认为,人都具有与生俱来的潜能,发掘潜能并实现自我超越是人的最基本要求。只有在良好的社会和外部环境及相应条件的支持下,人们才能更好地发挥这种潜能。社会工作者的主要任务是为服务对象提供和创造条件,使其发挥人的潜能,达到自我实现的目标。

现象学是由哲学家胡塞尔于20世纪创立,主要包括胡塞尔及其早期追随者的哲学理论,认为社会工作者应该回到生活世界的基本事实,应该关注生活世界的意义特征,每个人都生活在"意义世界"中,"意义世界"是个人通过在日常生活实践中对生活的理解和解释建构出来的。当个人的理解与他人的理解不一致或者与自己过去的理解不一致时,就会出现问题。社会工作者的主要任务就是要理解服务对象的"意义世界",并协助服务对象重建"意义世界"。

符号互动论是20世纪30年代由美国实用主义哲学家詹姆斯和米德提出,主张在互动的个体的日常社会环境中去研究人类群体生活。符号指的是在一定程度上具有象征意义的事物,强调人类主体性的理论前提,关注个体间互动行为的经验研究取向。个体的行为受自身对情境定义的影响,并存在于互动之中。自我是社会的产物,是主我和客我互动的结果。社会工作者在实践过程中应该注意服务对象与周围环境中各个要素的互动的影响(潘泽泉、黄业茂,2013)。

(二)社会工作发展中的专业反思

1. 对问题视角的反思

优势视角是一种关注人的内在力量和优势资源的视角,着重强调人们及其环境中的优势和资源,并将其作为社会工作助人过程中关注的焦点,从而抛弃对服务对象问题和病理的关注。优势视角的基本信念是个人具备能使他们有效应对环境和生活所给予他们挑战的能力与内部资源。优势视角形成的契机是塞勒伯和拉普(Rapp)对"问题模式"的反思。

拉普认为20世纪初普遍应用的"问题模式"的目标对个人在环境中的负面因素过于重视,他认为当时服务供给过程中的障碍与缺点表现为:第一,服务过于依赖机构或契约,这使服务连续性遭到破坏,服务输送网络支离破碎,各服务单位缺乏相互关联;第二,很多社会工作者容易出现职业倦怠,从而会对服务对象的主要问题有所忽视;第三,各种类型的服务对象面临的问题往往很难直接得到解决,尤其是得到根本解决更是十分困难的事情;第四,各种流行的社会工作理论层出不穷,社会工作者应接不暇;第五,干预策略偏重对问题和缺失方面的强调,从而难以调动服务对象的积极性、参与性和投入度;第六,工作团队成员使用的介入理论和方法不一致,团队精神面临威胁,难以发挥团队力量实现干预目标;第七,助人实践受机构科层化制度局限,工作者的专业角色流于形式或缺少情感介入;第八,过分看重服务的投入与产出,而对真正的和深远的服务影响重视不够,从而导致专业使命与责任的偏离(宋丽玉、施教裕,2010:117)。

通过对问题视角的反思,拉普试图加强对个人和环境中优点的强调,借以建立一个"使能的立基"(enabling niche),使个人能够找到在环境中的"最佳适配"(best of fitness),从而获得心理和物质上的满足。之后,优势视角被推广到各个年龄阶段和不同类型问题的服务对象,尤其是那些所谓"不可救药"的高风险家庭,优势视角被用于发现这些家庭和成员的优点,通过平等互惠的助人关系,达到协助个人和家庭复原并重建社区支持网的目的(宋丽玉、施教裕,2010:117)。

优势视角理论的另一个重要代表人物塞勒伯指出,文化中一直存在对问题与病态的着迷现象,社会力量与政治权力扩张导致个体被贴上标签,从而被剥夺社会空间、身份与公民权利,专业发展受怀疑主义和悲观主义影响,助人者与受助者的关系存在权力不平等与操控,个体生活环境与其处境的内在关联被忽视(Saleebey,2015:4-9)。换言之,"问题聚焦"的知识基础与实践模式长期主导着社会工作的注意力(Saleebey,2015:36)。具体而言,塞勒伯认为传统的问题视角的社会工作观念存在以下不足(宋丽玉、施教裕,2010:118-119)。

第一,服务对象不再是作为"人"存在,而是被问题或病理的命名所取代。传统的问题视角往往忽视服务对象作为个人的存在,而是把服务对象看作一个案件,或是多次诊断记录的合成。人的特性、经验、知识技能和抱负、想望等个性和优点都不见了,剩下的只是问题的类型或疾病症状和并发症,或失能与病痛。"问题"这个标签伴随着那些需要帮助的个人,而问题视角的社会服务不能从根本上改变个人的状况。

第二,专业人员的态度是冷漠讥讽的,他们的用语中也充满了悲观怀疑色彩。极端物质主义和技术理性模式的双管齐下使得专业人员对自己的专业感到悲观怀疑,也使服务对象觉得焦虑恐惧,他们无法了解现存的社会制度或人际关系具有怎样的潜藏资源,能让他们重新认识这个世界、过上自己希望的生活。在前途迷茫的情形下,社会工作专业人员的负面态度如雪上加霜,这对服务对象更加不利。

第三,助人关系中普遍存在距离、权力不平等、控制或操纵。在实务过程中,由于社会工作者和服务对象拥有不同的出身背景,处于不同的社会阶层,再加上个人之见以及专业技能和职业角色的差异,因此权力的不平等普遍存在。社会工作人员为服务对象提供的服务是基于主导地位的权力反应,这样的服务关系对于服务对象来说较为不公平。因此,构建社会工作专业人员和服务对象之间平等的合作关系、实现真诚的沟通交流显得尤为重要。

第四,否认服务对象生活的社会环境中存在资源和能力,剥夺了服务对象生活世界的脉络。在问题视角下,引起服务对象异常或失序的起因被视为单一的,只要找到相应的解决对策,基于因果关系的假设前提,服务对象的问题就一定能得到解决。对绝对因果关系的武断强调忽视了人在社会中的复杂而不确定的因素,并且忽视了家人、朋友、邻里、社区可能提供的资源与能力。

2. 对本体论和认识论基础的反思

宋丽玉、施教裕探讨反思了优势视角的本体论、认识论的基础。就本体论基础而言：第一，绝对的意涵对世人或社会工作者来讲，并不是终结，而是永无止境的生生不息，并不是忙碌不已的宿业(business)或者仅仅是公事公办的事务，而是情感和热情对助人自助的人间至善的回应，或者宣扬利他真理的使命。第二，优势视角认为人天生具有完成生活任务的潜力和解决问题的潜能，特别强调天赋能力的一体两面性，即问题解决与目标达成共存。第三，社会工作者在待人处世时，一方面要强调普遍包容，不排斥他人或其他事物，另一方面自己也可以保持正向积极的态度。第四，优势视角希望在直接对抗问题、疾病之外，还能增强身体的抵抗力或生命的正面生存能量，以减弱外界的负面破坏力量，或者至少使二者可以共存共生。

就认识论基础而言：第一，社会工作者在处理实务时，需要超越既定的思维框架，即尽可能不受个人成见以及其他常见的理论成见的局限和束缚，能够做到现象学所说的"悬置"怀疑，重新认识所面对的服务对象和事物，发现事物的另一面积极要素。第二，诸多指导社会工作者处理实务的理论都有自己的独特之处，社会工作者应该对这些理论一视同仁、平等对待，具体问题具体分析，在处理实务过程中选择并整合最适宜的理论和方法(宋丽玉、施教裕,2010:132-157)。

二、优势视角的形成与发展

优势视角理论形成于20世纪80年代的美国，它超越了传统病态模式下的问题中心主义和专业中心主义，转而注重对个人能力、家庭与社区资源的发掘。该理论因其对人的价值与尊严的强调而得以普遍运用。其中，"优势视角"一词首先由塞勒伯在《优势视角：社会工作实践新模式》一书中提出。优势视角理论的形成与发展有其深刻的社会背景和理论背景。

社会工作自产生以来就将贫穷的原因视为个人的无知和品格上的缺陷，而20世纪30年代精神分析学中"诊断"(diagnosis)个人问题的流行和对"客观""中立"科学研究理念的强调，促使社会工作者更易将注意力放在服务对象的弱势、缺陷、无知上(简春安、赵善如,2018:193)。这样的情形也深深影响了美国。

在优势视角理论形成以前，美国社会工作者同样深受精神病学和心理学的影响，他们习惯从病理学(pathology)角度分析服务对象身上存在的弱势和问题，"问题视角"风行于社会工作专业服务领域。问题视角以服务对象的问题为切入点，认为这些问题源自服务对象个人本身所具有的缺陷,忽略了服务对象的优势。该视角的预设为服务对象在面对各种"问题"时是无能且脆弱的。这些观念为社会工作者以专家的身份对服务对象进行指导奠定了基础,该群体认为应运用专业技术为这些"病态或偏离常态的个人或群体"提供专业性的服务,以使其恢复到常态。

20世纪60年代,人权运动的兴起促使人们对社会平等和社会公正等主题加以普遍关注,在这样的背景下,社会工作者开始对自己专业的社会位置和专业化发展方向进行反思。他们认为社会工作以消除贫困和社会歧视为宗旨是走错了方向,而治疗修补的专业化取向更给本已受到社会不公正待遇的服务对象贴上了"问题"标签(童敏,2009)。到了20世纪70年代,热衷于心理治疗取向实践的社会工作者大大减少,越来越多的社会工作者加入了反思社会工作专业发展取向的队伍,他们试图发展新的理论取向来解决这个难题。以上为优势视角理论产生的社会及专业背景。

此外,优势视角理论具备一定的理论和研究基础。戈夫曼的符号互动论强调个人与周围环境间的互动关系,认为那些"有问题的人"的产生和存在很大程度上源于周围人群现存的偏见和刻板印象,同样,我们也可以给服务对象贴上"优势"的标签,从而改变社会服务的实践范式,这对社会工作的进一步发展无疑具有解放意义。芭芭拉·所罗门和芭芭拉·西蒙(Barbara Simon)促进了充权视角的形成和完善,该视角注重对个人潜能的挖掘,鼓励服务对象去超越环境、面对不幸和痛苦,以此来发展自己的能力。充权视角是对传统病理学视角的质疑,它也充实了优势视角的理论核心。另一个和优势视角理论产生紧密关联的理论背景是对"抗逆力"的研究,这是20世纪90年代干预研究的一个重要转型,该研究认为个人、家庭、社区三个层面都具有抗逆力因素,应该以对环境中保护性因素的研究对脆弱性、风险、障碍的过分强调进行平衡(何雪松,2007:200)。同时,抗逆力研究聚焦于个人面对逆境时能够理性地做出正向的、建设性的选择方法和应对策略的能力,这也是优势视角强调的观念。

上述理论和研究为优势视角的形成提供了可能。1982年,美国堪萨斯大学社会福利学院的拉普教授和一位博士生张伯伦(Ronna Chamberlain)初次尝试采用优势视角为慢性精神病患提供治疗服务,他们视服务对象为一些虽存在问题但仍具有优势的人,并充分利用社区资源给服务对象提供支持。该研究显示出良好而显著的效果,从而增加了他们继续运用优势视角进行服务尝试的信心(宋丽玉、施教裕,2010:214)。1989年,堪萨斯大学社会福利学院的几名教师韦克(Weick)等联合发表了《社会工作实践的优势视角》("A strengths perspective for social work practice")一文。作为优势视角理论产生的标志性文件,此文被视为优势视角进军社会工作界的宣言(何雪松,2007:201)。1992年,塞勒伯出版了《优势视角:社会工作实践新模式》一书,对优势视角理论和模式进行了全面而系统的介绍,是对该理论的完善和统筹,它一经问世便取得广泛好评,成为介绍和了解优势视角的主要文本(何雪松,2007:201)。在优势视角理论的基础上,拉普于1998年发展出"个案管理优势模式"(the strengths model of case management),该模式将优势观点与个案管理相结合,是优势视角理论应用过程中的创新。

第二节 优势视角的主要内容与实务框架

优势视角理论发源于美国堪萨斯大学社会福利学院,塞勒伯和拉普教授是优势视角理论的主要代表人物。塞勒伯关注发展以人为中心的管理实践(client-centered administrative practice),并注重社区精神健康的实践(community mental health practice)以及与严重精神病人相关的政策研究。拉普的研究领域为对社会工作实践的认知性批判(critiques of knowing)和社会福利政策及优势视角、抗逆力等。虽然二人的研究领域不尽相同,但两人研究的理论基础都与优势视角有较强关联。基于他们在社会工作优势视角领域的突出贡献,他们成为优势视角理论发展的标志性人物。

一、优势视角的基本理念

(一)塞勒伯提出的优势视角的基本理念

塞勒伯将优势视角的核心要素建构为CPR框架(Saleebey, 2015: 14-15):C代表能力、本能、勇气(competence, capacity, courage),P象征承诺、可能性、正向期望、潜能(promise, possibility, positive expectation, potential),R意指抗逆力、储能、资源、智谋(resilience, reserve, resource, resourcefulness)。实际上,任何实践方法都有一套语言,语言可以对专业行动产生深刻影响。优势视角独特的语言体系捕获了优势视角的基本理念,以下为彰显优势视角基本理念的一些核心词。

1. 可塑性

研究表明,大脑处于不断变化过程中,甚至远超我们有意识识别的范围,并可以为无法识别的环境力量所刺激。不断变化的关系是可塑性的基础。要相信我们具有改变、扩展和重塑行为、感觉和认识的非凡能力(Saleebey,2015:15)。

2. 充权

社会工作者应做到:摒弃贬义的标签,提供链接家庭的机会,整合制度的、公共的和精神的资源,关注受害者的精神状态,摒弃家长作风,相信人的直觉、解释、观点和力量,相信人的梦想(Saleebey,2015:16)。

3. 成员资格

优势取向承认服务对象和我们一样,是一个类别的成员,并享有与身份相匹配的自尊、尊重与责任。拥有成员资格(membership),一方面意味着享有参与权、承担责任,获得安全保证;另一方面意味着人们必须走到一起并使发出的声音被听到,使需要得以满足,使不公平待遇得到重视,从而实现梦想(Saleebey,2015:17)。

4. 抗逆力

抗逆力也是优势视角的核心理念。塞勒伯极为重视抗逆力在优势视角理论中的作用。抗逆力是指当个人面对各方面的不利因素时采取抗争性、建设性方法的能力。抗逆力是个人的一种资源和资产,能够引领身处恶劣环境的个人处理不利的条件,产生正面的结果。同时抗逆力也是一个过程,可以通过学习获得并不断增强。抗逆力高的人能够以健康的态度去面对逆境。在面对逆境的过程中,抗逆力能使人的心理健康恢复至逆境发生前的状态,甚至展示出更理想的心理状态;而在克服逆境后,个人能够拥有更高的抗逆能力(文军,2013:266-267)。

5. 治愈与整合

塞勒伯指出,治愈和整合意味着整合和调动身体与心灵的机制,去面对障碍、疾病和断裂,从而形成新的自我。治愈和整合是生命支持系统的内在本质,在形成与支持它的环境中得以发生(Saleebey,2015:19)。

6. 对话与合作

对他人的同理心、认同和包容能促成主体间对话。保罗·弗莱雷确信,缺乏对世界、对人的真挚的爱,对话就不能存在(弗莱雷,2020:35)。只有建立在爱、谦恭与信任的基础上,对话才能变成一种平行的关系,对话者之间的相互信任才是逻辑结果(弗莱雷,2020:37)。对话可以给予每个个体或团体以独立的、平等的、治愈性的与充权性的场所(Saleebey,2015:20)。

7. 悬置怀疑

科学调查的客观性和对事物不带主观情感的观察,已经将社会工作扭曲到了怀疑服务对象、与服务对象保持距离的程度。社会工作者应认识到,自身在专业知识、信息、视角等方面具有优势,且有制度性力量支持,但服务对象却没有。"悬置怀疑"要求社会工作者注意如下方面:避免将理论强加于服务对象的理论与思想;避免采用诊断性的、疑问式的评估方式,要对服务对象的前置假设予以尊重;避免以一种自我保护的策略去接触服务对象(Saleebey,2015:21)。

(二) 拉普对优势视角理念的补充

除了塞勒伯提出的优势视角的重要理念,拉普对上述优势视角理念进行了补充。他强调了"生态观点""参与""希望"的重要性(文军,2013:267-268)。

1. 生态观点

生态观点将人和环境的关系比作生态系统,认为个人和环境是相互依赖且共同生存的,只有两者之间的正向交流才能有利于个人的生存与发展。拉普认为,个人的社会关系是指个人周边的人群及其累积的社会"收益",这些人包括家人、朋友、同事等,"收益"则涉及陪伴、情感支持、照料、合作、社会化等范畴(Rapp,1998:37)。优势观点模式则聚焦于利用社区资源,尤其是其中非正式资源的支持来发展服务对象与社会的正向关系。生态观点也注重社会工作者要进入服务对象的生活世界,了解服务对象在生态网络中的行为,以达到与服务对象沟通的目的。

2. 参与

与塞勒伯的"成员资格"含义类似,拉普认为若每个个体都能成为社区一员,该社区的整合程度将大为提升,个人也将由此获得社区归属感。他在此基础上提出了"平等成员资格"(equal membership)的概念,强调社区成员有平等的机会获得所需资源、机会、选择权,以及有依据自我喜好而非个人状况(如身心疾病)选择生活空间的权利。

3. 希望

"希望"是对服务对象自身意志力量和方法能力的强调。意志力量是一种信念,包含决心和投入程度;方法能力为计划的制订和执行能力。拉普指出,具有高度希望的人往往能取得较高的成就,优势视角注重通过专业服务激发服务对象的希望,从而促使服务对象达成目标。

二、优势视角的主要原则

（一）每个人、团体、家庭和社区都有优势

与问题聚焦视角不同，优势视角认为求助者掌握很多知识和大量资源，而且对事情的是非正误有着自己的理论。社会工作者需要识别这些资源和理论，并尊重它们及其中蕴含的改变潜能。在服务对象面前，社会工作者要确信他们拥有长处，理解他们的经验教训，相信他们怀揣希望、战胜困难、实现改变与成长的能力（Saleebey，2015：22）。

（二）创伤与虐待、疾病和抗争具有伤害性，但也可能是挑战和机遇

个体在不利的情形中并非被动的承受者，个体还可以采取主动的态度应对这样的不利状况。比如，服务对象在困境中受到伤害，亦可从中学到生存的技巧。社会工作者要做的则是提醒和协助服务对象克服自身困惑、自我怀疑、逃避的态度，使服务对象能够认识和接受自己的优势，从而将之转变成成长的机遇（文军，2013：270）。

（三）与服务对象合作，可以更好地为服务对象服务

以往的社会工作者往往站在"专家"的角度看待问题，这样不平等的关系是不利于帮助服务对象发现自己的优点并树立起重振生活的信心的。因此，社会工作者应该扮演合作者和咨询者的角色，这样不仅可以防止服务过程中专制行为的出现，而且可以使社会工作者以开放的心态和服务对象形成良好的沟通，帮助服务对象实现目标（文军，2013：270）。

（四）所有的环境中都充满资源

优势观点强调"资源"的重要性，同时也认为每个环境中都充满了资源和可能，身为环境一部分的服务对象是有权利且能够获得和运用这些资源的。这项原则的目的也在说明，社会工作者应该在服务中注重资源和优势，排除服务对象的缺陷和不足对服务的干扰，从而让服务对象意识到自己的价值，真正成为社会的一分子（文军，2013：270）。

(五) 关怀、照顾和脉络

关怀和照顾是自从社会工作发展开端就持续至今的主题。塞勒伯认为,某种意义上,社会工作涉及的就是照顾与被照顾。照顾包含家庭成员的相互照顾、从正式机构获得的照顾和对社会上有需要之人的照顾。通过对照顾的强调,塞勒伯希望通过家庭、邻里、社区、文化和国家之间社会关系的加强,得以实现所谓"优势视角涉及希望的革命可能性"(Saleebey,1996)。

三、优势视角的主要实务策略

优势视角理论的实务操作方法主要围绕六项实务指导性策略展开(宋丽玉、施教裕,2010:230-290)。实务策略是指操作方法在实际构架和内涵上所呈现出的一些具有普遍性和必然性的判断依据和标准,这也是优势观点经过长期的实践与发展形成的基本工作认同。

(一) 对服务对象优势的聚焦

社会工作者在和服务对象进行互动时,要通过对服务对象生活情形的观察,了解其优点并给予肯定,并且,通过服务对象对过去的回忆,社会工作者可以帮助服务对象唤醒过去的正向经验,重温原来的优点经验;与此同时,社会工作者要借助对服务对象情况的了解,改变有影响力的关键人物,并且利用正式和非正式的社会支持网络,解构服务对象负面语言、情绪背后的问题,重建服务对象的优势语言。塞勒伯提出了一个优势评估指引:(1)记录故事;(2)支持并验证故事;(3)尊重自决;(4)赋予故事重要意义;(5)转向优势的评估;(6)探索需要;(7)发现独特性;(8)在评估中寻求共识;(9)避免指责与谴责;(10)评估而非囿于标签(Saleebey,2015:244-249)。他还基于个体-环境、优势-障碍两条轴线设置了一个优势评估的基本框架(Saleebey,2015:253)。

(二) 发掘服务对象学习、成长和改变的能力

优势视角理论承认人具有无限的天赋和潜力,只是处于未被发掘的状态,社会工作者的目的就是发掘服务对象的天赋和潜力,促进服务对象学习、成长和改变。因此,为了挖掘服务对象的潜力,首先,社会工作者要相信服务对象具有能力改变现状,并力图通过对服务对象日常生活的参与观察发现服务对象的能力,然后给予

肯定和鼓励。其次,社会工作者要进一步启发服务对象改变现实的愿望,激发其动力,与之讨论未来需要改变时应运用和开拓的资源和策略。再次,增强服务对象的权能也是社会工作者实务工作的重要一步,"授之以鱼不如授之以渔",社会工作者应在适当时机给予服务对象帮助,而不是什么事情都帮助,相反,社会工作者应注意培养服务对象自立的能力。此外,社会工作者在某些必要情形下应对服务对象采取示范和指导的方式,引导服务对象和周围环境形成良性沟通机制。最后,由于服务对象自我改变的实现是一个长期且持续的过程,社会工作者一次性的服务无法彻底达到最初设定的目标,因此社会工作者就需要和服务对象讨论分析今后可能出现的各种障碍,并制定相应的应对策略和技巧,以维持一种长效的改变。

(三) 和服务对象形成并维持良好的关系

良好助人关系的确立对于社会工作者服务的开展和服务对象情况的改变有很大帮助,如何接近服务对象、如何走进服务对象的内心世界、如何让服务对象向社会工作者敞开心扉、如何和服务对象建立平等且合作的关系,无一不影响服务的效果。若要促进良好助人关系的形成:第一,社会工作者需要采用"具体问题具体分析"的方法,对不同年龄的服务对象采用不同的亲近方式,这就要求提前对服务对象的背景、喜好、性格等有一定的了解;第二,社会工作者应该因时制宜地采用不同的和服务对象的联系方式,确认何时家访、何时打电话为妙,甚至通过书信来有效达成与服务对象的沟通;第三,必要之时,社会工作者要通过自我揭露来达到和服务对象的共鸣,从而获取服务对象的信任;第四,服务对象当下所处的困境容易使其生出孤独、无力之感,社会工作者要持续鼓励和支持服务对象。

(四) 外展的处遇方式

对服务对象实际生活环境进行参与和观察,了解服务对象日常的互动情况,以求对服务对象所处社区的经济、风气、文化活动和服务对象家庭情况的掌握,对社会工作者开展服务有很大帮助。这就要求社会工作者走出办公室,进行家访和实地了解,和服务对象进行全方位接触,以便良好应对服务过程中的各种情况和问题,即外展服务。外展地点应该选择服务对象经常出入和栖息的地方,必要时要到轻松自在的地方以利于服务对象心理压力的释放;外展时间应选择服务对象同意的方便的时间,最好不要占用服务对象太多的时间;外展对象包括服务对象本人,更包括服务对象社会支持网络中的成员,这样才能获得更多的资源。

（五）对社区资源的有效利用

不同于作为一种方法、途径和手段的外展做法，社区资源是优势取向社会工作的目标和结果，社会工作者需要将社区中的各种服务联结成一个网络，以达成全面的服务目标。社区的资源分为以政府和非营利组织等机构服务为表现形式的正式资源和以亲人、邻里、同事的帮助为内容的非正式资源。对于这两方面资源的运用，社会工作者需要从固有资源探寻、增强资源力度、协助服务对象建构资源并维持服务对象运用资源的能力这几个方面进行。

（六）服务对象的倡导作用

服务对象具有独立自由的意志和自我决定的权利——服务对象自决，是社会工作服务的一项基本原则，而社会工作者没有权力支配服务对象的决定。所以，服务对象在助人关系中处于倡导、自主的地位，社会工作者起到的作用是协助：帮助服务对象了解真正需求，制订服务计划并讨论服务目标，促进服务对象采取行动进行抉择，以及鼓励服务对象采取行动执行计划。

四、优势视角的运用及案例分析

这里我们展示一个典型个案，通过分析该个案，读者可以了解优势视角理论在实务中的具体应用。本案例讲述的是一位高三女学生小婷面临父亲突然离世、母亲改嫁时和家人关系破裂的情形。①

在繁华的大城市T市，小婷的家并不富裕。她的父亲在工厂里做搬运工，母亲在纺织厂做纺织工人。她的爷爷早已去世，留下两个儿子——她的大伯和父亲。小婷的奶奶和小婷一家人住在一起，她很喜欢奶奶，但奶奶和母亲的关系很差。小婷有两个姐姐，而母亲不顾罚款仍然坚持想要生个男孩，于是才有了她。母亲表示失望，无奈之下把她当作男孩子养大，因此小婷平常的穿着打扮颇像男生，但性格还是典型的女生性情。小婷的二姐在出生不久后就被送给了其他人，大姐现已嫁给了自家附近的一户人家，大姐常常回家看望他们。小婷和父亲相处得很好，她喜欢父亲烧的一手好菜。升高中时，小婷考上了T市的一所重点高中，那所高中每年

---

① 该案例涉及的姓名均为化名，选自文军主编的《西方社会工作理论》（高等教育出版社2013年版，第272—276页）。此处对案例细节有些许改动。

都有很多学生考取清华大学、北京大学。小婷学习刻苦努力,高三时期成绩常常名列前茅,老师常表扬她,说她一定能考上一所一流大学。

这是一个清贫却仍然充满希望的完整家庭,但这个家庭却突然面临破碎的危机。在小婷高三刚开学的时候,她的父亲在往车上搬运东西时不小心从卡车上摔下,头部着地,当场死亡,之后厂方就工伤赔偿事件和她家人吵得不可开交。这场家庭悲剧给小婷带来巨大的打击,小婷本来很好的成绩因此一落千丈,高考成绩出来后,"名牌大学"的梦想破灭,她只上了一所普通大学。更令她感到气愤的是,高考一结束,她的母亲就宣布再婚,并让她的继父搬过来住,她和母亲的关系由此陷入僵局,后来发展到只要在家里就会和母亲吵架的状态。她心理极度压抑,对生活感到极度悲观失望,并且十分憎恨自己的母亲。

在这样的情形下,社区里的社会工作者张芳试图介入这个家庭,并进行了第一次家访,以了解小婷的基本情况。在家访中,张芳发现小婷家房屋面积虽小但摆放整齐,尤其是小婷的房间,被打扫得一尘不染,并且还有一个书架,上面摆满了书。日常交谈过程中,张芳发现小婷很少说话,对继父也冷言冷语,小婷的妈妈说她也没有办法,还说小婷不理解她。而对于张芳的接近,小婷表情漠然,持明显的排斥态度。

几天间,张芳通过和小婷的妈妈、奶奶的谈话了解了她的基本情况,并明确了小婷的妈妈和奶奶对小婷最近表现的态度——她的妈妈渴望能和小婷重归于好,她的奶奶承认并接纳了媳妇改嫁的现实,只希望家里人能和睦相处。从小婷的妈妈和奶奶那里,张芳了解到小婷和大姐关系颇为亲密,并知道小婷虽然在学校说话不多,但是有一个很好的朋友,她们高考结束后仍然经常见面玩耍。了解到小婷所拥有的社会支持资源后,张芳又一次与小婷开展了会谈。这天,小婷正在家里看电视,张芳邀请小婷到附近的公园走走,小婷刚开始并不答应,但在张芳讲述了出去活动的好处和闷在屋里的弊端之后,小婷答应出去谈谈。张芳初步将小婷界定为明事理的孩子。张芳选择的地点是花草树木茂盛的一片公园空地,附近有一两个小孩玩耍,但又不影响二人交谈。张芳采用"自我揭露"的方式表达了对小婷的同理心,她陈述了自己好友和小婷有着类似的经历,那位好友经历了一场车祸,她的父母和弟弟全都在车祸中离开人世,如今的她寄住在叔叔家,时常遭到婶婶的冷眼对待。张芳讲述了她朋友经历的痛苦,并表达了因为她和朋友二人关系亲密,她朋友的苦痛就如同自身经历过似的。张芳的叙述引起了小婷的兴趣,小婷多次打断她追问事情的一些具体细节,并偶尔流露出自己内心的感受和想法。张芳讲完之后鼓励小婷表达自己的感受,并强调自己经历过很多事情,这可能会对小婷最近的状态有所帮助和启发。这时,小婷的心门终于被打开,她说自己也有很多类似的感受,感觉自己孤独无依,认为母亲无情地抛弃了父亲,认为自己不像其他女生那样活泼漂亮,她对自己的好朋友倾诉心事后得到的也只是无用的安慰,并没有实质性的建议。察觉到了小婷试图改变的心理,张芳在抚慰小婷的同时,也尝试提出一些建议供小婷参考,小婷犹豫再三,终于同意试一试。

优势视角强调服务目标和计划应建立在对服务对象进行优势评估之后,这样才能根据服务对象在评估中的愿望,促使服务对象思考并树立自己的长期和短期目标,以制订具体而详细的干预计划。张芳在同小婷保持沟通的基础上,又通过与她的大姐、好朋友交谈来了解情况,之后又对小婷进行了第三次家访,向小婷介绍了优势评估的功能,作为帮助她改变的第一步。小婷很积极地配合,并很愉快地表达了对评估的好奇。此时张芳和小婷的关系得到了进一步巩固,小婷对张芳更加信任了。张芳拿出优势评估量表,征求小婷的意见是否要自己填写,小婷表达了肯定的愿望。然后,张芳和小婷按照小婷更倾向的顺序对优势量表的每部分内容都进行了仔细讨论,在讨论过程中张芳引导小婷表达自己的希望,回归正向性问题,以发掘她自己没有意识到的优势,小婷一开始感觉到诧异,她频繁地疑惑:"这难道也是我的长处吗?"在听到张芳肯定而入情入理的解释后,她的脸上逐渐露出笑容。小婷的优势评估表见表13-1。

进行优势评估之后,张芳协助小婷对她的优势进行归纳整理,据此制订了服务计划。

总目标:从优势视角出发,采用合理的干预手段,帮助小婷及其家人回归正常的关系,进而通过外界环境的支持与鼓励,让小婷敞开心扉,克服抑郁的情绪,回到之前积极健康的状态。具体目标一:帮助小婷认识到她在父亲去世和母亲改嫁这一系列现实变化中存在的认知结构问题,引导她积极正向地思考这个现实;指导小婷认识到在这样的现实面前具有的行动优势、资源和能力,并鼓励她充分利用好这些优势和资源,发现生活的积极面,改变自身对当前情境的看法和感受。具体目标二:对于小婷来说,和母亲关系的僵化是她的一大苦恼,也是解决问题的关键。母亲在改嫁问题上虽渴望小婷的理解,却未能和小婷达成良好的沟通,因此,促使小婷从另一个角度考虑现实,让她认识到母亲的爱以及大姐对她的关心,让她意识到自己仍处于被关切的环境中,显得尤为必要。具体目标三:最大限度地动员社区资源支持网络,促使社区成员关注这个家庭,尤其要动员附近邻里,给小婷以更多关心。

表 13-1　对服务对象（小婷）的优势评估表

指标	问题		
	我目前的生活？最近（今天）发生了什么？	我想要什么？	过去我所拥有的能力与资源？
日常生活	没意思——在家就要天天面对那个人（继父），见他就烦生活就是这样，我已经看惯了亲人的离去了	等着开学，我想早点离开家，毕业后到城市里工作	过去成绩很好家庭比较和睦，我很喜欢爸爸和奶奶，他们对我很好我和妈妈也经常聊天
经济状况	爸爸去世获得了一笔赔偿款	想到大城市找一份满意的工作，能自己养活自己	假期做兼职——超市售货员和家教，我挣了点钱，留着当生活费
职业/教育	已经收到通知书，即将去上大学	要是能考一个一流大学就好了	曾在超市帮忙打工有过家教经历
社会支持	邻居李姨对我很好，总是嘘寒问暖，还让我当她小孩子的老师，付给我工资还有张芳姐你们，是社区里的人，也在积极帮我改变母亲其实也是关心我的	想要交更多好朋友想要和妈妈和睦相处想要大姐常来看我	爸爸、妈妈和大姐，都很关心我的社区常组织一些活动，偶尔过节也会送些吃的、用的，比如月饼、毛巾我有一两个很要好的朋友
身心健康	身体很好，但却常常感到孤独，觉得不开心，会心烦妈妈的事情，为爸爸的事情难过	像其他同学一样开心乐观，有很好的性格	比现在开朗许多，会常和朋友玩闹过去只想着学习，很少想家里的事情
休闲/娱乐	看电视和找朋友玩偶尔上网，但是打字太慢	认识更多的朋友学会五笔打字法	和父母一起去公园玩和朋友一起去游乐场玩，去公园聊天

最终，张芳和小婷一起制订了具体的实施计划。首先，社会工作者通过和小婷的交谈沟通，发掘并指出小婷已有的优势，促进她的自我了解，让小婷认识到自己的愿望，帮助她树立改变现状和实现愿望的信心和勇气；其次，社会工作者通过和小婷母亲的沟通，促进母女二人情感的交流，敦促小婷的大姐多给小婷鼓励和情感支持，就母亲改嫁这个根本性问题进行敞开心扉的交流，使双方都意识到各自所持观念。再次，社会工作者通过对小婷朋友网络支持的寻求，试图让她的同学给予小婷更多的宽容和支持，帮助小婷找到全新的自我。最后，巩固和维持效果。服务效果并非一次性达成的，还需要一个长期巩固的过程。初步效果达到以后，社会工作

者还要针对小婷的情况进行适当的支持,以便维持和加强效果。

在确立目标规划之后,社会工作者张芳即开始实施优势视角行动方案。优势视角理论的核心理念即对服务对象的优势而非缺点的聚焦。因此,在实施过程中,尤为重要之处是让小婷逐步意识到自己的优势和想实现的愿望,进而寻找实现愿望的方法。此外,良好有效的沟通是达到干预目的的另一个途径。在本次服务实施的过程中,张芳多次与小婷和小婷的母亲、大姐、朋友谈话,平等而合作的助人关系对服务的开展极为有利。在小婷的配合以及小婷的亲人、朋友的支持下,小婷最终和母亲达成初步和解。张芳感到欣慰的同时,仍对小婷的情况时刻保持关注,通过对小婷每一步改变的实现和新的优势的强调,维持和巩固服务效果。

第三节 优势视角在西方社会工作中的应用与反思

优势视角发源于西方社会和理论背景,自20世纪后半叶起受到西方社会工作研究者和实务人士的广泛肯定,被应用于诸多领域如儿童青少年保护、社区发展、家庭多样性、成瘾行为、临终关怀、专业督导与教育等领域。与此同时,西方社会工作界的部分学者也对优势视角的理论假设、处遇方案和干预效果等方面做出不同角度的反思,这些反思主要基于证据为本(evidence-based)的实践提出,从中不难看出西方社会工作界对该理论视角及其应用的审慎态度。

一、优势视角在西方社会工作中的应用

在西方,儿童、青少年福利与保护成为优势视角一个十分重要和常见的应用领域。萨玛尔对使用优势视角进行的无家可归青少年群体社会工作干预的文献开展了系统评价,认为优势视角对无家可归青少年的干预主要涉及个人与正式的资源、高风险环境中个体的优势、从青少年到成人转变过程中的优势发掘、防止无家可归青少年使用毒品的个人与社会优势、信念作为抗逆力和自尊提升的重要优势以及作为另一个重要优势的社会媒体等,总结出优势视角可以协助青少年掌控自己的生活并应对生活中的负性事件(Samal, 2017)。对自伤行为青少年的干预也充分运用了优势视角:首先需要确立主体化自伤行为背后的需求和能力,其次需要加强人际交流和情感疏导,最后需要建构一个更友善的社会环境,从而协助自残行为青少年逐渐走出困境(Yip, 2006)。面向抑郁症青少年的优势视角干预主要从以下方面入手:识别症状背后的需要和能力、培育积极的情绪和希望、创造美好的生活场

景、探索和发展积极的处理方式、开展健康的活动和常规化的活动等(Yip,2005)。

由于优势视角强调不应该拘泥于眼前的问题,而应该在看到问题的同时进一步挖掘人、物和情境中所蕴含的优势和潜能,因此优势视角在很多情况下能够帮助研究者转变既有的惯性化、问题化思维,用一种全新的视角去观察、反思实际生活中的种种现象。

在对"优势"的解释中,我们不仅要承认个人、团体的优势,也要承认社区自身也存在优势和潜能。有研究者使用优势视角的实务框架,证明了该框架的施行有助于促进非政府组织的发展(Roff,2016)。在社区灾害管理事务中,工作者运用个人优势和社区资产来实现社区的灾后恢复重建,优势视角注重发掘社区资产,使用全人视角来观察社区,不仅注重国家力量的投入,而且重视对市民社会能力的建构,从而利于应对灾害发生前、发生时和发生后的种种情形(Tan & Yuen,2013)。采用资产为本的社区发展(asset-based community development)视角进行社区灾害管理,也是遵循优势视角的尝试(Rowlands,2004)。

除了上述领域,西方社会工作界还将优势视角运用到临终关怀(Hughes,2015)、物质滥用干预、社会工作专业督导与教育(Engelbrecht,2010)等实务领域,并展示了一定的效果和进一步的应用潜能。

二、西方社会工作界对优势视角的反思

优势视角在社会工作理论与实务界的流行引发了很多学者对该视角进行批判性的反思,反思的角度和内容涉及各个方面。优势视角的代表塞勒伯本人曾在其著作中将当时这一视角所面临的质疑罗列出来,诸如:难道优势视角不是以另一种面目出现的积极思维吗?难道可以忽视服务对象在求助之时面临的真正问题和困难吗?为什么人看起来不像具备优势,而充满失落、抑郁、愤怒和反叛?难道优势可以重构服务对象的缺陷和痛苦?优势视角的实践如何改变实务工作者的工作?优势模式是否真的有作用?塞勒伯本人对上述问题进行了逐一回应(Saleebey,2004:266-278)。

西方社会工作界对优势视角的质疑,大致可以归纳为如下几种角度。第一,对优势评估的要素构成进行反思。在优势视角主导的社会工作实务中,对优势的强调往往从个人、团体、社区等整体性角度展开。在评估个人的优势时,社会工作者往往能够较为容易地评估出个体在认知、情感维度的优势或潜能。有论者指出,"意动"(conation)是本能(instinct)、目的(purpose)等模式之外的行动,它是指人类

心智三部分即认知、情感和意志——知情意中具有批判性的且受到忽视的方面,但是大多数社会工作者并不熟悉这个概念。对于社会工作来说,真正的优势视角要求理解这一概念。对服务对象或社会工作者"意动"优势的评估是十分有用的。优势视角如果能够在认知、情感以外,包含对个体意动能力的评估,将会使得评估更加完整(Gerdes & Stromwall, 2008)。

第二,对优势视角的本质及其在社会工作理论与实务中的定位进行反思。与优势视角相对的阵营是问题视角阵营,该阵营成员为数不多的反驳声主要涉及优势视角的实践定义不清,和其他流派的差别并不明显,尤其是缺乏有效性证据。有学者通过对优势视角的组织、执行和效果进行评价,得出结论:优势视角就是一个价值立场,而不能称为独特的实务模式(Staudt, et al., 2001)。通过对灾害管理实践中优势视角的应用加以反思,有学者追问如下:优势视角是否和其他理论视角不同,有何不同?是否有证据证明其有效性?(Rowlands, 2004)对此,塞勒伯曾探讨什么是"视角",并认为视角不是旨在分析性解释或描述现象的那种"理论",亦非富有逻辑性的"模式",而是一种观察和理解某些方面的经验的方式,是一种用以理解和欣赏的透视镜(Saleebey, 2015:21)。

第三,对优势视角的贡献进行反思。这主要涉及:优势视角在多大程度上挑战了我们关于当代社会工作本质的论争?它为社会工作本质的论争增加了什么要素?对传统或共识的理论与实践带来了什么挑战或影响?抑或说它只是另一件"皇帝的新装"?诸如焦点解决和信仰治疗有着相似的介入原则的模式,它们也强调个体抗逆力和避免服务对象过分依赖的重要性。那么优势视角的贡献除了积极、正向的价值观还体现在哪里呢?(Oko, 2006)

第四,对优势视角的基本假设进行反思。优势视角的哲学根源是亚里士多德主义(aristotelianism)、人本主义个体主义(humanistic individualism)和社群主义(communitarianism)的混合(Gray, 2011)。优势视角关于社会工作职业人员的前提假设也是值得怀疑和反思的。该视角假设所有社会工作者有着共同的视角并且都怀有利他动机——致力于实现美好理想。然而,社会工作是高度概念化的活动,关于其角色和目的也存在竞争和冲突的争论,这一假设就会使得优势视角成为一种实践价值,要求所有社会工作者都同意这一视角,容易产生"教条化"的风险。批判和问题化的视角将越来越难以实现,进而引发另一种风险,即社会工作者被控诉为压迫者的风险,从而社会工作者本身可能演变为"问题"(形成)的一部分。这当然是反压迫实践所批判的后果(Oko, 2006)。

第五,对优势视角并不充分的批判性进行反思。首先,要明确优势视角的价值立场并不是放之四海而皆准的准则,需要进行情境化的差别使用。其次,"优势"这一概念表征是"不成问题的"(unproblematic),优势被视为积极的特征,而"伪装"成逆境或个人麻烦的另一面。讽刺的是,即使个体从苦难中幸存下来,并且意识到了自己在不幸中的"幸运",个体依然是作为受害者而存在的,这一点是不可抹去的事实。此外,优势视角认为所有的优势都是积极的、非控制的、无争议的。这种非批判性的主张将导致社会工作的"孤芳自赏"并且招致更多的批评,这些批评不仅来自服务对象,也来自其他专业人士(Oko, 2006)。

从优势视角的前提假设、本质特征、使用过程和深度贡献等角度,西方社会工作界在应用优势视角的同时,也采取了批判性的眼光,以谨慎地对这一视角进行严格审视。然而,优势视角与以问题为焦点的视角这一"人为"的二分对立模式①,非常类似于美国在 20 世纪四五十年代的功能主义和诊断主义的争论,只是进一步演化成了优势和问题之争。这一二元对立对社会工作教育不利,容易导致社会工作学习者的专业迷茫状态,学界应该建立一个双重焦点的实践模式,兼收并蓄,进而促进专业发展(McMillen, et al., 2004)。

第四节 中国语境下优势视角在社会工作领域的应用与反思

发源于北美的优势视角理论同样也影响了东方。2002 年,中国台湾政治大学的宋丽玉教授前往美国考察精神障碍领域的复健服务,此行中将优势观点带回台湾并持续进行倡导及推动。随后,宋丽玉与施教裕合著了《优势观点:社会工作理论与实务》,不仅将优势视角介绍到中国的社会工作界,而且将这个理论应用于本土社会工作者实务之中,他们把优势观点和其所建构的"复元统合模型"(the unity model of recovery)相结合,进一步推动了优势视角理论的发展。受优势视角理论的影响,中国社会工作者在开展服务的过程中也开始采用优势视角,已较多地用于学校社会工作、残疾人社会工作、社区矫正、流浪儿童、家庭社会工作等相关领域的研究与实践中。

---

① 之所以称为"人为"划分的二元对立,是因为社会工作素来坚持人在情境中的指导理念,强调服务对象所在环境中的潜能和资源,注重发挥服务对象的积极性,也就是说,"优势"并非不存在于主流的临床诊断模式中。

一、优势视角在中国社会工作领域的应用

作为对传统观点进行挑战的优势视角产生之后得到极大认可,被广泛应用于社会工作领域。经过几十年的发展,优势视角理论逐渐回应传统社会工作实践中以病态视角、专业主义、管理主义为代表的不良倾向所带来的弊端,它对问题视角的摒弃和对服务对象及其生活环境所潜藏的资源、能力、优势挖掘的强调,成为社会工作实践的核心;优势视角理论同时将社会工作者与服务对象界定为平等、合作的关系,从而打破了传统的专业关系。

将优势视角与叙事理论、生态系统理论相结合既是西方社会工作的重要思路,同时也是中国社会工作使用优势视角的最大特征。在妇女、儿童、青少年领域,主要涉及农村妇女(闫红红、张和清,2019;陈琦、何静,2015)、流浪儿童(冯元,2012)、流动儿童(刘玉兰、彭华民,2016;刘玉兰、彭华民,2012)、香港"夜青"(朱盼玲、钟媚,2017)等,梳理既有文献可知,这一部分是中西方社会工作界运用优势视角的共性所在。另外,中国语境下的优势视角还常常出现于老年人群体(印子,2017;肖云、杨光辉,2014)、残障人士群体(卓彩琴、冯智珺,2019;李羿琼,2017;祝萍,2014;潘泽泉、黄业茂,2013)、精神健康社会工作(高万红、李雯霞,2016)、农民工群体(刘建民,2011)以及民族社会工作(王思斌、赛牙热·依马木,2013)、矫正社会工作(李莉娟,2011)和学校社会工作(侯童、玉禾,2011)等不同情境,为各群体的社会工作干预和诸领域的社会工作介入提供了新思路。

二、中国社会工作界对优势视角的反思

在学术交流、知识全球化流动的背景下,我国社会工作界迅速感知到优势视角的与众不同,开始将优势视角"嵌入"很多实务操作。但是,需要注意的是,很多运用优势视角进行实务干预的社会工作实践,干预结束后,缺乏对优势视角和社会工作理论与实践发展及时而深刻的反思,这或许与我国社会工作界存在的"反理论"(文军、何威,2014)和"轻理论"的倾向有所关联。发展优势视角体现了社会工作学科日渐更新的生命力,但是如不加反思地盲目发展,对学科和专业都可能带来未预期的消极后果。因此,我们需要对优势视角的本土应用做出反思。

第一,要反思我国社会工作界对优势视角的态度。一是不加思索的拿来主义。优势视角有着自身特定的发展轨迹、适用场域及使用逻辑,但是在中国,多数学者在接触到优势视角后便不加思索地直接用于各种人群或领域中,这势必会导致优势视角在中国的使用流于形式而缺乏深度,其发展态势很可能只是规模的扩张而非实质性的理论本土化。二是对优势视角的过分看重。这主要体现在社会工作教育和期刊收录论文的偏好方面,优势视角一度占据极高的地位,以至于社会工作的其他视角遭到了边缘化。三是对优势视角的机械性使用。优势视角衍生出很多与问题视角不同的概念,这些概念都有自己更加深刻的内涵和操作化的方案,但是在社会工作教育与实务中,很多时候人们对概念的理解仅仅是表面化的,这直接导致了实务运用中对概念的生搬硬套,从而暴露了优势视角的局限性,进而低估了优势视角本身的能量(陈友华、祝西冰,2016)。

第二,片面强调优势视角可能会忽视本土社会和制度因素。一味地在社会工作实践中运用优势视角可能导致对制度性压迫与疏离的忽视,一些结构性的干预策略容易在对内部优势和潜能的强调中被边缘化,这可能导致很多相关主体的利益受损(陈友华、祝西冰,2016)。比如,尽管工作者通过运用优势视角发现了残障人士良好的自我效能、良好的文化氛围与社区支持,但是薄弱的社会保障的物质支持仍然是新的残疾人士社会保障模式的严峻挑战(刘迟,2014)。又如,在流浪儿童社会救助模式创新与转型实践中,我们应该理性地认识到,优势视角只是一种视角,不是万能的干预框架,应该结合我国的国情使用该视角(冯元,2012)。

第三,优势视角面临被机构异化的风险。社会工作实务会面临各种价值冲突和伦理困境,社会工作价值观要求以服务对象的需要为优先。但是现实中,社会工作服务通常由政府或其他主体资助,资助方倾向于显见的服务效果,然而优势视角由于其自身的特点难以在短时期内带来快速而显著的成效,这就与资助方的要求相矛盾。在这种矛盾之下,社会工作者容易遭受机构的压力,这使得优势视角在实务中发生"异化"或变质(陈友华、祝西冰,2016)。实际上,在某种程度上,优势视角甚至社会工作的"异化"是由市场逻辑与社会逻辑的张力导致的。

第四,优势视角使用不当可能导致服务对象的自欺。优势视角强调人的优势和潜能。在服务过程中,社会工作者会努力使服务对象相信自己的优势与潜能,重塑服务对象对自我的认识,然而不容忽视的是,在这种情况下,服务对象难以对自己形成清晰的认识,其客观存在的缺点在接触社会时将可能被进一步放大,而此时外界的反应将加重服务对象内心的认知冲突(陈友华、祝西冰,2016)。

第五,对优势视角缺乏实证评估。优势视角的干预不仅需要对优势进行评估,还需要对干预效果进行评估,但是无论是优势还是干预效果都难以操作化,这直接加大了整体性评估的难度,并且尚没有一套能够评估优势视角服务效果的评估方法(陈友华、祝西冰,2016)。此外,如何定义"优势"的具体方向?"优势"只是一个文化载体,因为一种情境下的优势可能是另一种情境下的劣势,那么优势的界限是什么呢?(陈红莉、李继娜,2011)

总之,以社会建构主义为基调的优势视角,自然面临与社会建构主义一样的困境。人们担心社会建构主义一旦被滥用,就会如扩散的癌细胞,以惊人的速度扩散开来,其后果就是"社会建构"成为一种隐喻流于漂浮浅薄之虞,使人们陷入含混与迷惑(何雪松,2007)。同样的担忧也适用于优势视角的使用。

对比中西方社会工作中优势视角的应用,不难发现,两者存在共性的同时也存在差异。共性主要表现在:第一,无论是中国还是西方语境,基本上都强调对问题视角的"反叛",而注重对优势与潜能的重申,基本观点相对一致;第二,中西方社会工作积极借用优势视角作为新的理论指导,主要目标都是达成更好的实务干预效果;第三,在一定程度上,两个场域下的优势视角都取得普遍良好的应用效果,一度成为社会工作介入的热点理论。

与此同时,中国与西方语境下的社会工作对优势视角的使用中也存在差异,主要表现在:第一,正如中西方社会工作存在社会文化背景的差异一样,中国语境下的社会工作服务对象除了包括与西方有共性的相对困弱群体以外,还包括失独老人等独具中国特色的社会群体,社会工作者需要在中国独有的经济、社会发展处境下思考这些群体身上的优势;第二,在对优势视角的态度上,西方相对保守,但是中国社会工作界的热情尤甚,不乏有人将优势视角作为万能干预框架使用。总之,由于中国和西方语境的社会、文化、经济、政治等制度性、结构性要素的差异,优势视角在中西方语境中面临不同的处遇原则。

第五节 优势视角的理论贡献及评价

作为后现代脉络下对传统问题视角的挑战与超越,优势视角将更多的注意力聚焦在服务对象所具有的优势和潜能上,关注社会工作者与服务对象之间的平等权利关系,重申了社会工作专业以人为本的价值理念。优势视角以一种全新的思维方式被引入社会工作领域,"抗逆力""充权"等优势语词也为社会工作的未来发展开启了新的话语空间。

一、优势视角的理论贡献

首先,优势视角的产生和发展引导着一种新型社会工作理论范式的形成。如本章所言,以往的社会工作理论基础是建立在病理学角度上的理论分析,社会工作专业或多或少倾向于用某些病理学语词来描述服务对象的状况。优势视角则开辟了一个与此不同的新理论范式和实践模式,它采用"资源丰富""希望""创造力""能力"等积极的语词取代了病理学的专业术语。

其次,优势视角理论改变了社会工作者在服务关系中处于主导地位的状况,有利于服务对象和社会工作者平等服务关系的建立。以往的理论范式和实践模式往往通过权力的运作过程给服务对象贴上"病人"等标签,目的在于找到问题的原因并给出一份行动计划或治疗方案;社会工作者干预服务对象过程的背后隐含其对专家地位的欲望,社会工作者和服务对象之间的关系是不平等的。优势视角理论则侧重发掘服务对象悲惨遭遇中的能力、资源与优势,将服务对象带到平凡的日常生活中来。这是将服务对象放在重要位置、社会工作者与服务对象间的权力关系趋于平等化的重要体现。

再次,优势视角深刻贯彻了"助人自助"的社会工作核心理念,对服务对象自我抗御风险能力的培养有积极意义。传统的社会工作理论范式和实践模式以服务对象的问题为核心内容和目标,以问题为中心制订的行动方案也意味着服务对象的问题被解决后,服务即宣告完成。但仅仅解决问题是不够的,这就容易忽略服务对象表面问题背后所隐藏的深层问题。优势视角理论则聚焦于服务对象的个人层面和社会层面,正是透过表面问题看到了服务对象具有的但被埋没的潜能和可利用的社区、社会资源,并将这些优势挖掘出来,以使服务对象能够自如地整合运用这些潜能、资源来获得更积极的生活状态为目的,从而达到传递给服务对象积极的情绪,使其以积极的心态来对待生活的目标。

最后,在社会工作实务领域,优势视角理论得以广泛适用,对社会工作实务产生了重要指导作用。经过几十年的发展,优势视角理念逐渐占据社会工作实务应用领域指导理论的主流地位,其理念和诸多概念被具体操作化。实际研究也不断表明,优势视角理论对精神疾病、慢性疾病、老年人服务及药物滥用等情形的服务效果尤为显著。优势视角理论在实践操作中的应用,体现了其优秀的理论指导特质。

二、对优势视角的评价

优势视角作为当代社会工作的重要视角或理论之一,不仅对社会工作的后续发展有重要影响,而且对中观和微观层面的社会工作实务意义重大。正如前文所列举的中西方社会工作界对优势视角的反思,我们必须承认,没有哪一种理论是完美无缺的,它们都在不同程度、不同维度存在不充分、不平衡之处,但同时我们也不应对这些不充分之处视而不见,而应该学会正视并尽可能规避其负面影响。在这里,结合前文中的中西方社会工作界对优势视角的反思,我们对优势视角进行简单评价。

首先,对优势视角最大的质疑来源于其过分的乐观主义和对社会结构性制约的忽视。批评者一般认为,优势视角是一种"伪装"的正向思考(positive thinking in disguise),它忽略了服务使用者的实际遭遇,只是重新构建服务使用者悲惨的境遇,并且过于乐观。以优势视角为基础的社会工作模式为我们描绘了一个前途一片光明、生活满是希望的美好世界,在这里,积极向上的服务对象、满怀希望的社会工作者和平等合作的服务关系把人的主观能动性发挥到了极致,却忽略了社会结构对结构性贫困、制度性不平等,压迫和歧视对个体、家庭及社区的控制。面对如此批评,我们要为优势视角理论辩解,从优势、资源角度思考服务对象问题的优势视角,并不是要刻意轻视社会的结构性制约对服务对象自身问题的作用,也不是要忽略服务对象的痛苦或不足之处这样的事实,而是期待社会工作者从优势角度出发,协助服务对象换一种态度去思考问题,运用自身拥有的才智、资源来实现自己的愿望并寻求改变机会。因此,社会工作者似乎并不为以上批评表示担心(简春安、赵善如,2018:214)。

不容忽视的是,信奉优势视角理论的社会工作者虽然不担心"过分乐观"和"忽视结构性制约"的批评,但宏观角度的社会结构和社会环境对个人优势发挥的制约在无形中产生了影响,这使优势视角理论在实务操作过程中社会工作者和服务对象面临"问题情境"的困境。尽管优势视角理论极力强调对个人和社区优势资源的发掘,却也难以抵制社会和环境层面的阻碍和制约。在社会结构和社会环境的影响下,服务对象"复原力"的提升效果参差不齐。因此,服务对象是否能够发掘自身优势和资源,提升自己的"复原力",仍然是对社会工作者的一大挑战。

其次,优势视角理论在个别实务领域的局限作用也难以忽略不计。诚如前文所言,虽然优势视角理论被广泛应用于实务领域,但不能尽然适用在某些领域。在诸如儿童保护工作、心理健康危险评估和矫治服务领域,社会工作者负有一定的法律责任去评估服务使用者对他人的风险程度,这样一来对服务使用者优势的聚焦便不可行(简春安、赵善如,2018:215)。因此,在面对由弱点引起风险的群体时,必须谨慎使用优势观点理论。基于上述问题,社会工作者在对服务使用者真正优势的判断上,可能由于缺乏明确的目标指导而模糊不定,因为文化和个人的差异会导致"优势"具体内涵的变化万千。这种情况的出现正是由于优势视角理念维度的单向性。

最后,鉴于优势视角在中国的流行,理论滥用的情形屡见不鲜。很多文献涉及的应用只是截取了优势视角的若干概念,有断章取义之嫌,这种做法往往会造成社会工作者知其然不知其所以然的状况。生搬硬套热门理论于社会工作实务当中的做法,会使人们对优势视角理论产生曲解,更不利于我国社会工作的可持续发展。

如同前文所言,理论的发展往往和社会的发展紧密相连。任何理论都不可能尽善尽美,优势视角理论在得到广泛应用的同时也不可避免地受到了各种批评。基于对优势视角理论缺陷的弥补,社会工作实践发展出了一种整合型理论模式的需求。在功能角度的社会工作实务操作中,优势视角更多强调在预防和发展层面为服务对象开展服务,而问题视角则在治疗层面开展服务。但要实现服务对象的全面康复,就需要在多个层面,即以优势视角和问题视角互补的方式来完善进行。因此,这种理论模式不再仅仅依靠问题视角的方式或以优势为本的方式,而是加强对服务使用者优势和弱势的同时关注,兼顾个人关怀和社会正义两大社会工作价值观(Bransford,2011),从而为优势视角理论提供了一个全面的框架。

伴随着优势视角在社会工作中的热度逐渐下降,或者说社会工作者对这个视角的认识更加趋于理性,中西方学术界也对其展开了更多、更深入的论争与反思。优势视角因其最大的假设——人人都有优势和潜能,而对客观存在的问题有所忽视。过度的主观建构和解构反而不利于服务对象问题的解决和处境的改善,因此,优势与问题的平衡才是真正的解决之道,过分看重任何一方都将失去对实际生活处境和意义把握的准确性。对此,有学者在问题视角与优势视角的基础上提出了"问题解决视角"(童敏,2013),其注重运用问题和优势相平衡的服务,将关注的焦点置于问题解决过程之中,这拓展了西方社会工作的观察视角,也为中国本土社会工作与西方社会工作的结合提供了新的思路和方向。

本章结语

本章首先介绍了优势取向社会工作的发展脉络:优势视角的缘起与人本主义心理学、现象学、符号互动论等社会科学理论的发展密不可分,同时以人们对专业理论与实践中问题视角的反思为契机,于20世纪八九十年代兴起并发展起来;接着讨论了优势视角的主要内容与实务框架,优势视角重在承认每个个体、家庭和社区都有优势,强调社会工作者与服务对象要建立平等关系,力图通过双向合作实现最好的服务;然后探讨了优势视角在中西方的应用及其反思;最后总结了优势视角的理论贡献及评价。

总之,优势视角因其对服务对象优势与潜能的聚焦、对专业关系平等性而非权威性的追求、对服务对象问题采取社会建构论的后现代主义解读而与以问题为焦点的传统社会工作实践"分道扬镳",可以说是对传统社会工作的有力"反叛",从理论与实践层面拓展了社会工作的想象力。但与此同时,我们仍然需要保持警醒:任何理论都是观察、思考社会事物与现象的一面透镜,任何理论都有其内在限度。因此,即便是对充满"优势"的优势视角,我们仍然需要以批判性、反思性的态度进行学习和实践,并在本土制度与文化情境下加强对它的理论研究与实践调适。

思 考 题

1. 社会工作中的优势视角是如何产生的?它的理论基础和现实背景是什么?
2. 社会工作中的优势视角的主要内涵、核心概念是什么,彼此之间有什么关联?
3. 优势视角对社会工作发展的贡献是什么?有哪些局限性,如何弥补?
4. 优势视角适合运用在哪些实务场域和哪些人群?理由是什么?
5. 在社会工作实务中使用优势视角时,需要注意哪些问题?
6. 优势视角是理论吗?为什么?
7. 中国与西方实践场景中,在社会工作中运用优势视角时,有哪些差异化的特征?造成这些差异的原因有哪些?
8. 优势视角与问题视角之间的论争聚焦在哪些方面?对此论争有何超越思路?

参考文献

保罗·弗莱雷,2020,《被压迫者教育学:50周年纪念版》,顾建新、张屹译,华东师范大学出版社。

陈红莉、李继娜，2011，《论优势视角下的社区发展新模式——资产为本的社区发展》，《求索》，第4期。

陈琦、何静，2015，《农村留守妇女社会支持研究综述——兼论社会工作的介入策略》，《妇女研究论丛》，第2期。

陈友华、祝西冰，2016，《中国社会工作实践中理论视角的选择——基于问题视角与优势视角的比较分析》，《山东社会科学》，第11期。

D. Saleebey，2004，《优势视角——社会工作实践的新模式》，李亚文、杜立婕译，华东理工大学出版社。

D. Saleebey，2015，《优势视角：社会工作实践新模式》，杜立婕、袁园译，华东理工大学出版社。

冯元，2012，《优势视角下流浪儿童救助模式创新与转型》，《宁夏社会科学》，第6期。

高万红、李雯霞，2016，《优势视角下住院精神病患者积极自我意识建构的行动研究》，《浙江工商大学学报》，第6期。

何雪松，2007，《社会工作的四个传统哲理基础》，《南京师大学报（社会科学版）》，第2期。

何雪松，2007，《社会工作理论》，上海人民出版社。

侯童、玉禾，2011，《优势视角的学校社会工作辅导策略探析》，《首都师范大学学报（社会科学版）》，第2期。

简春安、赵善如，2018，《社会工作理论（下）》，华东理工大学出版社。

李莉娟，2011，《浅析优势视角下小组工作在罪犯心理矫治中的有益尝试——以青海省某监狱为例》，《青海社会科学》，第5期。

李羿琼，2017，《优势视角下残疾人婚姻的社会工作介入研究——以武汉市SY社区个案为例》，《社会建设》，第2期。

刘迟，2014，《优势视角下残疾人社会保障模式初探——以黑龙江农垦区为例》，《社会科学战线》，第12期。

刘建民，2011，《优势视角：新生代农民工城市融入服务实证研究》，《广西民族大学学报（哲学社会科学版）》，第1期。

刘玉兰、彭华民，2012，《儿童抗逆力：一项关于流动儿童社会工作实务的探讨》，《华东理工大学学报（社会科学版）》，第3期。

刘玉兰、彭华民，2016，《家庭抗逆力视角下流动儿童家庭社会工作服务实践重构》，《中州学刊》，第11期。

潘泽泉、黄业茂,2013,《残疾人家庭个案社会工作:基于优势视角的干预策略与本土化实践》,《湖南社会科学》,第 1 期。

宋丽玉、施教裕,2010,《优势观点:社会工作理论与实务》,社会科学文献出版社。

童敏,2013,《从问题视角到问题解决视角——社会工作优势视角再审视》,《厦门大学学报(哲学社会科学版)》,第 6 期。

童敏,2009,《社会工作本质的百年探寻与实践》,《厦门大学学报(哲学社会科学版)》,第 5 期。

王思斌、赛牙热·依马木,2013,《多民族地区发展社会工作的族群视角》,《甘肃社会科学》,第 4 期。

文军、何威,2014,《从"反理论"到理论自觉:重构社会工作理论与实践的关系》,《社会科学》,第 7 期。

文军(主编),2013,《西方社会工作理论》,高等教育出版社。

肖云、杨光辉,2014,《优势视角下失独老人的养老困境及相应对策》,《人口与发展》,第 1 期。

闫红红、张和清,2019,《优势视角下农村妇女组织与社区参与的实践探索——以广东省 M 村妇女社会工作项目为例》,《妇女研究论丛》,第 2 期。

印子,2017,《优势视角下农村养老需要及其自组织满足》,《中州学刊》,第 9 期。

朱盼玲、钟媚,2017,《优势视角下香港"夜青"成因机制及对策分析》,《当代青年研究》,第 3 期。

祝萍,2014,《优势视角下残疾人劳动就业问题研究》,《东岳论丛》,第 5 期。

卓彩琴、冯智珺,2019,《优势视角下促进自闭症人士社会交往的社会工作干预》,《社会工作与管理》,第 2 期。

Bransford, C. L., 2011, Reconciling paternalism and empowerment in clinical practice: An inter-subjective perspective, *Social Work*, Vol. 56, No. 1.

Engelbrecht, L., 2010, A strengths perspective on supervision of social workers: An alternative management paradigm within a social development context, *Social Work & Social Sciences Review*, Vol. 14, No. 1.

Gerdes, K. E. & Stromwall, L. K., 2008, Conation: A missing link in the strengths perspective, *Social Work*, Vol. 53, No. 3.

Gray, M., 2011, Back to basics: A critique of the strengths perspective in social work, *Families in Society: The Journal of Contemporary Social Services*, Vol. 92, No. 1.

Hughes, M. E., 2015, A strengths perspective on caregiving at the end-of-life, *Australian Social Work*, Vol. 68, No. 2.

McMillen, J. C., Morris, L. & Sherraden, M., 2004, Ending social work's grudge match: Problems versus strengths, *Families in Society: The Journal of Comtemporary Social Services*, Vol. 85, No. 3.

Oko, J., 2006, Evaluating alternative approaches to social work: A critical review of the strengths perspective, *Families in Society: The Journal of Contemporary Social Services*, Vol. 87, No. 4.

Rapp, C., 1998, *The Strength Model: Case Management with People Suffering from Severe and Persistent Mental Illness*, Oxford University Press.

Roff, S., 2016, Nongovernmental organizations: The strengths perspective at work, *International Social Work*, Vol. 47, No. 2.

Rowlands. A., 2004, Reappraising social work's contribution to recovery from disaster and trauma: Applying a strengths perspective, *Asia Pacific Journal of Social Work and Development*, Vol. 14, No. 2.

Saleebey, D., 1996, The strengths perspective in social work practice: Extensions and cautions, *Social Work*, Vol. 41, No. 3.

Samal J., 2017, Strengths perspective among the homeless adolescents: A systematic review, *Journal of Mental Health and Human Behaviour*, Vol. 22, No. 1.

Staudt, M., Howardw M. O. & Drake, B., 2001, The operationalization, implementation, and effectiveness of the strengths perspective: A review of empirical studies, *Journal of Social Service Research*, Vol. 27, No. 3.

Tan, N. T. & Yuen, F., 2013, Social work, strengths perspective, and disaster management: Roles of social workers and models for intervention, *Journal of Social Work in Disability & Rehabilitation*, Vol. 12, No. 1-2.

Yip, K. S., 2005, A strength perspective in working with an adolescent with depression, *Psychiatric Rehabilitation Journal*, Vol. 28, No. 4.

Yip, K. S., 2006, A strength perspective in working with an adolescent with self-cutting behaviors, *Child and Adolescent Social Work Journal*, Vol. 23, No. 2.

第十四章 社会工作理论：趋势与展望

如果将玛丽·里士满（Mary Richmond）1917年出版的《社会诊断》（*Social Diagnosis*）作为社会工作理论著作的肇始，社会工作的理论建构努力已经有一百多年的历史了。尽管社会工作在很长一段时间内，最为人所诟病的就是"缺乏理论"，但社会工作界一直致力于推进理论建设，特别是过去几十年，社会工作理论建设呈现出积极的态势。本章旨在辨识其中的主要发展趋势，以期促进中国的社会工作理论建构。

第一节 日趋强烈的理论化取向

社会工作有着日趋强烈地建构自己的理论体系的倾向，这明显有别于社会工作早期的"理论外借"传统，而朝着"理论内生"的取向发展。

社会工作在早期几乎没有自己的理论基础或知识体系，《社会诊断》一书提出要用科学的方法进行诊断以做到科学助人，比附的是医学传统。基于这一传统，社会工作引入了社会学、心理学、心理咨询的理论进展并融合了系统理论、生态理论等。从某种意义上讲，理论外借是社会工作理论建构的一个重要特色，尽管这样的做法确实很容遭受相邻学科"缺乏理论"的攻击和批评。

社会工作如果只是借用外来的理论，它就很难在学术领域获得独立地位，因此社会工作领域的专家致力于发展出自己的实践理论模式，即内生理论。优势视角、叙事治疗、社会发展理论、资产建设理论、个人-环境实践模式都是由社会工作专家在综合不同知识体系的基础之上提出的。

不可否认的是，扎根丰富的社会工作实践、建构自己专有的理论体系是确立和巩固专业地位的必由之路。最近几十年来，社会工作对于理论建构的重视程度日益增强,社会工作不再局限于强调"用"和"做",而越来越关注理论化。这一趋势表明,社会工作正在实现"研究者"和"实践者"的角色整合,从而成为理论"建构者",相信不久的将来,会涌现出更多的内生理论。

中国社会工作的发展过程中涌现出了丰富的案例与地方实践,这可以成为理论建设的资料库,发展着的社会工作实践催动着社会工作理论的发展。要促进中国社会工作的发展,我们必须尽快实现从知识的消费者到知识的生产者、从理论的转述者到理论的创造者的转换,这就要求我们有明确的理论自觉和智识追求。这样的自觉和追求可以体现在两个方面:一方面,我们需要厚实理论素养,在古今中外的社会思想基础之上传承创新,勾连历史与现实,贯通中国与西方,破解社会工作实践发展与理论创新的难题与困惑,这样就有可能提出原创性学说。另一方面,我们又要扎根社会工作一线,从切己的关怀出发,在一个个具体的问题领域、实践领域与政策领域,反思社会工作的理论前提,建构具体的、有成效的、可推广的实践模式和中层理论,这是社会工作理论体系建构的基础。

第二节 科学、艺术与政治的本质论争

社会工作领域一直以来就有科学与艺术的本质之争。过去几十年,这一论争演化为科学、艺术与政治之争。这一论争的核心是:社会工作的本质属性是什么?

如前所述,社会工作是追寻医学的脚步致力于成为科学的,从社会工作常用的术语中就可以看出这一点。临床社会工作比照的是临床医学,专业教育的"标准化案主"(standard client)源自医学领域的"标准化病人"(standard patient)(藏其胜,2013),社会工作的证据为本的实践(evidence-based practice)亦源于循证医学(evidence-based medicine)。因此,"成为科学"是社会工作的主导性叙事,这一点在证据为本的实践之中得以全面彰显。近年来,社会工作科学(science of social work)的论述更是将社会工作的科学属性推上一个全新的学科高度。

然而,有学者批评以科学为目标的社会工作过于强调科学之维而可能忽视人的主体性并钳制了社会工作的价值追求,警醒高度专业化和科学化将造成诸种非人性后果,霍华德·戈尔茨坦(Howard Goldstein)是其中最为著名的人物(Gray,2002)。他致力于把社会工作建构成具有人文情怀的助人艺术(Goldstein,1992)。社会工作可以从文学、艺术、哲学、宗教等学科中吸收不同的知识养分,注重对创造力、想象力、直觉等的运用(Bent-Goodley,2015)。这样的论述凸显了社会工作之

中的艺术核心功能,即社会工作具有一个特定的审美维度。

应该说,在漫长的论争之后,社会工作兼具科学性与艺术性逐渐成为一个学科共识,但科学性与艺术性之间的关系依然是复杂的,其中隐含着政治议题。

强调社会工作的政治之维是晚近的发展,这在很大程度上受到意识形态、市场化和全球化的驱动,有学者称之为社会工作的"政治重返",因为社会工作不得不面对这样的宏观政治议题(Gray & Webb, 2009)。鲍威尔(Powell, 2001)强调,社会工作的政治任务是回应社会排斥和社会不公平,从而建构一个包容性的社会,这是"良心政治学"。进而,作为政治实践的社会工作正面临从"解放政治"到"生活政治"的转型。"解放政治"的话语源自马克思主义与社会批评理论,聚焦充权、自助和政策改变。而"生活政治"这一论断受到后现代主义、建构主义和女性主义的影响,聚焦知识的情境性和建构性,注重语言、知识与权力之间的关系以及由此带来的权力不平等,由此回应社会的个体化态势(Ferguson, 2001)。最终,作为政治的社会工作强化了社会正义与人类权利的论述,这实际上直接表明社会工作就其本质而言,就是政治行动(Lundy, 2011)。

任何单一的判断都不足以概括社会工作的本质属性,因为社会工作面对的是充满争议的意识形态情境、复杂的社会问题和多变的政治经济脉络。因此,社会工作就其本质而言是融科学、艺术和政治于一体的,但三者之间的关系和优先次序的确立却并非易事。在可见的未来,本质属性的理论论争还会持续下去,这样的论争有利于社会工作在更宽广的理论视野之中定位自己。

第三节 认识论的多元格局

认识论聚焦我们认识世界的方式,可以为社会工作理论提供哲学基础。《社会诊断》开启了社会工作的科学之路,高举的是实证主义的大旗。过去三四十年,社会工作的认识论从实证主义一元独大改变为实证主义和社会建构主义并立,甚至多元范式竞争的局面。

实证主义强调,所有的知识都要从我们的经验或观察中找到的证据,任何的概念都要有客观所指。观察、实验等科学方法是实证主义者唯一接受的、为知识提供证据的方法。因此,价值不是知识,因为它无从证明,这是观察和试验不可辨识的(Payne, 2005)。实证主义的理论逻辑充分体现在"证据为本的实践"这一概念之中。证据为本的核心就在于要根据科学研究的结果判断什么对案主是有益的、什么是无益的,并据此提供专业服务。

与实证主义明显对立的是社会建构主义,它否认客观事实的存在,因为现实都是建构的,理论与知识都是人造的,具有相对性和历史特殊性。既然存在很多的"真理"或"现实",那么如何理解呢?社会建构主义者指出,这样的"现实"只有被置于情境之中才能得以理解。社会建构主义者认为知识与价值是密不可分的,我们都有价值立场或意识形态取向。也就是说,知识是关乎政治的。与实证主义传统不同,高举社会建构主义旗帜的社会工作理论,诸如叙事治疗、寻解治疗和优势视角,关注的是优势、意义、故事和能动性,而非问题、缺陷与不足。

20世纪80年代以来,女性主义在社会工作领域的影响不断扩大。它对正统理论体系与知识框架提出了一系列挑战:坚持认为应该有多元的认识方式,而非一元的认识论,指责实证主义具有压迫性;质疑理论和知识是以研究男性为焦点的,隐含了男性话语霸权,而女性切身的利益与议题被忽视和压抑;否认知识和价值是可以分离的,因为知识和价值是整合的;反对研究者将男性样本的研究发现推及总体,因为将男性的经验作为衡量女性经验的标准尺度并不合理(Dominelli,2002)。女性主义者试图从女性自身的境遇与不同的声音出发,开展以女性为中心的实践,从而回应体验和境遇的多样性(Orme,1998)。

实际上,社会建构主义和女性主义范式下的社会工作,是艾夫(Ife)所言的后启蒙的社会工作。如果说以启蒙为本的社会工作理论致力于提供答案或指引实践,后启蒙社会工作理论聚焦的是提出问题,在不同的情境之中不同的社会工作会有不同的答案,问题而非答案才具有一般化的潜力(Ife,2015:255)。社会工作的认识论之争间激荡出迥异的社会工作理论视角和实践模式,由此社会工作的研究者、教育者和实践者可以不断反思自己的哲学前提与理论立场。

第四节 寻求与社会理论的对话

社会工作与社会理论实际上有着共享的母题,诸如现代性与后现代性、全球化、个体化、时间与空间、身体与情感、结构与能动性、历史与文化、批判与重建等。社会工作因为过分追求临床化和技术化,以往较为忽视与社会理论的联结。这使得社会工作的理论基础较为薄弱,无法回应实践之中遭遇的诸多社会与政治议题。

然而,从近年的文献中可以看出,社会工作已致力于与社会工作理论进行对话。加勒特(Garret,2015)的《社会工作与社会理论》是代表性著作,该书讨论了现代性这一社会理论的核心议题,社会工作作为现代性工程的一部分,在很大程度上受限于现代性概念的设定和后现代的冲击。加勒特(2015)进一步讨论了社会理论家葛兰西、布尔迪厄、哈贝马斯、霍耐特、弗雷泽、博尔坦斯基、希布佩罗、内格里和巴迪欧与社会工作的关联。

文献显示,有不少的论文讨论了社会理论大师与社会工作的关联性。诸如,阮新邦倡导基于哈贝马斯建立诠释取向的社会工作(阮新邦,2003),这明显有别于实证主义的进路,融合了哈贝马斯的沟通理性概念。弗格森(Ferguson, 2003)从吉登斯的理论出发,认为社会工作的目标要从解放政治改变为生活政治,这是为了回应社会进入所谓的晚期现代以及社会的个体化进程。布尔迪厄的《世界的苦难》是关注困弱群体体验的重要文本,有助于反思社会工作的社会处境。他特别指出,"只讲生存条件的深重苦难而排斥其他一切困苦,无异于对很大一部分反映社会秩序的困苦视而不见和不理解"(布尔迪厄,2017:5),这提示我们需要更为全面的社会视角。埃米尔拜尔和威廉斯(Emirbayer & Williams, 2005)明确指出,布尔迪厄的理论对于社会工作的意义不只在于简单的"文化资本""惯习"等几个概念,更在于布尔迪厄的关系主义路径为理解社会工作提供了一种可替代的认识论和方法论。该文本是倡导联结布尔迪厄与社会工作的范例。

社会工作也可以促进社会理论的发展。马拉利(Mullay, 2007)就认为,结构社会工作本质上就是社会批判理论。这表示,结构社会工作承袭了社会批评的传统,这不仅是理论的联结,而且是实践的应用,是理论与实践的结合,符合社会批判理论的期待。实际上,社会工作中有着丰富的实践经验,有着与个人、群体和社区极为频繁的接触,有着对很多社会问题深刻的切身体会,这都是建构社会工作的社会理论(social theory of social work)的现实基础。因此,社会工作与社会理论的对话的目标之一是理论建构,加勒特的目标就是在社会工作理论文献的基础之上建立社会理论指引下的主流理论框架,这一任务尚未完成,仍然是值得努力的方向。

社会工作可以促进社会理论的发展,从而形成基于社会工作的社会理论。这是因为,社会工作者有着丰富的实践经验,与个人、群体、组织和社区有着极为频繁的接触,能更为深入地认识个人、群体、组织和社区的困顿体验,在困境之中展现能动性寻求改变的场景,这样,"实践""过程""直觉"就成为建构社会理论的中轴概念。社会工作的"实践"是直面生活本身的,实际上在很大程度上可以回应社会理论的关切,无论是马克思,还是布尔迪厄,都对实践有非常深入的论述。社会工作的"实践"有助于从生活实践本身,而不是以理论替代生活,来认识具体的社会、历史、文化乃至各种不同群体的遭遇,特别是能够真正贴近那些社会科学研究习惯忽视的"社会底蕴"(杨善华、孙飞宇,2015)。"社会底蕴"之中就蕴藏了很多可以被转化为概念的言说,这样的言说可以抵抗或修正现有的理论,从而生成新的理论,这样的理论是真正贴近日常生活本身的社会理论,可以解释个体或社会生活实践的细节。社会工作者的长期介入和持续跟进有助于直接观察"变化"的过程,特别是可以看到"变化"的动力、阶段、节点、障碍、反复等,从而探索建构基于"过程"的社会理论。社会工作者因扎根基层社会,对很多社会问题有着深刻的切身体会,这样的直观感受在理论建构之中较少受到重视。直觉可以实现现象学意义上的"回到事物本身",看到以前所不见。因此,直观是反思个人的体验与更大的社会结构脉络之间关联的重要基础,关注这样的"直观",是"现象学还原",是寻求一种替代性社会理论的方法论前提。

第五节 对宏观视角的重申

社会工作的开创者确立了微观和宏观两个传统,但在很长一段时间内,微观取向占了上风。宏观取向的社会工作在20世纪六七十年代曾经风靡一时,以改变社区、组织或政策为目标。激进视角和批评实践兴起后,与各类新社会运动结合在一起,形成了一波宏观视角的浪潮。80年代,随着撒切尔和里根的先后上台,全球的意识形态氛围右转,社会问题的医疗化和个体化成为主流。社会工作的关注点重新转移到以个人为中心,沉醉于面向中产阶级的心理咨询,弃守了对困弱群体的道德责任与伦理关怀,"失去了神圣的目标",社会正义的专业宗旨遭到抛弃(Specht & Courtney,1995)。

微观和宏观之间的分野折射出社会工作背后隐匿的持续的意识形态之争,佩恩辨识出三种意识形态取向:社会民主取向、自由主义或新自由主义取向、社会主义取向(Payne,2014:20-25)。体现社会民主取向的是充权的观点,即经由社会工作者的努力,个人、群体和社区可以运用权力去实现改变。问题解决的观点折射出自由主义的意识形态,强调社会工作作为福利服务的一部分要以满足案主的需求为己任。社会主义取向体现为社会变迁的观点,主张社会工作要致力于寻求合作、互助和团结,集体创造出所有人都可以参与和发声的体制,从而消除不平等。社会变迁的观点批评充权和问题解决理论所追求的个人实现和社会实现是不可行的,因为除非进行重大的社会变革,宏观的改变是不可能的。因此重新认识国家、治理和社会工作的关系就更为迫切,也更为重要(Mcgregor,2019)。

过去十年,对结构、权利和正义的关注都在将"社会"重新带回社会工作的讨论。目前,宏观取向的社会工作是以结构社会工作为中心的,在英国、澳大利亚和加拿大等国家有了一定的进展。马拉利的《新结构社会工作》(*The New Structural Social Work*)希望回应最新的社会、政治与经济变化,伦迪(Lundy)出版了《社会工作、社会正义、人的权利》(*Social Work, Social Justice And Human Rights*),将社会正义、人权等议题更好地融入了结构社会工作的实践框架。艾夫的《人类权利与社会工作》强调要实现尊重人权的社会工作实践。

中国社会工作的发展要突破西方现有社会工作理论与实践模式的微观化和临床化倾向,回到"中国式现代化"的政治脉络之中,回到"社会"本身,嵌入中国的社会结构。对社会工作微观化与临床化的纠偏,也是为了回应新自由主义和市场化话语的侵蚀,更是专业使命驱动的反思与探索。

第六节 关系理论的兴起

传统意义上,社会工作的诸种理论都强调了关系的重要性。心理动力理论的进展,包括客体关系理论、依恋理论都强调了亲密关系。由此可以看出,英美的社会工作的关系传统总是绕不开根深蒂固的弗洛伊德思想。后续的系统理论、生态理论、叙事理论、优势视角等都以不同的方式强调了关系的重要性,但缺乏系统性的理论建构。

2004年,福尔格赫雷特(Folgheraiter)出版了《关系社会工作》(*Relational Social Work: Toward Networking and Societal Practices*),这代表西方社会工作学者对建构社会工作的关系理论的重要尝试。他指出社会工作者经常回应不同的"问题",但很少思考为什么这样的状况是不可接受的、是需要改变的。实际上,社会问题是建构出来的,所谓的"好"或"坏"都是在互为主体性的(intersubjective)人类行动之中建构的。"好"与"坏"是价值判断或是专业上的"科学"判断,涉及现实与观察者之间的关系,观察者可能是基于道德规则,也可能是基于专业规范形成的共同建构。在社会工作的实践情境中,助人的过程只有在社会工作者认为求助者真有"问题"的时候才会启动,问题的解决势必要牵涉到所有参与这个过程的行动者,因此这个改变的过程就是网络建构和一致行动的过程(Folgheraiter,2004)。

一些著作尝试建构关系理论。弗里德伯格(Freedberg,2009)从女性主义的角度提出了关系理论,但这个理论框架是初步的。后续她又从关系-文化的视角进行分析,强调案主-工作人员的关系和同理(Freedberg,2015),但没有摆脱精神分析的框架,过于微观取向。吉莉安等人(Gillian, et al., 2015)从一个更为宽广的视角考察了关系,但还没有真正实现从个体主义到关系主义的转变。也有专门的著作讨论了针对不同文化群体的关系社会工作实践,强调社会工作的关系聚焦有助于形成富有成效的助人关系(Rosenberger,2014)。社会学的社会资本与社会网络理论越来越受到社会工作者的青睐,但对于如何将社会资本理论整合进生态理论或系统理论,尚未有实质性进展。

社会工作的关系理论是从关系主义这一认识论和方法论出发的,假设人是关系性存在,这对于社会工作而言,意味着问题和解决方案都是关系性的。实际上,好的关系是社会工作有效开展的重要前提,是改变的重要动力。而这样的判断对于中国社会可能更具有启示意义,因为重视关系是中国社会的传统,社会工作实践的展开更是离不开关系的建立。

关系理论的兴起有着社会理论的背景,与此并行的是,社会学界亦涌现出若干关系社会学(relational sociology)的论著。也许,这两者的合流可以推动社会工作关系理论的建构,这一点对于中国的社会工作理论建构尤其具有重要启示意义,因为国内社会学和社会心理学在关系研究上已经累积了丰富的理论成果,基于已有的理论成果形成可以指导实践的社会工作理论将是我们努力的方向。

第七节 学科目标的确立

社会工作一百多年的发展和知识累积为社会工作寻求更高的学科地位确立了基础。特别是,过去二十年证据为本的实践在很大程度上快速推进了包括干预研究在内的社会工作的科学研究,学术共同体的专业信心明显增强。在这样的背景下,南加利福尼亚大学的约翰·布雷克(John Brekke)教授在美国社会工作研究学会2011年年会上明确提出"science of social work"这一概念(Brekke,2011),确立了专业的学科目标,这是一个标志性的进展。

"Science of social work"就其字面意思而言可直译为"社会工作科学"。"社会工作科学"的目的何在?布雷克在次年发表的论文中指出,社会工作的科学知识已累积到一个新的高度,是时候确立社会工作学的目标了。由此,社会工作的"科学"目标转变为"学科"目标。建构社会工作学的目的是:明确社会工作的学科意识与研究领域,形成社会工作的理论框架与知识体系,确立社会工作的专业特质与独立地位。目前,社会工作正形成三种核心建构:生理心理社会视角、人在情境中、促进改变的服务体系(Brekke,2012:455-464)。总体而言,社会工作科学融合了心理学、社会学等学科的知识,因此是一个整合性学科(Brekke,2014:517-523)。尽管目前,对于社会工作学科建构的目标是跨学科的实践科学(cross-disciplinary practice science)抑或行动科学(action science)是有争议的(Sommerfeld,2014)。也就是说,社会工作专业共同体尚未就此达成共识,但它为社会工作的学科发展开辟了一个更为明确的努力方向。围绕这一议题,美国社会工作界进行了较为激烈的讨论,在《社会工作实务研究》上发表了一系列的论文。

对于中国的社会工作专业共同体而言,如果我们在社会工作发展的初期,就关注这一方向并共同努力,是存在"弯道超车"的可能性的。特别是,我们要注重个体取向与社会取向的平衡,强调科学知识与实践智慧并重,聚焦多学科之间的理论对话与相互学习,这样我们就有机会建立扎根中国社会的"社会工作学"。

第八节 自主知识体系建构

毫无疑问,对于很多发展中国家而言,社会工作是引进的、是移植的,将遭遇一个理论、知识和方法的本土化议题。即便是西方的社会工作理论专家也认识到,西方的社会工作定义源自基督教传统、希腊传统,立足于西方的个人主义世界观与价值观,不一定适合中国这样的国家,需要本土化定义和理论建构方面的努力,绝不能只是亦步亦趋。实际上,社会工作学界也在兴起去殖民化的反思与探索,发展中国家都在致力于推进社会工作知识、理论与实践的处境化,并寻求在地化的知识、理论和实践(Kleibl, et al., 2019; McGregor, 2019),甚至倡导建立有别于西方范式的"全球南方"社会工作。因此,我们更要积极推动自主知识体系建构以实现社会工作的跨越式发展。

建构社会工作的自主知识体系,是为了回应中国社会工作不断发展的实践需要,是为了超越现有西方社会工作知识霸权的要求,是为了建立"以中国为中心"的知识体系的文化自觉,是为了应对全球经济社会变迁的全新挑战(何雪松,2012)。因此,建构自主知识体系是学术共同体的使命。

建构自主知识体系,并不意味着要排斥西方社会工作知识体系,相反,西方社会工作知识体系是建构中国社会工作知识体系的重要基础。一方面,要辨识西方社会工作知识体系中的希腊传统与犹太教-基督教传统，批判弗洛伊德、自由主义等对西方社会工作知识体系的深刻影响，并进而分析"中国"对于社会工作知识体系建构的重要意义。另一方面，也要充分吸收西方社会工作知识体系的精髓，析出国际社会工作界的共识性概念、原理性论断和理论观点，从而确立中国社会工作知识体系与西方社会工作知识体系的对话基点。

立足于已有的社会工作知识基础，要建构中国社会工作自主知识体系，需要重视实践智慧、科学研究、本土思想和制度传统。这与费孝通先生倡导的文化自觉是一致的，强调文化自觉是建构社会工作本土化知识体系与实践体系的题中应有之义（何雪松，2014）。比照中国的现实而言，西方社会工作知识体系存在明显的不足，这就是，它无法很好地解释我们正在经历的发展过程。特别是，中国社会工作知识体系需要"面"和"体"的视角。所谓"面"，就是要看到整体和环境，所谓"体"，就是要代入社会转型和历史的背景进行考察。社会工作发展的过程在中国是"社会"不断得以确认和展开的过程，"社会"在政社关系的转型过程中逐步成为一个具有一定自主性的领域，这就要求建构一个相对宏观的理论视角对此进行解释。中国式现代化新征程对社会工作提出了新的要求，诸如共同富裕和乡村振兴这样的时代使命为中国的社会工作创造新的理论和知识提供了难得的结构性机会。我们要在共同富裕和乡村振兴等方面提出新的理论、知识和模式，这对于发展中国家是具有借鉴意义的，这样的知识贡献是建设"全球南方"社会工作的重要组成部分。

第九节　数字化转型

社会的数字化给社会工作的发展带来了全新的挑战和机遇。人与人之间的联结方式、社会的组织方式都发生了巨大变化，但既有的社会工作理论、知识、模式和技巧绝大多数是在非数字化时代建立起来的，还不能全然适应这样的新变化，因此我们需要真正直面数字化的经济、生活与治理，实现社会工作的数字化转型，推动形成数字社会工作（Peláez & Kirwan，2023）。我们要顺应这一发展大势，与互联网、人工智能、数字技术等紧密结合，展开社会工作的想象力，拓展社会工作的传统界限，在更广阔的空间实现专业价值观，从而形成新的社会工作理论架构和知识体系。数字化时代的社会工作需要新的想象、范式与方法，以创造性地利用大数据、人工智能、物联网及区块链等新兴技术充权社会工作传播价值观、提供专业服务、倡导社会政策，提出新的解决方案。

在新技术充权背景下,社会工作的数字化转型要求社会工作成为数据科学。缺乏数据基础,社会工作很难成为科学,也很难推动宏观的改变。当然,社会工作的实践不能仅仅依靠数据,还需要理论对数据进行组合和集成,也就是说,社会工作是有思想的数据科学。社会工作的数据科学化在国际上已经有了一定的进展,如建立了社会工作数据科学研究中心、社会工作与人工智能研究中心,且正在探索人工智能、机器学习、大数据与社会工作的结合。有学者就指出,社会工作的数据主义,可以推动社会工作的关系思维,也就是说社会工作数字化的实践与理论是可以并进的(Devlieghere, Gillingham & Roose, 2022)。

应该说,中国社会工作的数字化有着天然的优势:因巨大的人口规模而形成的数字化效应,各个领域在快速推动的数字技术的广泛使用,丰富的行政、社交和大数据,等等。数字社会建设要始终以人民为中心,把保障和改善民生作为核心使命,不断地满足人民群众对美好生活的期望,让亿万人民群众充分享受数字化红利,实现社会服务的便捷化、精细化和普惠化,对此,社会工作界必须积极作为,主动推动数字化转型。

社会工作的数字化转型应以公平正义为价值观,不仅要进行数字充权,还要强调数字人权。社会工作界应警惕数字分化、数字鸿沟、数字侵害以及算法控制和平台霸权,着力关注社会困弱群体。社会工作应聚焦于:(1)保护数字困弱群体、消弭数字鸿沟。为数字困弱群体提供更全面、更直接、更贴心的服务,包括增强该群体对新技术、新设施的使用与掌握技能,助推各类网站、平台和 App 的全人群适应,解决找不到、看不清、听不到、学不会等现实难题。(2)倡导数字化的社会伦理和公共意识。社会工作要倡导建立适应数字化的人权框架和社会价值观,推动建立符合人权、人性和人心的数字社会工作。(3)探索建立数字社会工作的理论、知识和实践模式,这样的理论、知识和实践模式将突破现有的理论、知识和实践模式,成为推进社会工作理论发展的重要路径。

本章结语

中国社会工作发展的生动实践这一"富矿"为社会工作教育者、研究者和实务工作者提供了前所未有的知识、理论和实践模式创新的机会。抓住这一时代机遇,提升社会工作的专业实践效能,提出标示性概念和创新性理论,建构具有中国特色的社会工作学科体系、学术体系和话语体系,仍是我们努力的方向。

参考文献

藏其胜,2013,《标准化案主:社会工作临床技能教育的新策略》,《社会学研究》,第 2 期。

何雪松,2012,《迈向中国的社会工作理论建设》,《江海学刊》,第 5 期。

何雪松,2014,《社会工作的文化自觉》,《社会建设》,第 2 期。

J. Ife, 2015,《人类权利与社会工作》,郑广怀、何小雷译,华东理工大学出版社。

M. Payne, 2005,《现代社会工作理论》,何雪松等译,华东理工大学出版社。

Paul Michael Garret, 2015,《社会工作与社会理论》,黄锐译,华东理工大学出版社。

皮埃尔·布尔迪厄,2017,《世界的苦难》,张祖建译,中国人民大学出版社。

阮新邦,2003,《诠释取向的社会工作观初探》,《国外社会学》,第 1 期。

杨善华、孙飞宇,2015,《"社会底蕴":田野经验与思考》,《社会》,第 1 期。

Bent-Goodley, T., 2015, The art and science of social work revisited: Relevance for a changing world, *Social Work*, Vol. 60, No. 3.

Brekke, J., 2014, A science of social work, and social work as integrative scientific discipline: Have we gone too far, or not far enough, *Research on Social Work Practice*, Vol. 24, No. 5.

Brekke, J., 2012, Shaping a science of social work, *Research on Social Work Practice*, Vol. 22, No. 5.

Devlieghere, J., Gillingham, P. & Roose, R., 2022, Dataism versus relationshipism: A social work perspective, *Nordic Social Work Research*, Vol. 12, No. 3.

Dominelli, L., 2002, *Feminist Social Work Theory and Practice*, Palgrave.

Emirbayer, M. & Williams, E., 2005, Bourdieu and social work, *Social Service Review*, Vol. 79, No. 4.

Ferguson, H., 2003, In defence (and celebration) of individualization and life politics for social work, *British Journal of Social Work*, Vol. 33, No. 5.

Ferguson, H., 2001, Social work, individualization and life politics, *British Journal of Social Work*, Vol. 31, No. 1.

Folgheraiter, F., 2004, *Relational Social Work: Toward Networking and Societal Practices*, Jessica Kingsley Publishers.

Freedberg, S., 2015, *Relational Theory for Clinical Practice*(2nd ed), Routledge.

Freedberg, S., 2009, *Relational Theory for Social Work: A New Paradigm for Practice*, Routledge.

Goldstein, H., 1992, If social work hasn't made progress as a science, might it be an art?, *Families in Society: The Journal of Comtemporary Human Services*, Vol. 73, No. 1.

Gray, M., 2002, Art, irony and ambiguity: Howard Goldstein and his contribution to social work, *Qualitative Social Work*, Vol. 1, No. 4.

Gray, M. & Webb, S., 2009, The return of the political in social work, *International Journal of Social Welfare*, Vol. 18, No. 1.

Kleibl, T., Lutz, R., Noyoo, N., Bunk, B., Dittmann, A. & Seepamore, B. (eds.), 2019, *The Routledge Handbook of Postcolonial Social Work*, Routledge.

Lundy, C., 2011, *Social Work, Social Justice, and Human Rights: A Structural Approach to Practices*, University of Toronto Press.

McGregor, C., 2019, A paradigm framework for social work theory for early 21st century practice, *British Journal of Social Work*, Vol. 49, No. 2.

Mullaly, R., 2007, *The New Structural Social Work*, Oxford University Press.

Orme, J., 1998, Feminist social work, in Adams, R., Dominelli, L., Payne, M. & Campling, J. (eds.), *Social Work*, Palgrave.

Payne, M., 2014, *Modern Social Work Theory* (4th ed.), Palgrave Macmillan.

Payne, M. & Reith-Hall, E. (eds.), 2019, *The Routledge Handbook of Social Work Theory*, Routledge.

Peláez, A. L. & Kirwan, G. (eds.), 2023, *The Routledge International Handbook of Digital Social Work*, Routledge.

Powell, F., 2001, *The Politics of Social Work*, Sage Publications.

Rosenberger, J. (ed.), 2014, *Relational Social Work Practice with Diverse Populations: A Relational Approach*, Springer.

Ruch, G., Turney, D. & Ward, A., 2010, *Relationship-Based Social Work: Getting to the Heart of Practice*, Jessica Kingsley Publishers.

Sommerfeld, P., 2014, Social work as an action science: A perspective from Europe, *Research on Social Work Practice*, Vol. 24, No. 5.

Specht, H. & Courtney, E., 1995, *Unfaithful Angels: How Social Work Has Abandoned Its Mission*, Simon & Schuster.

后 记

中国特色哲学社会科学教材的建设是中国特色哲学社会科学学科体系、学术体系和话语体系建设的重要一环,作为社会科学分支之一的社会工作自不例外。对于在最近十余年才建立起来的中国社会工作专业学位研究生教育来说,编写一套既能够反映本专业研究生教育的国际水平,又能够体现本专业教育本土特色的教材,更是具有不可低估的紧迫意义。为此,在国务院学位委员会办公室的指导和支持下,全国社会工作专业学位研究生教育指导委员会秘书处决定组织编写一套社会工作硕士专业学位研究生核心课程教材,供国内各社会工作硕士专业学位研究生教育机构参考使用。这本《社会工作理论》就是其中之一。

本教材是诸多学者共同努力的产物,各章作者如下:

绪论,谢立中(北京大学);

第一章,何雪松(华东理工大学);

第二章,王晔安(北京师范大学);

第三章,吴帆(南开大学);

第四章,杨锃(上海大学);

第五章,陈劲松(中国人民大学);

第六章,郑广怀(南开大学);

第七章,刘晨男(美国加利福尼亚州圣克拉拉县社会服务机构);

第八章,刘柳(南京大学);

第九章,亓迪(河海大学);

第十章,陈虹霖(东芬兰大学)、陈岩燕(复旦大学);

第十一章,韩辉(中国青年政治学院)、吴世友(美国亚利桑那州立大学);

第十二章,黄锐(华东理工大学);

第十三章,文军(华东师范大学)、高艺多(杭州师范大学);

第十四章,何雪松。

作为一本供社会工作硕士专业学位研究生教学使用的教材,本书除了上述反映本专业学位研究生的国际水平和中国本土特色这两点之外,还试图努力突显以下两个原则:一是在所述知识水平方面,尽量与本科层次社会工作理论教学拉开距离,避免重复,以使在本科阶段学习过社会工作理论的学生能够通过专业研究生教育阶段的学习,在社会工作理论方面的知识水平和思考能力有所提升;二是在所述知识内容方面,尽量体现专业学位研究生教育的特点,尽可能与学术学位研究生教育的要求有所不同,使学生能够通过本教材的学习顺利地成长为一个合格的社会工作硕士专业学位研究生。当然,这些都只是我们在本教材编写工作中试图努力遵循的基本原则,由于水平等方面的局限,我们最终拿出的工作成果与这些原则之间可能会存在一定的距离。期待使用这本教材的师生们能够在教学实践中对本教材进行评估,并将发现的问题和缺陷反馈给我们,以供我们进一步修改和完善本教材时参考。

谢立中
2024 年 9 月 5 日

教师反馈及教辅申请表

北京大学出版社本着"教材优先、学术为本"的出版宗旨,竭诚为广大高等院校师生服务。

本书配有教学课件,获取方法:

第一步,扫描右侧二维码,或直接微信搜索公众号"北大出版社社科图书",进行关注;

第二步,点击菜单栏"教辅资源"—"在线申请",填写相关信息后点击提交。

如果您不使用微信,请填写完整以下表格后拍照发到 ss@pup.cn。我们会在1—2个工作日内将相关资料发送到您的邮箱。

书名		书号	978-7-301-	作者	
您的姓名				职称、职务	
学校及院系					
您所讲授的课程名称					
授课学生类型(可多选)	□ 本科一、二年级 □ 高职、高专 □ 其他_____			□ 本科三、四年级 □ 研究生	
每学期学生人数	_____人			学时	
手机号码(必填)				QQ	
电子信箱(必填)					
您对本书的建议:					

我们的联系方式:

北京大学出版社社会科学编辑室

通信地址:北京市海淀区成府路205号,100871

电子邮箱:ss@pup.cn

电话:010-62753121 / 62765016

微信公众号:北大出版社社科图书(ss_book)

新浪微博:@未名社科-北大图书

网址:http://www.pup.cn